梦山书系

教师专业伦理素养译丛

主编/王　凯

Professional Ethics and the
Moral Work of Teaching:
Western Contemporary Research

当代西方教师伦理研究新进展

王　凯
［加］伊丽莎白·坎普贝尔
主编

海峡出版发行集团｜福建教育出版社

图书在版编目（CIP）数据

当代西方教师伦理研究新进展/王凯，（加）伊丽莎白·坎普贝尔主编. —福州：福建教育出版社，2019.12

（教师专业伦理素养译丛/王凯主编）

ISBN 978-7-5334-8552-8

Ⅰ.①当… Ⅱ.①王… ②伊… Ⅲ.①师德－研究－西方国家 Ⅳ.①G451.6

中国版本图书馆CIP数据核字（2019）第202952号

教师专业伦理素养译丛

主编 王凯

Dangdai Xifang Jiaoshi Lunli Yanjiu Xin Jinzhan

当代西方教师伦理研究新进展

王凯 ［加］伊丽莎白·坎普贝尔 主编

出版发行	福建教育出版社
	（福州市梦山路27号 邮编：350025 网址：www.fep.com.cn
	编辑部电话：0591—83779615 83727542
	发行部电话：0591—83721876 87115073 010—62027445）
出 版 人	江金辉
印 刷	福建东南彩色印刷有限公司
	（福州市金山工业区 邮编：350002）
开 本	710毫米×1000毫米 1/16
印 张	25.5
字 数	377千字
插 页	1
版 次	2019年12月第1版 2019年12月第1次印刷
书 号	ISBN 978-7-5334-8552-8
定 价	58.00元

如发现本书印装质量问题，请向本社出版科（电话：0591—83726019）调换。

目 录

前言：道德与伦理的教学方式与内容
　　／［加］伊丽莎白·坎普贝尔 ………………………………… 1

第一编：哲学的视角
　　道德世界中的教学
　　　　／［美］休·索科特 ………………………………………… 3
　　教育教学中的德行与道德品格
　　　　／［英］戴维·卡尔 ………………………………………… 24
　　亚里士多德式的德行教师
　　　　／［英］克里斯特·克里斯特杨森 ………………………… 42
　　教学方式、教学道德与教师教育
　　　　／［美］理查德·奥斯古索尔普 …………………………… 60

第二编：中小学教育中的研究
　　学校教育的道德维度解析
　　　　／［美］罗伯特·布斯特罗姆、大卫·汉森 ……………… 87
　　彰显教学的道德方式
　　　　／［美］凯瑟琳·弗罗纳 …………………………………… 106
　　道德领域的教学
　　　　／［美］拉里·努奇、阿莱格·米杰特 …………………… 126
　　道德教育促进教师实践和提升学生幸福感
　　　　——澳大利亚价值观教育课程的效果分析
　　　　／［澳］特伦斯·拉夫特 …………………………………… 146

道德地教：学校教师如何致力于课堂教学的道德维度

　　/［加］季莲·罗森伯格 ………………………… 166

伦理规范与教师专业自主

　　/［加］布鲁斯·麦克斯韦、玛丽娜·休默 ……… 188

全纳情境中的专业伦理：教师的挑战、张力和困境

　　/［加］安格尼斯·伽耶维斯基 …………………… 207

教学：一种伦理的承诺

　　/［瑞典］冈内尔·库尔奈鲁德 …………………… 229

第三编：对教师教育的启示

哲学伦理学在教师教育中是一项有教育价值的活动吗？

　　/［加］克里斯多佛·马丁 ………………………… 249

教师品性是一种道德实践手段

　　/［美］黛博拉·舒斯勒 …………………………… 268

教师教育中的道德想象培养

　　/［美］帕梅拉·波诺丁·约瑟夫 ………………… 288

为促进品格发展的教育而培养教师

　　/［美］马文·伯克维兹、安德里亚·布斯塔曼特 … 309

教师教育：道德、社会、文化和公民的维度

　　/［荷兰］马丁·维利穆斯 ………………………… 328

澳大利亚的教学专业伦理与教师教育：张力和诉求

　　/［澳］丹妮拉·福斯特 …………………………… 350

教师教育中的教学伦理边缘化

　　/［加］伊丽莎白·坎普贝尔 ……………………… 374

译后记/王凯 …………………………………………… 395

前言：

道德与伦理的教学方式与内容

[加] 伊丽莎白·坎普贝尔[①]

在将近 2500 年里，西方哲学家们对人类的欣欣向荣（human flourishing）和一个人如何过好的生活等方面的不同思想，展开了持久的思考、质疑与论争。这些讨论不可避免地关涉伦理与道德，即正确、错误、善、恶、德行，以及品格等议题。毋庸惊奇，教育所承担的角色也是讨论所牵涉的主要方面，因为它关系着持续努力地去回答一个古老问题，即德行实际是否可教。在关心和发展儿童教育的过程中，教师是道德教育者、伦理榜样，以及德行的角色模范，其工作已然并将持续地成为学校教育中具有重要意义的当代议题。

最近，或者至少从上世纪八十年代晚期及九十年代早期开始，建立于丰富历史遗产之上的教育学术研究已经重新激活了一种兴趣，这种兴趣指向已广为人知的教学道德和伦理维度。这种研究兴趣广泛地存在于相关的哲学论文、理论探讨和经验探究之中。我们主编这本书的目的，是向新读者介绍这个广阔领域中的主流声音。这个领域致力于探究教学的道德工作与教师教育、专业伦理，以及道德教育。与这个研究领域密切联系的学者都来自其他诸多领域和学科——他们有哲学家、心理学家、教育学家、研究者，以及教师教育者。在后文中，来自六个西方国家（澳大利亚、加拿大、英格兰、瑞典、荷兰和美国）的学者，回顾了他们数量众多的研究成果，提出并阐述了道德与伦理内在的复杂联系及有意义的问题、挑战，以及教育中涌现的一些期望。

[①] 作者供职于加拿大多伦多大学安大略教育研究院。

对于"道德的"(moral)和"伦理的"(ethical)这两个术语,虽然在哲学上已有传统的、独特的定义,然而在本书涉及的广泛领域中,在所采用的语言中,却呈现出对两个术语的多样理解与多种用法。人们逐渐接受这样的观念,即这两个术语可以互用。尽管某些学者支持这种观点,但是其他学者还是倾向于使用二者中的一个。在本书的一些文章中,作者特别指出并解释自己所倾向的术语。虽然他们在术语的语义上有不同看法,但是他们都以这样或那样的方式与人类道德和伦理品质的问题发生联系。这些道德和伦理品质是诚实、真实、平等、智慧、勇敢、同情、正直、正义、关爱、善良、共情等等。尽管并非所有的文章明确地涉及这些"德行"(virtues)的品质,但是与之相关的学术研究却在两个层面上潜在地关涉"德行是否可教?"(can-virtue-be-taught?)这一问题。

在第一个层面上,本书中一些文章激发了对教师教育课程中教师自己德行修养(the cultivation of virtue)的反思,即教师应当如何做好准备,以在道德和伦理上可以得到辩护的方式来教学?这些方式反映了他们所选专业的复杂问题与美好期望。在第二个层面上,德行修养指的是对这些教师所教的中小学生的在校道德教育。毫无疑问,在第一个层面上所产生的结果将对第二个层面造成深刻的影响。就像以下众多文章作者所主张的,道德和伦理的本质,教师如何教学所体现的道德与伦理性质,是向学生传达的某些有关对、错、善、坏行为,以及品格的道德伦理课。

本序的题目——道德与伦理的教学方式与内容(Moral and Ethical Teaching and Teachings),反映了上述两个层面的交叉影响。从一个方面来说,"教学"(teaching)(作为英语语法中的动名词)指的是一种教学行为,其焦点是教师如何(how)以道德伦理的方式教自己的学生。"教学"(teachings)(作为英语语法中的名词)指的是所教的课和内容。其焦点是教师教给学生哪些(what)具有道德伦理意义的内容。这两个互有重合的概念与芬斯特马赫(Fenstermacher)、桑格(Sanger)和奥斯古索尔普(Osguthorpe)常对"道德地教"(teaching morally)和"教以道德"(teaching morality)作出的理论上的区分异曲同工。芬斯特马赫与理查德森

(Richardson)合作完成的"教学方式研究项目"(The Manner in Teaching Project),使得这两个概念(指"道德地教"和"教以道德"——译注)声名远播。这项研究也影响深远。其中的两位研究参与者,奥斯古索尔普与弗罗纳(Fallona),在本书中各自深入地讨论这两个概念。就本质而言,合乎道德伦理地教学等同于道德地教,而道德伦理的教学即是教以道德所涉及的榜样与知识(moral and ethical *teaching* equates with *teaching morally*; and moral and ethical *teachings* are the lessons and messages of *teaching morality*)。本书另一位论文作者简洁地概括为,"道德地教就是教道德。"(teaching morally teaches morality)

道德地教学是一种专业义务(professional imperative),或是库尔奈鲁德(Colnerud)在自己的文章里所解释的"一种伦理责任"(an ethical commitment)。虽然,就其本性而言,它是一种德行目的(a virtuous end),但是它还是一种达成德行目的的德行手段(a virtuous means)。因为,当教师以诸如诚实、关爱和平等的方式度过自己的私人和专业生活,开展自己的日常实践的时候,他们也在向学生传递关于诚实、关爱和平等的有力量的知识(powerful messages)。质言之,这种教师就是卡尔(Carr)所指的"德行的模范"(exemplars of virtue),就是在教道德。这种道德知识不必是直接传授的,而是常常植入一种布斯特罗姆(Boostrom)和汉森(Hansen)所说的"渗透着道德意义"的课堂生活。他们在概述与杰克逊合作研究的文章中对此进行了解释。这项合作研究获得了广泛的认可,是本领域中最为著名且最具影响力的经验研究项目之一。

那么,教师如何获得(无论在正式说教还是非正式交流的,有计划还是自发的,外显还是植入的教育中所具有的)好的品格(character)与品性(disposition),以及责任意识与能力呢?教师以此按道德伦理上的模范方式和教给学生可仿效的道德伦理知识的方式进行教学。教师砥砺实践智慧又在哪里呢?教师需要实践智慧指导自己的教学,理解所教知识。这可能不限于教师教育课程,因为人类获得德行与修养品德显然始于年幼时期。但是,我们不应低估职前教师教育课程和在职专业学习所须作出的潜在重要贡献,即促进道德伦理教学方式与内容的加强。因此，关于道德地教和教以道德，应该成为广泛探索教育道德伦理维度的核心议题。

本书的结构意在反映道德地教和教以道德之间的互相关联，进而旨在参与有关道德教育的讨论。道德教育的讨论不仅涉及处于道德成长与发展阶段的儿童，而且还包括成年的实践者的道德教育。正是他们的行动与言说、作风与品格、奉献与忠诚、判断力、知识及实践智慧强有力地促进了道德伦理专业，这个专业就是我们所知的教学。

本书前两编收录的论文重点论述道德地教和（或）教以道德。库尔奈鲁德、伽耶维斯基（Gajewski）、麦克斯韦和休默（Maxwell & Schwimmer）等学者的论文涉及前者，努奇与米杰特（Nucci & Midgette）的则专注后者，而布斯特罗姆与汉森、卡尔、弗罗纳、克里斯特扬森（Kristjánsson）、拉夫特（Lovat）、奥斯古索尔普，以及罗森伯格等学者的论文聚焦于二者的重合与交汇。第一编的4篇论文就关键议题展开了丰富的哲学讨论，为全面探讨搭建了平台。第二编8篇论文则将这些哲学议题与有关教学道德伦理维度的经验研究密切关联。这12篇论文对过去二三十年里出现的重要研究进行了论述，也为平稳过渡到第三编的论文提供了背景。第三编的7篇论文，设计理论与经验研究，共同关注了角色与教师实践问题。坎普贝尔、福斯特（Forster）、约瑟夫（Joseph）、马丁（Martin）和舒斯勒（Schussler）等人的论文广泛地讨论了道德地教。这一主题虽然已在前面被广泛论及，但此处具体探讨了教学中的哲学与专业伦理。伯克维茨与布斯塔曼特（Berkowitz & Bustamante），以及维利穆斯（Willemse）的论文在教以道德的领域拓展了道德地教的概念。

纵览全书，我们不难发现，本书作者的不同研究作品被其他论文参引，因而强化了这本集体完成的学术作品中的近似主题。这些主题、话题、研究领域包括：教学中道德与伦理语言的需要、教师品性、教学中的道德实践（moral agency in teaching）、道德教育、品格教育、德行伦理、道德想象、道德公民、教师即道德榜样（teachers as moral models）、教育的道德目的、专业伦理准则、伦理的紧张关系、挑战、困境与冲突等。这份不完全的清单并不意味着所有的论文采用了同样的概念和研究方法。理论与观念上的多种不同，可以为我们的集体研究领域，以及有关教学道德工作的持续研究，增添丰富性与生命力。

这部文集汇集了本领域著名的学术研究。能将这些作者的思想、经验、思考、论辩和研究带给新的、有些陌生的读者，作为文集的主编，我倍感荣幸。我们知道你们中的许多人（我们预期的读者）也许对西方学校、课堂和教育实践缺乏一手知识。我们期望此处的描述将有助于你去体验它们，使得你能够去看、去听、去感受学校的课堂与走道，从自己的教学领域中走来，评说其间的相同与差异之处。我们相信，你将发现教学的道德与伦理维度会激起你的共鸣，因为它们阐明了人类的德行，以及我们共享的共同品质，尽管它们以变幻莫测的方式得以表达与体认。索科特所撰的开篇论文对教学即"道德世界"进行了概念化，并以此建立这种信念。我们进而期望，我们的中国同行对我们的研究工作产生兴趣，并践行自己对道德伦理教学方式与内容的承诺。

第一编：哲学的视角

道德世界中的教学

[美]休·索科特①

一、导言

本章读者在教导儿童或学生方面有着不同的经历和理解,这些经历和理解鼓励我从一些简单但不简化的关于人类道德信念和行为的评论开始。第二部分将包括两个内容,一是教学作为一个道德世界这一理念,以及我作为一名教育哲学学生的个人经历的叙述。在接下来的两个部分中,论点变得更加复杂,但更容易被广大读者理解。在第三部分中,我进一步发展了教学作为一种道德活动的理念,以及为什么不仅要根据儿童在考试中的得分,还要根据更丰富的质量标准来评判教师的素质。在西方,这些标准将被描述为"专业的",这一术语作为判断依据,我将概述其中的困难。在第四部分中,我认为我们应该遵循孔子和希腊哲学家亚里士多德的指导,为教师阐明必要的德行,以及阐述如何向学习者灌输这些德行。最后提出了一个具体建议,关于教师教育者如何建立质量标准,去帮助学生主要从道德角度描述他们的工作。

二、差异与雷同

在许多伟大的道德哲学家的作品中,无论他们是否信奉宗教,我们都发现了关于人类、他们的本性以及他们应该如何生活和表现的异同。人类在一

---

① 作者供职于美国乔治·梅森大学。

些基本的道德问题上有着普遍的共识，比如说，一个人是否应该说真话、信守诺言、避免伤害他人或者照顾家庭中的孩子，但是对于这些道德行为如何被证明是合理的却存在分歧。在成人和儿童，男人、女人和奴隶之间是否存在或应该存在等级制度，以及男人和女人之间应该存在什么样的关系等问题上，也存在着其他差异。将洛克（Locke，1690）和杜威（Dewey，1997）的理论进行比较，我们还发现，在家庭的构建方式、劳动力的分配方式以及生孩子的责任方面存在着显著的差异。然而，在这一点上，也有相似之处，即家庭是感情单位，爱的关系和相互责任，这是人类生活的一个特征，它在每种人类文化中都是已知和被理解的（Bowlby，1976）。因此，人类在道德问题上有共识也有分歧，我们应该认识到分歧的重要性，因为通过对人类生活及其困境的认真讨论，这有可能得到改善（Stout，1990）。我们不能太天真，人类的历史揭示了巨大的残酷、野蛮和其他许多事情，尽管这并不需要我们得出霍布斯（Hobbes，1651）的结论，即我们应该有专制统治。我们也必须认识到，我们倾向于把我们的文化看得比其他文化更重要，这样我们就把其他群体看作劣等群体，这本身就是灾难的主要根源。在一定的道德标准范围内，我们可以选择不同的生活方式，但是对于拉比·萨克斯（Sacks，2003）所说的"差异的尊严"仍然值得我们尊重。道德挑战很简单：我们该如何坚守道德标准和尊重差异，同时接受我们与他人的相似之处？

（一）道德世界

事实上，即使我们对于什么是对、什么是错存在分歧，但我们都能理解对与错、善与恶之间的区别，这是构筑道德世界的基础性平台。首先考虑足球比赛。这种比赛是在世界范围内进行的，参与比赛的每个人都必须遵守规则，规则是特定的，由裁判管理：越位，开始的程序，不要用手触摸球，除非球已经离开比赛场地，然后被扔了进去。然而规则并不能涵盖一切，裁判必须做出判断。因此，关于什么是公平的约定应运而生。例如，如果一名球员受伤，比赛通常由拥有控球权的球队将球踢给对方守门员重新开始。公平是一个核心的道德理念，因为它与正义相关联。因为公平竞争的理念，而不是因为所有参与者都是圣人。因此，这些规则不仅仅是巴西、英国或印度的规则，而且是过去几个世纪发展起来的国际公认的普遍规则。这些规则不仅仅是程序，因为它们体现了游戏应该如何进行的标准，特别是在公平方面。这些规则没有给任何一方带来优势，那就是他们的道德之美。因此，足球是（道德）世界一个非常简单的版本，是一个任何人都有规则和惯例可以遵循的地方，并且他们也是这样做的。

现在把这个世界视为一个道德世界。《联合国人权宣言》界定了国家和个人应该如何相处（见 Clapham，2007），还有其他关于道德标准的国际协定，例如《关于战俘待遇的日内瓦公约》。这两者都是道德世界的正式例子，在这个地方，所有人都可以就一套标准达成一致，尽管为实现这些标准存在着挑战。然而，这个道德世界不仅在国际协议中是显而易见的，在哲学家的作品中也是如此。孔子认为对他人的道德行为始于道德和真诚的思想，始于知识。没有知识的善心容易腐败，没有真诚的善行不是真正的正义。为了自己的利益，培养知识和真诚也很重要；君子以学为学，以义为义。①

这些儒家思想在许多西方道德哲学家那里得到回应：伊曼纽尔·康德和他的追随者强调道德知识和理解（Stanford，2016），亚里士多德强调个人必须有"正确"的习惯和倾向（Stanford，2016），约翰·斯图尔特·密尔（Mill，1869）认为个人应对他或她的行为负责，在当代哲学家中，罗伯茨和伍德（Robert & Wood，2007）强调热爱学习和寻求知识的重要性。同样，佛教五戒也有一些儒家理想。在许多文学或戏剧中，我们也发现道德问题依然存在。一个对于道德没有基本理解的人来说，莎士比亚的悲剧是不可理解的。所有大量文化中的这类著作给我们提供了道德世界的线索，在这个地方，不同文化中的某些道德信念和道德行为有着共同之处，是值得遵守的标准。

1948 年《联合国人权宣言》第一条指出："人人生而自由，在尊严和权利上一律平等。他们被赋予理性和良知，应该本着兄弟情谊的精神相处。"（Clapham，2007）这份宣言并没有展示一系列的成就，而是提供了一套可以

---

① 转引自维基百科网站 Confucius 词条的解释，https：//en.wikipedia.org/wiki/Confucius。——原注

遵守的标准，在这些标准面前，人类历史、残酷的政权、虐待狂或变态的罪犯、各种类型的诈骗犯，甚至我们疏忽的自我都必须根据这些标准来衡量。这是国际法院的基础，在那里暴君也会被绳之以法。因为鉴于地球资源、理性能力和生存欲望的局限性，当我们谈论道德标准时，是在描述几代人以来人类所认为的最理想的生活方式（Hart，1961）。一般来说，道德标准通常被纳入国家法律，它们可能被视为宗教规则，尽管他们不需要。解释为什么这种道德标准如此重要，给哲学家们带来了复杂的智力挑战。一些人，比如康德，说我们应该像制定规则一样行事，这样才能约束自己；其他人，如亚里士多德，认为道德标准描述了人们享受生活的理想方式。但是，谈论这种标准的突出因素是，它们代表着对我们每个生活在道德世界中的人的挑战，而不仅仅是对从政者、宗教领袖、政治家或妇女（当然还有足球运动员）的挑战。

（二）教学即道德世界

教学可能是一个道德世界吗？当然，教学不是一场游戏，但是不同文化和世界各地的教师都有相同的雄心、承诺和义务去培养他们所负责的年轻人（或成人）的才能和技能，并照顾他们（Campbell，2003；Hansen，2001，2007；Pring，2001）。教学在"学校"进行，学校是特定文化的产物，因此，尽管在课程和纪律问题上可能存在显著差异，但将所有教师联系在一起的类似想法是，教学是为了个人和公民的利益（Bellamy，2008），这是一个道德目标。当然，教师有时会作弊，违反规则，把孩子当作客体，而且教师会受到政治、社会或文化的限制。但是联合国的宣言第 26（2）条对教育有明确的规定：

> 教育应着眼于充分发展人的个性和加强对人权和基本自由的尊重。它将促进所有国家、种族或宗教团体之间的理解、容忍和友谊，并将推动联合国维护和平的活动。这是作为道德世界的教学标准，教师是教育者，而不仅仅是其他力量的傀儡。（在道德世界中，有一个有趣而重要的关于教学的例子——《国际学习和课程研究杂志》，在该杂志上，教师们

跨文化分享他们的工作。)

(三) 个人学术观点的发展历程

首先让我解释一下，我是如何将教学视为一种道德活动的，以及最近如何将教学视为一种道德世界的。

每个学者都受到老师的影响。老师为个人的兴趣提供了方向，也是个人如何工作、思考和写作的范例。当我开始教高中的时候，我希望自己为他人做点好事，但这表明我对教学的态度是多么不成熟。作为一名兼职研究生，我有幸参加了他们那一代西方顶尖的道德哲学家举办的研讨会，但是我对道德哲学和教育之间的互动产生了兴趣，是因为理查德·彼得斯（Richard S. Peters）担任了我的博士生导师。彼得斯在伦敦大学有着辉煌的职业生涯，不幸的是，他在52岁时因病中断了职业生涯，但他在教育、心理学和社会理论方面写了大量文章（Peters，1959，1972，1966，1974）。尽管他忠于自己的道德品质，总是友好和乐于助人，他创造了一种所有学生一起工作和交谈的氛围，但是作为他的学生，我有时对他感到手足无措。然而，在我完成了基于课程规划的哲学基础的博士学位后，我开始更加仔细地思考教学如何作为一种道德活动。这是由我连续担任的专业职位促成的，先是在北爱尔兰的一所大学担任院长，而后担任英国东安格利亚大学教育学院院长，然后来到美国，在那里有机会为乔治·梅森大学的在职教师发展一种新的硕士学位，这种学位是围绕哲学而不是心理学建立的，其核心主题是道德的专业素养（moral professionalism）（见 Sockett 等，2001）。

通过思考、学习和与他人交谈，我发现我们必须将教学视为一种主要的、普遍的道德活动：作为教师，我们与学生互动，因为无论他们的年龄、未来角色和个人轨迹如何，他们正在成长和发展成为道德个体（见 Sockett，1991，1993，1997，2006，2008，2009，2012）。因此，成长中的孩子是教学活动的道德中心。和我们烤蛋糕或修理自行车不同的是，教学不能仅仅是一个技术过程，教学也不是某种科学，因为它植根于价值观和价值选择之中。可悲的是，在20世纪，经验主义教育心理学的主导地位使得哲学和道德思想几乎变得无关紧要,在我看来,这是一个可怕的错误(Lagemann,2002)。然而,每当老师要求教室里的孩子在别人说话时保持沉默,这时老师就在教导他们给别人(道德上)尊重。每当老师帮助孩子应付学习或个人问题时,这都是一种关怀行为。每当老师制止孩子们打架,他或她就会援引不伤害他人的道德准则。这些问题不仅仅是课程文件中的文字,还体现在关于什么是正确信念的行为中,并且嵌入学校实际生活的行动中。教学中的道德与领域相关(Jackson,Boostrom, & Hansen,1998;Jackson,1990;Sockett,1991年)。全球各地的教师经常把他们的工作看作是对儿童的服务:有些人认为教学是他们一生的工作(Hansen,1995)。那么,作为道德世界的教学,在纽约或北京的市区、非洲稀树草原的小屋、南美洲山区的农村社区或欧洲郊区都很明显。此外,它要求我们的教师把寻求不断改进作为一种生活方式。我们想成为更好的教师,我们需要更多的资源来教学,我们希望社会为我们所工作的学校感到自豪,将教学视为一个道德世界,鼓励我们达到活动中隐含的道德标准。

三、教学质量的道德标准

当我们谈论质量的道德标准时,我们是在评估怎样成为一名好老师。最起码,教师需要确保学生学习正在教授的东西,但是这还不够。首先,教师必须在所教授的内容和所使用的方法之间建立一种解释和转换的关系,这种知识有时被称为教学法知识(pedagogical content knowledge)(Grossman & Schonfield,2007)。至少,一个好的科学老师不仅会让学生学习化学公式,还会将实验室经验融入课程中;教诗歌的教师不仅会要求学生对意义进行分析,还会要求学生把握诗歌的节奏和情感力量;计算机教师不仅会教授信息技术,还会在技术和道德层面上指出使用这些机器的好坏方式。但是此外,好老师会理解所有这些互动的复杂性,以获得和扩展他或她的教学法知识。

但是我们仍然没有达到把教学作为一种道德活动的关键目标。缺少的是它的道德品质——教师与学生的互动:支持而不是讥讽;热情而不是无聊;

不仅对一些孩子公平，对所有孩子也公平；秩序良好而不是毫无纪律；关心每个人；深切关注孩子的行为方式以及他们将会成为什么样的人，不要把他们当作教师生活游戏中的棋子。然而，仅仅在总体上坚持这些品质是不够的，我们需要从教师必须具备的大量教学知识，以及教学的理想是为儿童服务的基础上，审视教师的素质和工作的地位，这可能会产生一个普遍的、教师会遵守的特定准则。这意味着我们可以从道德品质的角度来讨论教学质量，这在西方被称为专业素质。

（一）教师的素质

至少有四个普通群体的成员会评判教师的素质：学生、同事、家长和在教师机构之外的官僚机构工作的官员。尽管他们是正式或非正式的评判者，尽管官僚机构可能会严格限制教师的行为，但上面提到的有关教学道德的简单例子表明，确实可能存在着教师能够接受的普遍质量标准。公元前400年左右，希腊医生希波克拉底制定了医生应该发誓的誓言。以下是四个条款：

> 至于医治病人，我会根据我的判断和手段，为他们设计和制订最好的饮食方案；我会小心翼翼保证他们不会遭受痛苦或伤害……
>
> 我不会给任何孕妇任何药物，以摧毁孩子。
>
> 无论我进哪所房子，我的探视都是为了病人的方便和利益；我愿不做任何伤害或错误的事，不做虚假的事……我有责任去医治那些人，无论主人还是仆人，无论是受束缚的人还是自由的人。
>
> 在实践过程中，无论我可能会看到或听到什么（即使没有被邀请），无论我碰巧知道了什么，如果不适宜重复，我将会把神圣和秘密藏在自己的心里。①

总之，尽力而为，不做任何伤害别人的事，只考虑病人而不被阶层所局

---

① 转引自维基百科网站 Hippocrates 词条的解释，https://en.wikipedia.org/wiki/Hippocrates。——原注

限,对信息保密。希波克拉底创立了一个基本理念,即所有从事某一特定工作的人都应该遵守同样的标准,誓言包含行为准则(见 Sockett,1993 a)。当然,他关于医生质量标准的想法是在医生完全不受任何形式官僚约束的情况下产生的。他不是承担公共角色,而是提供私人服务。希波克拉底派的医生在欧洲文化中有相当于现代意义的地位。用来描述那些设定自己标准的工作的术语是"专业",其代理人被称为"专业人士"。所以希波克拉底可能会说,不是官僚们应该决定什么才是一名好老师,而是教师作为一个团体来实践他们的特定艺术和技艺(art and craft)。

在西方文化中,专业被认为是:(1)受服务理想引导,而不是被利润束缚的团体;(2)专业自主的生活领域(根据特定的专业知识自己作出决定);(3)在那里有大量的知识可供专业借鉴;(4)专业人员对专业管理机构负责,专业工作必须符合专业规范中规定的标准。例如,某种渎职,可能会导致被该专业开除(Jackson,1970;Hoyle & Megarry,1980:第 42—57 页),符合这些标准的专业范例是法律和医学。

这类专业的成员非常重视他们的自主性,也非常重视他们做出"专业"判断的权利,为此他们要对委托人和专业管理机构负责。按照最高标准完成这项工作是体现专业素养的标志,这一术语体现了特定专业所特有的一系列标准和品质。这个术语可以更广泛地使用,无论是砌砖、绘画还是赛马比赛中表现出色都可以被称为专业。"专业的"这个形容词包含在术语"专业素养"中,它指的是真理实践的品质。专业标准是指教师(或其他任何专业人员)寻求达到的标准:专业素养重视自我判断和内部责任,而不仅仅是官僚机构要求的外部标准(Sockett,1993:第 1—16 页)。

(二)教师专业素养

教学中出现了两个主要问题:(1)嵌入标准的专业行为准则会是什么样的;(2)成为专业人员应该承担的道德责任是什么,以及如何确定这个责任。

首先,在西方,不时有一些教学运动试图将专业标准纳入专业规范的教学中,也就是类似希波克拉底誓言的内容,这和誓言一样,可以提供指导和标准。值得注意的是,美国国家专业教学标准委员会(National Board for

Professional Teaching Standards in the United States）采用增加资格要求的办法，作为提高教学质量的手段。① 但是，如果专业要自治，专业准则本身必须包含制裁措施。尽管可以找到一些例子（例如加拿大安大略省的教师协会），这些协会参与了资格许可证发放，但是大多数情况下，在工作和质量方面，教师只对他们的雇主负责，而不对他们的专业协会负责。这一标准模式与法律和医学协会对其成员行使的权力形成对比。尽管制定一流的专业标准是一项有价值的事业，也是所有教师可以效仿的规范的合理替代，但是在美国，国家委员会没有任何这样的专业权威，教师工会和协会也没有。第二，准则可能隐而不现。比如，教师道德世界里的某些东西支持管理机构而非专业结构的标准。课堂上，师生都是独特的，课堂是一个流动的互动空间，在这里，行使道德与知识权力和判断力是必不可少的组成部分，因为孩子们都有特殊的需求和兴趣（Sockett，2012）。

当任何人对教师的素质做出判断时，我们可以仅仅依靠学生的成绩来判断这些孩子学到了什么？但是在这些判断的背后，我们会默认孩子们受到了教师的正确对待，教师展示了作为榜样和模范的知识和道德品质。那么，隐含的意思是教师按照专业标准在道德上表现自己。这些质量标准有一个知识基础，这个基础是道德知识支配经验。作为教师，如果追求专业素养，我们可以对质量做出判断，这将会对以下问题作出承诺：（1）我们如何建立和维持一个致力于道德服务理想的强大团体；（2）我们如何扩展和发展我们的专业知识，尤其是我们正在传授的知识；（3）对于引起诸多不信任的官僚问责制，我们该如何帮助它重新定义（O'Neill，2002）；（4）我们如何继续增加和发展服务理想。为了讨论教师工作的这四个方面，我们可以有效地使用"专业的"和"专业素养"这两个词，因为我们认识到这种用法来自于一种特殊的政治和社会文化，有着自己的历史。然而，我们仍然面临着这个问题：在人类所有品质中，哪些品质对于教学是至关重要的？如何区分这些品质？

---

① 参见 http：//www.nbpts.org/national-board-standards。——原注

四、何种德行？

到目前为止，我们已经开始在全世界范围内建立教师共享的理念，这一理念的基础是对儿童负责以及对教师作为公务员这一角色的承诺，这引出了教学即道德世界的理念。我们还研究了教师的素质和地位，研究表明按照西方定义的专业标准，教学只符合其中两项标准，即有一套关于教学的知识，教学的理想是为儿童服务，但这个职业不是自治的，也没有普遍的特定准则。

（一）挑战

我们现在进入了更加复杂的领域。我们必须寻求对特定品质的要求。在我第一次尝试应对这一挑战时（Sockett，1993），我主张诚实、勇气、关爱、平等和实践智慧，扩展了教学"方式"（manner）的概念，以此确定教学质量的基本要素。很少有人会接受这样一个事实：即使教师不诚实、怯懦、粗心、不公平，且没有任何实践技能，也无关紧要。哲学教授埃德蒙·平克夫斯（Pincoffs，1986）在他的著作《困境与德行》中，将200多种德行分为五大类，可以从中做出选择。理查德·普林（Pring，2004）认为，任何一套德行都会在道德上受到质疑，并有特殊的要求。我并没有否定我对上述五种品质的看法，但最近我采取了一种不同的方法，即将道德哲学与认识论或知识论更紧密地联系起来。我认为，如果我们从知识开始，我们可能会发现好教师所具有的必不可少的德行，如果它们是不可避免的，那么它们就是首要的和必要的德行。

在教学任务或学习任务中，对知识的描述至少会产生教师必须具备的三种德行，根据这些德行可以判断教师的素质。简而言之，知识有三个核心要素：信念（belief）、真理（truth）、证据（evidence）或理据（warrant），把我们关于技能、人和地点的知识放在一边。当一个人有知识，我们可以正式地说"A知道P"。原则上，P代表的命题可以是任何事情——世界是圆的，我的狗是美丽的，上帝是存在的，等等。如果A知道P，P必须是真的，A必须相信它，而且A必须有某种证明或证据（Ayer，1957；Woozley，1966；

Gettier，1967；Pring，2000；Hirst，2010）。我们希望孩子获得知识（技能，并和其他人区分开），而不是一堆随机的信念。他们必须开始相信 P，P 必须是真的，并且他们必须有一些证据来证明这种信念：信念、真理和证据或理据是知识的条件。这就是我们发现必要的理智与道德德行的地方：来自信念——开放的思想；来自真理——符合实际；来自证据或理据——公正不偏。德行就是道德品性（moral disposition）。作为德行的品性是稳定的、可学的，且具有认知内核（Sockett，2009；Dottin，2010；Williams，2006）。稳定意味着它长期存留于个体之中，可学习意味着一个人对它的理解是无限的，它有认知内核意味着这些德行不是从知识中游离出来的，而是知识的一部分。事实上，"如果道德生活要得到维持，那么这些品性必须得到保持"（Williams，2006：第75页）。

（二）信念与开放的思想

罗伯茨和伍德认为"人类以信念为生，这是人性中一个不容置疑的事实"（Roberts & Wood，2007：第72页，另见 Griffiths，1967），我们所做的一切都是基于某种信念。作为教师，当我们试图传授知识时，我们希望孩子们能够对这个世界持有真理的信念，他们可以为自己辩护，并且有理由这样做。在教育中有一种不幸的普遍做法：据说孩子们如果记住了某件事就会知道它，但是这忽视了孩子们是否相信他们记忆的内容，或者当被问及，他们是否能解释为什么他们记忆的内容是真理。我们可以从信念和思想开放的德行（the virtue of open-mindedness）开始。

在教室里孩子们一直都在获取信念，获得这些信念要求他们思想开放，而不仅仅是接受老师传达的任何东西。而教师也必须思想开放，否则将无法向学生展示什么是思想开放（尤其参见 Hare，1979，2009；Higgins，2009；Seigel，2009；Riggs，2010）。如果要对学生进行真正的身教和言教的话，那么试图传授任何描述的德行的关键因素是，一名教师拥有这种德行，其所教授的内容正在被分享。教学在涉及有关"相信什么"的三个过程中存在着思想斗争：

（1）在形成信念的情境中（发现模式）；

(2) 在批判、反思和修改他或她已经相信的东西时（批判模式）；

(3) 在正确的思想和思维习惯的持续发展中（发展模式）。

发现模式。首先，思想开放的发展需要通过自我意识和有意识的过程对其他信念进行一致的考虑，想要发现某些事情就是要把它做正确。作为教师，我们持有许多信念并把它们传达给孩子们，这些信念可能会在新的环境、新的发现和新的态度以及对技术能力和专业知识的需求下发生变化（Pring，2012），对此，孩子们必须以开放的思想做好准备。新信念的发现和获得鼓励思想开放，同时融入对不同信念的持续思想，以确保学习者认识到可以用不同的方式看待各种实验、不同时代、机器、文化或自身。所以我们必须欢迎争议。思想开放才会产生好结果。

思维开放的批判模式是指我们集中精力对我们认为已知的事情进行批判，我们反思和修正我们已经相信或已经发现的东西。在这里，对所讨论、教授或学习的事物的态度提出了关于我们自己的态度、意识形态、政治或其他立场的问题，也就是说，我们如何持有我们的信念。教师和儿童可能会成为怀疑论者，在原则上不相信任何人声称的任何事情。我们可能有一些信念没有证据，也不可能有证据：例如，与不断困扰和寻找原因的信念相反，在盲目信任的领域，在有坚定和（或）不同宗教或政治观点的儿童或学生的课堂上，这种信念显然非常复杂（Axtell，2000）。然而，以合作批判性探究的精神促进开放的思想也会为我们自己的信念灌输良知（Degenhardt，1998）。教育应该避免以积累知识作为目的。更确切地说，知识不应该被当作某种神秘事物来对待，也不应该只将它们赋予有天赋和才华的孩子。

发展模式包括发现和批判，在这种模式中，我们发现了各种各样的障碍，尤其是在以自我为中心的思维中（Paul & Elder, 2009：第21页），他们争辩说，人类不自然地考虑他人的权利和需求，他们的观点或我们自己的局限性。此外，我们可以相信什么是"感觉良好"，相信什么能让我们变得更好，不需要改变，也不需要承认我错了。最后，我们回避审查反证据，尤其是当我们未经审查的信念给了我们某种力量或个人优势时，我们强烈希望保持信念而不想审查证据。换句话说，我们会遇到一些普遍的认知缺陷，如无证据的信念、过度自信、偏见或急于下结论（Siegel，2009）。这些"自然倾向"必须被克服，这表明道德总是代表着对反倾向（counter-inclinations）的胜利。

（三）真理和真实

哲学中没有什么概念比真理的概念更有争议。让我尽可能简洁地陈述我的观点。首先，人类通过语言理解他们的世界。语言有准确和不准确的用法，它可以用于各种目的，如做梦和欺骗。但是我们无法想象这样一种社会生活：在这种社会生活中，人们通常不会说真话。想象一下，在日常生活中，一个人永远不知道其他人是否在说实话。真理是社会的前提，也是道德世界的前提。一般来说，真理是人类生活的规范性理想（regulating ideal）。第二，如果真理不是课堂上的规范性理想，那么所教授的东西就变成了个人的偏好、政治立场、宗教信念、文化或其他。任何不把真理放在中心位置的课程都不是自由的或解放的教育。此外，强迫儿童去上学是不合理的，因为课程的唯一教育理由在于必须对真理作为规范性理想进行核心关注。其他理由，例如，从方法或理性的某些特殊描述来看，或者就此而言，从具有政治价值的内容或记忆的正确信息来看，对企业来说，寻找真理是微不足道的（Williams，2002：第147—148页）。这样的教育闹剧限制了儿童了解真理。如果我们忽视教室里的真理，我们会对学生造成伤害。这并不是说人们不会撒谎或隐瞒他们的意图，教师们经常草率地讲出真相（Brandon，1987），或者有时候不说出真相在道德上是明智的，就像一个拿着斧头的人问他的目标受害者在哪里一样。最后，独裁者可以简单地断言什么是"真理"，而不考虑任何证据或其他人的意见。

因此，在教育孩子的过程中，我们大概想让他们相信什么是真理，对他们所相信的做出正确的陈述、断言和主张，从而能够发现哪里的信念是错误的。我们希望他们是正确的，我们希望我们自己作为老师既要真理，又要向我们的学生展示真实的自己。这包括对自己诚实，不要成为自我欺骗的受害者。然而，这不仅仅是个人问题。诚实既是一种理智的德行，也是一种社会道德上的德行，但它不是自私自利的。事实上，它具有核心的社会效用（Norton，1995）。真理和真相是一致的，事实上这两者是整合在一起的，在任何学科中,它们将道德和认知紧密结合在一起。此外,说真话是做好事情的一个例子,也就是说,通常以断言的形式向他人可靠地传递信息(从非常普遍的意义上来说)。事实上,当我们说的话完全正确时,"它们提醒我们,我们共享同一个世界,发现同样的事情是显著的,并帮助我们发现我们的相同观点和分歧"(Williams,2002:第72页)。伯纳德·威廉姆斯继续提出,我们需要同时将准确和真诚作为真理的基本表现。

将真诚放在一边,准确性将真理与信念联系起来,它"与信念的目的直接相关:在发现和相信真理时,它意味着谨慎、可靠等"(Williams,第127页)。这既涉及动机——调查者的意愿、态度、欲望和愿望、他尝试的精神、他所采取的谨慎态度(以纠正错误),也涉及程序——"调查者使用的方法"(Williams,第127页)。在程序或方法上,教师必须要激发课堂上广泛的愿望,使之正确,但要以适当的方式。因为,准确性依赖于高效和有效的调查,以至于某些发现事情的方法比其他方法更好——用威廉姆斯的话来说就是"获取真相"(Williams,第130页)。我们必须弄清楚什么是好的调查方法,什么不是好的调查方法。如果某种方法是发现一件事情真理之处的好方法,那么它必须取决于某件事情的性质。尤其是在这里,自我欺骗的问题悄然出现,因为我们常常希望事情是我们想要的,而不是他们本来的样子。

因此,准确性是真理的一个核心的、可传授的因素,是有动机和义务去寻找真相,或者至少在真相不清楚的情况下感到不满,并在现有程序失败的情况下制定这样做的程序。显而易见,也许诚实和寻求真理要求老师和学习者都准确无误,但是真理就是目标,尤其对老师来说。我们不希望孩子们仅仅为了"获得好成绩"而准确无误。

(四)证据:公正和判断

第三个条件是:证据,在其中再次有广泛的哲学争辩。获取知识、质疑另类信念以及任何对真理的探索都需要从最广泛的意义上研究数据——从方程到观点,甚至到权威声明(关于更完整的说明,见Sockett,2012)。获取证据或提供理由需要公正,然而,公正并不是某种精神状态:它是一种实际的倾向,是一种德行,它导致了判断(Hare,1971)。

稍微技术性一点，当且仅当 A 关于 Q 的判断是通过对备选项的考察而形成的，那么在做出这些判断时，每个备选项都会得到智力上的尊重，A 在 Q 方面是公正的。因此，公正通常是判决中的问题，并要求认真和适当地考虑其他选择。例如，作为一种正式的理想，我们期望刑事案件中的陪审员在做出判决之前，在考虑其他选择时保持公正。有趣的是，寻求发现这位或那位陪审员是否合适的律师会对未来陪审员是否公正特别感兴趣，这表明公正存在认知要求（Jollimore，2006），当然这意味着它可以被教授。然而，没有公正的判断是不正确的。情感、激情、观点、经历和承诺总是公正地进入并且做出公正的判断。

因此，公正可以被视为一种愿望和一种倾向，尤其是在试图将自己的偏好放在一边的时候。它描述了我们思考这些选择的方式，一个思考的过程，它通常会产生一个决定。尽管判断可以被保留，不管是通过需要更多数据的感觉，还是仅仅是对个人更好判断的困惑。同样，那些寻求公正的人可能有他们没有意识到的偏见，可能会犯错误，或者可能被迫做出他们不确定的判断（就像陪审员一样）。由于我们致力于公正，当然也是致力于开放思想，我们不能急于做出判断。为了公正地教育孩子，与其关心结果，不如培养思维习惯和公正的性格，在做出判断时权衡其他选择，这是非常重要的。当然，如果没有获得课程学习的机会来练习如何作出判断，那么公正作为一种德行不可能获得发展。

因此，对于"何种德行"问题，答案如下：如果知识是教育的目标，真理是寻求知识的规范理想，我们必须让教师和学习者致力于开明、真理和公正。当我们面对新的或现有的信念时，开明是必要的，当我们试图获得真理的信念时，真理是准确的必要条件。如果我们在寻求知识过程中评估和权衡证据，那么公正是必要的。真理在课程实践中是突出的。对于教师来说，或许还有许多其他可取的德行，对此我们可以争论，但这三点是不容置疑的。

五、结论：在教学中发展道德语言

如果全球世界的教育系统忽视课堂上道德世界的语言，忽视《联合国人权宣言》的实质,屈服于政治、社会或文化压力,从而损害对知识和真理的追求,那么教师将会让学生和我们的社会失望。可以着手的起点是职前教师教育。首先,师范生需要通过不断寻求这些问题的答案使他们的生活获得自由:

(1) 我如何知道我相信什么?

(2) 对我来说什么是证据?

(3) 在我寻求知识的过程中,我怎么做到诚实?

(4) 什么是权威?

(5) 我该听谁的?(Belenky 等,1986)

其次,随着这些问题渗透到他们的启蒙教育中,他们会不断地与同龄人和他们教的孩子分享这些问题。因此,他们不仅会接受他们获得的对孩子来说的权威源自契约,而且还会接受这种权威具有道德与知识上属性。这五个问题中的每一个都涉及教师的判断,这对于教师在课堂上的生活至关重要,因此需要某种程度的自主性。除了五个问题之外,判断能力也必须得到提高,这种能力只有通过实践才能显现出来。然而,这种判断不能仅仅来自外部、同事、主管或官僚,它必须来自师范生的感知、知识和信念。他们必须成为能够对自己能力进行自我反思的道德评判者。在下表中,教师教育者给了师范生一份问题清单,并要求他或她自己提出要回答的问题(Sockett,2008)。下面例子中,师范生为他或她自己的班级教室解释这些问题。

真实与确信:示例(Sockett,2012)

教师教育者的问题	师范生的问题
1. 班级互动是否显示了相互信任和责任的情境?	为什么有些孩子在我班上合作得很好,而另一些却不合作?
2. 教师是否通过自我纠正或为欺骗辩护来探究他或她所说的真理并表明真理的重要性?	我是如何帮助孩子们理解纠正错误以明确真相的必要性,而不是得到正确的答案?
3. 教师是否理解权威的限制和机会,以及避免权力游戏的重要性?	我怎么能因为我需要"进步"而抵制否决孩子的想法呢?

(续表)

教师教育者的问题	师范生的问题
4. 教师是否表示或承认其他信息来源和权威机构持有不同的观点?	我真的有给每个孩子机会,让他们说出自己的想法吗?
5. 教师是否<u>重视并表达</u>不同意见,重视给予每个人应有的发言权?	为什么我觉得很难<u>公平</u>地解释我不赞同的观点?
6. 教师为发展<u>相互信任</u>的关系提供了哪些机会和背景?	为什么我班上的有些孩子<u>合作得很好</u>,而另一些却不会合作?为了接近那些看起来"游离在外"的孩子,我可以在我的课堂组织中做些什么改变?
7. 教师如何规定和处理在<u>真理</u>问题上被纠正的开放态度?	这能帮我试着问<u>更多</u>我不知道答案的<u>问题</u>吗?
8. 教师是否总是不厌其烦地做到<u>准确无误</u>,避免孩子们猜测?	我是否应该允许学生陈述中的<u>不准确</u>之处被忽略?
9. 教师如何深思熟虑地<u>判断</u>在什么时候不诚实?	如果孩子们发现我<u>撒谎</u>,甚至在工作上撒谎,会对我造成什么伤害?
10. 在<u>坦率地对待学生</u>方面,教师有多老练?	我怎样才能告诉每个孩子,我对他们工作的评价总是经过深思熟虑的判断?
11. 在<u>坦率地对待同事</u>方面,教师有多老练?	为什么我觉得和我的一些导师<u>坦诚相处</u>比和其他导师<u>坦诚相处</u>更舒服?

在这一部分中,我省略了一个知识领域,我认为这个领域与我所讨论的公共知识同样重要,即个人知识(Sockett,2012)。然而,在上面的问题列表中,画线的部分概述了一些道德概念,这些概念必须在教师创建的有认识论存在的班级思想中传播。这表明我们如何将道德语言融入教学和课堂。我开始这一部分的时候,有一种看待差异和相似问题的方法,那就是认识到世界的大部分地方都是一个谜,也就是说,我们经常不知道该相信什么或者该做什么。然而,人们急于回避世界上的困惑,并追求确定性,这是真理的敌人。

学校教育通常为了追求某些答案，而不是认识谜题。只有老师把他们的道德世界看作是一个竞技场，让孩子们可以通过把世界看作一个谜以及通过寻找真理的任务来获得自由，道德世界才能获得力量，这也将解放老师。

参考文献：

Axtell, G. (Ed.) (2000) *Knowledge, Belief and Character*. Lanham: Rowman and Littlefield.

Ayer, A. J. (1957). *The Problem of Knowledge*, Harmondsworth: Penguin Books.

Belenky, M., Clinchy, B., Goldberger, N., & Tarule, J. (1986). *Women's Ways Of Knowing: The Development Of Self, Voice, And Mind*. New York: Basic Books.

Bellamy, R. (2008). *Citizenship: A Very Short Introduction*. New York: Oxford University Press.

Bowlby, J. (1965). *Child Care and the Growth of Love*. Harmondsworth: Pelican Books.

Brandon, E. (1987). *Do Teachers Care about the Truth?* London: George Allen and Unwin.

Campbell, E. (2003). *The Ethical Teacher*. Milton Keynes: Open University Press.

Clapham, A. (2007). *Human Rights: A Very Short Introduction*. Oxford: Oxford University Press.

Degenhardt, M. (1998). The Ethics of Belief and the Ethics of Teaching. *Journal of Philosophy of Education*, 32 (3), 333—344.

Dewey, J. (1997). *Experience And Education*. New York: Free Press.

Dottin, E. (2010). *Dispositions as Habits of Mind: Making Professional Conduct More Intelligent*. Lanham: University Press of America.

Gettier, E. (1967). Is Justified True Belief Knowledge? In Griffiths, A. P. (editor). *Knowledge and Belief*. Oxford: Oxford University Press. 144—147.

Griffiths, A. P. (1967). On Belief. In Griffiths A. P. *Knowledge and Belief*. Oxford: Oxford University Press.

Grossman P. L. and Schoenfeld, A. (2007). Teaching subject matter: In L. Darling-Hammond, J. Bransford, P. LePage, K. Hammerness, & H. Duffy (Eds.). *Preparing teachers for a changing world: What teachers should learn and be able to do* (pp. 201—231). San Francisco: Jossey Bass.

Hansen, D. T. (1995). *The Call to Teach.* New York: Teachers College Press.

Hansen, D. T. (2001). *Exploring the Moral Heart of Teaching: Toward a Teacher's Creed.* New York: Teachers College Press.

Hansen, D. T. (2007). *Ethical Visions of Education: Philosophy in Practice.* New York: Teachers College Press.

Hare, W. (1971). The Teaching of Judgment. *British Journal of Educational Studies*, 19 (3), 243—249.

Hare, W. (1979). *Open-mindedness and Education.* Montreal: McGill-Queens University Press.

Hare, W. (2009). Socratic Open-Mindedness. *Paideusis*, 18 (1), 5—16.

Hart, H. (1961). *The Concept of Law.* Oxford: Clarendon Press.

Higgins, C. (2009), Open-Mindedness in Three Directions. *Paideusis*, 18 (1), 44—59.

Hirst, P. H. (2010). *Knowledge and the Curriculum.* London: Routledge.

Hobbes, T. (1651). *Leviathan.* Project Gutenberg.

Hoyle, E. & Megarry, J. (Eds.) (2015). *The Professional Development of Teachers.* London: Kogan Page.

Jackson, J. A. (1970). *The Professions.* Cambridge: Cambridge University Press.

Jackson, P. W. (1990). *Life in Classrooms.* New York: Teachers College Press.

Jackson, P. W., Boostrom, R. E., & Hansen, D. T. (1998). *The Moral Life of Schools.* San Francisco: Jossey-Bass.

Jollimore, T. (2006). *Impartiality.* http://plato.stanford.edu/entries/impartiality/

Lagemann, E. C. (2002). *The Elusive Science.* Chicago: University of Chicago Press.

Locke, J. (1690). *Second Treatise of Government* (10th ed.), Project Gutenberg.

Mill, J. S. (1869). On Liberty. http://www.bartleby.com/130/

Norton, D. L. (1995). *Democracy and Moral Development: A Politics of Virtue*. Berkeley: University of California Press.

O'Neill, O. (2002). *A Question of Trust: The BBC Reith Lectures 2002*. Cambridge: Cambridge University Press.

Paul, R., & Elder, L. (2009). *The Miniature Guide to Critical Thinking: Concepts and tools*. Berkeley: The Foundation for Critical Thinking.

Peters, R. S. (1959). *Authority, Responsibility and Education*. London: George Allen & Unwin.

Peters, R. S. (1966). *Ethics and Education*. London: George Allen & Unwin.

Peters, R. S. (1972). Reason and Passion. In Dearden, R, Peters, R and Hirst P, *Education and Development of Reason* (pp. 208—227). London: Routledge & Kegan Paul.

Peters, R. S. (1974). *Psychology and Ethical Development*. London: George Allen & Unwin.

Pincoffs, E (1986). *Quandaries and Virtues*. Kansas: University of Kansas Press.

Pring, R. (2000). *Philosophy and Educational Research*. London: Continuum.

Pring, R. (2004). *Philosophy of Education*. London: Continuum.

Pring, R. (2012). *The Life and Death of Secondary Education for All*. London: Routledge.

Riggs, W. (2010). Open-Mindedness. *Metaphilosophy*, 41 (1—2), 172—188.

Roberts, R. C., & Wood, W. J. (2007). *Intellectual Virtues: An Essay in Regulative Epistemology*. New York: Oxford University Press.

Sacks, J (2003). *The Dignity of Difference*. London: Bloomsbury.

Siegel, H. (2009). Open-mindedness, Critical Thinking, and Indoctrination: Homage to William Hare. *Paideusis*, 18 (1), 26—34.

Sockett, H. (1991). The Moral Aspects of the Curriculum. In Philip W. Jackson (Ed.), *The American Educational Research Association Handbook of Research on Curriculum*. New York: Macmillan. 543—570.

Sockett, H. (1993). *The Moral Base for Teacher Professionalism*. New York:

Teachers College Press.

Sockett, H. (1993a). Accountability, Trust, and Ethical Codes of Practice. In Goodlad, J, Sirotnik, R, Soder, R. *The Moral Dimension of Teaching* (Hugh Sockett). San Francisco: Jossey-Bass.

Sockett, H. (2006). Character, Rules and Relations. In H. Sockett, H. (Ed.) *Teacher Dispositions: Building a Teacher Education Framework of Moral Standards*. Washington, DC: American Association of Colleges for Teacher Education (1—17).

Sockett, H. (2008). The Moral and Epistemic Purposes of Teacher Education. In *Handbook of Research on Teacher Education* (45—67). New York: Routledge.

Sockett, H. (2009). Dispositions as Virtues. *Journal of Teacher Education*, 60 (3). 291—303.

Sockett, H. (2102). *Knowledge and Virtue in Teaching and Learning*. London/New York: Routledge.

Sockett H, DeMulder, E, LePage, P and Wood, D. (2001). *Transforming Teacher Education; Lessons in Professional Development*. Westport: Bergin and Garvey.

Stanford Encyclopedia of Philosophy. (2016). Aristotle: http://plato.stanford.edu/entries/aristotle/, Kant: http://plato.stanford.edu/entries/kant-moral/

Stout, J. R. (1990). *Ethics after Babel*. Boston: Beacon Press.

Williams, B. (2002). *Truth and Truthfulness*. Princeton: Princeton University Press.

Williams, B. (2006). The Primacy of Dispositions. In Williams, B. *Philosophy as a Humanistic Discipline*. Princeton: Princeton University Press (67—76).

Woozley, A. D. (1966). *Theory of Knowledge: An Introduction*. London: Hutchinson.

教育教学中的德行与道德品格

［英］戴维·卡尔①

一、引言：道德、德行与教育

本文将探讨德行与品格的概念，或者，更确切地说，透过道德品格来理解德行，这对理解教育教学有着重要意义。简而言之，有两个关键的原因使得这两个概念如此重要。首先，毋庸置疑，在当代学校教育中，培养学生的道德品格可能或应该被视为教育的核心内容。第二，且不说德行对于任何职业或工作都有着普遍意义和价值，目前比较公认的观点是，道德品格的最佳教育途径往往是由道德品格高尚的教师来教授或示范。接下来，我将深入讨论上述问题。然而，在此之前，我将使用一些篇幅来谈论一个哲学问题，即如何更好地理解品格和德行。为此，我首先概述古希腊伟大的哲学家们对于德行本质的经典深度思考，以及现代西方学界掀起的"德行伦理"的复苏之潮。

二、古希腊的道德、德行与品格

我们所知道的苏格拉底，被伟大哲学家柏拉图认为是其最伟大的教师和影响者，闻名于柏拉图在《对话录》（Plato，1961）中所描绘的形象，他是永远的领导者，能巧妙地驳斥其哲学对手的观点。尽管在历史上，苏格拉底是

---

① 作者系英国爱丁堡大学荣休教授、伯明翰大学伦理与教育教授。

一位对哲学问题涉猎广泛的学者，但他确凿无疑是德行理论的先驱。他不仅（以希腊方式）指出每一个使人类优秀或杰出的品格，而且提出了"道德"这一特殊概念。确实，在传统希腊观点中，德行被认为是任何能够使人优秀的品格和技能，也就是说，即使武士或者演说家没有道德，他们的技能依旧可以使他们成功。而苏格拉底是第一位指出"德行"具有独特的道德和伦理意义的哲学家，这个词汇已经在现代英语国家中被广泛运用。简言之，在苏格拉底看来，德行是指诚实、公正、勇敢、自律和智慧，毫无疑问，这些品格是使人类社会走向繁荣的关键要素，没有这些品格人类很难在这个世界很好地存活。

最后提及的"智慧"品格，对苏格拉底而言，尤为重要。在他看来，没有知识，不能真正地理解和认同事物，就没有真正的德行。因为智慧能够使我们远离贪欲、虚荣和不切实际的幻想。事实上，苏格拉底认为拥有知识和智慧不仅是德行的必要条件，在某种程度上，智慧或多或少就是德行本身。他杰出的弟子柏拉图坚定地追随其思想，认为知识是德行的关键要素，因此其大部分的工作都在关注丰富的知识如何促使道德知识的生成（如柏拉图的《理想国》和《泰阿泰德》），这类似于是确凿信念的基础。但是，尽管柏拉图在很大程度上认同苏格拉底，知识是德行的必要条件，可他似乎最终还是在观点上与苏格拉底分道扬镳。至少从他早期所著的苏格拉底对话录看，并不认为知识是充分条件。因此，在他重要的作品《理想国》中，可以看出一个人虽然有足够的道德知识，但是性格怯懦或意志不坚定，依旧很难在生活中践行道德知识。因此，对于柏拉图而言，尽管各类智力学习能够赋予人道德观念和道德感，但意志和人格依旧需要通过严格的身体力行加以训练。

相反，柏拉图杰出的学生亚里士多德（Aristotle, 1941）与苏格拉底和柏拉图持不同观点。首先，亚里士多德和柏拉图一样，否认德行知识是德行行为的充分条件。不仅如此，他还反对苏格拉底和柏拉图认为德行知识等同于智慧的观点。亚里士多德认为德行是一系列美好的品格，它依托于理智德行，这种理智德行是指在实践中的深思熟虑（即，实践智慧），而非是指人类在探索和追寻世界真理过程中所获得的（虽然说这些真理也包括人们对自我以及与他人的关系的理解）。因此其更多涉及正确的道德秩序，或对人类本性中非理性的欲望和激情的规约（Carr，2009）。准确地说，实践智慧（phronesis）是指基于诚实、公正、勇敢、自律、智慧等（能够指导我们对一个人是否具有良好的道德品格做出判断的）品格，对什么样的行为能够有益于个体和人类社会繁荣的深度思量。简言之，实践智慧是一种实践形式而非理论依据。但是，我们即将回到现代品德教育的案例，对亚里士多德的观点进行更加全面的考察。

现在，我们能够得知上述三位古希腊西方哲学之父皆一致认为培养美好德行品格是重要的教育目标之一（不是唯一）。首先，苏格拉底询问了一个最基础的哲学问题，即我们应该如何生活，可以说是教育和教育者应思考的核心问题。正如我们所知，苏格拉底认为德行即道德知识或我们对这个世界、对自我、对自我与他人关系的理解，事实上，没有人一旦拥有这样的知识便会等同于拥有德行，从而完全在行为上正确。柏拉图将苏格拉底的观点在认知维度进行了延伸，尽管他赞同拥有适当的知识是养成德行所需的，但是这远远不够，因为有着渊博道德知识的人依旧会由于软弱或意志力不强而做出错误的行为。因此，在他的《理想国》中，柏拉图辩论道（说到这里，当然柏拉图所指的教育是对他的理想社会中的统治阶级而言），智力的发展是培养德行的理性方面所需的，德行的行为方面依旧需要通过实践课程（例如体育和音乐教育）来进行塑造和训练。

哲学家们往往直接地将古代最先进的德行思想归功于苏格拉底和柏拉图（所有时期的大多数观点皆是如此），但是亚里士多德的德行理论在他们的基础上取得了重大发展，这或许与当今社会的通识教育和学校教育有一些关联。一方面，苏格拉底—柏拉图式的哲学（Socratic-Platonic）认为德行发展的理性要求是高度智力水平（唯智主义），因此柏拉图认为这样的教育只适合于那些具有较高认知能力和智力的人。然而，亚里士多德提出在实践中深思熟虑的实践智慧与前面二者具有显著区别（安卡姆指出这是亚里士多德最伟大的发现之一，Anscombe，1959：第58页），他认为通过科学的理论推理以及其他的探究，使得道德反思和做出选择所需的理性，对于所有理智的人来说并非遥不可及的。总之，一个人即使没有爱因斯坦的天赋，也同样可以成为有道德的人。此外，按照现代标准，亚里士多德的政治哲学依旧是高度精英化，几乎不可能被认为（比其他的古希腊哲学家）更加平等。然而，他与柏拉图在原则上不同，基本上是秉承自由民主。事实上，亚里士多德对发展实践理性之道德智慧的兴趣，核心在于他认为这些品格的发展能够使得一个理性的人，可以作为一个有责任感的公民，参与自由民主政府和协会的运作过程和程序。

三、当代教育和教学中德行品格案例：科尔伯格及其之后

在所有活动中，如果有一些事物对文明交往和人类社会繁荣发展至关重要的话，例如亚里士多德的实践智慧（即，实践中的深思熟虑和判断）以及德行作为思量的主要内容，那么我们现在可能会问这些品格的养成在多大程度上会成为后来西方自由民主国家及其他社会中教育的重要特征。简要的回答是，尽管道德品格和德行养成在距离我们不太遥远的过去和现代教育中是确信无疑被强调的，而且正如我们大家所知，道德品格的养成在近来越来越受到关注，但是在全球范围内，一些现当代教育却很容易存在对品德养成普遍忽视的现象。

在英国的公立学校系统中（与私立学校相区分），道德品格教育无疑更加深受重视。这多半是受到柏拉图的影响，团体运动的确促进了对道德品格的训练。同样，在英国私立学校中（不依赖国家财政的付费教育），对勇气、自律、诚实、公正和为他人服务等德行的养成依旧是主要的教育内容。然而，有一些绝对错误的观点指出，无论这个国家的哪所学校都普遍忽视人类发展和教育这一重要的方面。可是，由于所有的学校都面临日后的压力，使得这种观点变得貌似正确。当大量的工具化和功利化思想充斥校园，赋予学习者以经济上"有用"的知识和技能，以便有效地适应高度竞争化的全球化经济环境。简而言之，学校逐渐成为年轻人为将来专业发展而学习学术和理论知识、为将来职业而学习技能的场所。在后来的学校教育中，特别是在自由民

主环境下的北美和西欧国家，普遍的仪器漂移（instrumental drift）现象似乎被一些怀疑的观点所强化。这些观点认为任何教育干预可能在教人以学术或职业的训练之外，还应对个人的道德品格进行塑造。

据此，毫无疑问，在现代学校中，人们对道德教育依然具有巨大的兴趣，对道德教育的讨论经久不衰。毕竟，教育者们依旧希望学校毕业生在拥有知识的同时能够成为举止得体，忠于社会道德准则的人。令我们惊讶的是，在二战期间，品德教育无疑是道德发展与教育最主要的理论。如果不是这样，在20世纪最具影响力的道理教育理论，便是为避免个体修养和信条道德败坏而设计。因此，追随现代心理学家皮亚杰（Piaget，1997）以及18世纪启蒙哲学家康德（Kant，1967）的思想，哈佛大学心理学家劳伦斯·科尔伯格建构了影响力颇广的理论，认为人的道德发展与教育是一种理性道德（Kohlberg，1984）。追随康德，科尔伯格把道德判断与道德观念看作是有教养的人类社会中的基本原则和规则。因此，仅有理性的认知和观察才能拥有道德（因此野兽没有理性，便没有道德），而情感与感觉则与理性认知毫无关联。

然而，追随着20世纪杰出的认知心理学家皮亚杰，科尔伯格认为道德发展是有阶段性的，一个人经历和超越了各种前道德和"他律"阶段的推理和行为，逐渐转向成熟的理性道德自律的阶段。在这一阶段，个体能够基于独立的道德思考进行道德推理，即不受个人兴趣和欲望、"适应"社会或者取悦他人的影响。科尔伯格的理论细节不应该过度地束缚我们，而是应该更为概括地被理解。在"前习俗"或前道德水平，有两个阶段：①惩罚和服从阶段，②个人主义阶段。在这一时期，任何表面上的道德行为在很大程度上是由于害怕惩罚或者渴求表扬。在第二个习俗或角色一致水平，也有两个阶段：③"好孩子"阶段，④尊重社会权威阶段。在这一水平，道德行为很大程度上是因为遵守社会共识和秩序。在第三个后习俗水平，也有两个阶段：⑤法律规约阶段，⑥道德准则规约阶段。在这一水平，道德是一种理性的、对道德义务和责任的自我认同和遵从。然而，截至目前道德行为的发生都是出于对纯粹的道德理性的遵守，而不是来自感觉和情感的推动。因此，我们可以很清晰地看出只有第六个及之后的阶段可以被视作为真正的道德（纯粹的道德）。

然而在这一点上，最常见的反对科尔伯格和康德学派之"理性主义"道德理论的哲学观点，大多都认为他们阐明了理性是纯粹道德行为的必要条件，却没有清晰地证明其是充分条件。这似乎是在争论德行或多或少就是道德知识。苏格拉底是西方超理性主义道德观的开山鼻祖，任何这样观点似乎都被公开反对，人们能够通过行为示范习得很好的道德理性，但是却不能践行。事实上，值得争论的是，这远非是道德失败的意外案例，这或许是人类最常见的缺点。许多人往往完全充分地意识到我们如何做才是有道德的，但却由于各种各样的动机，最终没能践行道德信条。简单地说，道德圣人似乎在依靠知识的同时，更多地依靠恰当的欲望、意志和感觉。即使在缺乏理性来指导人们的行为，在没有什么可以值得称为道德或道德行为的情况下，人们可能很好地拥有其中一种而不是其他的。

和上述对科尔伯格观点的批评一致，科尔伯格的学生、著名评论家卡罗尔·吉利根（Gilligan, 1982）通过研究发现女性的道德判断是基于感觉而非准则，提出了一个颇具说服力的现代观点，认为人类的重要道德动机是来自于人类的感情或感觉。准确地说，她认为女性不像男性那样基于理性原则采取道德行为，而是更加容易被说服去帮助有困难的人，因为她们更容易受到同情或怜悯的驱动。虽然康德及其他道德理性主义者可能会强烈地否认并不存在任何真正的以非理性情感为基础的，或没有一定程度道德知识的道德圣人，然而将某种程度上恰当的感觉作为恰当道德反应是合情合理的。并且在事实上，对别人的困境表示怜悯或同情似乎是一种理性的回应。但是另外一大批对科尔伯格批判的人提出了如下观点：首先，是来自于美国品格教育学家的批判（例如，Lickona, 1992, 1996; Ryan, 1995; Ryan & Bohlin, 1999）。在过去三四十年，他们就认为道德发展比道德理性和知识的教授更为重要，因为道德发展必须具备基于恰当角色的道德品格，然后才能做出正确的事情。其次，是来自于德行伦理学家的批判。他们以亚里士多德的德行是美好品格的理论为蓝图，更加清楚地显示了恰当的理性、欲望和感觉在道德养成中的重要交互作用，尝试探索德行伦理在教育中的应用（请参阅：Carr,

1991，1996，2000，2003b，2007；Cooke & Carr，2014；Carr & Steutel，1999；Curren，2000，2010；Dunne & Hogan，2005；Higgins，2011；Kaistjansson，2013，2014，2015；MacIntyre & Dunne，2002；Sanderse，2013，2014；Steutel，1997）。

四、新亚里士多德品格教育的实例

新近提及的所有的道德和品格教育方法，在目前看来，都有令人信服的理由去选择新亚里士多德的德行伦理路线。一般来说，当我们发现以皮亚杰、科尔伯格等人为代表的现代认知发展观强调理性在道德或德行行为中的作用；以吉利根等人为代表的现代道德伤感主义者强调感觉的作用；美国新品格教育学家强调正确的性格训练对于良好行为塑造的重要性；亚里士多德学派的德行伦理学家们则远超于其他观点，认为不仅要认同上述三者在德行品格中的不同贡献，还应该关注三者之间的相互关系。此外，在我们对科尔伯格坚持捍卫道德生活和深思熟虑是理性表征之观点表示赞同时，也需要认识到，正如我们所看到的，他的新康德主义的道德理性概念明显存在更多问题：他认为理性是个人和人际行为应掌握的一般规则，而情感的作用被严格排除在外。

在这方面，除了指出实践理性（phronandesis）的实践思考是指向发展良好品格和做出正确的道德选择这一事实，亚里士多德还指出它与法理学的一般理论和技术性反思的显著差异，因为它需要在特定的情况下依据环境进行敏感的判断，这便增加了依照普遍适用的规则来评价行为是否道德的难度（Carr，2003a）。虽然亚里士多德从不曾否认任何道德的普遍性，例如他确定诸如谋杀、盗窃和通奸的行为总是错的，但他仍然坚信环境在很大程度上必然决定在特定的情况下，怎么做才是有道德的。因此，当我们思考如何做才是行为公正时，亚里士多德坚持认为公正地对待不公平的事件和不公平地对待公正的事情依旧是不公正的，并且我们应该依据事件之间的不同本质，有区别地公正地对待不公正事件。

亚里士多德"实践性慎思"的特征有时候被误解，事实上亚里士多德从未说过它是一种完全没有理性的客观实践，也没有说过道德选择只不过是"怎么都行"的主观偏好。尽管误解存在，但这无疑成为二十世纪中叶亚里士多德德行伦理在现代得以复兴的主要灵感。准确地说，英国分析哲学家伊丽莎白·安斯科姆于1958年在《哲学》杂志上发表了一篇极具影响力的题为《现代道德哲学》的文章。她在文中呼吁应重提亚里士多德的德行伦理，尤其是他提出的依据环境敏感选择的"道德慎思"理论——以作为矫正当时流行的道德理性主义这一对手的理论错误。后者指出，只要遵循实用主义的一般原则或康德的责任原则便可以精简所有的道德生活和行为（Anscombe，1981）。尽管安斯科姆自己没有创造一种新的德行理论，但是她激起了人们对现代道德的德行和道德品格的全新思考，以及从亚里士多德、休谟、黑格尔、尼采等哲学家处获得新的启示。（关于德行伦理的演变可以参看：Annas，2011；Dent，1984；Foot，1978；Geach，1977；MacIntyre，1981，1988，1992；McDowell，1997；Mussbaum，1988，1995；Sherman，1989，1997；Slote，1983，1992，2010；Swanton，2003）但是，无论如何，新亚里士多德主义及其他德行伦理的道德认识论与科尔伯格（及新科尔伯格）的康德认识论视角截然不同。

因此，对亚里士多德而言，德行是道德品格，是人类欲望和情感的理性排列（Carr，2009）。

因为，正如苏格拉底和柏拉图都认可，自然的人类嗜好、欲望和激情往往是任性的、非理性的、过度的。因此他们需要依照人类美好的设想被调节和约束。因为在亚里士多德看来，对食物和性欲的过度需求，都需要根据健康原则或者社会责任，从而得以调节。因为人类易怒易惧，或无畏无惧，因此需要学习在不同的环境中如何将自己的情感控制得恰到好处；人类还倾向于将自己的利益置于别人之前。有时，亚里士多德可能会说，甚至亦然——他们需要尊重他人的需要和权利，并且应基于诚实、公正和公平来判断何人的需要最为重要。在决定上述内容是否正确或适当的过程中，理性能力发挥着重要的作用，这便是亚里士多德所说的实践智慧（phronesis 或 practical wisdom)。

然而，判断不同的场景中何谓道德正确或道德需要是一个既复杂又棘手的问题。这不仅仅是因为特定场景可能影响到一个人对事物所产生的情感反应的水平。例如，在公众场合受到歧视而被激怒无疑是恰当的，但是在街上被人踩了一脚就暴跳如雷却是不恰当的。问题的复杂性还在于，正如前面提到的，我们以人的品格好坏来判断是否道德时，会明显地发现有各种各样的错误事件或者错误行为。因此，可能尽量保持自律德行模式，通过苏格拉底和柏拉图提出的理性，作为控制感觉和欲望的规则。而勇气作为压抑恐惧以摆脱胆怯的害怕状态，显然不是如此。正如亚里士多德指出，未能在危险的情况下感到恐惧不是德行，而是愚蠢的。因此，鲁莽的人面对危险，毫无恐惧而采取行动，与懦弱的人基于恐惧来进行判断是相同的，在道德上都是错误的。

简而言之，亚里士多德认为适度地表达嗜好、欲望和激情，是德行在一定场景下做出正确的判断的关键成分。一个人不知道害怕就称不上勇敢（否则为什么人需要勇敢呢?）；一个人没有需要被控制的欲望就称不上节制；一个人对他人的不幸没有感到真切的同情就不会真正富有同情心；等等。虽然亚里士多德明确地指出，实践智慧的道德思考的难处在于没有一个普遍的行为规则或简单知识汇编为人们提供行动指南。比如，总是说真话，不要被愤怒战胜、总是要乐善好施（其实在某些情况下，这些事也不见得在道德上都是明智的）。但他提供了一个一般性的原则，即有道德的行为多是遵从所谓的"中道原则"。该原则建议避免人类自然产生的欲望和情感所表现的过度和不及。因此，勇气可能被视为懦弱（过度恐惧）和愚勇（缺乏谨慎）的中道；节制可能被视为暴饮暴食（欲望太强）和禁欲主义（压抑欲望）的中道；慷慨可能被视为挥霍（不假思索的过度给予）与吝啬（一点都不愿给予）的中道。现在还应指出，亚里士多德一方面给出大量标准（task），以判断成年人的实践智慧能力是否得以恰当表现。另一方面，他认为早年的教养方式对于道德行为的发展和养成同样起着决定性的作用。

五、德行、道德品格教育与教学

在这一点上，我们可能会考虑到在（正式）教育、教学和学校教育中，暗含着与亚里士多德思想一致的德行品格的发展和养成教育。这里应该至少有三点可以帮助我们理解通识教育和专业的教学实践与德行的联系。首先，如果正如苏格拉底、柏拉图和亚里士多德的精神，我们在当代学校教育中对广泛的通识教育和学生个人发展的重视胜于学术和职业培训，那么对于诸如诚实、公正、自律、勇气和同情等德行品格的养成将成为各类学校中所有教师每日最重要的工作内容。同时，也有证据表明，这通常表明了教师对自我的职业角色认知（例如 Carr & Landon, 1998a, 1998b）。

其次，如果培养德行品格被视为教师至关重要的工作，那么人们会希望教师自身至少在一定程度上，是这些德行品格的示范者（了解更多案例，可参看 Carr, 2007）。诚然，我们期待不论是哪个学科的教师，不仅要拥有本学科的知识，还清楚地知道德行并不能简单地被归结为学术和技术意义上的知识。事实上，正如亚里士多德他自己在《尼各马可伦理学》中说到的那样，没有比践行更好的方法，让人真正拥有良好的品格。因此，很少看到一些仅在"理论"或"学术"上教授德行，而不实际拥有它们的人。简而言之，拥有这样的德行似乎是教学或沟通的前提。毫无疑问，德行只能通过在复杂的环境和场景中的道德行为实践，才能被恰如其分地表现出来。亚里士多德同时坚持以父母、教师或同辈的行为为范例，是品格教育的基本方式（在这一点上，参见 Kristjansson, 2015）。

其三，应该清楚的是，好的教育或教学所需的绝不仅是道德德行而已。的确，一位教师可能是一个非常诚实、公平、自律、善良、全力支持学生的人，但却是一个缺乏教学技能的教师。当然，反之亦然。因此，让学生难忘的教师或许是因为他们诚信和公平的品格；或许是因为他们对教学充满激情和感染力、具备启迪学生的能力，即使他们可能没有做到公正。简而言之，对于一个好教师或一种好的教育而言，重要的德行品格包括对知识和学习的热爱、求知欲、对所教内容的兴趣和热情、对真理和事实的尊重、对不同观点持开放态度等。然而，尽管亚里士多德在《尼各马可伦理学》中明确表示以上品格同样算作德行，但他将这些德行明确地区分为"智慧德行"。此外，近来有很多教育哲学家对亚里士多德的"智慧德行（理智德行）"产生了兴趣，以此成为有效教育的德行基础（例如，Kotzee，2013；MacAllister，2012；Sockett，2012）。简要概括，亚里士多德或新亚里士多德品德发展的道德教育理论有三个要点：(1) 早期良好习惯的训练；(2) 父母和教师的良好示范；(3) 实践智慧或实践判断力的发展。当考虑到一个好教师或教育者需要什么品格，我们还应该将养成智慧德行的需要添至其中，至于一般教育对德行养成的促进而言，显而易见，理性思考在德行的全面发展中扮演着重要的角色，这种发展在早期的教育中便打下了基础。建议：为了促进道德品格的成熟，实现全面的道德德行，儿童和年轻人应该养成诚实、公正、自律、勇敢等好习惯。亚里士多德也认为早年不良的教养方式可能会导致年轻人养成不良的德行。也就是说，天生或完善的德行显然不仅仅是训练或习惯化，还要求在实际思考中发展实践智慧。

但是，从实践教学的角度来看，父母、教师或监护人在儿童和青少年时是如何培养他们的道德品格？一个基本的结论是，亚里士多德提出以理性反思和道德思考为途径进行性格塑造，是基于实践而不纯粹是理论、知识和智慧，这些都是在实践事务和人类团体中进行实际的或直接的体验而炼就的。因此，毫无疑问，父母和教师为德行形成奠定早期基础。例如，他们告诉孩子们在玩耍时不要欺负比他们弱小的孩子（这是在培养他们的公平德行），鼓励他们与他人分享游戏、玩具或是糖果（自律和慷慨），或受到轻伤时不要小题大做（勇气），这些活动都是在培养孩子的德行。

也就是说，直到孩子获得训练才能发展道德智慧的审慎能力。正如亚里士多德所说，直到没有经验的年轻人获得适当的经验，才适宜于进行德行的思考。亚里士多德确实向我们提出了一个谜题，即孩子们如何从早期的实践习惯逐渐过渡到成熟的道德反思。这个问题有时被称为"道德教育"的悖论（Peters，1981），在某种程度上被现代认知学中的道德发展研究广为探讨。例如,皮亚杰和科尔伯格似乎认为孩子们在达到一定的年龄阶段发展水平以前,不具有某种推理能力。然而,认为孩子会突然获得今天拥有的而昨天所没有的道德反思能力,或者更严重地认为,他们昨天还完全不会道德推理,今天就开始进行道德推理了的观点是很难被理解的,同时也没有很好地反映道德推理发展过程中,不同场景所具有的复杂性。显然,即使是在最早的道德习惯化的教育中,明智的父母和教师也不会简单地纠正年轻人盲目的行为习惯,而是参与到他们或简单或复杂的活动中,同他们一同分析,为什么某些行为是正确的或值得称道的,而其他的不是。这种道德对话的方式,无疑是实践智慧发展的重要途径,而并非盲目的习惯化引导。

此外,为发展更加正式的德行学习课程,亚里士多德一方面非常重视道德品格养成的实践经验,另一方面他似乎并没有排除大量"二手"的德行学习课程。尤其与柏拉图不同的是,后者深深地怀疑艺术等道德学习的方法,而亚里士多德则在其《诗学》(Aristotle,1941)中谈到潜在的创造力和想象力能够真正洞察人类的道德生活和组织,尤其是德行情感方面的教育。事实上,同样值得注意的是,现代道德哲学家阿黛尔·麦金泰尔(MacIntyre,1981),作为亚里士多德的追随者,认为人类道德自我理解的逻辑形式正是"描述",即他用"故事中的角色"来理解我们自己。因此,伟大的文化和文学描述人类传承下来的习俗,以其形式和内容帮助人们深入地洞察人的本性,并揭示人类繁荣发展进程中的那些美好和邪恶的品格。

同样值得注意的是,从过去到现在,有不少文献通过编纂故事以达到道德教育的目的。这些极为重要的工作近来已经在各地得以实施。这里要向大家介绍一个重要的尝试,从2012年开始,伯明翰大学的朱比利品格与德行中心(Jubilce Centre for Character and Virtues)为英国的学校开发和实施了一个名为"骑士德行"的大型开拓性项目,目的是在公立学校教育中,通过描绘有文化意义的故事来帮助年轻人理解何为德行和何为丑恶。

这里我们不再花时间来阐释原因(卡尔和哈里森2014年的文献中有详细的描述),这个项目使用了四个古典英语和西班牙语的文学故事,即《加雷斯和利奈特》(来自托马斯爵士的《亚瑟王之死》),《伊尔·赛德》(来自于中世纪欧洲的传说),《堂吉诃德》(来自塞万提斯的著作)和《威尼斯商人》(来自威廉·莎士比亚的剧本)。以此,探索经典故事中的教育潜力,在学校中帮助学生提高德行素养,帮助他们理解这些人物在道德本质上是好还是坏。无论如何,这个项目已经在100多所英国学校尝试实施,2012年至2014年之间有5000名学生参与其中,此后又扩大到约30000名学生。因此,总体讲,该项目是成功的,深受学生、教师和家长的好评。随后,本人与朱比利中心的同事汤姆·哈里森博士合著了《基于故事的品格教育》(Carr & Harrison, 2014),此书对该项目进行了更为详尽的介绍,进一步证明和探索了在学校使用文学作品来实施道德教育(关于这方面的内容,2005年的文献也同样提到)。

正如已经指出的那样,如果培养学生道德品格广泛发展被认为是教师专业角色极为重要的方面,这似乎暗示着教师自身应为将来的专业实践做好品德准备。简而言之,成为一个好教师不仅要掌握某些技术或其他专业技能,而且要成为一种特殊的人——一个拥有一定程度的德行的人,诸如诚实、正直、公正、诚信、自律等。尽管对医生、护士、律师、社会工作者、政客和教师等任何职业的发展来说,良好的品格都是重要的。但是,教师有特殊的理由强调德行和品格在教师专业发展中的重要性,因为教师应当成为他们学生的道德榜样。

可以肯定的是,正如当前作者强调的那样,为了成为成功的、有效的教育工作者,教师需要具有多种专业能力,尤其是在学校中,要有树立权威的能力,制定纪律或赢得孩子的尊重的能力,而这些能力实际上都是人际道德关系的体现。因此,德行似乎比管理技能更为重要。这与一些后来的职业政策建议文献中宣称的恰恰相反(Department of Education and Science and The Welsh Office, 1989)。当然,这就引发了一个更大的难题,即如何在一些高级的教师教育和培训中推行教师德行养成的项目。这里,我们有两点建议。首先,应进行广泛意义上的教师教育,而不是近日来各地开展的狭义的教师培训。这种教育基于广泛的文化素养培养从而发展教师的道德感,而不是狭义的职业练习(在这个问题上可参考Carr, 1997)。其次,在亚里士多德的精神中，大量的篇幅谈到这种道德体验的志愿工作和服务学习教育，能够强化对于公众服务的积极态度和承诺。

最后，我们想要再次强调，并非所有有效教学中的德行（或"卓越"）都是伦理德行。确切地说，还有亚里士多德在《尼各马可伦理学》中指出的智慧德行。据此，我们认为包容、诚实、公平、自律等德行是一个优秀的教师和教学的基本品格，还希望教师同样具有洞察力并追求真理，对教学充满热情，保持开放的思维，能够将德行、价值观、兴趣、热情和激情传递给他们的学生。由此可见，对教师来说，智慧德行与伦理德行同样重要。最终，我们应该追求的是，教师同时具备这两种德行，而这仍然是当今教师教育和训练的最大挑战，但同时也是实现这一要求的最佳途径。

参考文献：

Annas, J. (2011). *Intelligent Virtue*, Oxford: Oxford University Press.

Anscombe, G. E. M. (1959). *Intention*, Oxford: Basil Blackwell.

Anscombe, G. E. M. (1981). Modern moral philosophy. In G. E. M Anscombe (1981). *The Collected Philosophical Papers of G. E. M. Anscombe: Volume III Ethics, Religion and Politics*, Oxford: Basil Blackwell.

Aristotle (1941). *Nicomachean Ethics and Poetics*. In R. McKeon (Ed.). *The Basic Works of Aristotle*, New York: Random House.

Bohlin, K. (2005). *Teaching Character Education through Literature*, London/New York: Routledge/Falmer.

Carr, D. (1991). *Educating the Virtues*, London: Routledge, reprinted 2012.

Carr, D. (1996). After Kohlberg: some implications of an ethics of virtue for the theory and practice of moral education, *Studies in Philosophy and Education*, 15 (4), 353—370.

Carr, D. (1997). The uses of literacy in teacher education, *British Journal of Educational Studies*, 45, 53—68.

Carr, D. & Landon, J. (1998a). Teachers and schools as agencies of values education: reflections on teachers' perceptions: part I: The role of the teacher, *Journal of*

Beliefs and Values, 19, 165—176.

Carr, D. & Landon, J. (1998b). Teachers and schools as agencies of values education: reflections on teachers' perceptions: part II: The hidden Curriculum, *Journal of Beliefs and Values*, 20, 21—29.

Carr, D. (2000). *Professionalism and Ethics in Teaching*, London: Routledge.

Carr, D. (2003a). Character and moral choice in the cultivation of virtue, *Philosophy*, 78, 219—232.

Carr, D. (2003b). Rival conceptions of practice in education and teaching, *Journal of Philosophy of Education*, 37 (2), 253—266.

Carr, D. (2007). Character in teaching, *British Journal of Educational Studies*, 55 (4), 369—389.

Carr, D. (2009). Virtue, mixed emotion and moral ambivalence, *Philosophy*, 84, 31—46.

Carr, D. & Harrison, T. (2014). *Educating Character through Stories*, Exeter: Imprint Academic.

Carr, D. & Steutel, J. (Eds.) (1999). *Virtue Ethics and Moral Education*, London: Routledge.

Cooke, S. & Carr, D. (2014). Virtue, practical wisdom and character in teaching *British Journal of Educational Studies*, 62 (2), 91—110.

Curren, R. (2000). *Aristotle on the Necessity of Public Education*, Lanham: Rowman & Littlefield.

Curren, R. (2010). Aristotle's educational politics and the Aristotelian renaissance in philosophy of education, *Oxford Review of Education*, 36 (5), 543—559.

Dent, N. J. H. (1984). *The Moral Psychology of the Virtues*, Cambridge: Cambridge University Press.

Department of Education and Science and the Welsh Office (1989). *Discipline in Schools*, London: HMSO.

Dunne, J. & Hogan, P. (Eds.) (2005). *Education as a Practice: Upholding the Integrity of Teaching and Learning*, Oxford: Blackwell.

Foot, P. (1978). *Virtues and Vices*, Oxford: Blackwell.

Geach, P. T. (1977). *The Virtues*, Cambridge: Cambridge University Press.

Gilligan, C. (1982). *In a Different Voice: Psychological Theory and Women's Development*, Cambridge Mass.: Harvard University Press.

Higgins, C. (2011). *The Good Life of Teaching: An Ethics of Professional Practice*, Oxford: Wiley-Blackwell.

Kant, I. (1967). *The Critique of Practical Reasoning and Other Works on the Theory of Ethics*, translated by T. K. Abbott, London: Longman.

Kohlberg, L. (1984). *Essays on Moral Development: Volume I*, New York: Harper Row.

Kotzee, B. (Ed.) (2013). *Education and the Growth of Knowledge: perspectives from social and virtue epistemology*, Special Issue of *Journal of Philosophy of Education*, 47 (2), Oxford: Wiley-Blackwell.

Kristjánsson, K. (2013). Ten myths about character, virtue and virtue education-and three well-founded misgivings, *British Journal of Educational Studies*, 61 (3), 269—287.

Kristjánsson, K. (2014). The pros and cons of Aristotelianism in contemporary moral education, *Journal of Philosophy of Education*, 48 (1), 48—68.

Kristjánsson, K. (2015). *Aristotelian Character Education*, London: Routledge.

Lickona, T. (1992). *Educating for Character: How Our Schools Can Teach Respect and Responsibility*, New York: Bantam Books.

Lickona. T. (1996). Eleven principles of effective character education, *Journal of Moral Education*, 25 (1), 93—100.

MacAllister, J. (2012). Virtue Epistemology and the Philosophy of Education, *Journal of Philosophy of Education*, 46 (2), 251—270.

MacIntyre, A. C. (1981). *After Virtue*, Notre Dame: Notre Dame Press.

MacIntyre, A. C. (1988). *Whose Justice, Which Rationality?* Notre Dame: Notre Dame Press.

MacIntyre, A. C. (1992). *Three Rival Versions of Moral Enquiry*, Notre Dame, Notre Dame Press.

MacIntyre, A. C. & Dunne, J. (2002). Alasdair MacIntyre on education: in dialogue with Joseph Dunne, *Journal of Philosophy of Education*, 36 (1), 1—19.

McDowell, J. (1997). Virtue and reason, in Crisp, R. and Slote, M. (1992). *Virtue Ethics*, Oxford: Oxford University Press.

Nussbaum, M. (1988). Non-relative virtues: An Aristotelian approach, in Nussbaum, M. C., & Sen, A. (Eds.) (1993). *The Quality of Life*. Oxford: Oxford University Press.

Nussbaum, M. (1995). Aristotle on human nature and the foundations of ethics, in J. E. J. Altham & R. Harrison (Eds.). *World, Mind and Ethics*, Cambridge: Cambridge University Press.

Peters, R. S. (1981). *Moral Development and Moral Education*, London: George Allen and Unwin.

Piaget, J. (1997). *The Moral Judgement of the Child*, New York: Free Press Paperbacks.

Plato (1961). Gorgias, Meno, Protagoras, Republic and Theaetetus. In Hamilton, E. and Cairns, H. (Eds.). *Plato: The Collected Dialogues*, Princeton: Princeton University Press.

Ryan, K. (1995). The ten commandments of character education, *School Administrator*, September.

Ryan, K & Bohlin, K. (1999). *Building Character in Schools: Practical Ways to Bring Moral Instruction to Life*, San Francisco: Jossey-Bass.

Sanderse, W. (2012). *Character Education: A Neo-Aristotelian Approach to the Philosophy, Psychology and Education of Virtue*. Delft: Eburon.

Sanderse, W. (2013). The meaning of role modelling in moral and character education, *Journal of Moral Education*, 42 (2), 28—42.

Sanderse, W. (2014). An Aristotelian model of moral development, *Journal of Philosophy of Education*, published online: 22 September 2014, DOI: 10. 1111/1467—9752. 12109.

Sherman, N. (1989). *The Fabric of Character: Aristotle's Theory of Virtue*, Oxford: Oxford University Press.

Sherman, N. (1997). *Making a Necessity of Virtue: Aristotle and Kant on Ethics*,

Cambridge: Cambridge University Press.

Slote, M. (1983). *Goods and Virtues*, Oxford: Clarendon Press.

Slote, M. (1992). *From Morality to Virtue*, New York: Oxford University Press.

Slote, M. (2010). *Moral Sentimentalism*, Oxford: Oxford University Press.

Sockett, H. (2012). *Knowledge and Virtue in Teaching and Learning: The Primacy of Disposition*, New York: Routledge.

Steutel, J. (1997). The virtue approach to moral education: some conceptual clarifications, *Journal of Philosophy of Education*, 31 (3), 395—407.

Swanton, C. (2003). *Virtue Ethics: A Pluralistic View*, Oxford: Oxford University Press.

亚里士多德式的德行教师

[英] 克里斯特·克里斯特杨森①

一、导言：教学中的品格与德行

在当代教育圈中，古希腊哲学家亚里士多德是一位热门人物。除了最近亚里士多德式德行伦理在道德哲学的盛行（Annas，2011）、积极心理学作为心理道德和教育范式的崛起都贴近他的观点（Seligman，2011），亚里士多德有关人类欣欣向荣的发展（flourishing）的理念亦重新在成为理想生活的典范。与此同时，数位杰出的教育者拓展了关于人类欣欣向荣的发展理论（theories of flourish），并将其作为教育的首要目标（Brighouse，2006；White，2011；De Ruyter，2004，2015）。布里格豪斯明确指出"教育的核心目标即促进人类发展"（Brighouse，2006：第42页）。怀特认为学校最适合成为"人类发展的温床"（White，2011：第3页），而鲁伊特尔则强调父母应该抱有"孩子将过上美好生活"的期望（De Ruyter，2004：第377页）。在这样的期望下，无论是此刻还是未来，孩子还是成人，都将是欣欣向荣的。

尽管上述三位教育思想家都借鉴了亚里士多德关于"人类的普遍特性之一就是向往繁荣的生活"（De Ruyter，2015：第93页）这一假设，但实际上他们并非亚里士多德的忠实拥护者。也就是说，所有这些教育发展的理论的诞生无疑是亚里士多德学派，因为他们承载了太多这位伟大的哲学家的概念和论点。事实上，这些零星的"亚里士多德派"与那些试图将亚里士多德幸福

---

① 作者供职于英国伯明翰大学品格与德行中心。

论运用于教育学的重构者们之间的区别是很小的（Sanderse，2012；Curren，2013；Kristjánsson，2015）。尽管后者对亚里士多德的继承更为全面，但他们也承认在当代社会，必须对这位古代哲人的思想进行一定的修改，以更好地适应现代的敏感性和 21 世纪的课堂教学需求。对于这两个群体来说，可以公平地说，关于美好生活的古老思想一直活跃在当代，无疑具有重大意义。一个人是否是亚里士多德的拥护者并不重要，重要的是他是否将其作为理论的试金石。

亚里士多德有关发展的概念是建立在所谓的"功能论证"的基本理论上的。在这个理论中，人具有自然的功能，如同一棵树或者一只老虎。这个功能是由我们人类最擅长的事情而决定的（Aristotle，1985：第 15 页）。人类的天性决定了我们独有的功能，即人性，正如老虎的功能即是其"虎性"一样。于人类而言，我们功能的独特性在于"精神活动以及理性行为"。鉴于"每个功能的圆满完成取决于其表达了恰当的德行"，人类的"圆满"应是表达一个兼顾理性与德行的精神活动（Aristotle，1985：第 17 页）。对于天下万物而言，"恰当"意味着"最佳及最为愉悦"（Aristotle，1985：第 287 页）。因此，繁荣能够给人类带来愉悦，就像美丽的装饰或者"糖霜蛋糕"一般。同样地，根据亚里士多德的理论，如果在学校没有发生学习行为，则说明它不够"正确"。

当亚里士多德派哲学家，如笔者本人，试图将其发展概念运用于当代课堂教学时，最大关注点在于学生的品格教育（Kristjánsson，2015）。而"品格教育"要么被理解为一个单独的学科，要么是一项贯穿于学校所有活动的教学重点，或者理想地被理解为上述两项之和。这种对于学生的关注是合理的。亚里士多德本人亦是如此。在他所处的时代，社会上并没有有组织的国家教育，只有给有钱人家的孩子的私人指导。因此，亚里士多德没有对专业教师的理想品格做出定义。然而，亚里士多德认为，在道德培养中，父母作为孩子的榜样必须自身具备良好的道德品质。而教师在学校中对于学生的示范作用恰如父母一般（Arthur，2003）。因此，发展亚里士多德式的教师品格和德行典范是非常有必要的。只有如此，品格教育和有关繁荣的教育理念才能得以实现。

在本部分中,我将之前所做的有关品格德行教育的研究及著作进行了综述,向读者提供一个亚里士多德式德行教师的整体印象。在第二部分中,我将具体分析教师作为学生发展促进者的角色地位。在第三部分中,我聚焦于教师作为专业人员与个人道德身份的区别与联系。第四部分则对教师德行以及当代教师培训中本环节的缺失进行了更为全面的探讨。最后第五部分是对全文的总结及讨论。

二、教师是学生发展的促进者:这意味着什么?

在理想的状态下,促进学生发展的教育必须满足于两个前提条件。其一是存在可用的外在条件,其二学生要能够感知理解有意义的教学行动。在这两个条件中,最突出的问题应该是关于教师如何扮演好学生发展促进者这个角色。

学生在其发展过程中需要哪些外在条件?亚里士多德提出了一系列的清单(Aristotle,2007:第56-61页),而笔者在此只简要地介绍六个基本内容。(1)亲密的亲子关系与良好的家庭教养。后人甚至评价亚里士多德对于那些在不良氛围中成长的孩子过于悲观,认为他们在未来人生中无法纠正自小养成的恶习(Kristjánsson,2015)。(2)理想的政府管理。能够裁决人们的利益关系,并有一部公正的宪法。亚里士多德明确地将美好生活政治化,甚至特别指出社会两极分化的巨大威胁——而这正是现代社会面临的问题之一。(3)确保我们有足够的财富可以不为贫困生活而陷入困境。亚里士多德并没有理想化安贫乐道的精神。相反,他认为贫穷是挥霍和低等的表现。(4)完整的一生。即没有因意外而过早离世。亚里士多德希望人们能够长寿,不是因为老人可以安享天年,而是过早夭折的生命无法创造太多的成果。(5)健康,强壮甚至少许美貌。最后一点也许有些不合时宜,但想想如今社交媒体上那些肥胖或丑陋的人所承受的羞辱,你会发现亚里士多德提出这一条的意义。"强壮"一词包括了许多精神品质,如勇气和毅力,而这些品质更多的是促进人的发展，并非拥有内在价值。（6）朋友与家人。亚里士多德认为除其他以外我们还需要这些，是为了磨练和展示德行。

然而，当涉及教师在基本外在条件中所承担的理想角色时，问题则复杂得多。2008年，冰岛经济崩溃后，当地的部分校长开始在早上向学生提供免费麦片粥，因为饿着肚子会导致学习效率低下。这样的例子听起来很棒，但是却将问题过于简单化了。人们真正应该关心的是这样的供应能持续多久。在这个问题上许多基本观点存在分歧，甚至包括那些认为教师具有道德属性的理论家也有不同意见。例如，伊丽莎白·坎普贝尔坚信教学具有道德性，认为"伦理型教师本人应该是道德主体和道德模范，而不仅仅是在讲台上对道德进行说教"（Campbell，2008：第612页）。同时她认为社会公正教育（至少沿着当前轨迹）并没有被目前的教师教育核心课程包含。与之意见相反的是阿拉斯代尔·麦金泰尔，他认为理想化的教师应该是社会变革的促进者。他指出，在苏格兰启蒙运动时期，教师确实承担着这样的角色。同时，麦金泰尔悲观地认为，当代教师不具备推翻目前自由市场理论下资本主义社会结构的能力。而这样的社会正是造成世界各地许多儿童缺乏生活基本所需的根本原因。事实上，他认为教师最重要的任务有两个，其一是帮助学生适应真实的生活，其二是协助学生发展自我潜能。然而，对教师提出相互矛盾而又不能比较的要求，使教师陷入"西方现代文化渺茫的希望"（MacIntyre，1987：第16页）这一悲哀的困境。

令人惊讶的是这个观点没有引起当代有关人类欣欣向荣发展的理论家们的关注。即使是怀特这样观点左翼的理论家，也承认许多外在条件"不在学校控制范围之内"。尽管这个观点听起来颇具道理，但是否意味着教师为了促进学生发展就必须向外界环境摧眉折腰呢？还是教师应该代表学生进行反抗？正如预想的，新亚里士多德派学者赋予教育机构相当积极的政治性角色（Curren，2013），而悲观主义者麦金泰尔却认为这是对教师的过分要求。我们真的要将未来的道德压力施加在一个已经负荷的专业上吗？

对于有德行的教师而言，面对学生利益受损却无动于衷无疑是违背其专业道德操守的。从这个意义上讲，一个尽责的教师很难在社会变革中置身事外。更大的问题在于,对于全球学生群体而言,道德义务的维度在哪里?考虑到全球经济不平等的事实,目前世界上至少有20%的儿童无法被满足基本条件,或无法进入学校学习,或是他们的教育无法促进他们的发展。根据亚里士多德的发展理论,一个尽职的教师在道德上有义务为了这种超出自身狭隘利益,超出特权,发生在自己教室或学校之外的不平等而发声。也许这会让教学成为一项"孤立"的专业,但麦金泰尔认为,专业上被孤立胜于道德上被孤立。

出于专业义务,教师会对儿童发展外部条件的匮乏发表自己的意见。但这并不意味着教师就此成为坎普贝尔眼中的社会激进分子,继而削弱教师的专业性。也许处于第一世界的教师会认为,尽全力教育自己的学生成为道德能动者,让未来的世界变得更加美好,也就保证了全世界儿童的利益。然而这一说法可以简化为不受欢迎的面包屑理论:正如富人吃掉了桌上的面包,留给穷人的只剩丁点面包屑。如果只关注第一世界的学生发展,那么未来贫困地区的儿童利益正如剩下的面包屑一样少得可怜。亚里士多德的发展理论对教师和教育机构提出了政治上更高的要求,以保证全球每一个角落的儿童都能够获得发展所需首要前提——外在条件。

而学生发展的第二前提在于学生能够理解有意义的教学活动。在2009年BBC拍摄的一部名为《教育》的纪录片里,16岁的珍妮向女校长解释为何自己选择退学离开一所有名的寄宿学校并嫁给一个年长自己两倍的男人。珍妮说学校的一切都是这样的无聊,"学校不再能够教会我什么,怀特小姐。请你告诉我为什么要做这一切"。而这位麻木迟钝的女校长只是重复着老生常谈的理由:"学习势必枯燥无味,但为了未来,必须坚持下去。"现代教师不需要向学生解释学科背后的所有内容,然而关于教师在学生校内发展过程中应承担的角色的问题仍然存在。威廉·戴蒙(William Damon)认为,目前主要的缺陷在于"充当导师角色的人并没有广泛地意识到教学中目的性缺失的现象"(Damon,2008:第21页)。因此,与目的和意义相关的问题被系统地排除于学校日程之外了(Damon,2008:第111页)。更为激进的观点认为,由于学校里许多任务,例如应付诸多考试,并没有实际意义,因此老师常常不能指导学生找到学校学习的意义。造成这个问题的部分原因在于当老师与学生探讨个人价值及意义时，会感到不舒服和缺乏自信（Formby & Wolstenholme，2012）。

戴蒙向教师提供了一系列可以激发学生兴趣的建议，在每一门学科开始之前明确提出关于为什么的问题，然后引出示范例子和潜在行为榜，最后激发兴趣（Damon，2008；第149、173页）。如果追寻意义的要求如同找寻建议一样并不高，那么帮助学生发现意义这项工作，可能并不像部分老师认为的那样困难。因此，这对于作为发展促进者的老师而言，是不得不完成的常规任务。

作为发展教育的品格教育（见 Carr，2012；Sanderse，2012；Kristjánsson，2015），以及教师作为道德教育者的引领作用，已经被论述过许多，就不在本文中赘述了。笔者将本部分简单地做一个总结，亚里士多德式发展需要教师的贡献，教师也需要这样的模式从而发展为专业人员（参照Higgins，2011：第10页）。但若认为发展促进者的职责比一般教师更为轻松就大错特错了。近年来许多实践性著作提供了来自世界各地的实例，说明教师在学校如何疲于解决生活中的大难题（见后文第三、四部分）。正如希金斯研究指出，建立教学德性伦理的首要任务是恢复发展从业者本身的核心地位（Higgins，2011：第10页）。换言之，为了发展学生潜能，教师在引导学生探索自己想成为什么样的人的答案前，教师自己首先需要得到更为广泛的培训，从而能够站在专业及个人的角度，看到自我的发展前景及人生意义。事实上，专业的角度与个人的角度是很难区分开来的。鲁伊特尔观点的合理性让人怀疑，教师的发展难道不是作为一个人的整体发展吗？（De Ruyter，2004：第379页）一个亚里士多德式的有德行教师，并不是专门发展某一特定领域；相反，他的发展是贯穿整个生命的。笔者将在下文继续阐述这一观点。

三、教学中亚里士多德式的专业身份

本部分开始之前，我想先讲述"范跑跑"的故事。在2008年5月中国四川大地震中涌现了许多英雄人物,特别是那些在教室倒塌时勇敢无私,用自己身体保护学生的教师们。其中一名谭老师,当教室墙壁倒塌时,用自己的身体保护了四名学生,最终学生都生还,而他却牺牲了。与这些英雄人物形成鲜明对比的是一名叫范美忠的教师。地震发生时,他大叫一声"地震了"就抛下学生自己逃命。所幸当天他的学生并无伤亡。事后面对采访时他表现得毫无悔意,坚称在这种情况下,教师并没有法律或道德上的义务用自己的生命去保护学生。他声称自己会为了保护自己一岁的女儿而牺牲自我,但期望他(或任何普通人)对班上的学生做同样的事则是不现实的。范美忠的言行使他在中国出名了,并被人称作"范跑跑"。让人们失望的不是范美忠在事发时跑出教室的行为,因为这有可能是出于人类在危险中的本能反应。让人们愤怒的是在事后,范美忠仍毫无悔意地坚称自己的行为是正确的。范美忠的挑衅姿态引发了洪水般的评论,几周之后,中国甚至全亚洲的微博上都充斥着关于其言行的不同争论(Datong,2008)。

通过这个案例,我们可以看到关于教师作为一个道德实践者,如何理解其专业身份与个人身份之间的关系。不同的学术著作中阐述了不同观点(更多可见 Walker, Roberts, & Kristjánsson, 2015)。例如,约瑟夫和埃夫隆(Efron)在 1993 年对美国 180 位公立学校的教师进行调研,研究中发现,教师们并不认为自己仅仅教授学生学科知识,同时也作为道德实践者,对学生的道德成长有着示范和影响。最近的研究结果显示,美国教师甚至认为教育中,道德培养比学术成功更重要(Tuff,2009)。在欧洲,普鲁兰及同事(Puurula 等,2001)发现大部分教师认为情感教育是他们教育中的一部分。这里的情感教育是对于学科之外的关注,包括鼓励孩子参与到学校的良性互动中,发展他们的情感和意志。然而多份研究表明,教师在处理班级或同事间的伦理问题时,无法掌握恰当的伦理术语。尽管许多教师对伦理问题抱有强烈的兴趣,但他们当中很少有人认为自己受过足够的训练,能够以巧妙的方式批判性地反思并传递伦理观点(Sockett & LePage, 2002)。在索科特和拉佩奇的研究中,教师通常是在教室中相对孤立地做出道德评判,其依据基本出于自己的直觉。由于缺乏伦理术语,教师逐渐变得自我中心,那些不符合其价值观的判断都会被其否定。因此，研究中的教师倾向于寻找"正确的答案"，而缺乏理性与伦理思考。在英国，研究表明教师和学生都意识到在探讨品格方面的问题时，自己缺乏伦理术语。但耐人寻味的是，当面对相关的伦理术语时，他们体验到了掌控和放松（Arthur，2010：第79－84页；Arthur，Harrison，Carr，Kristjánsson，& Davison，2014）。在美国，教师面对道德、道德教育以及自己作为道德教育者的身份时，往往会产生困惑（Fenstermacher & Richardson，1993；Sanger，2001；LePage，Akar，Temli，Sen，Hasser，& Ivins，2011；Sanger & Osguthorpe，2011）。在加拿大，研究表明教师渴望有一份类似他们在进行其他学科教学时使用的清晰的大纲和标准化的术语（Tuff，2009）。

应该说，尽管发生在课堂中的道德教育是无法避免的（至少本章中所提到的亚里士多德范式如此），然而教师们却被道德上的两难处境所困扰。同时，对于自己不可避免承担三种专业角色：榜样力量、品格教育者以及专业合作者，感到缺乏自信。在韩国，李和他的同事（Lee等，2012）研究发现，师范专业的学生并没有对自己的道德角色有清楚的认知。在专业生涯初期，许多教师都是因为其道德内容的激励而选择了教学作为专业（Sanger & Osguthorpe，2011）。但遗憾的是，他们道德理想的萌芽却没有在日后的专业培训及其他方面得到恰当的发展。近乎半数的师范学生对道德教育感到不适应（Mathison，1998）。此外，也有调查报道教师缺乏道德自觉。品格教育需要反思性的、扎根于实践智慧的教学（Cooke & Carr，2014）。这里的实践智慧指的是亚里士多德式理性与德性的统一。然而我们无法认定教师能够反思自己的道德信念。事实上，索科特和拉佩奇（Sockett & LePage，2002）发现许多教师在现代的研究生课程初期，并不能批判性地反思自己道德实践者的身份。

回到前文中"范跑跑"的案例，事件发生后，人们，至少是亚洲教育者们，开始探讨更为深层次的话题，如专业义务与个人义务之间的区别，以及身处教学场所时专业人员应当承担的情感责任等。事实上，"范跑跑"事件让我们联想起最近教育界有关教师身份认同的话题（Beijaard，Meijer，&

Verloop，2004）。然而，在各位作者广泛的元分析（meta-analysis）中发现，"专业身份"的概念仍被笼罩在迷雾中。要么完全没有定义，要么给出的是一个未经讨论过的定义。但教师专业认同的概念始终缺乏清晰且广泛认可的定义。在研究中发现，尽管在教师教育开始之初会有探究"教学自我"的内容，但"自我"是否能等同于"身份认同"尚不能定论。任何对教师身份核心定义的研究似乎都建立在社会建构的虚拟自我或身份认同的概念之上。在这种自我之中，或所建构的身份之下，人们被告知，难以捉摸的专业身份正是我们隐藏的多重子身份之一。

而在亚里士多德理论中，教师专业身份的主要因素是怎样的呢？第一个显著的发现是身份认同和自我概念一样重要，真实自我更重要，包括最基本的个人道德品质。可以肯定的是，一个人的自我认知不仅仅简单地解释自我，还在影响自我。就像看到自己脸上有瑕疵的照片，人们会想办法去消除脸上的缺陷，而不是仅仅修缮照片本身。所以一个人的自我投影可能会自觉或不自觉地，揭示人们的某些核心特质或义务。从这个意义上说，教师的"身份建构"是一个值得探究的主题。但最后，最重要的是教师自我是有序的，即他们确实拥有适当的品格和义务，而不是假设他们拥有这些品格。第二，亚里士多德认为一个人的真实本我与其情绪是紧密联系的。笔者在其他地方也曾探讨过这一点（Kristjánsson，2010）。因此，良好的教师培训需要包括大量的情感教育（见下文第四部分）。第三，亚里士多德坚持一个自我对一个人准则。每个人都有一个自我。真正的多重自我仅存在于病理病例中。教师自身的一些核心义务与其专业息息相关。我们可以称之为"教师自我"。尽管这样可能会产生些许误导。对这些教师而言，这些专业义务建构了其教师身份认同。有道德的人会以道德标准为基础，追寻各种承诺之间、承诺背后各种信念之间，以及前面两者之间的和谐一致。综上所述，孤立地探讨诸如"范跑跑"等人的教师身份认同问题是没有意义的。重要的是他们如何将教师需要的品德内化，并与其自我人生计划产生共鸣。简言之，教师作为品格教育者的角色，必须放在"拥有某些特定道德品质的人"这一宽泛背景之下理解。试图将二者分裂，如认为"范跑跑"专业道德虽然存在缺陷，但其私德却依然完整的结论在亚里士多德看来，是完全无法成立的。

四、教师德行与教师教育

亚里士多德式的品格教育是一个持续终生的过程。因此，教师不断提升道德水准对于提升自我和教育学生都非常重要。用萧伯纳的双关语来说，品格教育太重要了，不能全部浪费在孩子身上。简言之，教师要培养和磨练他们的德行，努力纠正他们的道德恶习。同时，教师教育应该帮助教师这么做。

在我与台湾教育哲学家陈延兴合著的论文中（Chen & Kristjánsson，2011）曾经写到过这样一个案例，揭示了专业上的嫉妒如何给教师生活带来负面影响。台湾的一位校长在接受陈延兴的采访时这样说道："教学过程评价很难。然而政府在评价教师的专业素质时却仅仅关注量化的绩效线。例如，统计在教师逼迫下学生通过激烈的比赛获得的奖项。可悲的是，一些老师甚至用不道德的方法来获得好的成绩。因此，教师、学校或学校主管之间就产生了竞争嫉妒。"

这位校长的言论提醒我们，卓越的教学往往变成了一场零和博弈的游戏。教师们不仅在自己的学生没有取得好成绩时感到紧张，也会因为其他老师和学生取得好成绩感到紧张。如此一来，嫉妒就变得制度化了。与此同时，通常，人们认为嫉妒是罪恶的。教师不知道如何正确处理竞争带来的情绪矛盾和紧张。追求成绩的压力甚至可能导致教师边缘化或在绩效表中排斥部分学生（例如那些有特殊教育或社会需求的学生）。

在采访中，这位校长非常担心教师们不适当的情绪反应会对学校校风产生负面影响。这个问题的产生有其社会背景：在财政紧缩时代，一方面社会对学校教学质量的要求不断增加，一方面教师却缺乏正式的专业上升阶梯。校长将这个问题的产生解释为社会压力的情感内化。在儒家传统中，当社会网络发生冲突时，人们处理的原则是尽量自我克制。为了不破坏社会秩序，即使在剧烈的情绪压力之下，人们也应该克制自己。教师的情绪劳动（emotional labour）因此成了一个孤立的私人问题。长此以往，很容易导致教师情绪压抑，或像这位校长说的那样，将负面情绪不恰当地转移给同事。在台湾的教师培训体系中，教师没有被教导如何对自己的情绪进行道德审查，也没有从学校中学习如何适当地宣泄负面情绪。更糟糕的是，台湾的文化传统不鼓励个人自我表达。

事实上这是一个更大的问题。笔者认为，应该将道德实践视为一种教学情感劳动，并在教师教育中给予更多的关注。这种情感劳动给教师个体带来了伦理上的负担。研究发现，教师效能的变化很大程度上来源于教师情感的变化（Sutton & Wheatley，2003）。学生们很快就能感知到来自老师的情感暗示。事实上，老师情绪低落或情绪像过山车一样不稳定会破坏课堂中的学习过程，而影响教师情感的问题可能与学生没有任何直接关系。例如，一个教师的情感认知坚信另一位教师受到了不合理的偏爱。在访谈中，这位校长提到上述问题在台湾的学校中非常普遍（Chen & Kristjánsson，2011）。

尽管在亚里士多德的理论中，关于情绪如何影响我们的日常生活，以及如何处理情绪的内容非常丰富（Kristjánsson，2007），但是，今天的我们同样可以借助现代社会科学的资源。哈格里夫斯在《教学中的情绪实践》一文中提到（Hargreaves，1998），当对教师情绪进行评估时，应该避免过分强调个人因素，如个人出身、个人的责任心等。哈格里夫斯认为，这类评估会加重教师的罪恶感和倦怠。相反，我们应该从制度因素去理解情绪：情绪是工作结构的一部分。教师的脆弱情感并非源于其脑中，而是源于政策措施和复杂的专业关系对其工作的影响（Kelchtermans，2005）。想想教师们必须满足所有严格的课程要求，应对可怕的学校检查，满足政策制定者不断变化的要求，应对不断增加行政责任与书面工作，同时面对不断缺乏的时间、确定性和情感空间（Wilson，2004：第30—33页）。但我们也应该看到，当人们能够通过情绪劳动实现目标（Hargreaves，2000：第814页），并成功地将其融于自己的品格当中，情绪劳动也可以是愉快的和有益的。

社会学方法最显著的贡献是将情感景观有效概念化。概念有助于构造思想；在哈格里夫斯看来，新的思维框架总会不断地涌现出来。除了他曾详细探讨过的"情感实践"与"情绪劳动"，他还提出了"情感地理学教育"（特指发生在学校的互动中,空间与经验方式的远近距离。(Hargreaves, 2000:第815页),以及与教学相关的"情绪理解"两个概念。所有这些概念都对思考如何培养教师的情感德行大有裨益。

激励教育家泰瑞·麦克劳林指出,一个理想的教师在面对学生时,能够展现出自己的教学实践智慧(McLaughlin, 2008:第76—77页)。这种将教学视为道德专业的观点显然需要对教师教育的本质和要求,做更多的解释(McLaughlin, 2008, 第61页),甚至将传统的教学作为道德使命复兴。在2011年的论文中,陈延兴和我一起就此进行了一些探讨。首先,教师教育必须有一定的门槛,只有展现出正当品格的人,才能接受进一步的教师教育培训;反之,则应该被拒于教育界之外(Carr, 2007:第383页)。其次,要保证品格教育在教师教育中的主体地位。这并不是狭义地意味着教学教育中需要更多的道德哲学课,而是需要与之相关的更加广泛的教育,特别是艺术和文学类课程。通过这些广义的道德课程,师范学生可以学到如何从道德的角度进行自我反思和自我批判。正如医生需要学习治愈自己,在教育学生之前,未来的教师也需要以正确的价值观来塑造他们的品格。除此之外,他们尤其要学会从道德的角度来评价和调节自己的情绪,为应对未来工作中的困难与坎坷做好准备。再次,作为道德主体与情绪主体,教师在其专业发展过程中应该得到必要的帮助,以此获得作为专业人员和一般个体的全面的体验。例如,有学者提出的学校发展大纲中指出,教师应该和学生一起,获得社会、情感、伦理和公民意识的成长。学生的个体发展与教师的专业发展是双轨同步的。这一独创性的想法得到了实践数据的支持。但也应该看到,限制的制度因素则会对这个过程产生负面影响(Aðalbjarnardóttir, 2010)。

对学生的教育起始于"对教师的教育"(LePage, Akar, Temli, Sen, Hasser, & Ivins, 2011:第374页)。品格教育——无论是理论派还是实践派,都一直呼吁教育界需要一次激进的改革,更好地培养未来教师的专业知识与个人素质,让他们能够在教学中更好地展现、示范和教导学生品格(Carr, 2007; Stiff-Williams, 2010)。遗憾的是,目前无论是在欧洲还是美国,这个领域尚属空白。事实上,大量文献显示在这方面缺乏国际教师培训

(Sanger, 2001; Ryan & Bohlin, 1999)。教师教育中对道德和品格教育的缺失可能是当前学校品格教育成功路径上的最大障碍（Walker, Roberts, & Kristjánsson, 2015）。但从积极意义上来说，对这个缺失加以改进，可能是改善学校道德教育结果最为简单实在的方法了。

五、结论

教育学家们经常提到"教学的道德维度"。这一概念关系到学校中的道德教育问题，既涉及直接特定的德育课程，也包括了教师作为道德示范者的间接作用。然而，如同笔者在本章中强调的，"教学的道德维度"还有另外一面，相比于教学，这一面与更基本的道德更为息息相关。学校需要的是有德行的教师，而非具有某个特定德行的教师（更多见 Campbell, 2003; Osguthorpe, 2008; Sockett, 2012）。在学校这道高墙内，教师每天需要面对丰富的情感与复杂的道德互动，互动的对象包括同事、领导、学生和家长。此外，好的老师注重言传身教——这在亚里士多德看来极为重要。任何教师都希望这些互动能够满足道德的要求，是因为他们在努力发展成一个好人的过程中对别人的道德追求、专业追求和对自己的追求（Chen & Kristjánsson, 2011）。让人感到遗憾的是，即使是亚里士多德派学者，目前也没有对"教学的道德维度"的第二面加以阐述（有一个值得注意的例外，见 Carr, 2000，以及 Carr 对本文的贡献）。笔者希望能在本部分中，以亚里士多德理论为依据，对"教学的道德维度"的第二面加以阐述，以期对这一空白进行弥补。

再一次回到"范跑跑"的案例。如果用亚里士多德的观点分析，那么首先被关注的是教师的自我品格，以及个体的情绪失调，而非其身份认同（更不用说多重身份认同）。同时，分析者会试图寻找哪些人生信念与原则，导致范美忠面对危险时懦弱恐惧，对学生情感淡漠。总的来说，亚里士多德派寻求专业和个人价值观和谐统一，毫不犹豫地评判情绪反应的道德对错。亚里士多德派不认为教学是一项有自己独立规范和规则的特殊实践。亚里士多德派与坎普贝尔的观点（Campbell, 2003：第 12 页）一致，认为专业道德只不过是日常道德在专业实践中细微差别的延伸，尽管这样的观点似乎与我们二元化的时代格格不入。

然而，我不得不以令人遗憾的方式结束本文。在英国，有史以来关于教师专业道德最大的研究项目（Arthur，Kristjánsson，Cooke，Brown，& Carr，2015）表明，目前教师离亚里士多德式德行教师的标准还有相当的距离。可以肯定的是，那些教学经验丰富，并饱含教育理想的教师在调查访谈中对道德实践表现出了极大的兴趣。然而，在访谈中，他们也同时表达了学校的现实制度对道德实践设置的重重障碍的看法。最令人担忧的是，接受采访的教师教育者们似乎没有意识到品德发展在教师培训中的地位。当他们谈到"品格"时，他们仅仅以工具主义的而非亚里士多德的方式在理解这个词语。对德行的理解多停留在勇气、毅力这类表现型品质。在教师教育中，缺乏对教师诚实、同情心和公正等品德的培养。如果英国的研究结果能够反映全球教师教育的现状，那么在培养亚里士多德式德行教师的道路上，还有很长一段路需要走。

参考文献：

Aðalbjarnardóttir, S. (1999). Tracing the developmental processes of teachers and students: A sociomoral approach in school. *Scandinavian Journal of Educational Research*, 43 (1), 57—79.

Annas, J. (2011). *Intelligent virtue*. Oxford: Oxford University Press.

Aristotle. (1985). *Nicomachean ethics*, trans. T. Irwin. Indianapolis: Hackett Publishing.

Aristotle. (2007). *On rhetoric*, trans. G. A. Kennedy. Oxford: Oxford University Press.

Arthur, J. (2003). *Education with character: The moral economy of schooling*. London: RoutledgeFalmer.

Arthur, J. (2010). *Of good character: Exploration of virtues and values in 3—25 year-olds*. Exeter: Imprint Academic.

Arthur, J., Harrison, T., Carr, D., Kristjánsson, K., & Davison, I. (2014).

The knightly virtues: *Cultivating good character through literature*. Research report. Birmingham: The Jubilee Centre for Character and Virtues. Retrieved September 1, 2015, from http://www.jubileecentre.ac.uk/userfiles/jubileecentre/pdf/KV%20New%20PDF/KnightlyVirtuesReport.pdf

Arthur, J., Kristjánsson, K., Cooke, S., Brown, E., & Carr, D. (2015). *The good teacher*: *Understanding virtues in practice*. *Research Report*. Birmingham: The Jubilee Centre for Character and Virtues. Retrieved September 1, 2015, from http://www.jubileecentre.ac.uk/userfiles/jubileecentre/pdf/Research%20Reports/The_Good_Teacher_Understanding_Virtues_in_Practice.pdf

Beijaard, D., Meijer, P. C., & Verloop, N. (2004). Reconsidering research on teachers' professional identity. *Teaching and Teacher Education*, 20 (2), 107—128.

Brighouse, H. (2006). *On education*. London: Routledge.

Bundick, M. J. (2011). The benefits of reflecting on and discussing purpose in life in emerging adulthood. *New Directions for Youth Development*, 132 (Winter), 89—103.

Campbell, E. (2003). *The ethical teacher*. Maidenhead: Open University Press.

Campbell, E. (2008). Teaching ethically as a moral condition of professionalism. In L. Nucci & D. Narvaez (Eds.), *The international handbook of moral and character Education* (pp. 605—613). New York: Routledge.

Carr, D. (2000). *Professionalism and ethics in teaching*. London: Routledge.

Carr, D. (2007) Character in teaching, *British Journal of Educational Studies*, 55 (4), 369—389.

Carr, D. (2012). *Educating the virtues*: *Essay on the philosophical psychology of moral development and education*. 2nd ed. London: Routledge.

Chen, Y.-H. & Kristjánsson, K. (2011). Private feelings, public expressions: Professional jealousy and the moral practice of teaching. *Journal of Moral Education*, 40 (3), 349—358.

Cooke, S. & Carr, D. (2014). Virtue, practical wisdom and character in teaching. *British Journal of Educational Studies*, 62 (2), 91—110.

Curren, R. (2013). A neo-Aristotelian account of education, justice, and the human good. *Theory and Research in Education*, 11 (3), 231—249.

Damon, W. (2008). *The path to purpose: How young people find their calling in life*. London: Free Press.

Datong, L. (2008). *China: After the quake, the debate*. Retrieved September 1, 2015, from http://www.opendemocracy.net/article/china-after-the-quake-the-debate

De Ruyter, D. J. (2004). Pottering in the garden? On human flourishing and education. *British Journal of Educational Studies*, 52 (4), 377—389.

De Ruyter, D. J. (2015). Well-being and education. In J. Suissa, C. Winstanley & R. Marples (Eds.), *Education, philosophy and well-being: New perspectives on the work of John White* (pp. 84—98). London: Routledge.

Fenstermacher, G. & Richardson, V. (1993). The elicitation and reconstruction of practical arguments in teaching. *Journal of Curriculum Studies*, 25 (2), 101—114.

Formby, E. & Wolstenholme, C. (2012). "If there's going to be a subject that you don't have to do…" Findings from a mapping study of PHSE students in English secondary schools. *Pastoral Care in Education*, 30 (1), 5—18.

Hargreaves, A. (1998). The emotional practice of teaching. *Teaching and Teacher Education*, 14 (8), 835—854.

Hargreaves, A. (2000). Mixed emotions: Teachers' perceptions of their interactions with students, *Teaching and Teacher Education*, 16 (8), 811—826.

Higgins, C. (2011). *The good life of teaching: An ethics of professional practice*. Oxford: Wiley-Blackwell.

Joseph, P. B. & Efron, S. (1993). Moral choices/moral conflicts: Teachers' self-perceptions. *Journal of Moral Education*, 22 (3), 201—221.

Kelchtermans, G. (2005). Teachers' emotions in educational reforms: Self-understanding, vulnerable commitment and micropolitical literacy, *Teaching and Teacher Education*, 21 (8), 995—1006.

Kristjánsson, K. (2007). *Aristotle, emotions and education*. Aldershot: Ashgate.

Kristjánsson, K. (2010). *The self and its emotions*. Cambridge: Cambridge University Press.

Kristjánsson, K. (2015). *Aristotelian character education*. London: Routledge.

Lee, H., Chang, H., Choi, K., Kim, S. W., & Zeidler, D. L. (2012).

Developing character and values for global citizens: Analysis of pre-service science teachers' moral reasoning on socioscientific issues. *International Journal of Science Education*, 34 (6), 925—953.

MacIntyre, A. (1987). The idea of the educated public. In G. Haydon (Ed.), *Education and values: The Richard Peters lectures* (pp. 15—36). London: Institute of Education.

McLaughlin, T. H. (2008). Beyond the reflective teacher. In D. Carr, J. M. Halstead & R. Pring (Eds.), *Liberalism, education and schooling: Essays by T. H. McLaughlin* (pp. 60—78). Exeter: Imprint Academic.

Mathison, C. (1998). How teachers feel about character education: A descriptive study. *Action in Teacher Education*, 20 (4), 29—38.

LePage, P., Akar, H., Temli, Y., Sen, D., Hasser, N. & Ivins, N. (2011). Comparing teachers' views on morality and moral education, a comparative study in Turkey and the United States. *Teaching and Teacher Education*, 27 (2), 366—375.

Osguthorpe, R. (2008). On the reasons we want teachers of good disposition and moral character. *Journal of Teacher Education*, 59 (4), 288—299.

Puurula, A. et al. (2001). Teacher and student attitudes to affective education: A European collaborative research project. *Compare*, 31 (2), 165—186.

Ryan, K. & Bohlin, K. E. (1999). *Building character in schools*. San Francisco: Jossey-Bass.

Sanderse, W. (2012). *Character education: A neo-Aristotelian approach to the philosophy, psychology and education of virtue*. Delft: Eburon.

Sanger, M. N. (2001). Talking to teachers and looking at practice in understanding the moral dimensions of teaching. *Journal of Curriculum Studies*, 33 (6), 683—704.

Sanger, M. N. & Osguthorpe, R. D. (2011). Teacher education, preservice teacher beliefs, and the moral work of teaching. *Teaching and Teacher Education*, 27 (3), 569—578.

Sockett, H. (2012). *Knowledge and virtue in teaching and learning: The primacy of dispositions*. New York: Routledge.

Sockett, H. & LePage, P. (2002). The missing language of the classroom.

Teaching and Teacher Education, 18(2), 159—171.

Seligman, M. E. P. (2011). *Flourish: A visionary new understanding of happiness and well-being.* New York: Free Press.

Stiff-Williams, H. R. (2010). Widening the lens to teach character education alongside standards curriculum. *The Clearing House: A Journal of Educational Strategies, Issues and Ideas*, 83(4), 115—120.

Sutton, R. E. & Wheatley, K. F. (2003). Teachers' emotions and teaching: A review of the literature and directions for future research. *Educational Psychology Review*, 15(4), 327—358.

Tuff, L. (2009). *Teacher perception of character education.* Unpublished thesis. University of Lethbridge, Alberta, Canada. Retrieved September 1, 2015, from https://www.uleth.ca/dspace/bitstream/handle/10133/1306/tuff%2c%20lone.pdf?sequnce=1

Walker, D. I., Roberts, M. P. & Kristjánsson, K. (2015). Towards a new era of character education in theory and in practice. *Educational Review*, 67(1), 79—96.

White, J. (2011). *Exploring well-being in schools: A guide to making children's lives more fulfilling.* London: Routledge.

Wilson, D. F. (2004). *Supporting teachers. Supporting pupils: The emotions of teaching and learning.* London: RoutledgeFalmer.

教学方式、教学道德与教师教育

[美] 理查德·奥斯古索尔普①

我与马修·桑格的相遇要追溯到二十年前，在密歇根大学教育学院的一间办公室里。这间办公室主要是教学项目中研究教师方式的研究助理的工作场所。该项目是由联邦政府和私人合力资助的一个项目，主要由维吉尼亚·理查德森博士和加里·芬斯特马赫博士主持。从1990年到2000年，此项目对教学的道德特征，这些特征如何指导教学实践，以及教师如何促进学生的道德发展进行了理论性和实证性的研究。这项课题研究为我们探索教学的道德属性提供了丰富的经验和方法论支撑。

项目启动会议是在密歇根州的安阿伯市召开，我们也常常相聚于此，这使得我和桑格博士形成了密切的合作关系。我们发表各种文章，合作出版书籍，参加学术会议，让学生修习本科和研究生课程，这些合作研究让我们更好地理解教学的德育属性。本文总结了我们对教学中道德研究的贡献，并追溯各种相互交织的观点和争论，深入分析。这种审慎的分析在各个部分都有所体现，并在结论部分提出更广泛的问题和讨论。

一、教学项目中的方式

参与教学方式的研究项目，为学术发展提供了坚实的基础。该项目的探究不断牵引出了很多重要的问题，大部分是教学的道德属性研究方面。项目

---

① 作者供职于美国博伊西州立大学。

团队把教学方式界定为"表现出诸如美德等一类具有道德属性的品格倾向或品格特征",这些美德包括诚实、同情、坦率、公正、勇气、节制和慷慨(Fenstermacher,2001:第640页)。采用亚里士多德的"教学方式"概念,能够把关注点集中到教师方式与学生道德发展的特定关联上,那么,就与教师可能采用的影响学生道德发展的方法形成对比。在此概念的基础上,项目组与两所不同学校的教师进行了合作,以考察教学的道德本质,以及教师在教学实践中表现出的道德品质,如何影响学生的道德发展。该研究有两个理论基础,一个是教学道德维度的文献研究(Goodlad, Soder, & Sirotnik,1990),另一个是学校道德生活的实证研究(Jackson, Boostrom, & Hansen,1993)。

在研究方法上,项目团队借鉴研究者的专业研究方法,把概念分析和实证研究结合起来,探讨课堂实践中的教学方式问题(Fenstermacher,2001),学校情景中的教学方式问题(Chow-Hoy,2001),课堂管理无法解决的教学方式问题(Richardson & Fallona,2001),以及教师自身如何理解教学方式的道德属性(Sanger,2001)。也有研究尝试从品格教育中剥离出教学方式的概念(Fenstermacher & Osguthorpe,2000),通过其他研究来确定单一道德方法的可行性(Sanger & Fenstermacher,2000)。最后,我们专题研究还会聚焦到教学方式的哲学探究上。其中的一个研究者主要探讨教学的道德含义和道德特征问题(Sanger,2003),另一个研究者关注教师的道德品质和学生道德发展之间的关系(Osguthorpe,2005)。

二、"教学道德"的框架

在专题研究阶段,一直困扰我们的一个问题是难以找出文献研究中的共识,使我们能够理解各种道德教育方法,以及教师如何看待这些问题。文献中,充斥着道德教育方法的多种分类,并且有不同的表达方法,比如,间接的与直接的,狭义的与宽泛的,有意的与无意的,这就似乎使得对道德教育进行有意义的分析成为不可能。因此,我们的首要任务在于引入"教学的道德实践性"框架,以理解多种道德教育方法(Sanger & Osguthorpe,2005)。

采用"教学的道德实践性"这一术语,可以指向教学实践中的多个议题,涉及什么是好的,什么是正确的,什么是美德,什么是关怀,以及这些如何与人类的思想、感觉和行为相联系(见 Darwall,1998,更多可参考我们对道德领域的定义)。我们创立"教学的道德实践性"框架,指引我们研究特定的道德教育方法如何在特定的道德领域发挥作用,以及描述道德教育方法潜在的哲学、心理学和教育学假设。

具体而言,该框架提供了一种研究道德教育方法的分析方式,包括以下内容。

(1) 关于道德心理特征的心理学假设和本质,这些特征如何形成,以及如何对外界环境变量作出回应。

(2) 关于道德的本质和范围的伦理学假设(元伦理学假设),关于什么是好的,什么是正确的,什么是美德,什么是关怀的假设(规范假设)。

(3) 关于教育教学的本质和范围、教育目的的教育学假设(Sanger & Osguthorpe,2005:第63页)。

探讨这些假设,给我们提供了一种方法来比较我们所研究的各种道德教育方法,并且促使我们批判性地理解道德教育方法。

不了解道德教育的组成部分或决定因素,就无法理解道德教育起作用的方式。一个人可能依靠直觉理解一种道德教育方法,或者在实践中被赋予这种理解能力,但如果没有理解这些方法背后的假设和寓意,是不可能获得一种批判性理解的。在我们看来,没有这种理解能力,学者和研究者所提出的论点很可能是片面和偏颇的,极容易产生混乱和偏见(Sanger & Osguthorpe,2005:第67—68页)。

因此，该框架为我们提供了一些共同的假设来分析和讨论道德教育方法，例如，它能够将行为主义界定教育的心理学假设与认知主义研究道德发展的心理学假设联系起来（或者，类似地，它能够将基于美德的亚里士多德性格教育理论的道德假设与旨在提高道德推理的新柯尔伯格/康德理论进行比较），而没有简单地、不恰当地将道德教育方法降低为二分的类别（比如直接与间接等）。

这个框架在后续研究中证明了它的实用性，可以应用到儿童发展项目（Child Development Project，简称 CDP）研究中（Sanger & Osguthorpe，2009）、维克多·巴蒂斯蒂奇（Victor Battistich）、埃里克·夏普（Eric Schaps）、丹尼尔·索罗门（Daniel Solomon）、玛丽莲·沃森（Marilyn Watson）及其他同事参与了该项目。儿童发展项目是一个精心设计的校本研究，为检验这些假设提供了大量的学术素材（Battistich，1998，2008；Battistich 等，1995，1997，1991；Solomon 等，1997，2000；Watson，1998；Watson & Battistich，2006）。项目团队深入探究儿童发展项目的相关文献，寻求证据支持，以回答与理论框架相关联的问题。

> 有意地采用"教学的道德实践性"框架，促使我们聚焦到与理论框架紧密相关的问题探究和数据收集：道德心理学的假设是什么，这些假设如何发展的，教育者如何影响它的发展？关于道德价值的假设是什么，道德教育又如何与教育发展相互促进？这些问题提供了分析方向与研究动力，以深入了解儿童发展项目的方法和理论基础（Sanger & Osguthorpe，2009：第 27—28 页）。

"教学的道德实践性"框架有助于我们深入理解道德教育方法，同时避开了一个单一理论框架能够囊括任何方法的主张。从这个视角来看，最有价值的研究结果是，发现了我们能够胜任在共同的讨论中灵活地把道德教育方法理论化，以及在不同的方法之间进行比较。最后，我们得出结论，这种在共同的基础上进行交流并理解道德教育方法的能力，对教师来说是有价值的，对教师教育者来说也是如此。

"教学的道德实践性"框架不仅可以指导教师、准教师和教师教育者理解已经成型的道德教育方法，比如儿童发展项目的道德教育方法，同时有助于识别和理解实践中两种关键性的资源，并把他们相互关联起来。首先，它能够导向教师自身所持有的假设，这些假设往往是课堂教学道德工作的核心，也能够去了解教师关于道德价值、道德发展、道德功能和学校目的的信念。其次，它有助于去发现教育者假设背后的哲学和心理学来源，以及相关领域的实证研究（Sanger & Osguthorpe，2009：第31页）。

当这篇文章发表之后，我们会将研究结果直接应用到教师教育的实践中去，这一转向既是我们学术研究的一个结果，同时也是我们在教师教育的课堂中日常工作的一个产物，这些工作主要包括教授"教育学基础"课程，与准教师合作研究一线教学实践。

三、教师教育的转向

在此框架之下，我们能够将专题研究更明确地与教师教育联系起来，其中，桑格探究教师需要准备些什么，以显现出教学工作的道德属性（Sanger，2008）。这种联合的研究支持将描述性研究和理论性研究结合起来，应用到教学工作的道德属性研究中去，这种研究方法区别于文献中盛行的简单规范性研究。理解规范性研究和描述性研究（或元伦理学研究）之间的区别在于区分教学中什么具有道德价值（规范性）和什么被认为具有显著的道德价值。

无论我们认为什么是好的，什么是正确的，什么是美德，什么是关怀，都不足以决定教学会显现出哪些道德特征，也不能为教学和课堂中道德特征的学术研究和教育学研究提供充分的基础，不论是广度上的，还是深度上的。更需要一种描述性研究，立足于什么使之成为道德的一部分的共同理解，而不是什么被认为具有道德价值的限定式探索。这种描述性研究着眼于把规范性议题，比如什么是好的，什么是正确的，什么是美德，什么是关怀，当作之前所提出问题——什么将优先构成道德——的一部分回答（Sanger，2008：第173页）。

阐明这种描述性研究有助于理解三个方面的道德特征，也是理解这部分的基础。

描述性研究有助于理解教学和课堂的道德属性，也会关注到三种道德意识。教师和课堂现象本身是好的、正确的和道德的吗？是充满关怀的吗？（在规范性意义上）；有助于学生的道德发展吗？（在发展意义上）；话语和实践在形式和功能上是道德的吗？（在形式意义上）（Sanger，2008：第178页）

这种描述性研究不仅为教师教育者理解教学的道德属性提供了一种途径，同样也为否定这样一个论点提供了一个支持范例，即道德过于纷繁复杂或模棱两可，难以吸引教师教育领域的关注。

另一篇发表的文章，也为描述性研究进行了这样的论证，探究了教师需要具备良好道德素养和品质的原因（Osguthorpe，2008）。解决了美国教师教育国家认可的教师素养方面的争论，并提供了一个明确的例子，说明了采用描述性研究来理解教师教育实践的重要性。为了区分规范性原因和发展性原因，该文章探讨了三个问题：（1）为什么我们需要教师具备良好的素养和品德；（2）教师的道德素质需要达到什么水平；（3）如果一个教师品德不良或品格不好怎么办。最后，文章明确了一个教师需要拥有良好素养和品德最充分的理由是，教师的教学离不开关于什么是好的、正确的，什么是美德和关怀的问题，也质疑了通常持有的一些假设。比如：

要求教师具备良好的素养和品德存在多种理由，其中最重要的与学生的道德发展无关。如一个教师没有必要向学生显示他的素养与品德，就可以成为一个好教师。另外还有观点认为，破解素养争论的关键在于对不良的道德品质避而不谈（Osguthorpe，2008：第296页）。

从分析中得出的这些建议，为教师教育实践提供了有趣的切入点，也为教师教育中教学的德育工作提供了一个案例，使其超越了与道德教育相关的结果，进一步说明了，更有必要采用描述性研究来理解道德。

这个论点同样得到另一项研究的支持（Osguthorpe，2009a），该研究分析了教师的品德与学生的道德发展之间不同的关系形式，同样也质疑了人们的一个普遍观念，即学生都能接受教师的道德品格，并进一步指出，这个主张很难在学校背景下找到经验证据。结论令人惊讶。

理论和实证分析表明，有合理的理由怀疑，教师的道德素养和学生道德发展之间是否存在某种关系，尤其是在学校背景下，很难确定这种关系的确切存在，以及如何维持。研究承认了这一关系具有直观吸引力，并认为，拒绝承认一段不科学的关系同样是不合理的。关系的概念根植于我们以何种方式来理解道德发展的过程（Osguthorpe，2009a：第23—24页）。

教师的素养与学生的道德发展紧密相关，鉴于这种主张的普遍性，更需要通过描述性研究来理解道德。此外，这一分析结合以前的研究，进一步揭示了具备良好道德属性的教学与道德教育之间的区别。同时，更需要进一步探究教学的道德属性，这已经超越了道德教育的目的，将成为我们研究工作的重中之重。

四、"道德地教"与"教以道德"

因此，基于此方面的工作和教学方式研究项目，我们与我们的导师芬斯特马赫进行了合作研究,详细阐述"道德地教"与"教以道德"之间的差别(Fenstermacher, Osguthorpe, & Sanger, 2009)。两者的区别存在于概念之中。教师可以引导别人向善,也可以以道德的方式来教学。

道德地教意味着,教学方式符合什么是善或正确的观念,也就是说,以一种认为有道德价值的方式行事。教以道德就是将善或正确传达给别人。首先,教师是一个好的或正直的人,其次,教师要提供成为一个好的或正直的人的方式(Fenstermacher 等,2009:第 8 页)。

在教学实践中,这种区别很难成立,尤其是当一个教师既是在道德地教,又是在教以道德的时候。但我们的研究工作,以及理论框架的应用将是非常重要的。

两者之间的区别是经过多次反复研究而逐渐清晰的,最初的目的是从形式化的道德教育项目中转移出来,比如品格教育项目,一直以来争议不断,也有人批评这些项目中的教学方法和美德内容过于直接,甚至有人说是教条主义的(Kohn, 1997; Noddings, 2002),反过来,更加重视非直接的方式,将道德渗透在教学实践中。

在中小学,道德教育的争论往往集中在品格教育项目或其他的道德课程上,这样的项目和课程将教授道德作为一种手段,将道德由一代传授给下一代。可笑的是,学校课程中并没有设置这类项目,主要因为人们认为道德是关乎个人喜好、宗教信仰和文化认同的问题。尽管这样的观念值得探究,但却阻碍了我们注意到,即便不采用具体的道德课程,教师、社会和国家也能以更加微妙的方式将道德融入课堂。因此,我们将类似于后者这种培养道德的方式理解为"道德地教"(Fenstermacher, Osguthorpe, & Sanger;第 8 页)。

教学方式研究项目一个令人惊讶的发现是,教师声称参与到研究中能够让他们有意识地从事教学中的德育工作，也使得教学实践中的道德更具有透明性。在参与研究之前，教师认为，"道德地教"和"教以道德"，在某种意义上，是没有区别的。随着教师对教学道德属性的理解加深，他们似乎在道德教育方法选择方面更加具有针对性。这种"道德地教"和"教以道德"之间的区别，随着时间的推移，逐渐让教师理解到道德在教学和课堂中扮演着多种角色。这种区别类似于坎普贝尔（Campbell，2003）的一个观点，即教师既是一个有道德的人，又是教授道德的人。这个论点与我们的主张不谋而合，教学具有多样的道德维度，教师的责任不仅仅是教孩子成为好孩子。

五、教学方式的概念重建

区分"道德地教"和"教以道德"，对于阐明道德影响课堂生活的多种方式具有重要的意义，同样也为研究教学方式这个概念开辟了道路。在早期的研究中（Fenstermacher & Osguthorpe，2000），人们对教学方式的概念提出了一些担忧，尤其是把教学方式当作品格一部分的观点，这种合并很难在研究中把教学方式独立出来。因此，我们试图将教学方式重新概念化为一种表达或展现人物品格的方式，而不是品格的附属部分。

> 尽管这种概念的区别很微妙，但至少有两个非常重要的理由去注意这种区别。首先，它使得那些想研究教学方式在课堂中角色的研究者或教师更容易理解其美德……把教学方式与品格区别开来，能够让研究者得出更加客观的结论……换句话说，虽然是以旁观者的视角来审视美或美德，对教学方式的阐释仍然取决于研究者的视角和语境。然而，这却消除了对道德品质进行属性判断的必要。
>
> 其次，这种微妙的区别也有助于从教学方式与学生道德发展的假定关系中抽离出教学方式的概念。也就是说，更加关注教师美德的表达方式，而不是美德的内容形式。这种转化能够将注意力集中到教师教学方式对教师实践的影响上，而不是所认为的对学生道德发展的影响上

(Osguthorpe, 2009b：第 94 页)。

就传统而言，教学方式与教师教育紧密相连，并在与其关联中确认自身的角色。教学方式能够促进那些认真对待自己道德行为的教师获得发展，也能够推动那些需要凭借道德和理智美德寻求幸福生活的教师获得发展（Osguthorpe, 2009b：第 94 页）。这种概念重构，再加上"道德地教"和"教以道德"之间的区分，确立了一种探索更广泛道德问题的方式。

六、教师的品性（Dispositions）

这一概念重构适合应用于美国教师教育联合协会的"教师教育作为道德共同体"（Teacher Education as Moral Community，简称 TEAM－C）的研究工作，TEAM－C 的主要任务是解决准教师的素养发展和评估问题。美国教师教育委员会指出，教师的专业教学方式、价值和信念在与学生、家长、同事和社区互动的过程中通过言语和非言语的行为表现出来，且这些积极的行为能够促进学生学习和发展（NCATE, 2008：第 89－90 页）。因为我们主要致力于教学方式研究，也提出了思考课堂实践中道德问题的理论框架，TEAM－C 对我们的研究非常感兴趣，并邀请我们参与到他们的研究工作中去。我们紧密合作，与教师教育研究者和教师携手研究，共同探讨。主要通过讲座和研讨会来进行工作，重点关注提升教师素养的有效途径（Diez, Dottin, Murrell, Osguthorpe, Schussler, & Sockett, 2010），分析教师素质中的民主特征和教师作为公民的角色（Osguthorpe, Feiman-Nemser, Dottin, Murrell, & Schussler, 2011），研发出描述、选择、评估教师素养的方案（Feiman-Nemser & Osguthorpe, 2012），进行教学的道德工作（Osguthorpe & Feiman-Nemser, 2013）。这些工作开创了教师教育中教师素质研究一个新的局面（Murrell, Diez, Feiman-Nemser, & Schussler, 2010）。

参与到研究工作，不仅为进入教师教育实践提供了一个有意义的切入点，它还进一步明确了将政策制定者和从业者与他们对道德缺乏的教师教育技术方法的支持区分开来的立场非常具有挑战性。困难也存在于如何给教师教育中教师素质研究提供详细指导（Osguthorpe，2013）。这项研究的主要目的在于推动这个领域达成某种程度的共识，而不是刻意地去规定某种共识。该项目和教师教育者一道，重新界定教师素养，并达成道德上的某种一致性。素养的概念重构要和道德维度及善意目的相联结，素养的评估着眼于准教师的未来发展，也要和教师的教学相结合，而不是与教学方法和技能相分离。因此，教师素养的研发要本着透明、开放和直接的原则，也可以采用自我评估的方法推动教师素养的提升。

文章指出，尽管教师素养领域还存在诸多困难，但仍然值得努力。因为教师教育中的大多数问题都与准教师的素养相关。

> 尽管遵循以上提出的这些准则难度很大，但研究教师素养的重要性根植于一个无法否认的事实，教师教育中最棘手的问题来源于准教师的素养问题。当准教师在实践中或教师教育的课堂中，遇到真正问题和困难的时候，根源性的问题还是与教师素养脱离不了干系（Osguthorpe，2013：第26页）。

基于这个前提，该文章倡导教师教育者致力于从更广泛意义上的教学道德属性去理解素养，也就是说素养不仅仅和"教以道德"相关，更是与"道德地教"相联结。即便目前教师教育的课程体系过于庞杂，这种视角还是为人们提供了另外一种可能性。

> 道德素养是教学道德属性的一个重要方面，需要在设置教师教育课程体系和对话中赋予更多关注。尽管当前课程体系中要求较多，教师教育者仍然需要扩大道德素养的范围。教师教育的重点在于建立教师教育实践和学生发展之间的联结，事实也当如此。但如果我们忽略了教学实践中的道德素养，抛弃了教育中的崇高理想，仅仅依靠内容知识和方法

技巧作为实现此目的的唯一手段,那么很有可能将教师教育置于危险之地(Osguthorpe,2013:第27页)。

再次强调和警示,只关注教师教育中的知识和内容,而忽略其道德素养,是一种竭泽而渔的行为。这将成为我们各项研究一个显而易见的结论。

七、教学道德与教师教育

TEAM-C的研究主要关注道德素养,我们与其的合作研究主要在于让准教师为教学的德育工作做好准备。第一步,建立理论框架,理论上,主要采用"教学的道德实践性"(Moral Work of Teaching,简称MWT)框架指引我们的研究。我们还将工作置于一种合理的,以学习者为中心的教师教育实践方法中。以学习者为中心的方法将教师信念看作教师有意义参与教学德育工作的核心所在,那么信念就与教学的道德维度紧密相关,也就成为了启发和重建教师教育及教师专业发展的不可或缺的部分。

这个论点得到了教学道德属性的概念支撑,同时,也与我们在"道德地教"和"教以道德"之间所做的区分相符合。

MWT是一个宽泛、具有容纳性的道德领域,包含了人类生活诸多复杂的方面,涉及什么是好的,什么是正确的,什么是美德,我们如何思考、感受和行动(Darwall,1998),以及我们是谁,我们如何与他人相关等问题。因此MWT是包含了实践的基本元素,同时也与道德领域建立了有意义的联结。这些元素涵盖了如何让一个人在道德上成为一个好人,一个教师在道德上成为一个好教师,也涉及了教师在学生道德发展过程中所扮演的角色问题(Sanger & Osguthorpe,2011:第569页)。

这个概念回应了道德领域中那些值得探究的问题,比如道德意味着什么,教学的道德属性又意味着什么。由此,为教师教育的研究提供了理论基础。

关于教师教育中教学道德属性的重要性,以及如何进行相关研究,这一理论框架提供了最有力的阐述。在此框架下,准教师的信念是与教学中的德育工作紧密挂钩，另外还确立了核心信念的类别，包括道德价值、道德心理、教育目的和其他偶然因素。此框架的价值在于有助于我们建立准教师信念和教学德育工作之间的联系，有助于去发现促进教师形成这些信念的多种资源。

MWT 框架对信念类别的划分，不仅提供了识别职前教师信念的基础，同样这些类别也有助于职前教师理解他们自身以及课程中存在的信念。也就是说，这个框架有助于教师教育者把道德价值、道德心理、教学经历和职前教师的教育有意义地关联起来，同样也为教师教育者的施教提供了知识基础（Sanger & Osguthorpe，2011：第 575 页）。

这个框架有两个目的，首先是为教师教育领域的研究提供了良好的理论基础；其次，为其他教师教育者对自身的工作赋予意义确立了多种途径，并且能够促成与教学的德育工作之间建立积极联结。教学的德育工作有多种存在形式，在教师教育中起着重要的作用，这些研究成果值得进一步总结，并编辑成册（Sanger & Osguthorpe，2013b）。

八、实践者的教育与支持

我们汇集道德发展心理学、道德哲学和教师教育研究领域的专家，以阐明支持教学德育工作者的有意义的多种实践。几十年来，实践种类繁多，发展迅猛，已经大大超过了我们的期望。本部分一方面关注"道德地教"，主要从哲学的意义而言，另一方面关注"教以道德"，主要阐明道德发展的心理学背景。二者都对教师教育有着重要的启示，我们只是如实地汇报这些教师教育实践。

研究准教师"道德地教"的人指出，一个有道德的教师应该具备专业精神和教育责任意识，因此需要专门的课程培育这些责任意识（Campbell，2013），教育学基础知识能够使得准教师以教育责任的眼光来看待自身的实践（Stengel，2013），暑期夏令营的学习能够让教师学会处理实践中的道德冲突，并构建出一种基于谦卑的自我伦理道德观（Blumenfeld-Jones 等，2013），课程学习旨在培养教师具备智慧和正义的道德立场（Fallona & Canniff，2013），研发教师素养评估框架以引导教师教育者长期与准教师合作，把道德素养融入到实践中去（Johnson，Vare, & Evers，2013）。这些研究根植于不同的哲学传统，从亚里士多德，到布伯，再到罗尔斯，他们展示了不同的教育学途径，并提供了多样途径来探索教学道德实践性深厚的概念基础。

而研究准教师"教以道德"的人指出，"有意识的道德教育"方法主要用于研究生项目阶段（Lapsley，Holt, & Narvaez，2013），把儿童发展项目的理论、实践和材料整合到两个教师培养项目中去，并开设分科课程和整合课程（Watson，Benson，Daly，& Pelton，2013），强调道德教育领域的整合，尤其是与社会认知理论的整合，同时在教师培养项目中发展交叉学科课程（Nucci，2013），对品格教育胜任力进行分类，并把这些分类应用到教师培养项目中（Shields，Altoff，Berkowitz，& Navarro，2013）。这些研究进一步说明教学原则和道德教育实践，同时也阐明如何将这些实践整合到课程中去。

而我们所做出的特殊贡献在于指出，准教师的信念是与教学德育工作紧密相连。基于建构主义理论，我们创造了一个典范，以说明信念是准教师理解自身和世界的关键（Osguthorpe & Sanger，2013：第15页）。在对信念的研究中，我们发现了与其紧密相关的五个主题：模型、直接教学、父母角色、行为主义和学业目的。这些信念是从对教师教育课程的研究而得出的，进一步巩固了我们的一个主张，即准教师的信念与教学德育工作相关，这个主张通过我们要将他们培养成为教师的意图而体现出来。

准教师的信念是一个非常值得探究的问题，比如关于教师道德行为模型的信念，关于学校目的的信念。这些问题我们将一一深入探究，并着重关注它们对教师教育实践的影响。另外两项研究也致力于探究教师信念问题，其中一项研究关于信念模型，这些模型在准教师用于理解课堂中的道德教育的普遍性，以及其他的附属主题，包括学生观察示范性行为的重要性，谁能够充当学习者的榜样，以及学习者和榜样之间建立意义关系，学生接触到的示范性行为的一致性（Sanger & Osguthorpe，2013d：第172页）。一旦信念和附属主题得以明确，根据相关文献，进一步探究，有效地解决这些问题。

这些主题可以作为一个切入口，以探究信念模型的功能以及它在"教学的道德实践性"框架中扮演的角色。信念模型的心理学理论和研究可以应用于职前教师相应问题的研究中，也提供了多样的方法理解模型的建立过程和功能。比如，从对附属主题的研究来看，班杜拉的观察学习理论有助于扩展、精炼和确立信念模型如何发挥作用（Bandura，1986，1997）。但教师教育者也可以通过引入诺丁斯的关心理论（Noddings，1984），或者通过研究沃尼克（Warnick，2008）关于学习的历史和哲学审视，扩展职前教师信念模型的概念和目的（Sange & Osguthorpe，2013d：第172—173页）。

采用更多的研究文献，进一步扩大分析范围，就能发现教师教育研究的文献之间存在某种关联，准教师也应当进行这种研究。但会存在一个潜在的危险，准教师有可能无论在什么情景下，都会固守某种根深蒂固的信念。

另一项研究主要研究准教师关于学校目的的信念，以及为何会从事教师这一职业（Osguthorpe & Sanger，2013b）。当问及教师选择教学生涯的原因时，他们解释了各种各样的原因，其中很多与教学的道德属性相关。

在教师的回答中，明显呈现了某种道德上的意义。有教师表示，意在对学生的生活产生积极影响，或成为学生的榜样，以及从教学实践中获得某种道德奖励。同样要注意的是，这些道德上的原因往往来自于教师个人经历，来自于和他的教师及家人的互动中。这些经历帮助准教师预见了他们在课堂上可能会产生的影响，也构成了他们愿意从教的道德动力（Osguthorpe & Sanger，2013b：第186页）。

教师愿意从教背后的道德含义至关重要，表明了准教师对自己未来在课堂上的道德角色寄予了很高的期望。

教师选择从教的原因与教师关于学校目的的信念之间是否存在某种关联呢？分析显示两者存在某种矛盾关系。准教师关于学校目的的信念，着重强调学术目的和工作目的，有些教师认为道德成就也是学校教育的目的。但大部分教师认为学校教育的首要目的是学生的学业发展。不同的教师，持有不同的学校目的观，但从对准教师的调研和访谈来看，教师选择从教原因和学校目的信念之间的张力尚未被察觉，这极有可能会导致教师对职业生涯选择的不满。这篇文章主要分析这种张力，而这种张力来源于美国目前强调标准测试和问责制的教育思想。

这种张力是"宽"和"窄"，"广义"和"狭义"的矛盾，准教师一般基于"广义"的理由选择从教，持有"广义"的学校目的观，但是却与当前盛行的"狭义"教育思想相冲突。很多教师选择从教，是因为广义上的道德理由，比如对学生产生积极影响，或成为学生的榜样。类似地，他们认为学校教育有着更加广泛的目的，是为了促进学生的道德提升和社会化发展。然而他们却没有认识到，他们的动机和信念与当前盛行的教育思想和狭义强调学业结果的目的观有可能背道而驰。因此，这些准教师认为他们可以同时关注道德、社会发展和学业成就，而没有意识到他们的教学环境很难为这种广义的学校目的观留有一席之地。一个只重视可测量的环境……把重心放在标准化考试分数和增加分数的方法上的环境，很难为这种道德上和社会上的广义目的留有空间（Osguthorpe & Sanger，2013b：第192页）。

这些矛盾和冲突的存在，增强了我们的研究决心，更要去探索教师的信念，在教师教育的实践中摸索出解决方法。

九、主流教育思想的压迫性

我们的研究重心在于去处理教师教育实践中的矛盾和冲突，并进行一些课程实验。然而，这些干预常常使我们越来越担心，在当前的教育环境下，提升准教师教学的德育工作面临越来越多的挑战，他们只是假装支持这样的工作。另外，因教育改革者把他们看作是基于标准化考试分数的责任机构中的一个齿轮，而产生了越来越多的负面情绪。为应对这些日益严重的问题，我们发表了三篇文章：一篇描述当前教育环境的精神分裂症状（Sanger，2012）；一篇着重探讨教师教育中的道德真空（Sanger & Osguthorpe，2013a）；第三篇文章论述提出一个没人同意的论点的困难性（Osguthorpe & Sanger，2014）。这三篇文章都警示当前的教学和教师教育处在一个困难时代，除非我们给予教学德育工作更多的关注。

第一篇文章，正如以上所提到的，认为当前主流的教育思想把目光放在问责和标准化考试上，并指出需要更全面的改革以转化这种扭曲的教育观和道德沦丧目的论。

> 当前最重要的工作不在于去抨击标准化测试，也不在于诋毁以学业学习为核心的教育目的和教育实践。这只是一种目光短浅、过于简单化的批判，以及对复杂问题的简单解决方案的不切实际的追求，就好比教育一个人……从 20,000 英尺的高空立法（Sanger，2012：第 303 页）。

文章还指出，标准化考试和问责制也有一定的价值，但问责制因努力消除教学的道德回报的可能性，而大大降低了其价值。文章最后总结到，尽管扭曲的教育思想仍然盛行，还是要为教师的职业实现提出切实可行的措施。

文章的论点为批判当前主流教育思想所造成的一些危险提供了基础，比如，这些思想如何使得教育者原本复杂而高尚的工作日渐枯竭，又如何破坏了那些选择这个职业的人的美好生活前景。应对这些危险，应当避免改革的滥用，意识到教育教学的复杂性和其价值的多元性。因此，我们要创造一种能够反映这种复杂性的话语和条件，支持一种更加有效和更负责的追求。虽然这些措施既不能保证高质量的教学，也不能保证教师拥有一个好的生活，但可以保护教师免受教育贫瘠和精神分裂的危害。然而，它们也构成了作为一个教育工作者拥有美好、和谐生活理论上和实践上的关键性要素（Sanger，2012：第303页）。

值得强调的是，这些措施并不能保证教师会有自我实现感，但是很难确切地说，没有它们，和谐的生活是可能的。对我们而言，教师教育的工作就是帮助准教师遵循这些步骤和措施。

然而，我们也不断被教师教育中的道德真空问题所困扰。这个问题是由于缺乏对教师教育中的道德问题关注而引发的，而不是因为教师教育本身缺乏道德意义。

> 大量的研究表明，专业的教师教育中，缺乏明确的道德关注。我们把这种现象称之为道德真空：一个并不缺乏道德意义，甚至是道德活动的地方，但却缺少把道德融入实践中的觉知和注意。真空的概念尤其适合于当前的境况，在教师教育缺少道德关注的情况下，如何能够发挥教师教育的积极作用呢（Sanger & Osguthorpe，2013：第42页）?

我们认为，教师教育者是这种道德真空的始作俑者，他们有机会把道德融入到教师教育课程中去，但他们却忽视了，况且准教师原本就怀揣着道德情怀投入到未来的工作中去。

我们旨在批评教师教育者，尽管一些教师教育者作出了令人印象深刻的努力来弥补这种真空，包括那些对本书编辑有所贡献的人，他们也支持教师教育者作出某种改变。但没有证据表明，我们给予了教学的德育工作明确而系统的关注。不论是在美国，还是在国际的背景下，道德真空的问题变得越来越严重。我们的论点似乎得到了一致性的支持。但这些支持同样令我们困惑，似乎每个人都同意教学本质上是道德的，教师教育缺乏对教学德育工作的关注，那么教师教育者就应该努力复兴教学的德育工作。但这种关注并没有太大的推动力，主流的教育思想仍然盛行。我们的回应是，要实现教师在教师教育中的道德价值是一项艰巨的任务，因为它涉及一个没有人会反对的论点，但这只会刺激相对较少的行动（Osguthorpe & Sanger, 2014）。似乎每个人都同意教学的道德意义是重要的、必要的和固有的，但在实践中前进是极其困难的，这个悖论在我们近年来的文献研究中得以证实（Klaassen, Osguthorpe, & Sanger, 2016）。教学的德育工作能获得一致性支持，是非常令人欣慰的，但却没有降低这个教育任务的难度。因此，我们要再接再厉，继续为反驳主流教育思想提供强有力的论证，并为教师参与到德育工作中提供明确而有效的途径。

十、结论

研究的主线在上一节论述的文章中是显而易见，表现为理论假设和实际问题。大约在20年前，我们开始了教学方式项目研究，并宣称教学内在地具有道德意义，如今，我们仍然坚持这一主张及其推论：在教师教育的课程中，教学的德育工作应具有突出的地位。在此过程中，我们研究了教学方式的概念，引导我们创建一个理解道德教育方法的理论框架，并区分教学道德工作的两种要素，一种是旨在道德地教，一种关注道德教育的内容。

在此基础之上，我们的注意力就完全转向了教师教育中准教师方式和素养的评估，以及准教师对教学德育工作的信念。对于后者，我们采用以学习者为中心的建构主义模式，依赖与教师教学德育工作相关信念的重建。对信念的研究巩固了早前提出关于教学和教师教育道德本质的理论假设，也提供了研究教师教育中有意义实践的切入口。但同时也打开了一扇令人沮丧的大门，没有必要去推倒这扇门，但也没有人尝试着走过去。我们从这些线索的连贯性中得到了安慰，也将鼓起勇气去探索教学的内在道德意义，为未来的发展和可能性创造机会。

参考文献：

Battistich, V. (2008). The Child Development Project: creating caring school communities, in: L. Nucci & D. Narvaez (Eds.), *Handbook of moral and character education*. New York: Routledge, pp. 328—351.

Battistich, V. (1998). The effects of classroom and school practices on students' character development. Paper presented at the Character Education Assessment Forum, Fresno, May 1998.

Battistich, V., Solomon, D., Kim, D., Watson, M. & Schaps, E. (1995). Schools as communities, poverty levels of student populations and students' attitudes, motives and performance: a multilevel analysis, *American Educational Research Journal*, 32 (3), 627—658.

Battistich, V., Solomon, D., Watson, M. & Schaps, E. (1997). Caring school communities, *Educational Psychologist*, 32 (3), 137—151.

Battistich, V., Watson, M., Solomon, D., Schaps, E. & Solomon, J. (1991). The Child Development Project: a comprehensive program for the development of prosocial character, in: W. Kurtines & J. Gewirtz (Eds.) *Handbook of moral behavior and development* (Vol. 3). Mahwah: L. Erlbaum Associates, pp. 1—34.

Blumenfeld-Jones, D. (2013). Building an ethical self: Awareness of many modes of ethical thinking and acting. In M. Sanger & R. Osguthorpe (Eds.), *The moral work of teaching and teacher education. Preparing and supporting practitioners*. New York/London: Teachers College Press, pp. 60—74.

Campbell, E. (2013). Cultivating moral and ethical professional practice: Interdisciplinary lessons and teacher education. In M. Sanger & R. Osguthorpe (Eds.), *The moral work of teaching and teacher education. Preparing and supporting practitioners*. New York/London: Teachers College Press, pp. 29—43.

Campbell, E. (2003). *The ethical teacher*. Maidenhead: Open University Press McGraw-Hill.

Chow-Hoy, T. K. (2001). An inquiry into school context and the teaching of the virtues. *The Journal of Curriculum Studies*, 33 (6), 655—682.

Diez, M., Dottin, E., Murrell, P., Osguthorpe, R. D., Schussler, D., & Sockett, H. (2010). *Developing a meaningful and effective approach to teacher dispositions*. Invited pre-conference workshop at the annual meeting of the American

Association of Colleges for Teacher Education, Chicago, February 19, 2010.

Fallona, C., & Canniff, J. (2013). Nurturing a moral stance in teacher education. In M. Sanger & R. Osguthorpe (Eds.), *The moral work of teaching and teacher education. Preparing and supporting practitioners*. New York: Teachers College Press, pp. 75—91.

Feiman-Nemser, S., & Osguthorpe, R. D., (2012). *Protocol for describing and appraising selection artifacts/tools in teacher education*. Invited pre-conference workshop presentation at the annual meeting of the Association of Colleges for Teacher Education, Chicago, February 2012.

Fenstermacher, G. D. (2001). On the concept of manner and its visibility in teaching practice. *Journal of Curriculum Studies*, 33 (6), 639—653.

Fenstermacher, G. D., & Osguthorpe, R. (2000, April). *The manner of teachers and the character of students: What distinguishes character education from The Manner Project?* Paper presented at the Annual Meeting of the American Educational Research Association, New Orleans.

Fenstermacher, G. D, Osguthorpe, R. D., & Sanger, M. N. (2009). Teaching morally and teaching morality. *Teacher Education Quarterly*, 36 (3), 7—19.

Goodlad, J., Soder, R., & Sirotnik, K. (1990). *The moral dimensions of teaching*. San Francisco: Jossey-Bass.

Jackson, P. W., Boostrom, R. E., & Hansen, D. T. (1993). *The moral life of schools*. San Francisco: Jossey-Bass.

Johnson, L., Vare, J., & Evers, R. (2013). Let theory be your guide: Assessing the moral work of teaching. In M. Sanger & R. Osguthorpe (Eds.), *The moral work of teaching and teacher education. Preparing and supporting practitioners*. New York: Teachers College Press, pp. 92—114.

Klaassen, C. A., Osguthorpe, R. D., & Sanger, M. N. (2016). Teacher education as a moral endeavor. In J. Loughran & M. L. Hamilton (Eds.), *International Handbook of Teacher Education*. Rotterdam: Springer, pp. 523—557.

Kohn, A. (1997). How not to teach values: A critical look at character education. *Phi Delta Kappan*, 429—439.

Lapsley, D., Holter, A., & Narvaez, D. (2013). Teaching for character: Three alternatives for teacher education. In M. Sanger & R. Osguthorpe (Eds.), *The moral work of teaching and teacher education. Preparing and supporting practitioners*. New York: Teachers College Press, pp. 115—128.

Murrell, P., Diez, M., Feiman-Nemser, S., & Schussler, D. L. (2010). *Teaching as a moral practice: Defining, developing, and assessing professional dispositions in teacher education*. Cambridge, MA: Harvard Education Press.

National Council for Accreditation of Teacher Education. (2008). *Professional standards for the accreditation of teacher preparation institutions*. Washington, DC: Author.

Noddings, N. (2002). *Educating moral people. A caring alternative to character education*. New York: Teachers College Press.

Nucci, L. (2013). Reflections on preparing preservice teachers for moral education in urban settings. In M. Sanger & R. Osguthorpe (Eds.), *The moral work of teaching and teacher education. Preparing and supporting practitioners* (pp. 148—163). New York: Teachers College Press.

Osguthorpe, R. D. (2013). Attending to ethical and moral dispositions in teacher education. *Issues in Teacher Education*, 22 (1), 17—28.

Osguthorpe, R. D. (2009a). On the possible forms a relationship might take between the moral character of a teacher and the moral development of a student. *Teachers College Record*, 111 (1), 1—26.

Osguthorpe, R. D. (2009b). A reconceptualization of teacher manner. In P. LeBlanc and N. Gallavan (Eds.) *Affective teacher education: Exploring connections between knowledge, skills, and dispositions* (pp. 81 — 98). Lanham: Rowman & Littlefield Publishing.

Osguthorpe, R. D. (2008). On the reasons we want teachers of good disposition and moral character. *Journal of Teacher Education*, 59 (4), 288—299.

Osguthorpe, R. D. (2005). On the relationship between the moral character of a teacher and the moral development of a student. Doctoral dissertation, The University of Michigan, Ann Arbor, MI.

Osguthorpe, R. D., & Feiman-Nemser, S., (2013). *Teaching the moral work of teaching*. Invited presentation at the annual meeting of the American Association of Colleges for Teacher Education, Orlando, February 2013.

Osguthorpe, R. D., Feiman-Nemser, S., Dottin, E. Murrell, P., & Schussler, D. (2011). *Democratic dispositions — The teacher as citizen*. Invited pre-conference workshop at the annual meeting of the American Association of Colleges for Teacher Education, San Diego, February 2011.

Osguthorpe, R. D., & Sanger, M. N. (2014). Realizing the moral value in teachers' work: Breaking down the open door. *Teachers College Record*, Date Published: April 25, 2014, http://www.tcrecord.org ID Number: 17516

Osguthorpe, R. D., & Sanger, M. N. (2013a). Teacher candidate beliefs about the moral work of teaching. In M. Sanger & R. Osguthorpe (Eds.). *The moral work of teaching: Preparing and supporting practitioners*. New York: Teachers College Press, pp. 14—25.

Osguthorpe, R. D., & Sanger, M. N. (2013b). Addressing teacher candidate beliefs about the purposes of schooling and their reasons for choosing a career in teaching. *Peabody Journal of Education*, 88 (2), 180—197.

Richardson, V., & Fallona, C. (2001). Classroom management as method and manner. *The Journal of Curriculum Studies*, 33 (6), 705—728.

Sanger, M. (2012). The schizophrenia of contemporary education and the moral work of teaching. *Curriculum Inquiry*, 42 (2), 286—307.

Sanger, M. N. (2003). What is moral about teaching? A philosophical inquiry into the morally salient features of teaching. Doctoral dissertation, The University of Michigan, Ann Arbor, MI.

Sanger, M. (2001). Talking to teachers and looking at practice in understanding the moral dimensions of teaching. *Journal of Curriculum Studies*, 33 (6), 683—704.

Sanger, M., & Fenstermacher, G. (2000). Aristotle's great but is he enough? Paper presented at the annual conference of the American Educational Research Association. New Orleans.

Sanger, M. N., & Osguthorpe, R. D. (2013a). The moral vacuum in teacher education. In H. Sockett & R. Boostrom (Eds.), *A moral critique of contemporary education*: *National Society for the Study of Education Yearbook* 2013, 112 (1).

Sanger, M. N., & Osguthorpe, R. D. (Eds.) (2013b). *The moral work of teaching*: *Preparing and supporting practitioners*. New York: Teachers College Press.

Sanger, M. N., & Osguthorpe, R. D. (2013c). Inquiring into the moral work of teaching and teacher education. In M. Sanger & R. Osguthorpe (Eds.) *The moral work of teaching*: *Preparing and supporting practitioners*. New York: Teachers College Press, pp. 3—13.

Sanger, M. N., & Osguthorpe, R. D. (2013d). Modeling as moral education: Documenting, analyzing, and addressing a central belief of teacher candidates. *Teaching and Teacher Education*, 29 (2), 167—176.

Sanger, M. N., & Osguthorpe, R. D. (2011). Teacher education, preservice teacher beliefs, and the moral work of teaching. *Teaching and Teacher Education*, 27 (3), 569—578.

Sanger, M. N., & Osguthorpe, R. D. (2009). A theoretically descriptive analysis of the Child Development Project. *Journal of Moral Education*, 38 (1), 17—34.

Sanger, M. N., & Osguthorpe, R. D. (2005). Making sense of approaches to moral education. *Journal of Moral Education*, 34 (1), 57—71.

Shields, D., Althof, W., Berkowitz, M., & Navarro, V. (2013). What are we trying to achieve? Developing a framework for preparing character educators. In M. Sanger & R. Osguthorpe (Eds.), *The moral work of teaching and teacher education*: *Preparing and supporting practitioners*. New York: Teachers College Press, pp. 164—182.

Solomon, D., Battistich, V., Kim, D. & Watson, M. (1997). Teacher practices associated with students' sense of the classroom as a community, *Social Psychology of Education*, 1 (3), 235—267.

Solomon, D., Battistich, V., Watson, M., Schaps, E. & Lewis, C. (2000). A six-district study of educational change: direct and mediated effects of the Child Development Project, *Social Psychology of Education*, 4 (1), 3—51.

Stengel, B. (2013). Teaching moral responsibility: Practical reasoning in a pedagogical "wonderland". In M. Sanger & R. Osguthorpe (Eds.), *The moral work of* teaching and teacher education: Preparing and supporting practitioners. New York: Teachers College Press, pp. 44—59.

Watson, M. (2008). Developmental discipline and moral education, In: L. Nucci & D. Narvaez (Eds). *Handbook of moral and character education*. New York: Routledge, pp. 175—203.

Watson, M. (1998). The Child Development Project: Building character by building community, *Action in Teacher Education*, 20 (4), 59—69.

Watson, M. & Battistich, V. (2006). Building and sustaining caring communities. In C. Evertson & C. Weinstein (Eds), *Handbook of classroom management: research, practice and contemporary issues*. Mahwah: Lawrence Erlbaum, pp. 253—279.

Watson, M., Benson, K., Daly, L., & Pelton, J. (2013). Integrating social and ethical development into the preservice curriculum: Building on the Child Development Project. In M. Sanger & R. Osguthorpe (Eds.), *The moral work of teaching and teacher education: Preparing and supporting practitioners*. New York: Teachers College Press, pp. 129—147.

Watson, M. & Ecken, L. (2003). *Learning to trust: transforming difficult elementary classrooms through developmental discipline*. San Francisco: Jossey-Bass.

第二编：中小学教育中的研究

学校教育的道德维度解析

[美] 罗伯特·布斯特罗姆、大卫·汉森[①]

本文讨论道德生活项目（Moral Life Project）以及由此出版发行的书《学校中的道德生活》（*The Moral Life of Schools*，以下简称 MLS）[②]。该项目是菲利浦·杰克逊辉煌职业生涯的重大成就，它开启了大卫·汉森和罗伯特·布斯特罗姆的职业生涯。

我们首先概述该项目的参与者、指导该项目的初始假设以及项目使用的程序。然后，我们讨论《学校中的道德生活》第一部分中"观察者指南"的类别。最后，我们转向该项目和该书提出的四个问题：如何发现和阐述道德表现力？课堂生活的道德表现特征具有什么样的真实性或本体地位？学生、教师和观察者能够共享这种道德表现力的意识吗？对于教师或研究人员（或任何人）来说，采用一种寻找和检验课堂生活的道德表达特征的视角有什么价值？尽管这个研究项目是在美国开展的，但我们相信研究结果可以用于世界各地的学校。

[①] 罗伯特·布斯特罗姆供职于美国南印第安纳大学，大卫·汉森供职于美国哥伦比亚大学教师学院。

[②] 所有《学校中的道德生活》中的引用可以在学校道德生活项目的文本中找到。——原注

一、项目架构

(一) 参与者

在《课堂生活》(*Life in Classrooms*,Jackson,1968)一书中,菲利浦·杰克逊指出课堂生活作为一个有益的研究领域,如果研究者愿意花时间观察和反思的话,那么它的复杂性就可以被解开和揭示出来。二十年后,他补充了这一洞察过程的直觉,那就是课堂生活充满了道德意义。学校道德生活项目旨在通过观察、反思和对话来探究这一直觉。

杰克逊作为首席调查员,与两位研究生罗伯特·布斯特罗姆和大卫·汉森一起会见、采访和观察了来自六所学校的18名教师(9名小学教师和9名中学教师)。其中有两所是政府资助的公立学校,两所是在大学校园开办的私立学校,两所是由罗马天主教会主管的私立学校。小学教师包括一至六年级,每个年级至少一位教师,高中教师涵盖来自七个不同学科领域的教师(英语、社会研究、数学、科学、体育、特殊教育和宗教)。

(二) 研究假设

研究者分享了几个假设,开始了学校道德生活项目。一个假设是不管学校教育的明确目标是什么,学校对学生所做的不仅仅是让他们为考试做好准备,而要做到更多。"任何人只要仔细地观察课堂中发生的事情,就会很快发现我们的学校对学生所做的不仅仅是传递必要的知识(或者这方面做得不好,可能存在这样的例子)"(MLS,第 xii 页)。研究者将学校视为杜威理念的特殊案例(Dewey,1932/1985;1916/1980;1909/1977),他们认为,"道德考虑渗透在人类所有的行为中"(MLS,第 300 页)。

第二个假设是,在调查之前,这些道德考虑的性质无法进行界定。研究人员并没有预设一个何为道德的立场,也没有宣称对行动的结果、行为准则和美德发展感兴趣。无论是研究者,还是一起工作的教师,他们之间没有定义道德这个术语。相反,他们相信,通过观察和反思项目中包含的教室里的生活,可以得出所谓的"道德"的定义。

考虑到每间教室的道德生活是一个未知的现象（很可能在不同的教室有不同的表现），第三个假设是道德考虑的表达方式不能被提前具体化。研究者不是寻找具体的行为或做法，而是带着道德考虑的期望进入课堂。他们并没有确定去哪里观察以及如何观察，而是认为探究活动会带领他们进入一种方法论的立场，从而看到项目的优势和意义。"我们所提供的是一种观察和思考课堂中发生的事情的普遍方式。"（MLS，第 xi 页）

（三）研究过程

1988 年 1 月，学校道德生活项目首先进行了两周的讨论会，由研究者和参与教师参加，提供晚餐和开放式的讨论。会议一直持续到 1990 年 6 月（包括在学校的一年），是非正式的和非计划的会议。研究者没有提出一个日程、假设、过程，甚至没有给出核心术语"道德生活"的定义。如此开放的讨论，使得不止一位教师怀疑这个项目的目的是否在于研究对缺乏指导的反应（Boostrom，Jackson，& Hansen，1993：第 38 页）。

讨论没有记录，研究人员也很少记笔记。然而，尽管缺少框架和结构，参与者发现这些时间有很大收获，具有启发性：

> 一方面，我们讨论的大部分内容非常普通，通常用传统的语言进行表达。当需要对公众进行演说时，我们所说的内容似乎让除团体以外的成员都不感兴趣。另一方面，我们的参与者常常对会议非常满意……在项目正式结束后，整个小组投票决定继续讨论一整年（MLS，第 280 页）。

通过这些讨论，参与者找到新的方式讨论他们的工作以及他们对教学的承诺。一句经常重复的话是"我们自学"。

这句话最初是用来认可教师个人性格和个性特征潜能的一种方式，不仅作为教学工具，用来达到标准教育目标的手段……而且作为课程，需要学习的内容。正如特纳先生一天晚上说："我不仅教授高中英语，也在教特纳本人。"(MLS,第284页)。

另一个在讨论中出现的短语是"向上的伪善"。

(参与者)欣然同意,向上的伪善,是一种教师经常必须采取的对姿态的恰当描述,换句话说,教师必须表现出一种比自己内心感觉更好的姿态(MLS,第289页)。

通过对这种教学姿态的讨论,教师们逐渐认识到向上的伪善"是一种自我完善的手段,是一种真正成为更好的人的途径"(MLS,第289页)。

经过最初的尴尬,这些讨论被证明是迈向减少研究者和实践者差距的重要一步(Boostrom, Hansen, & Jackson, 1993)。权威"科层结构"不存在,每个人可以在平等的立场上发言。通常由教师自身引导讨论,如果不是直接给出问题,也可以通过他们提出的问题来指导讨论。这些讨论减少了课堂观察的干扰,因为课堂参观者是教师一起吃饭和隔周谈话的熟悉朋友。

所有三位研究人员一次至少参观十八间教室,但布斯特罗姆和汉森很快开始集中精力参观——布斯特罗姆在小学,汉森在中学。在两年半观察结束的时候,每间教室被参观过几十次,参观的时间从一小时到整天不等。除了参观课堂之外,研究者也参加其他的学校活动——如集会、动员大会以及罗马天主教学校的宗教仪式。在每一次参观中,研究者做好笔记,并在访问结束后很快将笔记扩充为文字叙述的形式。研究者一起分享和讨论这些叙述,其中一些被用来作为《学校中的道德生活》解释分析的基础。

二、道德影响的类型

在项目早期,研究者开始意识到有些最重要的道德影响力表现得并不明显。

我们相信,学校教育的无意结果,即教师和管理者很少事先计划的结果,比那些预先设计和有意追求的结果具有更大的道德意义,也就是说，更有可能产生持久的影响（MLS，第44页）。

这种见解也许有悖常理，它为《学校中的道德生活》的"观察者指南"（MLS，第1—44页）提供一个重要的视角。提供"观察者指南"的意图在于有效地集中读者的注意力，关注课堂中能够看到和听到的道德意义能够显现的多样化方式（MLS，第43页）。指南包括两组道德影响力类别。第一组是"道德教育"类型，能够相对快速地被关注学校和课堂中道德问题的人所识别（MLS，第11页），因为他们是"公开宣称的道德"（MLS，第3页）。本组有五个类型，"谨慎地促进道德教学和鼓励道德行为"（MLS，第3页）。

（一）道德教育的类型

第一类，作为正式课程组成部分的道德教育，仅仅出现在罗马天主教学校中。只有在这些有宗教课的学校中，才会专门空出学校时间开展道德教育。

第二类，常规课程的道德教育，几乎出现在所有的课堂中。大多数情况下，当课程内容出现与真实或虚幻人物有关的英雄气概或令人钦佩的品质时，这种道德教育就出现了。这些课程常常出现在社会研究或语言艺术的课堂上，在课上，教师可能不是将重点放在课程内容的道德意义上，而是将重点放在理解事件或人物上。因此，与天主教学校宗教课程直白的道德内容相比，道德课是经过深思熟虑的，是隐含存在的。

第三类，典礼和仪式，出现在所有的学校和课堂中。这类教育形式多样，包括学校范围的、定期安排的活动，每月的集会和毕业典礼，以及一些课堂活动，如背诵效忠誓言或庆祝学生生日。这些活动的目标集中在：

> 他们试图激发的情绪或态度。包括骄傲、忠诚、灵感、崇敬、虔诚、悲伤、谨慎、感恩和奉献。这些活动也呼吁学生在原因、社会使命、社会和政治实体中寻找认同（MLS，第7页）。

第四类，具有道德内容的视觉展示，很容易在每间教室和每所学校走廊的墙壁上发现。这些展览的形式和内容有海报和公告栏，海报上写着学生留在学校或戒毒的重要性等信息，公告栏上还贴着学生关于友谊或诚实等美德的文章。尽管这种视觉展示盛行，但几乎没有看到关于这些展示的讨论，这让研究者认为这些展示更多的是为了作秀而不是教育。

> 我们之间开始讨论这些标志和口号，它们成为一种"标语式的道德"（bumper-sticker morality）。其精辟的短语和醒目的设计似乎是为了让路人快速消费，而不是作为一种反思和讨论的学科内容（MLS，第9页）。

第五类，在正在进行的活动中自发地插入道德评论，间歇性地出现在每间教室中。通常这些微型的道德课程是为了解决一些行为不端的问题，尽管很多的情况是教师让班级同学关注学生的正确行为，而不是学生的错误行为。大部分的插入是短暂的，仅仅需要一两句话，或者可能是一个眼神，因而对课堂进程的中断几乎是觉察不到的。教师以此方式进行的赞美和批评可以成为一个动态的对课堂行为的道德评论。

总之，这五种道德影响力类型加在一起，构成了大部分观察者在课堂和学校中寻找道德课程时最容易看到的东西。这些道德教育的努力意在明确地改善学生的行为。

（二）道德实践类型

三种道德影响力类型构成了第二组——道德实践类型，道德实践类型以不同的方式运作，不是直接表现出来。道德实践的三种类型涉及所有课堂生活的构成要素——这种道德影响力常常不被注意，因为它们很容易被认为是理所当然的。

"观察者指南"中提到的第一种道德实践类型是课堂规则和条例，似乎"初看是明显的观察和反思的主题"，因为（课堂规则和条例）是我们迄今为止提到的最接近构成一个明确的道德规范，所有教室内的学生都被要求遵守这些规范（MLS，第12页）。学生自身认可并承认规则在课堂生活中的重要作用（不管他们是否选择遵守规则），但规则的道德内容并不那么明显。尽管规则使用的语言似乎是简单而直接的（"注意""如果你想说话，请举手""不要打架"),但是课堂观察者很快就明白了。首先,尽管课堂规则是行为的铁定纪律,但它们常常被违背或忽略;其次,尽管在不同的课堂可以用同样的语言进行表达,但这些语言在每一课堂里有不同的意义。课堂规则的表达最终成为指引课堂成员的道德观点的简写,用以预测当落实规则和忽略规则时所带来的结果,促使他们理解一种简单语言的规则(如"注意")在特定课堂的意义。

> 在某一课堂我们观察到,"注意"实际上意味着"总是服从教师的要求"。在另一课堂中我们发现,"集中注意力"逐渐让我们明白它的意思是"尊重你的同学,因而你可以成为成功的共同体成员"(MLS,第13—14页)。

然而,对于这一规则的道德内容,教师或学生在课堂上并没有明确表达,这种遗漏凸显了第一组道德影响力类型(五种称之为"道德教育"的类型)与第二组(三种称之为"道德实践"的类型)之间的差异。道德实践类型描述了教师、学生和环境不断地影响行为和塑造道德理解的方式,尽管教师和学生不太可能意识到这些道德影响力的相互作用。

道德实践的第二种类型是课程子结构中的道德(morality of the curricular substructure),由可能实现教学的假设构成,"维持和促进课程中每一门学科的每一节课的条件"(MLS,第15—16页)。这些条件的一个例子是"人们普遍期望在教室里讲真话"(MLS,第16页)。如果没有教师和学生说真话的假设,课堂生活是不可能持续的。没有真实的可能性,教学是无意义的,并且"'相信指导是可能的'包含了这样一个假设,即真理可以被告知,知识不同于无知"(MLS,第18页)。理性本身取决于这一信念,即有些事物是可知的,教授他人的人能够准确而称职地分享他们所知道的内容。尽管教师和学生不可能表达这一信念,但只要行动起来,他们就能够很好地扮演教师和学生。当讲真话的期望被质疑时,教学事业就开始瓦解。当一种讲真话的方式不断地在课堂中反复呈现时,就会产生对作弊的关注。在考试中作弊的学生会受到严重的学业惩罚，教师会竭尽全力防止学生作弊，并消除作弊的可能性。

  我们观察到一位数学教师总是让学生在课堂上走动，目的是消除作弊的诱惑。他以特别正式的方式发言，大声叫出学生的姓氏——"帕特森先生、罗宾逊先生……"——同时指向学生应该移动的位置。这种形式给测验情境带来了一种严肃的气氛，可能进一步鼓励学生不要作弊。（MLS，第 20 页）

这种对作弊的担心尽管源于课堂中讲真话的重要性，但滋生了怀疑的种子，暗示学生可能不会讲真话，当然无关学生知道的学科内容，可能也无关于其他问题。

  例如，和我们一起合作的一位高中英语教师，常常在课堂上进行测验，目的是确保学生完成布置的阅读任务。然而，他不喜欢测验。他尤其担心考试前让学生挪开座位所传递的信号。为了解决新座位安排的需要，他会这样说"并不是我不相信你，而是社会不相信，因此你们必须习惯这样"。他似乎不明白的是除了他对作弊的担心，测验本身也是一种不信任的象征。他担心学生互相抄袭，在消除这种担心的同时，他也不相信学生完成阅读任务的保证。（MLS，第 21 页）

除了真实性假设之外，研究者识别出其他课程子结构因素，例如假设"所教授的材料是重要的，正在从事的活动是值得的"（MLS，第 24 页），假设"教师将会公平地提问和进行合理的考试，轮流给出发言的时间，发言者会有足够的时间表达他们的想法，其他人将会聆听他们的话，在涉及评定等级和打分的时候每个人将会面临同样的评价标准"（MLS，第 28 页）。这些（和其他）假设一起构建了"错综复杂相互交织的责任和义务网，形成了一种道德隐藏的理解——如果缺少它，教学就变得不可能"（MLS，第 16 页）。相信这些子结构因素施加一种道德影响的原因存在于"一种可能性,即在延长时间的条件下——几年或者几十年——这种生活和做事的方式将会开始对参与者的道德构成具有持久的影响"(MLS,第27页)。

最后一种道德实践类型——课堂中表现的道德,构成了最微妙的同时也是最普遍对塑造道德思维和行动具有决定性作用的影响。这些影响力是转瞬即逝的,也是细致入微的,就像教师脸上的表情、特定的语气,或者是教室中桌椅的布局一样。课堂中道德表现的意识开始于对课堂生活的关注,这些细节常常被忽视,因为它们被认为是微不足道的或者是无关学校的事务。

> 道德表现常常浮现于具体的我们所看到或听到的细节。此外,通过对这些细节的描述,我们最有可能说服其他人相信所看到或听到的道德表现的重要性。……弯曲的窗帘、缺水的植物、教师桌下的灰尘——所有这些迹象表明某人对他或她周围的环境漠不关心,这种冷漠似乎可能延伸到生物身上。……这真的是一种冷漠还是有其他的解释?可能所有这些使用和忽视的迹象,将会被房间内新涂抹的墙漆所淹没,或者是教室内年轻教师的兴奋所抵消,在这种情况下,油漆的光泽或教师上课时眼中的兴奋将会是我们需要隔离和描述的细节。
>
> 所有这些加起来是一种双重认可:一方面,在表达课堂生态的表现特征时细节是非常重要的;另一方面,当将其视为一种象征时,才是正确的。……富有表现力的细节可能邀请读者开始无休止地探索所描述事件的道德意义。(MLS,第255—256页)

随着时间的推移,为了将课堂生活的表现特征看作是一种符号,需要将注意力转向细节,因而观察者(就像教室里的学生)开始学习教师举止或风格的意义。这些表现力特征的稳定性和重复性比课程内容更有影响力,这个事实解释了为什么常常说道德是要自己体会的,而不是被教授的。

想象一下,每节课开始时,高中老师站在教室门口,引导着即将迟到的学生,铃声一响就立刻关上教室门,然后走入教室的中央,要求学生专注于他今天的课程内容。教师的行动本身是常规的,行为的意义也是相当合理。它们着代表着一个事实——时间到了,马上开始上课。但他们执行的方式,尤其是每天都重复,就表达更多的意思。教师突然的行动表明了教室里将要发生的事情的重要性。这些行动体现了重要性,也表达了更多其他方面。他们说这是一个关心自己在做什么的老师。这是一个一刻也不能浪费的人。教师可能并不是以此种方式表达,但他们在做同样的事情。(MLS,第36—37页,参见 Hansen,1993)

三、观察学校中的道德生活

像这样的例子表明,课堂生活表现力特征的道德意义是不言而喻的。道德意义不是坐在教室里,具有清晰标记,等待被发现的某个对象。而是要通过观察、反思和交流的过程来发现的。在上述描述场景中,高中生会意识到教师重视教学内容和他与学生一起的时间吗?他们是否也会重视学科内容?他们会将这种道德意义与看到的表现特征联系起来吗?那么前面描述的英语教师的学生又是怎么想的?因为测验削弱真实的假设,他们会感觉到脱离学科内容吗?他们会以这种方式体会表现力特征吗?

这些问题提出了几组与学校道德生活项目有关的核心问题。第一个问题与认知和道德表现力的程序有关。第二个问题与表现特征的道德意义的现实或本体现状有关。第三个问题与道德意义的识别性或认知地位有关。我们认为的道德意义是真实的,能够表达的,但它不容易测验和测量。而且,因为一些灵敏性和性情之类的原因,有些观察者根本不能注意或看到我们所谓的道德表现,所以它不易分享。第四个问题涉及采用一种寻求和审视道德表现的视角的价值或目的。本章的其余部分将会探讨这些问题。

(一)发现和表达道德表现力的过程

为了使研究更为"科学",观察课堂生活的研究者常常想方设法减少或解释任何可能会渗入到观察员笔记的主观性。希望通过这种方式限制课堂生活的描述是真实而客观的。

> 对于特定类型的观察，这似乎是个合理的建议，但当我们试图掌握眼前事物的表现意义时，这种方式是完全错误的。因为正是在模糊的感觉和朦胧的意识水平上，表现力才会清晰地出现。（MLS，第 245 页）

对参与学校中的道德生活项目的研究人员来说，这些模糊的情感初次反应只能隐约感觉到，这开始被视为是需要进行第二次观察的标志，作为值得探索的品质象征。书中的一个插图提供了例子。

> 四月的一天早晨，在晨间点心时间，路易斯和乔丹先生（路易斯的二年级教师）讨论她最近完成的"礼仪课"。
> 她说："最后，我们有一个鸡尾酒会。"
> "啊？"乔丹先生说。
> "嗯。我们进行了小规模讨论，但不是和我们认识的所有人。"路易斯吃了最后一口水果卷，说道："真无聊。"
> "你学会了一些礼仪吗？"
> 路易斯摇头："没有。"（MLS，第 98—99 页）

这个简短对话的讨论（MLS，第 99—100 页）揭开了为什么谈话值得记录的问题。乍一看，这似乎比较有趣，但却是完全不重要的互动。一个观察者可能会在一个七岁的孩子学习鸡尾酒会行为的前景中看到一些不协调，但是道德的意义究竟在哪里呢？尽管礼仪确实被视为"微小的道德"（"minor morals"）（Dewey, 1916/1980，第 22 页），但这一插图中的这种联系几乎没有反映学校的道德生活。

然而，当我们仔细揣摩路易斯和她老师在晨间点心时间的谈话，我们意识到这一幕本身是类似鸡尾酒会的相遇，通过点心时间的活动路易斯正在接受另一种礼仪课程。当这一幕与其他同一课堂的观察结合在一起的时候，很明显，"乔丹先生的课堂也能被视为所有在场儿童的礼仪课，甚至可能乔丹先生自己也是一样"（MLS，第100页）。

然而，观察者没有记录下这一幕，因为他马上意识到这是正在教授的道德课程。他记录它，因为他认为这似乎是乔丹先生课堂的典型生活。他的感觉来自课堂上的多年时光，在他能够表达这种场景为什么具有象征或符号意义之前就已经产生了这种感觉。"纵观人的一生，我们似乎总是能找到产生这种感觉的原因，就像我们在这些感觉开始显现之前，而不是之后所做的那样。"（MLS，第246页）。

所有的初始反应不一定带来对显著表现特征的认知。最初的反应可能是误判或死胡同。但是，对隐约感觉到的反应保持开放的态度或表达出来，可以帮助研究人员接通环境中的表现因素。研究者可以通过观察和接受他们的反应来变通，而不是变得自我中心，因而环境可以引导研究（Boostrom，1994）。

  我们可以进一步宣称：只有通过关注最初的直觉和反应，我们才能够对所看到的一切有更丰富和更正确的判断（MLS，第246页）。

（二）表现特征的客观性

将课堂看作是富有表现力的，就是认为课堂生活的要素（教师的脸、姿势、行为举止；桌椅和材料的物理组织；学生活动；口头互动；墙上装饰；等等）传递意义，学生和教师以及观察者都能够认识到这些意义。这一主张并不要求表现特征的意义是固定的，也不要求所有的观察者都将会注意同样的表现特征。但是，同样可以平等地适用于大家普遍承认的真实或客观的特征。

当我们描述一位教师坦率地回应学生的问题，或者耐心等待教室变得安静，我们认为这种描述和教师眼睛的颜色或他袖子上的粉笔灰一样，完全是真实和客观的（MLS，第48页）。

有的学生或观察者可能没有注意到教师眼睛的颜色或者袖子上的灰尘，但这种忽略不会质疑品质的真实。这仅仅是一个提醒，我们所认为的真实仅仅是可以认知的一部分。观察者的任务之一是关注行为举止的细节，这样能使其他人看到更多。

对我们每个人从个体视角所看到的见解的深刻性和可验证性的最终检验，不是其他人是否从自己的视角自发地看到同样的事物，而是在我们向他人描述后，他们是否可以被引导去体会和理解我们所看到的事物。（MLS，第65—66页）

这一观点给予研究者以开放的视角看待课堂生活。对于所观察到的细节的反思，没有天然的尽头，也没有必须达到的终点。将更多的时间用于观察或思考，可能会改变一个判断，"通过（反思的过程），我们为先前看到和听到的事物改变观点时刻做好准备，或者至少……我们以开放的态度对待对我们先前观察解释的微妙变化"（MLS，第257页）。

道德生活项目的研究人员在一年级的教室里看到了一个促进观点深化的例子，这个教室起初看起来像一个混乱、脏兮兮的场所。一位观察者用这种方式描述了这一场景。

到目前为止最糟糕的课堂——纸巾、碎纸片、姓名牌、剪刀、蜡笔散落在地上，纸张、文件、材料乱糟糟地堆在桌子上，电脑在角落里，游戏盒和笔芯到处都是。（Boostrom，1994：第61页）

一年半以后，人们对这间教室的看法完全不同；它已经成为一个吸取教训的讲习班。

关于工作以及谁应该获得有限的资源。在这个一年级的工作室里，材料可以移动、出借、切碎、扔掉、交换和分享。把东西四处放是工作的一种特征。我起初认为的混乱实际上是一种秩序（Boostrom，1994，第62—63页）。

所看到的秩序被看作是一年级课堂的主要特征，就像最初的乱作一团一样是观察的对象。纸巾、碎纸片、名牌、剪刀、蜡烛以及其他的材料是同样的细节，但对环境的新认识改变了这些细节的意义。

（三）关于道德意义的共识

到目前为止，本文认为对"教师……坦率回应学生的问题或……耐心地等教室变得安静"的描述"完全与教师眼睛的颜色或袖子上的粉笔灰一样是真实而客观的"（MLS，第48页）。同样认为："只有通过关注……初始和初步的直觉和反应，我们才能够对所看到的事物给出一个全面且真实的判断"（MLS，第246页），这样我们可以看到坦率和耐心。

这些主张可能会被接受，然而对于这种道德意义的分享程度仍然存在问题。即使课堂生活的道德方面是真实和客观的，它也不是立马显现的："需要做更多的事情，而不仅仅是被动地坐着、看着、听着，而是要关注到课堂生活的道德方面……至少需要思考我们所看到和听到的。"（MLS，第240页）要求对我们所看到和听到的现象进行思考，使得观点一致更加不可能。有什么原因相信教师和学生有时间或倾向去进行那种必要的思考呢，这些思考会"带来对课堂生活道德方面的关注"吗？有什么证据让学生关注教师行动的表达意义，并受这些行动的影响？有什么证据表明学生认识到的意义与观察者能够觉察到的相似？（在《学校中的道德生活》中讨论过）有什么证据表明教师自身也有同样的理解呢？

道德生活项目解决这些问题的方式有两种。首先，有充分的理由相信学生和教师——就像世界各地的人一样——愿意理解他们的经验，正是这种期望，即让反思"进入最终的阶段……对意义的诉求，愿意弄明白那些我们能够隐约感觉到但却不能够完全理解的事物的意义"（MLS，第250页）。这一愿望在道德生活项目里老师们的决定中体现了出来，他们决定在项目正式结束后的一年里继续每两周举行一次会议，这表明了他们的愿望。那么他们为什么选择这样做？

> 最重要的是，他们只是简单地希望一起讨论教学——不是关于实践的具体细节，也不是关于抽象的理论，而是关于他们课堂日常经历的意义。他们想"观察"自己的工作，目的是发现其中蕴含的道德意义。(Boostrom, Jackson, & Hansen, 1993: 第39页)

这些会议以公开论坛的形式，使得教师能够反思他们的经历，并且共同发现为什么说"我们教自己"是正确的，为什么他们将教学视为一种"向上伪善"的行为。这些发现培育了一种共同的信念，即"我们开始欣赏平凡事物和日常行为的道德意义，这是我们之前一直忽视的"(MLS，第293页)。

学生也以他们自己的方式证明了课堂生活的道德方面意义的共享意识。例如，当让二年级一班学生为下一届二年级学生写"建议信"时，他们的回信以规则为中心——即使教师对自己创建的更像一个家庭而不是规则控制的机构的环境感到自豪。学生表述这些规则的方式表达了他们对课堂生活的质量与这些隐性规则的道德意蕴有关的理解。

> 不要和教师顶嘴。
> 你应该表现得很好。这可能有点困难。
> 努力学习。
> 你要做很多作业。如果你表现得不好，就会挨骂。所以尽量不要做坏事。(Boostrom，1994，第60页)

因为这些"规则"是学生自己试图赋予课堂生活意义的产物，不是教师重新声明的规则。所以这些规则表现了学生赋予意义和分享信念的共同愿望，他们认为课堂生活可以从解决好与坏的行为规范来理解。

在道德生活项目中，有第二种方式来解决所关心的问题，即学生和教师是否感受到观察者区分的表现意义。答案来自于处于教学和学校教育的核心假设，毫无疑问是教师对学生的态度是否以道德善良为目标。呼吁公正而同情地对待学生是人类行为尤其是教学的中心，教师态度的效果是同样明显的：

> 我们不需要用考试分数来回答与品德好或差的老师在一起是否会有影响这一问题。因为我们已经知道了答案。在进入幼儿园几个月之后，我们自己就发现了问题。（MLS，第 292 页）

道德生活项目的目标不是教师需要掌握的美德目录，或者组织道德良好课堂的指南，而是"一种观察和思考课堂中所发生事情的普遍方式"（MLS，第 xi 页）。道德生活项目不是现成已经发现了道德高尚的教师做什么，而是展示个人如何对课堂中的道德生活保持敏感。该项目的目标是振兴：

> 关于教师和学校管理者能够和可能利用手中的工具获得的旧知识（old knowledge）。……有些旧知识不再像过去一样发挥功能，很简单，因为那些有能力使其发挥作用的人已经忘记了这些旧知识。（MLS，第 281—282 页）

这是为什么《学校中的道德生活》包含大量的课堂场景以及对这些场景的解释性评论。如果场景中不同的观察者不能独立地得出相同的解释，那么缺乏统一性就不足为奇了。

> 课堂……不是各种嘈杂的活动精确地符合单一的解释框架的场所。它特别拥挤，有太多事情。因此，每一个对这种复杂、拥挤的环境的描述，是很多选择中的一个。这种选择不可避免地成为行为解释的结果。（MLS，第 46 页）

但是，与对特定场景的具体解释相比，一个更为基本的共同观点在于教师对待学生的方式很重要，教师对待学生的方式会带来更多的道德影响。通过不断观察和反思课堂生活表现特征，有可能会对"平常发生事情的道德意义"更为敏感。

（四）道德表现力的价值追求

在本文的结尾，我们从教育政策和实践中强调关注学校生活道德表现的价值。在课堂一度被视为专门的测验场所的时候，学生在这里展示他们对规定标准的掌握（缺乏）情况，督促将时间花在思考课堂生活的表现特征似乎有些不合常理。对于那些专注于精确测量学生成就的人来说，这些特征仅仅是短暂的副产品。底线在哪里？这种对观察和反思的关注怎么提高学生的考试成绩？

从道德生活项目的角度看，问题不在于这些疑问很难回答，而在于它们本身是错误的问题。如果你希望看到教室在道德上对儿童的生活有什么影响，我们不能将儿童仅仅视为生成测验分数的设备，或者将教室视为考试的场所，或者把他们的老师看作这些考试的监考人。如果一个人希望从道德角度来改善课堂对儿童生活的影响，那么就没有免除必要的观察和反思的捷径。为了了解学校的道德生活，一个人必须花时间观察、反思和讨论学校的表现特征。

这种从严格关注转向最直接可衡量的学生成就的意愿，始于课堂观察者的一种选择，这种选择打开了一扇门，让学生感知课堂生活中那些原本不可见的品质。观察者指向表现特征的道德意义，仍然无助于将课堂视为复杂而微妙的环境。

> 我觉得我们观察、反思和讨论的方法，让我们远离通常关注的教育者"有效"或"无效"的教学实践的问题。相反，我们感到自己正在走向一套更全面的问题，这与教师和研究者的态度定位有关。（MLS，第267页）

这种态度的变化包括"放松或急于做出判断、表达倾向，正如我们所说的，这似乎是课堂观察者的本能"（MLS，第267页）。教师不是把课堂看成一个待解决的问题，教师不是一个待指导的无足轻重的人，学生不是一个待填补的容器，关注课堂生活表达特征的观察者获得了一种"同情偏见"。

> 愿意原谅不好的一面或者至少是将其看作与好的方面有同样的源头，这是基本正派的人的行为，或者植根于学校或课堂这种具有良好意图的环境。（MLS，第266页）

这种对教师工作的"同情偏见"与那些努力以最好的视角看待学生和学生工作的教师的工作是一致的。他们寻找优点而不是缺点。……他们为那些努力尝试的人鼓掌，不管他们的成功多么微不足道。他们能够娴熟地从笨拙的手势中发现潜在的优雅（MLS，第259页）。

同情的偏见不能摒弃判断，因为"教师宣誓是一切无知形式的敌人。他们同样是我们文化遗产的守护者。这种双重的义务使他们采取行动"（MLS，第271页），常常以判断的形式解决弊端。但这些行动，"如果他们是明智又谨慎的，通常要求某种程度的理解和对形式的充分认识"（MLS，第271页），这种理解首先要同情学生或老师，认为他们"基本上是一个正派的人"。

接受这种思考课堂生活方式的教师，不再将精力用于日常工作，而是转向观察和反思，"将时间用在增加他们对所做事情的自我参与感"（MLS，第272页）。课堂成为对他们（我们相信，对他们的学生）来说更有意义的地方，在这里，道德内容更有目的性、更可以表达，与课程的其他内容更能融合在一起。

> 道德生活项目的持久信息是教师必须被承认，必须开始承认他们自己是任何课堂的单一个体。他们的决策、观点和对生活的态度在对塑造那个环境中所发生的事情起着最为重要的作用。……教师必须被看到并且将自己视为课堂中的关键角色——不是简单地作为知道如何开展良好讨论或给初学者教授编码技能的技术人员，而是作为对生活（包括课堂

中所发生的事情）有一定看法的人，有望让任何技能具有长远影响力的人。正是这种对教师责任的扩展观，使得我们有理由将教学称为一项道德事业。(MLS，第277页)

参考文献：

Boostrom, Robert, Jackson, Philip W., & Hansen, David T. (1993). Coming together and staying apart: How a group of teachers and researchers sought to bridge the "research/practice gap". *Teachers College Record*, 95 (1): pp. 35—44.

Boostrom, Robert. (1994). Learning to pay attention. *International Journal of Qualitative Studies in Education*, 7 (1): 51—64.

Dewey, J. (1909/1977). *Moral principles in education.* In John Dewey: *The middle works*, 1899—1924, Volume 4, Essays on pragmatism and truth, 1907—1909, J. A. Boydston (Ed.) Carbondale: Southern Illinois University Press, pp. 265—291.

Dewey, J. (1916/1980). *Democracy and Education.* In John Dewey: *The middle works*, 1899—1924, Volume 9, 1916, J. A. Boydston (Ed.) Carbondale: Southern Illinois University Press.

Dewey, J. (1932/1985). *Ethics.* In John Dewey: *The later works*, 1925—1953, Volume 7. J. A. Boydston (Ed.). Carbondale: Southern Illinois University Press.

Hansen, D. T. (1993). The moral importance of the teacher's style. *Journal of Curriculum Studies*, 25 (5): 397—421.

Jackson, Philip W., Boostrom, Robert E., & Hansen, David T. (1993). *The Moral Life of Schools.* San Francisco: Jossey-Bass.

彰显教学的道德方式

[美] 凯瑟琳·弗罗纳①

美国品格教育运动给教育者带来了挑战，即从道德视角来检视学校，并且充分利用各种机遇来培养学生品格。品格教育是学校教育的一种途径，它帮助学生成为有见识和负责任的道德主体。在这个途径里，美德是良好品格的特质。美德是个人以高道德标准进行思考、感知、行为所呈现的性格特质（Ryan & Bohlin，1999）。作为品格教育者，教师有责任创建一个支持美德的道德共同体。教导学生什么是美德，如何用良好的习惯导向更为充实的生活，我们每个人怎样为自身的品德发展负责，这是至关重要的（Lickona，1997）。

品格教育所基于的美德来源于古希腊哲学著作。古希腊人探求幸福究竟是由何构成的：是积极参与公共服务？和家人朋友一起追求共同目标？享乐与刺激？理性反思？抑或是富有、健康或自由（Sherman，1997）？柏拉图和亚里士多德的结论是最好的人生需要德行的训练。阿雷泰（the *aretai*），译为卓越或美德，是指生活中令人钦佩或卓越的那些重要品质。美德是使个体获得幸福的品质（MacIntyre，1984）。幸福是一种客观成就的状态或卓越的状态。

既然卓越的生活需要德行，古希腊人就很关注人如何才会养成美德的问题。波恩伊特曾指出，"美德可教吗？"这一问题可能是道德哲学领域最古老的问题（Burnyeat，1980）。让我们回忆一下柏拉图《美诺篇》的开篇："苏格拉底，您能告诉我美德可教吗？更甚一步说美德由训练而得？抑或美德既

---

① 作者供职于美国南缅因大学。

不源于训练也不从学习而得,而是源于人类的天性或其他途径?"

亚里士多德指出"美德来源于习惯"(Aristotle,1925)。儿童在与他人重要的交往关系中获得成熟美德的品质(Sherman,1997)。这类关系之一就包含师生关系。

既然师生关系在品质和结果上都具有道德性,那么教学既是程序上的努力也是道德方式(Clark,1990)。芬斯特马赫认为:

> 教育之所以是一种道德方式,是因为教育集中于人对他人的行为。因而,公平、正义、善良的事物总是存在的。……教师任何时候任何方面的行为都关乎德行。(Fenstermacher,1990:第133页)

一位教师的道德方式是他(或她)的行为所呈现的重要方面。然而,尽管它很重要,却在很大程度上被忽略了。

本文的目的是要将教师的道德方式作为品格教育的一种形式来促进道德的形成。我先从理论上概述什么是教师的道德方式,以及开展实证研究的方法。随后是一个教学中的道德方式案例。最后讨论了对教学中的道德方式的研究在理解美德方面给予我们的启示,以及道德地教与教以道德的明确作用。

一、教学中的道德方式研究理论框架

教育哲学家加里·芬斯特马赫(Fenstermacher,1990,1992)定义了作为教师行为道德层面的教学举止。为了阐明教学举止概念,芬斯特马赫把教学举止跟其他教学行为作了区分,如教学方法和风格。1999年,他将教学法概括为三个部分:方法、风格和举止。方法应用于教师为了促进学习者的改变而采取的行动。风格与教师行为有关,反映了他们的个性。举止包括教师的特点和倾向,这些揭示了教师作为德性和智力的个体存在的特征。

将教师行为依据上述三个方面进行区分,于教学中的道德方式显性化具有很实用的启发性。然而,既有教学方法和风格的道德因素,要求我们对教学中的道德方式这个术语进一步限定。例如，一些教育哲学家和研究者也注意到了教师风格的道德意义。怀特海（Whitehead，1929）把风格视为心智道德。盖瑞森（Garrison，1995）在阐述中建议教学风格包含职业道德（professional virtues）。职业道德包括创造性地组织课程教学、课堂时间管理、满足学生的需求和期望等能力。与此类似，杰克逊、布斯乔姆和汉森（Jackson，Boostrom，& Hansen，1993）用"风格"这一术语指向教师如何应对工作需求，包括教师是否冷漠、矜持、热情、亲密、善良、残忍、散漫或有条不紊（Jackson，Boostrom，& Hansen，1993）。经过进一步的检验，汉森于1993年提出教师是通过个人品质来体现其风格的，而那些个人品质具有道德性并起到行为示范的作用。

这些关于教师风格德性意义的思考跟教学中的道德方式有关。和教学中的道德方式一样，这些关于风格的观点强调教师行为德性的方面。然而，正如理查德森所提出的，"为了更好地理解教学中的道德方式，……有必要超越对风格和互动的考察审视，而去探究行为中展现的性格和气质特征"（Richardson，1993：第16页）。

为了探究教师行为所呈现的特殊品质，密歇根大学于1997年至2000年所承担的教学中的道德方式项目（The Manner in Teaching Project，Richardson & Fenstermacher，2001），开展了对教学中的道德方式的实证研究。针对教学中的道德方式所开展的理论和实证研究结果明确了教师体现伦理德性和培养学生德性行为的途径。教师把课堂作为品德发展之地有着丰富而复杂的想法，研究者对此深有理解（Sanger，2001），而且有很多途径去培养学生的德行（Fenstermacher，2001）。这些途径纳入道德地教和教以道德的广泛的目录中（Fenstermacher，Sanger，& Osgusthorpe，2009）。

道德地教意味着以符合好的或正确的观念的教学方法来教学生；也就是说以具有道德价值的路径来引导自身（Fenstermacher，Sanger，& Osgusthorpe，2009）。教师们通过他们的行为来呈现高度相关的道德和智力特征。行为这一术语指向教师好的、道德的、健全的、合乎情理的一面，而不是坏的、不道德的、糊涂的或愚蠢的一面（Fenstermacher，2001）。

为了对教学中的道德方式展开实证研究，我设计（开发）了一个框架，把亚里士多德德性伦理运用到教学中（Fallona，2000）。我把亚里士多德每一条德性伦理界定和运用到教师行动中。在教学中对智慧、荣誉、温和、宽宏大量、慷慨（大度）、节制等美德的运用很大程度上有赖于亚里士多德的定义。而勇敢、友善、诚实和正义等美德则与索科特（Sockett，1993）讨论的勇气、关怀、诚实、公正作为教学的职业道德有关。运用这个框架，我研究了教学中德性伦理是否可以被观察和描述，并且怎样去观察和描述。我的研究结果表明，一些美德在教师的实践中比其他的更可察觉到（更显然）。最能观察到的美德是友好、机智、勇敢、荣誉、温和、慷慨和优雅。其他的美德，如宽宏大量、节制、诚实和正义，不那么外显，需要更多的解释说明。因而，明确教师如何通过他们的行为开展有德性的教学很有挑战性。

另一方面，教授道德更显性。教授道德就是向他人传递何为好（善）、何为正确。教师为学生提供了成为一个好人的途径（Fenstermacher，Sanger，& Osgusthorpe，2009）。芬斯特马赫指出，参与教学中的道德方式项目研究的老师通过多种方法养成（学生）有道德的行为。首先是课堂（教学）共同体的建设。老师们头脑中建构了一个课堂概念：让课堂成为他们想要的那种样子。老师们为学生行为建立标准、规则和期望，组织课堂环境，实现相互尊重、分享、宽容、有序和高效的课堂教学共同体（第642页）。其次是教学指导。在这项研究背景下，我们在一所学校看到了教学指导最显著的形式。在那所学校，教师明确教给学生一门关于"生活技能"的课程，包括正直、主动、幽默、耐心、友好、自豪、勇气和常识。教师们还用促进智性美德（理智德性）的方式来设计和完成学习任务。他们和学生私下交流，引导学生以有德性的方式行事。当学生德行彰显时，教师把那些学生树立为同龄人的美德典范。也就是说，教师把注意力投向那些品德端正的学生，并指出这些学生的德行，以便能够引起其他学生的关注。

道德地教和教以道德的概念有助于使教学中的道德方式显性化。道德方式是从事德育教学的重要前提。这一论点的核心前提是，仅仅通过内容教授德育，而缺乏教师自身的道德方式，会对学生产生虚假影响，并且学生很可能不会认真对待（Fenstermacher，Sanger，& Osgusthorpe，2009）。正如理查德森和弗罗纳所看到的（Richardson & Fallona，2001），教师也许会采取不同的途径，运用不同的方法。他们积极创建无缝课堂环境，在那样的环境里教师的行为举止与他们希望学生达到的目标是相匹配的。有效的课堂管理跟教师的目标和信念以及他（或她）的行为密不可分（Richardson & Fallona，2001）。教师的目的是理解课堂管理作为道德活动的关键（Fallona & Richardson，2006）。有道德地教学似乎是教以道德的前提。

二、研究教学中的道德方式的方法论

开展教学中的道德方式实证研究的目的是用案例研究方法来更好地理解道德地教与教以道德之间的关系（Merriam，1998）。这项研究于美国南部一所初中实施，参与者是一位有着几年教学经验的在职英文教师。这位教师，在研究中我们称之为"玛丽"，教授6—8年级的英语语言文学。

为了观察和识别玛丽老师课堂教学中是否展现了她的道德方式，以及如何展现、怎样教授道德以增进学生的美德，我在她一年的课堂教学中收集了多种数据。数据收集基于埃里克森的假设。

> 通过调查研究充分理解社会行动的反思性，需要规范互动协调模式。调研包括：(1) 直接可观测到的行动内容；(2) 行动者对意义的解释，必须通过观察事件中合作者相互之间的互动来推断，事后对参与者及其合作者的访谈，以此来引发对已经做过的事的解释。（Erickson，1983：第213页）

研究者通过访谈、卡片选择、观察和录像了解玛丽老师教学中道德方式。

这项研究中收集数据采用的第一种方法是访谈录音。尽管所有的访谈都是相对开放的，但绝大多数都聚焦于特定的主题，并被一些普遍性的问题所引导（Bogdan & Biklen，2003）。初始访谈的目的就通过讲述玛丽自己的故事来将其经历置于一定的背景（情境）之下去研究（Seidman，2012）。在这些访谈中，我询问了玛丽的背景（经历）、教育教学哲学，以及作为一名品格教育者，她对自己的行为和角色的看法。接下来的访谈则集中于探讨先前访谈和观察中呈现出来的一些特定的话题（Bogdan & Biklen，2003）。在这些访谈中，我的角色是理解玛丽老师开展道德地教和教以道德时的行为方式。

收集数据的第二种方法是卡片选择法。这种方法用以引出玛丽特定的美德概念，以及这些观点和她的教学之间的关系。在3×5的卡片索引上放置了与教学美德相关的25个单词。卡片中包含了这些词汇：关怀、同情、勇敢、温和、正义、公平、光荣、高尚、宽宏大量、友善、机智、宽容、值得信赖、诚实、尊重、理解、博学、理性、智慧、德性、善良等。我给玛丽看了这些卡片，请她谈谈那些跟她的教师角色相关的词汇。随后，我请玛丽说说她没有选择的词汇以及她不选这些词汇的原因。

第三种数据收集方法是参与式观察法（Spradley，1980）。我用现场笔记和玛丽教学录像的方法来记录观察资料。现场记录包括我所见、所闻、所经历的文字描述（Bogdan & Biklen，2003）。录像资料可以让我不断地去回顾玛丽的教学。此外，玛丽和我可以分别观看录像，对她作为品德教育者的角色我俩可以表达个人不同的阐释。

收集数据的最后一种方法是电子邮件通信。这种通信的主要目的是弥补数据的空白，并追踪玛丽老师对道德中的教学行为或品格教育的想法。

这项研究采用多种数据采集方法，是三角测量的一种形式。多种数据采集法是对数据采集的准确性进行交叉检验（LeCompte & Preissle，1993）。这确保了对道德中的教学行为更全面的理解。

分析在进行中。数据被组织、分解成单元，合成和搜索探寻模式（Bogdan & Biklen，2003）。通过这样系统化过程，我逐渐了解了玛丽老师道德地教和教授道德时的教学方式。第一套数据分析是对录音访谈和卡片分类选择的转换和标注。转换出来的数据要读取好几遍。在读取数据时，某些特定的单词、短语、行为模式和思维方式就突显出来了（Bogdan & Biklen，2003）。我生成了文字转换材料中重复出现的单词列表。这些单词构成了分析范畴。数据按每项类别分类。玛瑞亚姆认为，这是一种将数据系统地分成由类别、主题或类型组成的某种模式的过程。这些范畴对数据进行了描述，某种程度上也开展了分析（Merriam，1998：第187页）。在理解了这些书面文件之后，我的注意力转向了录像。我转录和整理了用以例证玛丽老师教学行为的录像。我解释了所分析的数据，用以构建玛丽老师如何道德地教和教以道德的研究案例。

三、道德地教与教以道德的案例

玛丽老师的案例诠释了教师行为中道德地教与教以道德两者之间的内在整合性。

（一）道德地教

玛丽老师的行为让人洞察到她的个性品质，也反映了她作为一名教师的德性。她的教师德性体现在开放、真诚、关怀、有礼、公正和宽宏大量。

开放 索科特（Sockett，2012）指出，我们必须具备一定的习惯、性情和德性来面对我们自己的信仰。他把这种性情或德性描述为（思想）开放。玛丽老师用"开放"一词来描述自己，并为学生树立开放的榜样。她指出："开放是非常重要的品质，我和学生分享这种品质，学生和学生之间、学生和我之间也相互分享。在课堂里我们有机会去实践，并向别人展示这种品质。"对玛丽老师而言，开放性之所以重要，因为它是学习的前提。她说："我认为开放是最重要的品质，如果你缺乏开放性，学习就不会发生。至少我相信如此，并且这是我基于一名学习者所认识到的。我认为情况必然如此，这是首要的。其次是尊重。如果你不尊重环境、不尊重人、不尊重物质，我认为学习不可能发生，因为你的精神必须在其中。有些孩子事情做得特别好，我就会说：'这就是精神！'这对我很有意义，因此开放和尊重是老师向学生学习、学生向老师学习的前提。"玛丽老师认为，她对学生思想的开放和尊重很显然地体现在与学生进行的文学讨论中。

真诚 玛丽老师在教学中表现出来的同时也要求学生做到的另一美德是

真诚。教学的真诚包含诚实、正直和求真（Fallona，2000）。在课堂里，它包含准确性和真诚性（Sockett，2012）。在玛丽老师的课堂里，她鼓励学生要真实地表达他们对文学作品的看法，分享他们原本希望在故事中发生什么。当学生冒险分享他们真诚的回应时，她致谢并称赞他们做出有趣和深思熟虑的评论。如果学生的评论缺少深思，她也不会批评指责。相反，玛丽老师会要求学生去作更多的解释或对学生进一步地质疑。通过讨论，玛丽老师给予学生真实的反馈。

此外，玛丽老师将自己视为真诚的典范。她认为自己在五个方面表现出真诚的品质。第一是她可以从学生那里学到东西。关于这一点，玛丽老师说："学生可以教我一些东西。"第二是她告诉学生可以对她提出抗议。她提醒学生，当她要学生做他们不喜欢或感到很困难的事时，学生可以提出反对意见。第三是她向学生解释该如何学习。她提供了一个案例。"我告诉孩子们大脑后部存在的面对或逃避反应。当你感到舒适时，这个反应不会被触发。如果没有被触发，你将愿意承担风险。然后你会学得更多，接下来你会承担另一个风险。我告诉他们这是一个循环。"第四是她对自己的错误很坦诚。例如，她告诉孩子们："我有300个学生，请对我耐心一点。"因为学生多，对她来说很难记住所有孩子的名字。最后一点，玛丽老师在谈到她所工作的环境时是很坦率的。例如她说，"如果他们希望学校有跨学科教学，阅读和写作能够提上一个台阶，那他们就必须对学区加大投入。我们需要更多的物质，更多的员工，更多地服务于现有人员。不然呢？"

关怀 玛丽老师的诚实体现了她对学生的尊重，也表达了她对学生的关心。关怀和尊重孩子，并对他们负责是一种美德（Fallona，2000）。关怀美德包括宽容、机智、耐心、周到、礼貌、同情、注意力、敏感度和接受度（Sockett，2012）。对玛丽老师来说，关怀是通过互相尊重这一课堂的重要属性体现的。她说："一切都源于尊重，这也是我告诉孩子们的。如果我们相互尊重，同时也尊重这个课堂里的所有东西，尊重我们所正在学习的，那么我们会有一个更好的课堂。"玛丽老师通过尊重学生来表达她对学生的关怀。

玛丽老师对学生的尊重是可观察到的。正如她所言，"我花时间去倾听，甚至在我对学生感到恼火的时候,我仍然设法用一种教育(鼓励)的方式去接近学生。我有我的教育方式。""关心每一个孩子非常重要,你得在他们需要的时候提供帮助。"因此她说她"设法让每个孩子都知道老师关心他、在乎他"。

玛丽老师用她的同情心和积极回应让孩子们知道她在关心着他们。玛丽老师的态度富有同情心并且能够和学生产生共鸣。例如她的一个学生跟叔叔婶婶住在一起,玛丽老师发现她没有得到应有的关注。这个学生非常依赖玛丽老师,而老师也花了很多时间跟她交流。老师和她探讨文学作品,为她展现了一位成年女性的榜样示范。

可见玛丽老师将她对学生的关怀和帮助延伸到课堂教学之外。对学生的关心是玛丽老师教学行为不可或缺的组成部分。她经常尽其所能帮助学生。例如一天早上,一个学生向她求教另一门课的作业。她给了这孩子一些帮助和指导,这孩子就继续独立完成该作业。当他做完的时候,脸上露出大大的笑容。他骄傲地向老师展示他完成的作品,老师向他表示祝贺。这学生把已完成的作业交给了另一位任课老师。

玛丽帮助学生是因为她喜欢学生。她用倾听来表达她的关爱。玛丽老师说,"我不仅听他们说,我觉得我还需要反馈一些意见给学生。他们害怕在课堂上发言,所以他们需要一些个别的关注。"

玛丽还告诉学生她通过积极正面的约束来关爱学生。例如,她把一个学生调到自己身边。这个学生上课太爱说话,因而难以完成阅读任务。在调整之前,她对这个学生说:"我要把你的课桌搬移到我边上来,我们要成为朋友。"为了强化他积极的态度,玛丽老师对他说:"坐在我身边是不是很棒?看看你所做的一切!"

玛丽老师用这种方式来回应学生是因为她想要了解每一位学生,创建更为积极正面的学习氛围。当她让学生表演法语课上写的对话时,她对学生的正向引导态度是显而易见的。起初她招募志愿者,两个女生自愿参加。她感谢她们敢于走出第一步。她问这两位女生愿意在教室的哪个位置开讲,女生选择待在她们自己的座位上。玛丽老师请其他同学认真听,她告诉学生们自己想知道他们的思考。女生朗读了法语对话。当她俩朗读完，老师问同学们学到了什么、喜欢这个对话中的哪些方面。没有人回答，老师就跟全班同学讲了自己的喜好。玛丽老师很有礼貌地鼓励和感谢了两位女生，并称赞她们做得很棒。玛丽说："我认为积极的反馈对学生来说是非常重要的，有时我甚至有点儿把积极的反馈做到极致。当我试图让学生与我合作时，我的一个程序就是称赞所有正在做正确事情的人。"例如，她请学生们打开书本，复习斯坦福成就测验。当她环顾四周，有七位同学遵照了她的指令，就点名表示感谢。不一会儿，几乎每个学生都把书翻到了第九页。她就对学生说："整个教室看下来，百分之九十九的同学都保持了很好的学习状态。"问及玛丽老师她为什么这么评价学生，她说："我尽力称赞孩子们做的每件正确的事，努力使积极正向的反馈准确贴切。"

当学生对她的积极反馈没有回应时，玛丽必须采取更坚定的方法来营造有利于学习的环境。然而，即使在她对学生很严格的时候，她依然脾气温和，彬彬有礼，从不抬高她的声音。一天，有一个学生在捣乱，她请这位学生搬到教室的另一个地方去。学生回答说他不想搬动，但他听从了玛丽的要求。在学生移动位置后，玛丽老师说："非常感谢你的合作。"

虽然玛丽老师有点儿沮丧，但她仍然彬彬有礼地对待学生，因为在她自己的教师观念中，对学生慷慨宽容的精神必不可少。对玛丽而言，教学就是她的生命。她说："这可能是因为我没有孩子，但通过我十九年的教学生涯，我觉得我已经帮助了很多孩子。我觉得这是我触摸未来的方式。"通过这些微小的事例，例如那个她要求换位置的学生，玛丽老师展现了她的善良。

在相似的情形下，玛丽老师处理了一群发生口角的学生。在争吵的过程中，一个男生向另一个吐口水。"我处理得很好，我没有回避这个问题。我让他们知道我不会容忍这里的任何一个。"她把吐口水的男生送到校长助理那里，自己处理另一个受害者。受害者眼含泪水。老师坐在这个男生和他的朋友边上，询问事情的来龙去脉。"我和这两个男生聊天，以期弄明白他们和另外那个男生之间到底发生了什么。我很同情那个受伤的学生。"放学后，男生们离开了，玛丽老师说："我觉得我处理得不错。我当时太累了，因此对我来说很难决定到底如何处理这事。我想做的就是坐在椅子里说,'哇,孩子们能不能解决这个问题?'我真的太累了,但我还是处理得不错。我觉得我还是挺勇敢的,面对这样的事件,能够积极又有智慧地处理,而非疲惫不堪、尖叫、发脾气。我觉得这挺好。"玛丽老师觉得她很有勇气地处理好了这个问题,尽管这件事情有波折,且她自身已很疲惫,原本也并不想卷入其中。

公正 玛丽老师是公正的。她的公正体现在她的规则和标准公正地适用于每一个孩子(Fallona,2000)。例如,她非常细致地概述了完成作业的方式,让学生明了评价标准,这种方式就体现了公平。之所以给学生提供这么详尽的信息,是因为她觉得"这很重要,揭示了公正之意,对我来说那就是公平。你希望学生成功,就得给予学生获得成功的工具,让学生预先知道他们必须做什么才能达到目标"。

玛丽老师根据具体标准构建评分等级,并把标准告知学生。谈到这一点,她说:"尽管学生能力不同,环境不同,我们可以通过制定评价标准、展示学生工作的典范来创建公正,让每个人都有同样的机会成功。这就是我想要的平等的机会。"对玛丽老师而言,这就是她和许多像她这样的老师公正对待学生的方式。

谈及学校环境里的公正,玛丽老师说:"我认为公正应该在学校中居于中心地位。"她在组织课堂教学中看到了公正。她说:"我认为学生喜欢你始终如一坚持公平。它就像一条安全毯。学生进来,知道我来自哪里,我要从那些旧议程中走出来,我要大声朗读。我们要讨论或者画画、写作。有时候我们会有一堂微课。我们有阅读时间,也安排时间完成项目。如果他们需要更多的时间,我也会比较灵活。我会支持合理的请求,在可接受的限度内我也比较随和。他们会感觉到我好像是另一个人,我明白,我不是怪物。对待学生时,我觉得自己既仁慈又公正。"

玛丽老师展现公平的一种方式是,当她决定采取合适的课程教授学生时,她会考虑到学生不同的背景和需求。她说:"如果能力很低的学生能够阅读《读并且相信》(*Read It to Believe It*)这类书,我就发给他们并鼓励他们去读。他们喜欢那些书,不错啊。或者我会让他们到我收藏的书中找三本图画书，阅读，然后选一本写日记摘要。那就是公平：给予每一个孩子通过阅读来学习的机会。"

玛丽老师允许学生在阅读中有更多的选择权，以此给予所有学生学习的机会。学生选择他们感兴趣并和他们的阅读水平相契合的书籍。给予学生自主权，选择最适合他们阅读的书籍，这就是玛丽老师的公正。

宽宏大量 作为教师，玛丽体现了宽宏大量的美德（Fallona，2000）。她为自己、为学生、为她的职业感到骄傲而有尊严。她尽力在学生面前树立优秀的榜样。对玛丽老师来说，她的理念是如果你希望学生成为什么样的人，教师自己就必须是那样的榜样和典范。"我希望学生有礼貌，我就要做给学生看。我希望他们彼此积极乐观，我就要给他们树立榜样。我是一个专业人员。"

看了她自己的录像之后，她说："很高兴在录像中我看起来很愉快、很有礼貌、随和、仁慈、谆谆教诲。我也很高兴我说得很明确，善于表达，还引用了很多教育理念。经过十九年的努力工作，我认识和了解了很多，这点令我自己感动。""我很好地体现了一个教师的风度、专业素养及对学生的关怀，为此我感到很高兴。"

玛丽老师为自己是一名教师而骄傲和自豪。她说："我们教育学生成为一名有爱心、有同情心、仁慈和负责任的个体。我们不仅能完全意识到自己在做什么，我们是受过良好教育的专业人员。我们作为有爱心、有同情心的一群人，以我们认为对的方式去教育另一群个体，这样我们的国家和整个世界才会有一个美好的未来。"玛丽老师大度洒脱地表达了她对教学和教师专业的自豪感。

（二）教以道德

玛丽老师的宽宏大度表明了她本人作为品格教育者的特质。作为一名教育者，玛丽坚信培养学生道德品质是她的责任。她的一个做法是跨学科单元学习，这些单元重点是品格特征，每个单元必修 9 周。她计划实施的四个单元包括：(1) 跨越鸿沟（跨越代际边界）；(2) 光明节（犹太纪念节日）；(3) 爱；(4) 女性（在女性历史月中聚焦于尊重女性的主题）。

玛丽老师相信这些单元对初中阶段的青少年学生来说是最有效的品格教育形式。她说:"当老师运用文学或历史故事创设真实的课程(选择对学生很重要的故事),课堂会产生强大的力量。"玛丽引用了光明节单元作为案例。当她和同事决定把光明节作为他们的节日语言艺术或阅读单元的一部分时,他们对教学有着兴奋的预期。这个节日学生经常听说,但几乎一无所知。有一天,在这个单元教学中,当她给学生讲述安提阿卡斯和被压迫的犹太人时,她更加激动。在重述那天的情况时,她说:"一个黑人学生含着泪看着我,说:'犹太人经历了太多的苦难,不是吗?'我自己也几乎要哭了。但我微笑着对他说:'是的,比利,他们经历了太多。'正是那些强大的时刻对孩子(和老师)的生命产生了影响。"

玛丽老师教的这些单元跟品格教育有一定的联系。她说:"我是谁?我在做什么?这是单元学习的重要指向。"她最喜欢的是关乎和平主题的诗歌单元。这个单元她使用了歌曲和绘本,约翰·列侬的《想象力》,谢尔·希尔弗斯坦的《将军》,《和平大书》中的《开往死马镇的大巴》以及连环漫画。感恩节她教的一个单元主题是洞察力。作为这个单元学习的一部分,学生撰写回忆录,点亮他们心怀感恩的一段回忆。玛丽老师用多莉·帕顿(Dolly Parton)《七彩衣》这首歌曲(绘本)开启这个单元的学习。

在这几个单元中,玛丽老师使用了《心灵鸡汤》里的故事。例如开学初,她在阅读课上谈到了成功。她用了一些成功的故事引导学生探讨如何成为一个成功的阅读者。去年,她从《心灵鸡汤》这本书里选了《梦想》这个故事。这个故事讲的是一位青年,他的老师总是想方设法要把他的梦想偷走,但这个青年从不放弃梦想。读完故事后,玛丽给学生们列出了一个可供选择的引文清单。大多数的引文都是关于那些成功的人,他们为了达成目标克服了重重障碍。学生选择一个引文,写一段回应文章。写完后,玛丽老师请学生自愿分享引文和回应。她班上有一个很年轻的女孩叫凯莉。凯莉以前跟轻度智力障碍学生一起学习,后来经过重新测试转到玛丽老师正常的阅读课上。她讲话有点含糊不清。玛丽记得当时有点惊讶,这孩子竟然第一个举手。当玛丽叫到她的名字,她起立后走到教室的前面说:"我引用的是'托马斯·爱迪生的老师说他很笨',我认为他不笨,他只是用不同的方式来学习。人的学习方式各不相同,我也是这样。"全班同学一时屏住了呼吸,随即爆发出热烈的掌声。玛丽老师说:"凯莉做了一件非常了不起的事。从那一刻起,那个班有了一条特殊的纽带,如果不是那位有勇气的女生愿意来分享,这条纽带绝不会产生。"

同样在这个班,玛丽老师计划讲一堂关于英雄的课。全班同学一起读一本青少年小说《局外人》(*The Outsiders*)。读到书中两个主角,约翰尼和波尼博伊冒着生命危险去救一群孩子,全班同学就英雄的特征掀起了头脑风暴。玛丽老师讲到了自己的母亲总是在一点一滴中奉献自己,总是服务于他人,而几乎很少想到自己。她说:"我认为一个真正的英雄乐于奉献自己,从而使我们的生活更美好。"然后,她要求学生写一封信给曾经为他们做出奉献或牺牲的人。在学生写信时,她播放了迪斯尼电影歌曲原声带,是《大力神》的主题曲《我可以去远方》。碰巧她班上有两个女孩,父母都过世了,由祖母抚养。两个孩子都写信给祖母,写着写着不由得哭泣起来。还很巧的是她班上另两个女孩是最好的朋友,志趣相投,在课上的某一刻,她们意识到彼此在给对方写信,也开始哭泣。玛丽老师让大家停笔,午饭前全班同学相互拥抱。当玛丽把她们带到餐厅,她们擦干眼泪抽泣着。

有一年上这课时,玛丽老师说她有一段"凄凉的经历"。她回忆道:"那年有个女生叫凯茜,一个很甜美的女生,安静,有一双像向日葵一样明亮的眼睛和似乎永远盛开着的微笑。那年的春天,我站在凯茜母亲的墓地旁。葬礼上,一位女士站起来郑重地说她想要朗读一下几个月前凯茜写给她母亲的一封信。这封信是凯茜母亲最宝贵的财富,珍藏在她的首饰盒里,而这封信道出了所有人对凯茜母亲的感受。这封信是凯茜六个月前在我的课上写的。我哑然无声地站在那里,眼里含着泪水,想着那封信对这位母亲和她的孩子有多重要。当我坐下来写这些备课计划并仔细地编写教学目标时,我根本就没想到这门课会有这样的影响力。"

她的目标是用这个教学活动和《局外人》这本书引导学生关注成为一个英雄究竟意味着什么。她还希望通过阅读这本书,学生能够学习和理解刻板印象、偏见、真理、宽恕和同情。

玛丽老师在阅读课选用的其他故事有：（1）加里·保尔森的《大峡谷》(Canyons)，教学生坚韧和友谊；（2）艾维《楼上有东西》(Something Upstains)，关于友谊与平等；（3）米尔德里德·泰勒《树之歌》(Song of the Trees)，教学生平等、正直、不屈不挠；（4）罗伯特·牛顿·派克《不杀猪的一天》(A Day No Pigs Would Die)，关于成熟、偏见和父母之爱；（5）丹尼尔·凯斯《献给阿尔吉侬的花束》(Flowers for Algernon)，关于偏见、接纳和同情。利用这些故事和其他文学作品，玛丽老师聚焦于特定的品格特征。她用一个月的时间来开设某一品格特征的微课。例如情人节那周，她的阅读课用了《真爱》(True Love)这个故事。这个故事讲述的是一个驼背的男人爱上了一位美女，以及他如何赢得佳人的真爱。除了玛丽老师和她的同事们创建的这些教授特定品格特征的微课外，学校还购买了名为"智慧工程"的课程项目。在玛丽老师的学校，每天早上用学校的广播系统，面向全校师生，通过公共演讲的方式强调那些令人钦佩的品格特质，引导学生静心反思。关于"智慧工程"，玛丽老师说："智慧工程的早间公告给予我们很大的帮助。早上八点，对于13岁男生来说，很难一下子认真起来，如果没有引导，根本不可能进入振奋的思考状态。早间公告引导学生进入静心反思时刻，至少给了学生一些值得他们思考的东西。"

在玛丽老师看来，这个项目提供了"可教的时刻"。例如这个项目中有一课是关于正直诚信，玛丽老师就利用这一课跟学生探讨诚信的重要性。有一个学生打碎了教室里的一件东西而没有向她说明，玛丽老师就和全班同学讨论诚实的重要性。依玛丽老师而言，这次讨论对她和学生来说意义重大，因为班上一直在探讨诚信的重要性。

玛丽老师认为，她和学生关于诚信意义的对话讨论还不足以教授学生品格，但"这些探讨为学生的思考提供了跳板和出发点，总比什么都不做要好，对某些学生来说，足以激励他们在生命中寻求指导"。玛丽老师的理论是，即使有一些学生目前看起来心理比较闭锁，当他们有一天遇到危机，他们会愿意重新思考他们的信仰。而她则希望她自己所说过所做过的一切在那一刻会重回学生心里。

确实有这样一个时刻。有个学生来到玛丽老师面前，为她几天前所做的事道歉。致歉过后，这学生说那天早上她听了智慧工程，认识到她必须为自己的行动负责。当然，玛丽老师意识到学生获得这样的启示并不是每天都会发生，但至少在影响着他们。

玛丽老师教育学生要关心、同情、支持、尊重他人，并能积极回应他人。她要求学生表现出良好的行为举止，对他人彬彬有礼。她还期望学生诚实地展现自己的工作，发挥他们的最佳能力，并为自己的工作感到自豪。

四、结语

玛丽老师的案例表明道德教育与教学中的道德方式既在教育中交织在一起又有所区分。这种区分即是芬斯特马赫与奥斯古索尔普（Fenstermacher & Osguthorpe，2000）所指的道德教育内容与道德教育方式的区分。

玛丽在教学中体现出来的道德方式可谓是"德性教学"的一种形式。尽管她所教课程的很多内容跟美德教学无关，但美德通过她的教学举止彰显出来。在她和学生的互动中，玛丽显示了开放、真实、公正、关怀和宽宏大量的美德。这些性情以及跟学生互动的方式促进了师生之间的良好关系，也使玛丽老师成为美德典范。作为一个道德的榜样，玛丽老师在有意无意地教导学生们怎样才是一个有道德的人。

这跟她教以道德的品格教育者角色不同。尽管玛丽老师的教学举止令她成为一名更受信赖的品格教育者，但这不是教授道德时的重点。玛丽老师教以道德的作用更为显性：就是用道德内容来授课。利用智慧项目和文学作品课程，玛丽把美德教授给学生。

在明白了玛丽老师在教学中体现道德方式与进行道德教育时的不同作用后，接下来的问题就是这种不同如何加深我们对教育行为的理解。一方面，这种区别并没有带来什么不同。道德地教和教以道德都属于教学的道德范畴，在课堂里都有其一席之地，并且可以共存于课堂教学中。正如玛丽老师所建议:"最有效的品格教育是由老师个人在其独特的课堂教学里传授的。……一切最终会落到这一点上:一个教室里有一个老师,她尊重每一个学生是一个独立的个体,尊重他们想追求的方向,同时又愿意跟学生分享她作为一个个体的方方面面。这是对别人打开自我。有时会有点儿像对牛弹琴,但绝大多数时间是充满欢乐的。当你抓住那些可教时刻,会形成不可估量的力量去撒下道德的种子,收获道德的硕果。"

培养道德品质不是一门精确的科学(Fallona & Canniff,2010),但正是在那些可教时刻,一位有着良好德性举止的老师、道德权威,可以引导学生成为有德性的人。正如威尔逊(Wilson)所表明的,有价值的道德方式源于人类的某些自然倾向,这些自然倾向存在于家庭、友谊、工作环境、社区和宗教团体中(Fenstermacher & Osguthorpe,2000)。为了充分利用这些形成美德的机会,老师在道德地教和教以道德的过程中需要有明确的行为,并通过确立道德立场、使美德显性化和参与道德探究来达成(Fallona & Canniff,2013)。

参考文献:

Aristotle. (1925). *Nicomachean Ethics* (D. Ross, Trans.). Oxford: Oxford University Press.

Avi. (1988). *Something upstairs*. London: Orchard Books.

Bogdan, R. C. & Biklen, S. K. (2003). *Qualitative research for education: An introduction to theory and methods*. Boston: Allyn & Bacon.

Burnyeat, M. F. (1980). Aristotle on learning to be good. In A. O. Rorty (Ed.), *Essays on Aristotle's ethics* (pp. 69—92). Berkeley: University of California Press.

Canfield, J. & Hansen, M. V. (1993). *Chicken soup for the soul*. Deerfield Beach: Health Communications Inc.

Clark, C. M. (1990). The teacher and the taught: Moral transactions in the classroom. In J. I. Goodlad, R. Soder, & K. Sirotnik (Eds.), *The moral dimensions of teaching* (pp. 251—265). San Francisco: Jossey-Bass.

Erickson, F. (1983). Audiovisual records as a primary data source. *Sociological*

Methods and Research, 11 (2), 213—232.

Fallona, C. (2000). Manner in Teaching: A study in observing and interpreting teachers' moral virtues. *Teaching and Teacher Education*, 16 (7), 681—695.

Fallona, C. & Canniff, J. (2013). Nurturing a moral stance in teacher education. In R. D. Osguthorpe & M. N. Sanger (Eds.). *The Moral Work of Teaching: Preparing and Supporting Practitioners*. New York: Teachers College Press.

Fallona, C. & Canniff, J. (2010). What you learn when you get it wrong: Identifying and fostering teacher candidates' dispositions for equity. In P. Murrell, S. Feinman-Nemser, & M. Diez (Eds.) *Teaching As a Moral Practice: Defining, Developing, and Assessing Professional Dispositions in Teacher Education*. Cambridge, MA: Harvard University Press.

Fallona, C. & Richardson, V. (2006). Classroom management as moral activity. In C. Evertson & C. Weinstein (Eds.). *Handbook of Classroom Management* (pp. 1041—1062). Mahwah: Lawrence Erlbaum.

Fenstermacher, G. D. (2001). On the concept of manner and its visibility in teaching practice, *Journal of Curriculum Studies*, 33 (6), 639—653.

Fenstermacher, G. D. (1999, April). *Method, style, and manner in classroom teaching*. AERA Annual Meeting, Montreal, Quebec, Canada.

Fenstermacher, G. D. (1992). The concepts of method and manner in teaching. In A. D. F. Oser, & J. L. Patry (Eds.), *Effective and responsible teaching* (pp. 95—108). San Francisco: Jossey-Bass.

Fenstermacher, G. D. (1990). Some moral considerations on teaching as a profession. In J. I. Goodlad, R. Soder, & K. Sirotnik (Eds.), *The moral dimensions of teaching* (pp. 130—154). San Francisco: Jossey-Bass.

Fenstermacher, G. D, Osgusthorpe, R., D. & Sanger, M. N. (2009). Teaching Morally and teaching morality. *Teacher Education Quarterly*, 36 (3), 7—19.

Fenstermacher, G. D. & Osgusthorpe, R. D. (2000, April). *The manner of teachers and the character of students: What distinguishes character education from the manner project?* AERA Annual Meeting, New Orleans, LA.

Garrison, J. W. (1995). Style and the art of teaching. In J. W. Garrison & A. G.

Rud (Ed.), *The educational conversation: Closing the gap* (pp. 41—60). Albany: SUNY Press.

Hansen, D. T. (1993). The moral importance of teacher style. *Journal of Curriculum Studies*, 25 (5), 397—421.

Hinton, S. E. (1967). *The Outsiders*. New York: Viking Press.

Jackson, P. W., Boostrom, R. E., & Hansen, D. T. (1993). *The moral life of schools*. San Francisco: Jossey-Bass.

Keyes, D. (1959). *Flowers for Algernon*. New York: Harcourt.

LeCompte, M. D., & Preissle, J. (1993). *Ethnography and qualitative design in educational research* (2nd ed.). San Diego: Academic Press.

Lickona, T. (1997). Educating for character: A comprehensive approach. In A. Molnar (Ed.), *The construction of children's character*. Chicago: University of Chicago Press.

MacIntyre, A. (1984). *After virtue* (2nd ed.). Notre Dame: University of Notre Dame Press.

Merriam, S. (1998). *Case study research in education: A qualitative approach*. San Francisco: Jossey-Bass.

Paulsen, G. (2011). *Canyons*. New York: Ember Press.

Peck, R. N. (1994). *A day no pigs would die*. New York: Random House Children's Books.

Richardson, V. (1993, April). *Continuity and change in teacher's manner*. AERA Annual Meeting. Atlanta, GA.

Richardson, V. & Fallona, C. (2001). Classroom management as method and manner. *Journal of Curriculum Studies*, 33 (6), 705—728.

Richardson, V. & Fenstermacher, G. D. (2001). Manner in teaching: The study in four parts. *Journal of Curriculum Studies*, 33 (6), 631—637.

Ryan, K. & Bohlin, K. (1999). *Building character in our schools*. San Francisco: Jossey-Bass.

Sanger, M. N. (2001). Talking to teachers and looking at practice in understanding the moral dimensions of teaching. *Journal of Curriculum Studies*, 33 (6), 683—704.

Seidman, I. E. (2012). *Interviewing as qualitative research: A guide for researchers in education and the social sciences*, (4th ed.). New York: Teachers College Press.

Sherman, N. (1997). *Making necessity of virtue: Aristotle and Kant on virtue.* Cambridge: Cambridge University Press.

Sockett, H. (2012). *Knowledge and virtue in teaching and learning: The primacy of dispositions.* New York: Routledge.

Sockett, H. (1993). *The moral base for teacher professionalism.* New York: Teachers College Press.

Spradley, J. P. (1980). *Participant observation.* Fort Worth: Harcourt Brace Jovanovich College Publishers.

Taylor, M. D. (1975). *Song of the trees.* New York: Puffin Books.

Whitehead, A. N. (1929). *The aims of education and other essays.* New York: The Free Press.

道德领域的教学

[美]拉里·努奇、阿莱格·米杰特①

本文旨在分享我们已知的关于道德发展过程的知识,以及教师可用来促进学生道德成长的方法。所有专业都有伦理维度,但只有教学与它所服务的人的道德成长之间存在内在联系(Campbell,2014;Hansen,2001)。在本文中,我们将区分道德教育的两个目标。第一个目标是为学生构建基本的道德和品格打下基础。第二个目标是发展学生更高级的能力以促进整个社会的道德进步。这两个目标的达成都取决于我们对道德领域的理解,道德如何与社会规范和习俗互动,以及我们对个人需求的思考。我们将在本文讨论:新近研究挑战了对道德社会化问题的简化的类型划分,并为道德教育提供了方向,使之与动态的、有远见的和遵从伦理的社会相适应。在本章中,我们也将讨论教师参与道德教育的职前教育方面的研究结论。我们期望重申教师扮演着道德教育者这一不可避免的角色,并且帮助他们思考如何完善自己的能力以促进学生的道德发展。

一、定义道德领域

我们对教学道德维度的探讨建立在对该问题四十年研究的基础上,这些研究帮助我们界定了什么是道德,以及如何将道德与社会规范和习俗区别开来。所谓的社会认知领域理论(Turiel,2002,2008)已经取代了科尔伯格的

---

① 作者供职于美国加利福尼亚大学伯克利分校。

道德阶段理论，成为道德发展研究的主导范式。根据这一框架，个体在三种社会认知的知识层面表现出差异：道德、习俗和个人。斯麦塔纳等人的研究（Smetana, Jambon, & Ball, 2014）所概述的道德与我们对人际行动的判断有关，就像击打或分享都影响了人们的福祉和权利。换言之，道德与福祉、正义和权利有关。因为道德评价建立在行动效果的基础上，针对是与非的道德判断并不取决于主导的社会规则是否在场。当个体对道德行动作出判断时，他们认为他们对正确与错误的评估具有普遍的约束力。这是因为，不论这个行为发生在哪个社会，对行动的客观结果的感知被假定是一样的（例如，无故被打具有伤害性）。道德判断受制于个人持有的对公平和伤害的基本构想（Turiel, 2002）。

与道德相比，习俗是经协商一致而确定的社会标准，它规范或协调着某一特定社会群体的行动。习俗，例如穿衣标准和问候形式（弯腰或握手），被认为是地方性的、可变的。此种行动的对与错，取决于占主导地位的习俗规范。正如塞尔（Searle, 1969）所说，习俗是社会系统的组成部分。他们定义着一个特定社会框架内的"游戏"规则。发展心理学研究发现：对习俗的理解反映了对社会组织的隐含概念，这是一种直至青少年中期才会出现的成人式的理解（Midgette, Noh, Lee, & Nucci, 2016；Turiel, 2002）。

道德和习俗与个人领域的隐私和个人选择进一步区别开来（Nucci, 1996, 2014）。对个体的决定维持控制，例如择友、个人外表、隐私如私人日记，对个人自主权和身份建构都非常重要（Nucci, 2014；Smetana, 2016）。建立个人领域的选择和隐私似乎是跨文化的现象（Smetana, Ahmad, & Wray-Lake, 2015）。然而，在何谓个人领域以及什么受文化标准的制约之间的平衡是因社会差异而异的。被界定为个人领域的这些差异解释了所谓道德中的文化差异（Miller & Bland, 2014）。

从社会领域的视角来看，人们应该将道德发展看作是与儿童对社会习俗和个人领域的理解同步成长的（parallel growth）。虽然当我们做出很多关涉社会的决定时仅仅需要运用某一方面的社会认知领域知识，但是在很多社会情境中，做一系列决定需要权衡或协调个体、习俗和道德考量。例如，决定如何回应你认为无趣的人的晚餐邀请的时候,可能涉及权衡有关礼貌话语的习俗,避免伤害邀约人情感的道德考虑,以及如何度过休闲时光的个人想法。道德决策是个人在每一领域发展的一种功能,以及在多面的情境中如何衡量和协调道德与非道德因素(Turiel,2002)。

二、领域内的发展

现今,每一领域都发现了概念和判断与年龄相关的变化。关于习俗的概念反映了一个人对社会组织的潜在概念。在社会习俗领域,发展在确定习俗重要性的时期和否定前一阶段确认基础的阶段之间呈现出一种振荡模式。道德发展的七个水平的理论描述了从幼儿早期到成年初期的情况(Turiel,1983)。横向的研究(Nucci,Becker,& Horn,2004;Turiel,1983)、跨文化的研究(Hollos,Leis,& Turiel,1986;Midgette,Noh,Lee,& Nucci,2016)、实验的研究(Nucci & Weber,1991)和纵向的研究(Hollos,Leis,& Turiel,1986)为七个水平的发展理论提供了研究证据。在下表中,我们总结了跨文化研究从幼年中期到青春期,人们对习俗理解的变化。通常,一个对社会阶层状况有着具体理解的十岁孩子,坚信习俗服务于特定的社会秩序。例如,学校管理者制定规则以阻止学生在走廊中奔跑。

从幼儿中期到青少年中期社会习俗概念的变化[①]

水平3(10—11岁)将习俗确认为规则体系 坚持基于具体规则和权威期望的习俗。 掌权人制定维持秩序的规则。非掌权人应遵守规则,这样才能维持秩序。 没有将规则作为社会系统组成部分的概念。
水平4(12—14岁)否定习俗作为规则体系的组成部分 不管规则如何,习俗现在被视为是武断和多变的。由习俗治理的行为没有"对与错"。因此,习俗只是权威的专断。

---

① 全部七阶段请参照 Turiel,1983。——原注

（续表）

> 水平5（15—16岁）习俗是社会系统的调节器
> 习俗是社会系统的构成要素。"游戏的规则"出现，是社会结构的系统概念。尽管个体习俗是专断的，但是它们共同治理社会系统中成员的行为，让社会互动具有预见性和秩序感。

在下一个道德发展阶段，通常来说，青少年早期的儿童进入了否定性阶段，他们从规范随意性的视角看待先前确认习俗的基础，那些规范只是权威的强行规定。接着，在青少年中期，人们从更大的框架来理解习俗，而不是摒弃习俗。因此，习俗在充满固定角色和义务的社会系统中被视为具有规范性和约束力。习俗发展的振荡模式表明：儿童很难解释专制的社会规范的功能，这证明了反思和建构的缓慢过程先于青少年关于习俗对社会系统建构重要性的认识。

在道德领域，建构对公平和人类福利的理解是一个渐进的过程。最早的道德观念关注幼儿期晚期出现的对公平和正义的理解所造成的伤害。目前的证据表明，在童年中期和青少年期对伤害和帮助的理解遵循着一个U型发展模式。最初，儿童主要关注道德状况的最显著特征。然后，在青少年期早期，逐渐意识到道德情境的复杂性，这导致了一段困惑时期的出现，并增加了非道德选择的概率。换句话说，青少年开始意识到了"灰色地带"的存在，因而，他们更可能会关注道德不确定领域，并且与年幼的儿童相比，他们会表现得不那么道德，因为年幼的儿童还没有意识到道德情境的复杂性。一般来说，到了青少年中期，孩子们拥有了更大的能力来协调道德情境的复杂性，并且其再次做出顺从道德方向的决策的可能性也更大（Nucci，Turiel，& Roded，2017）。

从青少年中期到晚期，年轻人能够协调道德和习俗、参与道德决策，这类似于科尔伯格所说的道德思考的习俗阶段（Kohlberg，1985）。然而，与科尔伯格的理论观点不同，领域理论认为，道德和习俗是两个独立的概念框架，可以在发展的任何阶段使用道德来评价占主导地位的社会群体或系统的习俗的道德性。因此，采用发展方法从事道德教育的一个目标是鼓励协调性的社会道德评价。下面我们将阐述这一问题。

三、对教师的启示：避免"心理学家的谬误"

社会认知领域理论对教育有一些启示。正如我们已经指出的，采纳这一理论框架和相关的支持性研究，我们能够使用基于发展科学的非专制性标准来界定道德教育的目标。与发展传统相一致，我们把道德教育的目标界定为发展学生的道德行为能力和道德决策能力，这些能力关切人类福祉、正义与权利。我们也开始创新教育课程和实践，使它们在不同程度上与每个社会认知领域的发展水平相适应。这项工作包括采用领域融合教学（domain concordant instruction）（Nucci，2008，2009；Nucci，Creane，& Powers，2015；Midgette，Ilten-Gee，Powers，Murata，& Nucci，2018），将课堂话语与每一领域的特点相匹配。在本章接下来的部分，我们将会综述领域理论对基于领域的道德教育（domain based moral education，DBME）的启示。我们的评述将会解答有关课堂氛围、学生纪律以及课程和教学模式使用的问题。在我们讨论这些问题时，我们将会谨记科尔伯格的告诫，不要陷入他所说的"心理学家的谬误"，即直接将发展心理学的研究结论应用于课堂实践并给教师提出无法带来持续性改变的建议。如果以教师工作的目标来开始我们的工作，如提高学生的学习成绩和培养学生基本的社会和情感能力，那么我们就能避免心理学家的谬误。通过将教师视为同事而不是接受研究者信息的消费者，我们也能避免心理学家的谬误。最后，我们可能通过将教师本人视为伦理的存在者（ethical beings）来规避心理学家的谬误。

四、道德教育目标：培养"道德健康"（Moral wellness）和促进道德发展与品格完善的区分

（一）培养道德健康

在中国和西方国家，大多数为推动道德发展的教育工作都致力于提升基

本道德能力（basic moral capacities）。有时这被认为是基本品格的形成（Nucci，2016）。我们将这种基本能力称为"道德健康"。① 道德健康是指使人能够作为道德能动者而行动的一组基本结构（Berkowitz，2000）。基本的道德品格、道德健康，拥有下述三个组成部分，它们共同构成了一个包括个体关于自我与个体身份全部意识的系统。这三个构成要素包括：（1）基本的道德推理和社会认知；（2）移情、情绪识别、观点接纳和道德主体意识的能力；（3）自我管理和情绪控制的能力。这些要素构成了一个基本的道德系统，后者是个体关于自我的意识总体系统中的一部分，并赋予了个体一种道德认同感（Nucci，2016）。拥有这种基本道德品格结构的人构成了任何一类人口总体中正常发展的大多数。如果可能的话，这些人会避免伤害他人、会遵守法律，并能够控制其日常的情绪。支持这种基本水平的道德品格和"健康"发展是所有学校肩负的伦理责任。

（二）促进道德发展和品格完善

仅仅以达成"道德健康"来定义道德教育的局限性在于，它并没有从道德的角度为培养学生评价和改变现行社会规范做好准备。从人类历史发展来看，我们发现，具有良好道德品格的人生活在那些我们现在认为所谓维持不道德行为的社会系统中。例如，美国宪法的起草者之一、因人权宣言而闻名的托马斯·杰斐逊，他拥有奴隶，并且认为女性不应享有投票权。在他所生活的社会和时代，杰斐逊被认为是道德高尚的人。同样，世界各地的很多人生活在男性比女性拥有更多特权的社会中。因此，如果我们用传统的标准来定义教育目标的话，那么我们要面对的风险就是，让我们的学生复制那些嵌入于当时社会系统的不道德行为。

劳伦斯·科尔伯格（Kohlberg，1985）将我们所说的道德健康称为习俗

---

① 拉里·努奇在给译者的电子邮件中指出：moral wellness 可译为"道德健康"。他说，这种译法类似于作为精神健康基础的心理健康。他之所以采用这一术语，是想表明：教育在一般情况下仅仅培养人的基本道德能力，而没有培养人们对他们所处社会系统的不道德之处的敏感性，以及培养他们采用有效方式相互协作，共同改变社会系统中不道德之处。——译者注

性道德。对科尔伯格而言，这是道德思考的一个阶段，它可以被道德思维的原则性阶段所取代。不幸的是，目前的证据表明，凭借个体的自我努力即能实现的所谓道德发展的"原则性"阶段并不存在（Gibbs，2014）。从领域理论视角来看，我们之所以能够超越文化和一定历史时期的道德规范，是因为我们运用了对公平和人类福祉的理解来批判性地审视我们的文化习俗。正如我们接下来的讨论，进行这种高层级道德推理的能力是一个社会性过程，道德教育能够帮助我们获得这种能力。

五、教学的伦理维度和增进基本道德健康

（一）课堂情绪氛围

包括中国在内的很多国家设置了一套独特的、独立的道德教育课程。在美国，情况并非如此。因此，我们的研究聚焦于在课堂日常生活中整合学生道德成长的意图，也关注在一般学术性课程中整合道德问题的讨论计划。然而，不论教师是在中国还是在西方情境中工作，不论他们如何建构课堂和如何规训学生，都会影响学生的社会和道德发展（Hansen，1996；Campbell，2014）。关于道德与情绪之间关系的研究（Arsenio & Lover，1995；Elias，Kranzler，Parker，Kash，& Weissberg，2014）支持了关注道德发展的情感体验是重要的这一基本主张。尤其是，这些研究成果指出，建立充满关爱的课堂环境是工作的核心（Noddings，2002），这种课堂环境培育、建构了基于"善"的世界观，其特征是假定在很大程度上社会生活的运作遵循着公正和相互尊重这些基本的道德原则（Arsenio & Lover，1995）。我们当前的教育系统常常只注重学业成就，以忽视学生的社会和情感发展为代价。近来，美国媒体推崇一种威权主义所产生的学业成就，中国式的"虎妈"是其典型。然而，有研究调查了美国几百个华裔移民家庭和中国的城市家庭（Kim，Wang，Orozco-Lapray，Shen，& Murtuza，2013），结果发现，这种严格而苛刻的教养方式不如支持型教养方式有效，而且前者会给孩子带来情感伤害。此外，这些研究报告指出，在中美两国城市中，所谓的"老虎"型教养模式

只是少数人的做法,在这两种社会里,家长们正在抛弃这种严苛的教养方式。

在教室里,维持纪律的方法和课堂总体氛围是学校促进学生道德成长的关键所在。建立一种信任的氛围,需要关爱的情感联结,而这种联结产生于互惠性和持续性的道德活动。信任是建立全部团体意识的基石,而团体意识是学生在学校中表现出亲社会行为的主要预测指标之一(Battistich,2008)。教师促进学生道德伦理发展的途径之一是应对学生的过失行为。观察一年级至八年级学生违规行为出现相对频率的研究得出了一致结论,大部分的失范行为与违背习俗有关,而不是道德过失(Blumenfeld, Pintrich, & Hamilton, 1987; Nucci & Nucci, 1982a)。这表明,将所有课堂管理问题归因于道德,会有一种风险,即削弱运用道德讨论习俗问题的力量(Goodman, 2006)。同样,这种做法限制了学生们通过课堂互动来思考习俗。

(二)学校规则、不良行为和过渡期

当审视学生违反课堂习俗的比率与学生在习俗领域的发展水平相关的数据时,我们就会发现,关注学生的社会习俗概念变得日益重要。小学3—4年级(在美国8—9岁的儿童)和初中7—8年级(美国12—14岁的儿童)的学生违反习俗的频率最高,与之对应的学生关于习俗的否定概念的发展水平分别为水平2和水平4(Nucci & Nucci, 1982a; Turiel, 1983)。发展心理学文献指出,对于教师和学校管理者来说,学生们的青春期是他们最具挑战性的一个工作阶段,因为学生社会理解的三大领域都会出现显著的变化。

关于社会习俗,青少年进入了一个质疑他们在童年中期所秉持的习俗的阶段(水平4)(Midgette 等,2016; Nucci 等,2004; Turiel, 1983)。当年轻人重新思考习俗性规定的专断性、并得出"不过就是些社会期待"的结论时(Turiel, 1983:第103页),他们就不再支持那些维持基本秩序的习俗(例如,禁止儿童在走廊中乱跑)了。在很多情况下,处于这一发展水平的学生会继续遵守习俗,来维持与教师的和谐关系或避免惩罚。然而,处于这一水平的学生自己不能为习俗建立一个概念性理由(Midgette 等,2016; Nucci 等,2004)。因此,处在这一发展阶段的学生更有可能违反学校习俗(Geiger & Turiel, 1983; Nucci & Nucci, 1982a)。

根据关于美国（Nucci 等，2004）和韩国（Midgette 等，2016）处于青少年中期（大约15—16岁）学生的研究表明，大部分学生已经进入了社会习俗推理的第五个水平。如前所述，习俗如今被视为社会系统的诸构成要素，用于建构阶层关系和协调某一社会或学校等社会机构中的成员之间的互动（Turiel，1983）。在他们的历时性研究中，盖革和特里尔（Geiger & Turiel，1983）发现，进入到习俗概念水平5的学生较少地参与违反学校习俗的行动。

青少年对习俗和个人特权与隐私问题之间边界划定方式的那些基本变化，是与习俗概念的发展性转变相一致的（Smetana，2011）。家庭和学校的习俗与规范触及了个人表达（穿着、发型）、私人关系（友谊）、私人交流（电话、邮箱）、信息获取（因特网）和个人安全（物质使用、性行为）等领域，青少年越来越要求在这些领域获得自主权和控制权，使得这些习俗和规范备受争议。尽管具体的问题因国家不同而有差异，在不同的文化中，家庭争端在很大程度上都围绕着此类问题，即青少年从以前父母施加影响或控制的领域中取得更大的个人管辖权（Smetana，2011）。学生也要求在学校场所的个人隐私和特权领域中获得权利（Smetana & Bitz，1996）。然而，他们更乐意接受规范在校行为的习俗，那些行为在非学校情境中被认为是属于个人范畴的（Smetana & Bitz，1996）。尽管如此，否定习俗的联合发展阶段延伸到了所谓的个人领域，这使得青少年早期阶段成了一个艰难的过渡期（Smetana，2016）。关于未来的教育研究，一个有趣的问题是，在中国较为盛行的寄宿制高中，这些发展动态将怎样表现出来。

虽然大部分青少年的不良行为与违反习俗有关，但是他们在建立自主权和身份认同方面做出的一些努力也会涉及冒险和道德过失。例如，12和14岁的美国青少年参与入室行窃的人数最多（Wolf, Battash, Addad, & Walters，1992）。这项研究回应了我们在最近的研究中没有揭示出的青少年早期过渡阶段的道德推理问题（Nucci，2014；Nucci & Turiel，2009）。瑞士发展心理学家弗里茨·奥瑟（Fritz Oser，2005）认为，教育者应该将这种道德失范行为看作是道德成长的重要组成部分，并抓住道德过失作为开启他所说的"真实对话"（realistic discourse）的契机。奥瑟的立场是"消极道德"

(negative morality)，例如数学课上会犯的那类错误，构成了那些产生真正的道德认知和道德取向的基础。他研究青春期道德失范行为的方法是让其成为道德话语的对象，学生必须直面彼此真实的错误行为，理解他们的动机以及行动的后果（Veugelers & Oser，2003）。其他延续科尔伯格传统的学者们采用奥瑟提出的上述研究过程取得了极大的成功（Blakeney & Blakeney，1991），他们的研究致力于改变行为障碍儿童和青少年的不良行为和累犯问题。

研究表明，儿童根据相应的过失行为领域来评价教师对过失行为的反应（参见 Nucci，2001 的全面评述）。对幼儿园（Killen, Breton, Ferguson, & Handler，1994）和中小学 2 至 7 年级儿童（Nucci，1984）的访谈研究表明，学生根据相应的领域界定的行为特征来评价教师对该过失行为的反应。诸如对越界行为或不举手发言等违反习俗的相应领域反应，可能包含教师有关管理规则，或鼓励学生思考因破坏课堂纪律或社会秩序所导致的过失行为的言论。另一方面，指导学生思考这些行动伤及他人福祉的后果，可能是产生与道德过失一致的反应。研究发现，不同年级的学生对与领域一致的反应比与领域不一致的反应的评估更高（例如，为违反习俗的过失行为提供一个道德反应）（Killen 等，1994；Nucci，1984）。五年级及以上的学生以如下方式扩展了他们对过失行为的反应，即与面对过失行为持续给出领域不一致的反应的教师们相比，那些一贯给出领域一致反应的教师被他们评价为更有学识和更有效率。

目前，还没有在中国开展的研究证明上述关于学生对教师评价的研究结论能否推广至中国的教室情境。然而，有研究表明中国儿童和青少年确实会评价成人权威。中国青少年对他们渐生的决策能力持有类似的观点，对西方青少年抱有同样的期望，认为西方青少年渴望就那些影响他们私人生活的事务与家长分享更多的决策权力（Helwig, Arnold, Tan, & Boyd，2003）。这意味着中国青少年不会给予教师无限的权威，尽管他们在面对成人权力时可能会被迫服从。同样地，中国儿童和青少年拒绝视"羞辱"为一种语言形式上的规训行为，这种行为会在目标学生与其他人之间引发不适宜的社会比较

(Helwig, Wang, Liu, & Yang, 2014)。他们同样对羞辱的使用持批判态度,认为这种无用的目标行为会给家人带来羞辱感。参加这些研究的年轻人报告说,这些做法尽管常见,但却会给人的心理带来伤害,并且不如社会化的诱导方法有效(Helwig 等,2014)。最近的一篇关于中国使用羞辱作为规训方法的文献综述也得出了同样的结论(Wang, 2016)。总之,有证据表明,青少年对学校权威的看法说明了他们对成人武断使用权力的反抗,也说明了他们对那些他们眼中有害的文化规训行为的质疑。有趣的是,有研究者将这些研究结果推广到了乡村青少年的生活中(Helwig 等,2014)。

(三)促进基本道德发展的道德讨论

学校除了通过日常社会经验促进学生发展之外,还采用课程促进道德发展。人们常常运用故事或寓言的形式来培养年幼儿童的基础品格和德行。中国也广泛使用这种方法。不幸的是,至少就美国的情况而言,所做的大部分事情,对儿童的发展影响不大(Narvaez, 2002)。有两方面的原因导致了这种情况。第一,故事所传达的"道德信息"要么太明显、没有什么教学价值,要么被儿童误解、领会到了与教师本意不同的信息(Narvaez, 2002)。第二,引导学生回答出教师喜好的答案的被动教学法并不能促进道德发展,相反,随着学生在学校系统中的年限越长,他们会愈加反抗这种教学法(Araki, 2014)。例如,在日本,伴随着在学校系统中的年限增长,学生们对被动教学课程的评价越来越负面,这证明,使用这种课程促进日本青少年品格发展的实践是失败的(Araki, 2014)。非但没能培养"德行",这些课程还造就了沉默的憎恨和抵抗。有证据表明,中国青少年对灌输式教学持有同样的否定态度,尽管他们假意参与指向"正确"答案的讨论(Helwig 等,2003)。

替代传统直接教学,以及导向预定"正确答案"的讨论的,是一种更加开放的、采用争论方式的建构主义方法,以此促成"交互式讨论"(transactive discussion)(Berkowiz & Gibbs, 1983; Nucci 等,2015; Midgette 等,2018)。伯科威茨、埃尔霍夫、特纳、布洛赫(Berkowitz, Althof, Turner, & Bloch, 2008)将交互式讨论定义为同伴讨论,在其中,一位讨论者对另一位讨论者的推理作出进一步的思考,而非寻找预先确定的正确答案。参与交互式讨论的成员，所要决定的是，对他们而言，令人信服的观点或问题解决的办法是什么。教师的伦理任务是选择涉及社会和道德价值观的问题，这些价值观充满争议。对这些问题的讨论将引起主动参与和积极投入的对话。

关注道德和习俗领域除了讨论的基本框架外，教师提出问题的性质必须考虑到所讨论问题的领域。我们已着手研究在学业教育的实验情境和课堂教学中关注社会认知领域的重要性。在一项实验研究中，我们解答了关注社会价值领域是否会对儿童道德和社会习俗概念的发展产生影响（Nucci & Weber, 1991）。在该研究中，我们从美国历史中找出问题，主要涉及道德、社会习俗或混合领域。例如，道德问题包括农奴制和迫使美国原住民离开他们的土地；习俗问题包括穿着模式的变化、因大量移民涌入和从农业社会向工业社会的转变带来的工作习惯和约会模式变化；混合领域的问题包括允许女性投票的法律变化。

学生被随机地分配到三种教学条件之中：（1）习俗，（2）道德，（3）领域适切（domain appropriate）。处于习俗条件下学生，提供的问题和教师的陈述都指引学生关注社会规范和社会组织，在根本上将所有的问题都只视为习俗问题。在道德条件下，要求学生从公平和社会正义的角度思考同样的问题。在领域适切的条件下，要求学生首先从规范和习俗的层面思考那些事件，然后从公正和福祉的角度思考事件。处于领域适切条件下的学生也被要求整合分析事件的道德和习俗特征。换句话说，教师教学生从习俗、道德或混合的维度解释、分析和评价情境。结果表明，对领域的关注会影响学生的学习。

接受仅关注一个领域（社会习俗或道德）教学的学生会在推理和理解水平方面获得提升，但是在另一个领域则没有进展。只有处于领域适切（社会习俗和道德的混合）的教学条件下的学生会在两个领域方面得到发展。该研究得到的第二个值得关注的结论是有关学生如何处理重叠或混合领域的问题。接受领域适切教学的学生是唯一能够从两个领域自发地协调要素的人。相反，在道德教学条件下，三分之二的学生将混合领域的问题完全归属于事件的道德要素，在习俗教学条件下的大部分学生将混合领域的问题归属于事件的习俗要素。

在真实的中学历史课堂情境下,我们运用领域一致教学法追踪了这项实验研究(Nucci等,2015)。参与该研究的教师接受了培训以建构和实施历史教学,从而使课程内容与教学领域相匹配。与控制组课堂的学生相比,实验组课堂中的学生们表现出了更高的后测道德推理水平、社会习俗概念和跨领域协调能力。此外,参与本研究的教师推动学生使用交互式话语。通过交互式话语增进的学生参与促进了道德和社会概念的提升。

六、教学的伦理维度和促进理想的道德成长

目前为止我们所讨论的教育实践将为学生的基本道德健康的教育作出贡献。这些学生将会发展其基本的情感能力,包括移情、观点接纳和自我控制,以及基本的道德推理能力。这种能力将会使他们成为常规意义上有道德的好公民。这些都是有价值的教育目标。然而,如果我们要为动态的、民主的和有道德的社会培养具有道德感的公民,这些目标是不够的。如我们在前文中所述,理想的道德发展产生出一种超越我们当今文化和历史时期的道德规范的能力,目的是运用我们对公正和人类福祉的道德理解来批判地审视我们文化的习俗。这会假定学生们已经理解了社会习俗是社会系统的组成部分。因此,道德发展的最佳形式出现在高中和大学生群体中。

因此,要让学生成为他们所在的社会中具有批判精神、有道德的能动者,他们需要参与他人的对话,这些对话为从不同的视角探索当前问题提供了渠道。运用前文所述的领域一致性讨论是建构旨在实现最优道德发展的道德教育的开始。还需要能够培育学生的公民对话能力的教育方法,哲学家安东尼·林顿(Anthony Laden)称之为"回应式参与"(responsive engagemcnt)。这种对话形式的目标落脚于共同基础。事实上,这种共同基础最终可能非常接近于对话中某一方的立场,或者是进行对话之前任何成员都没有预期到的第三方立场。这种话语被称为"参与性推理"(engaged reasoning)的关键在于,每一个发言者努力寻找到所有人能够分享自己的观

点和接受他人观点的概念空间。"参与式推理因此是最实在的意义上的共同推理"（Laden，2012：第171页）。

有参与式回应特色的交互式话语促进道德发展，并且从社会层面寻找对道德问题的集体解决方案，它超越了个体道德推理能力。这种讨论形式与马克思理论的辩证假设有很多共同之处。然而，通过真正的道德话语产生的解决方案可能并不联结某种特定的意识形态或政治取向。因此，努力促进学生道德发展的教师们面临着艰难的伦理和政治困境。真正的道德教育是引导学生做好准备，共同努力从社会层面为当前或未预期的道德问题寻找出最实际的道德解决方案。这种寻找也许不会带来国家或经济精英们所喜的答案。因此，教学的伦理维度需要教育者具有相当大的道德勇气。

七、结论

教学在本质上是一种与道德有关的专业。不管一个人是在小学还是大学从事教学工作，是教授数学还是政治哲学，教学行为都给学生强加了一套价值观和权力关系，从而对作为道德存在者的学生施加了影响。问题不在于是否所有教师都从事道德教育，而在于他们是否有自我意识地从事道德教育，认识到了学生道德发展的自然过程，以及了解教师可能促进学生道德成长的最优方法。在这篇文章里，我们分享了一些已知的关于道德发展复杂性的知识，以及道德发展与其他社会认知领域的关系。我们论证了关注课堂情绪氛围的重要性，以及促进学生智识自主的必要性，其目的是使他们获得道德成长。我们区分了促进基本道德健康和旨在推进社会改善的道德成长之间的差异。我们也承认真正的道德教育需要教师面对伦理困境和政治风险。

在最近的研究中，我们将这项发展心理学研究整合进了一项培育小学教师的教师教育项目的研究设计中。研究证明，职前教师获得了将道德和社会价值领域一致课程、常规学术课程和课堂管理方法加以整合的技能（Nucci, Drill, Larson, & Browne, 2005；Nucci, 2016；Nucci & Powers, 2013）。对于加州大学伯克利分校开展的发展性教师教育项目（Developmental

Teacher Education，DTE)，我们也继续评估参与该项目的职前教师们在课堂中整合和持续使用社会认知领域理论的方法和指导性概念的有效程度（Nucci & Powers，2013)。

我们开展这项研究的目标是为教育者和教育研究者们改进他们基于发展心理学的道德和社会教育提供见解，而不是推广一套特定的做法或课程。毫无疑问，课堂教师和学校管理者有很多方法能将对道德和社会发展的关注整合到教育实践之中，那些方法远远超出了我们所提出的建议（Nucci，2009)。我们的观点的核心在于，道德教育承认社会、道德决策和道德生活建构在本质上的复杂性。最终的目标是让年轻人发展一种处理道德复杂性、模糊性和冲突的能力，这将帮助他们过上一种道德生活，并有助于建构一个更加道德的社会。

参考文献：

Araki，N. (2014). An application of Kohlberg's theory of moral dilemma discussion to the Japanese classroom and its classroom and its effect on moral development of Japanese students. In Nucci, L. P., Krettenauer, T., & Narváez, D. (Eds.). *Handbook of Moral and Character Education Second Edition*. New York：Routledge. Chapter 18，308—325.

Arsenio, W., & Lover, A. (1995). Children's conceptions of sociomoral affect：Happy victimizers, mixed emotions, and other expectancies. In Killen, M. & Hart, D. (Eds.). *Morality in Everyday Life：Developmental Perspectives*. Cambridge：Cambridge University Press. Chapter 3，87—128.

Battistich, V. A. (2008). The child development project：Creating caring school-communities. In Nucci, L. P., Krettenauer, T., & Narváez, D. (Eds.). *Handbook of Moral and Character Education*. New York：Routledge. Chapter 17，328—351.

Berkowitz, M. W. (2000). Character education as prevention. In Hansen, W. B., Giles, S. M. & Fearnow-Kenney, M. D. (Eds.). *Improving Prevention Effectiveness*. Greensboro：Tanglewood Research. Chapter 3，37—45.

Berkowitz, M. W., Althof, W., Turner, V. D., & Bloch, D. (2008).

Discourse, development, and education. In F. Oser & W. Veugelers (Eds.), *Getting Involved: Global citizenship development and sources of moral values*. Amsterdam: Sense Publishers, 89—201.

Berkowitz, M. W., & Gibbs, J. C. (1983). Measuring the developmental features of moral discussion. *Merrill-Palmer Quarterly*, 29 (4), 399—410.

Blakeney Jr, C. D., & Blakeney, R. A. (1991). Understanding and reforming moral misbehavior among behaviorally disordered adolescents. *Behavioral Disorders*, 16 (2), 120—126.

Blumenfeld, P. C., Pintrich, P. R., & Hamilton, V. L. (1987). Teacher talk and students' reasoning about morals, conventions, and achievement. *Child Development*, 58 (5), 1389—1401.

Campbell, E. (2014). Teaching ethically as a moral condition of professionalism. In The International Handbook of Moral and Character Education, Second Edition. L. Nucci, D. Narváez, and T. Krettenauer (Eds.). New York: Routledge, Chapter 7, 101—117.

Elias, M. J., Kranzler, A., Parker, S. J., Kash, V. M., & Weissberg, R. P. (2014). The complementary perspectives of social and emotional learning, moral education, and character education. In Nucci, L. P., Krettenauer, T., & Narváez, D. (Eds.). *Handbook of Moral and Character Education Second Edition*. New York: Routledge. Chapter 16, 272—289.

Geiger, K. M., & Turiel, E. (1983). Disruptive school behavior and concepts of social convention in early adolescence. *Journal of Educational Psychology*, 75 (5), 677—685.

Gibbs, J. (2014). *Moral development and reality: Beyond the theories of Kohlberg, Hoffman, and Haidt*. New York: Oxford University Press.

Goodman, J. F. (2006). School discipline in moral disarray. *Journal of Moral Education*, 35 (2), 213—230.

Hansen, D. T. (2001). Teaching as a moral activity. In V. Richardson (Ed.) *Handbook of Research on Teaching Fourth Edition*. Washington, DC: AERA, 826—857.

Hansen, D. T. (1996). Teaching and the moral life of classrooms. *Journal for a Just and Caring Education*. 2 (1), 59—74.

Helwig, C. C., Arnold, M. L., Tan, D., & Boyd, D. (2003). Chinese adolescents' reasoning about democratic and authority-based decision making in peer, family, and school contexts. *Child Development*, 74 (3), 783—800.

Helwig, C. C., To, S., Wang, Q., Liu, C., & Yang, S. (2014). Judgments and reasoning about parental discipline involving induction and psychological control in China and Canada. *Child Development*, 85 (3), 1150—1167.

Hollos, M., Leis, P. E., & Turiel, E. (1986). Social reasoning in IJO children and adolescents in Nigerian communities. *Journal of Cross-Cultural Psychology*, 17 (3), 352—374.

Killen, M., Breton, S., Ferguson, H., & Handler, K. (1994). Preschoolers' evaluations of teacher methods of intervention in social transgressions. *Merrill-Palmer Quarterly*, 40 (3), 399—416.

Kim, S. Y., Wang, Y., Orozco-Lapray, D., Shen, Y., & Murtuza, M. (2013). Does "tiger parenting" exist? Parenting profiles of Chinese Americans and adolescent developmental outcomes. *Asian American Journal of Psychology*, 4 (1), 7—18.

Kohlberg, L. (1985). The just community approach to moral education in theory and practice. *Moral Education Theory and Application*, 37 (3), 27—87.

Laden, A. S. (2012). *Reasoning: A social picture*. Oxford: Oxford University Press.

Midgette, A., Noh, J. Y., Lee, I. J., & Nucci, L. (2016). The development of Korean children's and adolescents' concepts of social convention. *Journal of Cross-Cultural Psychology*. First published online June 23, 2016 as doi: 10.1177/0022022116655775

Midgette, A. J., Ilten-Gee, R., Powers, D. W., Murata, A., & Nucci, L. (2018). Using Lesson Study in teacher professional development for domain-based moral education. *Journal of Moral Education*, 47 (4), 498—518.

Miller, J. & Bland, C. (2014). A cultural psychology perspective on moral development. In M. Killen & J. G. Smetana (Eds.). *Handbook of Moral Development*, 2nd Edition. New York: Psychology Press, 299—314.

Narvaez, D. (2002). Does reading moral stories build character? *Educational Psychology Review*, 14 (2), 155—171.

Noddings, N. (2002). *Educating moral people: A caring alternative to character education*. New York: Teachers College Press.

Nucci, L. (2016, in press). Recovering the role of reasoning in moral education to address inequity and social justice. *Journal of Moral Education*.

Nucci, L. P. (2014). The personal and the moral. In M. Killen & J. G. Smetana (Eds.). *Handbook of Moral Development*, 2nd edition. New York: Psychology Press, 538—558.

Nucci, L. (2009). *Nice is not enough: Facilitating moral development*. Upper Saddle River: Pearson Education.

Nucci, L. P. (2008). Social cognitive domain theory and moral education. In Nucci, L. P., Krettenauer, T., & Narváez, D. (Eds.). *Handbook of Moral and Character Education*. New York: Routledge. *Chapter* 15, 291—309.

Nucci, L. (1996). Morality and the personal sphere of actions. In E. Reed, E. Turiel, & T. Brown (Eds.), *Values and Knowledge*. Mahwah: Erlbaum, 41—60.

Nucci, L. P. (1984). Evaluating teachers as social agents: Students' ratings of domain appropriate and domain inappropriate teacher responses to transgressions. *American Educational Research Journal*, 21 (2), 367—378.

Nucci, L., Becker, K., & Horn, S. (2004). Assessing the development of adolescent concepts of social convention. Paper presented at the annual meeting of the Jean Piaget Society, Toronto, Canada.

Nucci, L., Creane, M., & Powers, D. (2015). Integrating moral and social development within middle school social studies: A social cognitive domain approach. *Journal of Moral Education*, 44 (4), 479—496.

Nucci, L., Drill, K., Larson, C., & Browne, C. (2005). Preparing pre-service teachers for character education in urban elementary schools. *Journal of Research in Character Education*, 3 (2), 81—96.

Nucci, L. P., & Nucci, M. S. (1982a). Children's responses to moral and social-conventional transgressions in free-play settings. *Child Development*, 53 (5), 1337

—1342.

Nucci, L. P., & Nucci, M. S. (1982b). Children's social interactions in the context of moral and conventional transgressions. *Child Development*, 53 (2), 403—412.

Nucci, L., & Powers, D. W. (2013). Reflections on preparing preservice teachers for moral education in urban settings. In M. Sanger & R. Osguthorpe (Eds.) *The Moral Work of Teaching and Teacher Education: Preparing and Supporting Practitioners*. New York: Teachers College Press, 148—163.

Nucci, L. & Turiel, E. (2009). Capturing the complexity of moral development and education. *Mind, Brain, and Education*, 3 (3), 151—159. doi: 10. 1111/j. 1751—228X. 2009. 01065. x

Nucci, L., Turiel, E., & Roded, A. D. (2017). Continuities and discontinuities in the development of moral judgments. *Human Development*, 60 (6), 279—341.

Nucci, L., & Weber, E. (1991). The domain approach to values education: From theory to practice. In W. M. Kurtines & J. L. Gewirtz (Eds.), *Handbook of Moral Behavior and Development: Vol. 3. Application*. Hillsdale: Lawrence Erlbaum, 251—266.

Oser, F. (2005). Negative morality and the goals of moral education. In Nucci, L. (Ed.). *Conflict, Contradiction, and Contrarian Elements in Moral Development and Education*. New York: Psychology Press, 129—156.

Searle, J. R. (1969). *Speech acts*. London: Cambridge University Press.

Smetana, J. G. (2016). The development of autonomy during adolescence: A social-cognitive domain theory view. In B. Soenens, M. Vansteenkiste, & S. Van Petegem (Eds.), *The Meaning and Role of Autonomy in Adolescent Development: Toward conceptual clarity*. New York: Psychology Press.

Smetana, J. G. (2011). *Adolescents, families, and social development: How teens construct their worlds*. West Sussex: John Wiley & Sons.

Smetana, J. G., Ahmad, I., & Wray-Lake, L. (2015). Iraqi, Syrian, and Palestinian refugee adolescents' beliefs about parental authority legitimacy and its correlates. *Child Development*, 86 (6), 2017—2033.

Smetana, J. G., & Bitz, B. (1996). Adolescents' conceptions of teachers' authority and their relations to rule violations in school. *Child Development*, 67 (3), 1153—1172.

Smetana, J. G., Jambon, M., & Ball, C. (2014). The social domain approach to children's moral and social judgments. In M. Killen, J. G. Smetana, M. Killen, & J. G. Smetana (Eds.), *Handbook of Moral Development*, 2nd edition. New York: Psychology Press, 23—45.

Turiel, E. (2008). Thought about actions in social domains: Morality, social conventions, and social interactions. *Cognitive Development*, 23 (1), 136—154.

Turiel, E. (2002). *The culture of morality: Social development, context and conflict*. Cambridge: Cambridge University Press.

Turiel, E. (1983). *The development of social knowledge: Morality and convention*. New York: Cambridge University Press.

Veugelers, W., & Oser, F. K. (2003). *Teaching in moral and democratic education. Explorationen (Explorations)*. New York: Peter Lang Publishing.

Wang, Q. (2016). Examining the intersection of shame, child development and culture: Based on empirical evidence in China and the United States. Unpublished manuscript, University of California.

Wolf, Y., Battash, Y., Addad, M. & Walters, J. (1992). Valuation of moral information by juvenile delinquents: A psycho-sociological perspective. *International Journal of Group Tensions*, 22 (1), 39—62.

道德教育促进教师实践和提升学生幸福感

——澳大利亚价值观教育课程的效果分析

[澳] 特伦斯·拉夫特[①]

一、导言

本文所采用的大部分数据主要来自澳大利亚价值观教育课程（the Australian Values Education Program）以及教育神经科学领域的最新研究结果，旨在论证教育目标设定的整体论（holism）。整体论即是教育设想（educational assumptions）。正如其定义一样，这些教育设想将情感、社会性、道德等因素融入我们的认知当中。神经系统科学的神经理论与澳大利亚方案的实践证据都证明了这种整体论在促进教师的教育实践，乃至提升全体学生的幸福感（包括学生的学业成就）都是大有裨益、不可或缺的。

二、对传统设想的质疑

近代的教育研究已经对过去早些时候的设想发出了挑战，例如，关于教师在教学实践中扮演的角色，过去的设想认为他们很可能会对学生的学业成绩产生积极影响。

19世纪50年代至70年代的理论与实践研究似乎都已假定或证实了一点，那就是学生的学业命运基本是由遗传决定的，因此，教师和学校的影响力是十分微弱的。例如，帕森斯和贝尔斯认为，家庭是"塑造人个性的工厂"

---

① 作者供职于澳大利亚纽卡斯尔大学。

(Parsons & Bales，1955：第16页)，詹克斯则提出"学校对个人性格的输出很大程度上取决于个人的输入，即儿童入学时的性格"(Jencks，1972：第256页)。

一种十分消极的观点认为，教师与学校能对学生的发展产生重要影响主要基于学生的学业课程，其中大部分都与学生的学业成就有关，与其他发展因素则关联不大。学生的学业与其他发展领域的分裂在澳大利亚的公立教育中尤为显著。尽管19世纪末期有些国家的教育法案中已经说明了个性发展与道德教化、宗教教化（moral and religious inculcation）之间的问题，但是，随着（人们）在这样的发展与教化之间不断进行尝试，到了20世纪，公立教育与信仰教育之间的分裂很快就成为了事实（Lovat，2010；Lovat & Clement，2008）。到了20世纪中叶，讽刺的是，竭力逃避这个目标已经变成了人们的实际信条和公立教育的显著价值。换言之，价值中立（values neutrality）事实上就是价值观的填充（values-filled）（Hill，1991；Department of Education，Science and Training，2005）。而且主要是在理想世俗主义者看来，这就造成了公立教育系统中两个部分之间的分歧和缺口。一方面，是公共教育规定的适宜内容和能教的内容；另一方面，是人类发展的减缓，而且对公立课程而言，这样的减缓被视为是无关紧要的。

因此，公立学校和教师实践都被认为是将主要目标放在了学术领域上，而且主要是依据所谓的认知范畴。正因如此，他们必然会把特权赋予那些拥有足够的智力优势及/或社会资本（intellectual and/or social capital）的学生，以实现其功能的最优化。对那些在学术素养储备方面能力不足的学生而言，学校教育乃至最优质的教师实践能给他们提供的帮助就很少。总之，对精英而言，教师实践能发挥的影响是很有限的，而且仅能在范围较窄的成绩分组（a narrow academic band）中进行测量。虽然这是一个对学校教育相当消极的观点，但它似乎十分吻合帕森斯、贝尔斯和詹克斯等人的同类研究证据。相反，这个消极的观点恰可以证明对丰富资源补偿计划的资金削减是合理的，学校教育理所当然地被视为主要是知识精英的教育，对其他人而言，学校仅仅是一个必要的消遣地而已（Mosler，2002）。

因此，我们发现在澳大利亚的公立教育传统中，所谓的认知发展及有关情感、社会的事实和最明确的宗教与道德发展之间产生了分离。认知发展在学校教育中被视作是适宜的，因而它也是教师教学实践的一个专门关注点（proper focus），但是，其他的发展领域显然都不是学校教育章程中的一部分。

在过去的五十多年间，大量的研究已经改变了这种对学校教育而言十分局限且不幸的方法。首先，对狭义认知概念的理解已经成为认知主义者们广泛讨论的主题（Neisser，1967；Gardner，1985；Pons 等，2011）。此外，还有很多研究专门针对更广泛的发展因素以及它们在强化认知中扮演的角色（Ginott，1969；Sylwester，1994；Goleman，1996，2001，2006；Bryk & Schneider，2002）。有些学校奉行的是上述狭义的认知，有些是充分考虑了如道德发展因素等在内的各种发展因素，不同顺序的研究已经就这二者之间的差异展开了，这些差异是于幸福感因素之中发现的，也包括学业成绩水平在内。而且，近年来已经有大量的研究证据更明确地说明了各种发展因素与我们所说的"认知"概念之间的复杂联系。我此处所指的是神经科学中的最新研究。

三、神经科学的影响

诚如上述所言，其他发展因素与所谓的认知效果之间有着重要的联系，而这一观点又因神经科学方面出现了强有力的证据而得到极坚实的佐证。为了向教育者们告知这些联系，同时引起其重视，艾莫迪诺·杨和达马西欧（Immordino-Yang and Damasio，2007）在一本期刊的创刊号中专门介绍了来自神经科学的最新证据，并特别提醒：

> 现代生物学表明人类从本质上来说是一种情感性和社会性的生物。然而，在教育领域中，我们通常未能认识到学校教授的那些高层次的认知技能，包括推理、决策，以及与语言、阅读、数学相关的过程，不具备理性功能，它们是空洞的体系，虽然有时也会受到我们的情感和肉体

的影响,但还是相背离的。

到今天为止长达几十年的时间里,达马西欧主要从事与认知、影响、社交关系等概念有关的工作(Damasio,1996,2003),这种方法认为在形成认知的最佳方式中,情感成熟和社会成熟是不可或缺的。除了反驳上文阐述的认知是分散的(the cognition-as-separable)这一论点,达马西欧的研究成果也有力地反驳了帕森斯、贝尔斯和詹克斯等人所主张的悲观主义,这同时也表明,只要我们的教学对这些联系(the nexus)保持充分的警惕,我们就有办法克服这些不利阻碍。如果教学能面向包括情感和社交在内的所有的发展因素,而非仅仅采用那些分散的认知方法,那么,就有可能让学生超越情感和社交上的缺陷,而这些缺陷正是导致他们在学习环境中自信心匮乏的原因。

在很多方面,艾莫迪诺·杨既是达马西欧研究工作的继任者,又是实现使神经科学由临床试验过渡到实际应用的代表性人物。除此以外,她还提出了传统的教育范式与新近的神经科学研究证据之间建立联系的必要性,而后者(神经科学)之中的很大一部分都关注于情感、社会因素与认知之间的新联系。这些研究方法及证据可以适用于任何新兴领域的研究分析,因而关于它们是否能作为教育分支的争论一直存在,而事实上它们已经在文学乃至实践中站稳脚跟了(Clement & Lovat,2012)。

其他的神经科学家都把目光聚焦到了新兴领域中更为专业的方面,比如道德与那些现在普遍认同的联结(认知、情感与社交之间的联结)之间的关系。例如,丘奇兰德(Churchland,2012)认为神经科学的证据已经表明,道德的形成一部分是大脑分泌激素后产生的,而非仅是文化或宗教等塑造的结果。因此,对人类的发展来说,道德功能是不可或缺的,它就像是在我们的基因里一样,自然而然地就能影响认知、情感和社交的发展。莫伦伯格斯等人(Molenberghs,2015)利用了神经影像学的研究数据,这些数据记录下了大脑在面对不同的道德困境难题时的活动情况。他们认为这些道德挑战和道德难题以某些特别的方式激活了大脑,虽然这要取决于道德挑战的性质,但所有刺激大脑活动的方式都是积极的,从而增强认知能力。

上述研究对道德教育的进一步影响似乎是显而易见的。纳瓦埃斯（Narvaez，2010，2013，2014）已经涉足了这片领域。她的研究成果清晰地凸显了道德教育蕴藏的稀缺潜力，道德教育利用的是大脑中的情感和社交中心，这些中心反过来可以促进有效学习所必需的逻辑推理。在纳瓦埃斯看来，教育者们通过选择不同内容和教学来影响大脑发育，而这些教育者的分支流派就取决于他们影响能力的大小。为了最大限度地实现有效学习，该过程必须要有多元的内容和多样化的教学，这样才能拓展大脑的能力，维护学生学习的自尊心（Immordino-Yang & Faeth，2010）。

纳瓦埃斯认为想象力是道德教育的重要组成部分，有利于稳定情绪，而这对于合理的、批判的推理来说又是必需的，她甚至还将（想象力）进一步地放在了关键位置。特别是在一个充满关心和爱护的育人环境中，与想象力有关的神经活动是进行情绪调节的关键所在，这是进行有效决策和解决问题所必需的。反过来，有效的决策和问题的解决是产生自信的来源，而自信又是不断进行批判性推理和学习的前提基础（Lovat & Fleming，2015）。要产生这样的情况，拥有一个充满关心和爱护的育人环境只是必要条件，并不是充分条件，还需要有效的教学作为指导。继本文之后，我们将着手研究在澳大利亚价值观教育课程（the Australian Values Education Program）的相关研究项目中发现的育人环境和有效教学这"两大决定性因素"（the duopoly）的实际效用。

四、道德教育与优质教学[①]

传统观点认为学校主要是为那些拥有智力资本或社会资本的人提供的，并不能为没有这些的人提供什么，而我们发现，研究道德和道德教育正是抵制传统观点的核心所在。全世界都已经对这种观点进行了重新评估，各式各

---

① "优质教学"（Quality Teaching）概念参看万星：《优质教学——国外教学理论的新理念》，《现代教育科学》，2007（01）一文中的翻译。——译者注

样的道德教育对一系列新观念的形成产生了重要作用（各种各样的道德教育已成为一系列新观念的核心关注点），并显示出了教育潜在的影响力，它可以影响所有学生健康成长。近年来，当社会在努力寻找新的方法以应对新旧矛盾、种族主义、贫困危机和所谓的恐怖主义等顽固、烦人的问题时，公民、公民身份、品德教育、道德伦理与价值观教育在其中发挥的作用已经越来越重要了。最典型的例子是联合国教科文组织发起的国际价值观教育课程，它已辐射影响到超过 80 个国家了（Living Values Education，2005）。在研究前沿，那些用以检测早期观念范畴的、更引人注目的研究形式已经取代了许多早期大规模重复研究形式以及帕森斯、贝尔斯和詹克斯等人采用的描述性研究形式。相比去证明那些不证自明的"证据"，例如那些体质良好且自带成就光环的人本就具有入学优势，最新的教育研究更为关注的是可以进行更多干预的方法。

在美国，纽曼（Newmann，1996）及其同事，以及达林·哈蒙（Darling-Hammond，1997）等人针对劣势的所有方面展开研究，以检测某种特定的教学或学校教育是否可以克服那些不利影响。这类特定的教学或教育方法虽然名称各异，但是最常见的名字是出自"优质教学"这一概念，优质教学既包括教室里每位教师的工作，从理论上来说，还包括整个学校教学体系的工作。

卡内基基金会 1994 年成立的学习专业工作组充分阐明了这一新观念，即教学和教育所具备的潜能可以克服许多在学习中遇到的自然阻碍和社交障碍，而且很多方面都可以充分体现该项研究正是以优质教学理念为指导的。这也许并非巧合，因为达林·哈蒙曾经也是工作组的成员之一。该报告强烈批驳了那些持狭隘观点的人所设的前提，与此同时，报告非常明确地陈述了其观点：教师和教育系统能够影响学生成绩的改变。这篇名为《每个孩子都可以学习》（*Every Child can Learn*）的报告，就其核心原则来说，主要内容为：

> 破坏学校改革努力进程等一系列问题的其中之一就是，人们认定各个学校之间的教育绩效好坏是源于学生先天学习能力的差异。这种观念

是错误的。学校（教育）失败了……（Carnegie，1996：第3页）

该报告明确指出，虽然遗传和教育都可以影响学业是否能完成，但并不能直接预示其成功与否。最终影响学生学业成就的还是学校和教师。该报告已开始着手具体化"学业成就"的涵义。报告提到，依据于先前的、更狭隘的有关于认知的设想，它主张从上述提及的神经科学视角继续对其进行拓展延伸。更为广泛的教育目标中所使用的语言，既是任何包括交际能力、移情能力和自我反思等在内的有效学习的重要组成部分，同时也是智力深度（intellectual depth）的内在组成部分。报告强调，这些不应被视作附属部分，尤其不应作为学习体系中的任意选项，而应作为一些核心技能的重要组成部分。这些核心技能是形成认知的必要条件，而认知又是有效学习所必需的。这是类似的整体论的确切反映，神经科学的观念认为认知、情感与社交三者之间是互相联系的，在这样的观点中我们就可以发现这种类似整体论的映现。此外，丘奇兰德（Churchland）和纳瓦埃斯（Narvaez）都曾提及，交际能力（包括跨文化意识和敏感度），移情特质（包括关心他人）以及自我反思（包括诚信所需的自我认知）等概念都清楚地表明有效学习内含固有的道德成分（其他的说法或佐证另见：McPhail，1980，交际中的道德；Levinas，1998，他异性中的道德；Habermas，2001，自我认识中的道德）。

因此，"智力深度"这一概念，同时作为优质教学体系的核心概念，它最初的定义并非取自工具主义术语，尽管这是它进入教育系统的一般途径，但是它却取自整体术语。在联合方式中，教师的工作远不止用标准测试或者简单观察这样最易测量的方式检测学生的成绩，而要培养学生更为复杂的技能水平，包括培养他们的交际能力、移情特质和自我反思等。显然这些学习成果不能简单地归纳成由沦为工具主义的测量方法所得，而是触及到了有关情感、社交、道德和认知因素（对于合理推理来说是必需的条件）及它们之间联系的核心。

就道德成分而言，显然，像交际能力和移情特质这样的学习概念拥有巨大的潜能，可以告诉我们一种高度发达的社会道德（a highly developed social conscience）所需的性情和行为。而自我反思，或者说是换位思考也同样拥有类似的潜能，它是帮助人们形成一个真正完整的、真正自我拥有的价值观体系的重要工具。总之，卡内基（1996）定义的"优质教学"这一术语表明，并非只是这一表面上的事实学习因其旧式教育的特点才需要被取缔，而是因为从各个方面超越这种表面上的学习才有利于另一种学习，这种学习将发展个人包括社交、情感以及道德成熟在内的深度认知作为一个整体目标。

因此，这种优质教学的重要作用就在于提醒整个教育界，教学拥有巨大潜能可以促进全体学生的有效学习，不论他们的智力资本或社会资本如何。不过，需要说明的是只有坚守综合学习的目标，它才能起到作用。如上所述，优质教学可以而且已经多次被理解成了它的下位词（narrower terms），这在一定程度上都是迫于本文一开始提到的一些不足为信的研究产生的压力，即，若仅强调和关注那些可测量的教育目标的话，那么它们是最容易通过经验进行验证来实现这一诉求的。出现这种情况的时候，优质教学对只注重低段认知的工具性学习而言就只是一种最新的语言而已，卡内基报告中谴责的那个教育设想正是使"学校（教育）失败"的原因。此外，该观点着重强调了维护、优先考虑以及明晰学习目标中的道德成分的重要性，不论我们在可量化的情形下感受到的困难有多大。

如上所述，优质教学这一概念中本来就内含道德成分，不仅是卡内基报告中给出的定义中是这样，在继其之后的很多研究中也是如此。鉴别"教育动态"（pedagogical dynamics）的研究需要我们去描述什么是优质教学，而走在此类研究最前沿的就是纽曼和他的同事（Newmann 等，1996）。这一研究动态的范围可从实操的（包括测量技术、最新的职业专业发展）到更具美学眼光的和道德领域的。例如，在对待个性差异上，"满足多样性"就更优于传统观念。纽曼提出了能在师生之间建立起相互尊重且富有洞见关系的有效教学的核心，那就是要确保学生自己感受到尊重、理解、鼓励和重视。同样，动态的"学校连贯性"（school coherence）指的是学校全心全意为学生的利益，把奉献、责任、宽容和正直的实际表现形式作为教师、校长及其相关利益者要表现的一部分。正是这种动态强调了学校之所以成其学校的使命：使学生幸福的任务要远远重于其他急迫要求。再者，这一概念超越了那些常见的易于测量的道德领域的概念。

此外，这种贴上了"信任与支持的氛围"标签的动态是关于学生周围的伦理与美学关系，其中处于核心的就是他们学生与教师的关系。正如调查所发现的，在能使用的（测量）工具最少和最不易测量的优质教学特点中，如果所有其他的学习目标（包括那些最易测量的目标）都要实现的话，研究结果的启示仍然是不可或缺的。因此，即使范式研究与优质教学体系联系密切，但是我们仍然发现道德成分才是它的核心。

澳大利亚价值观教育课程的结果表明道德成分与优质教学之间的重要关联是显而易见的，正是基于此，我们将这种关联视作一种"双螺旋"（double helix）（Lovat & Toomey，2009），即当我们把优质教学与价值观教育看作一枚钱币的两面时，我们才能最好地理解并丰富这密不可分、不可或缺的二者。在二者之中，他们确保了一种关爱与信任的氛围，同时明确了以道德中心的教育，这样的教育是有效学习的关键（Narvaez，2010，2013，2014）。现在是该对这份澳大利亚方案的主要特点及产生这种双螺旋构想的原因进行详述了。

五、澳大利亚价值观教育课程

2003年，澳大利亚政府发起了一项题为"价值观教育研究"（Values Education Study）的小规模的研究（Department of Education, Science and Training，2003）。报告的执行总则将价值观教育定义为"……指任何促进学生理解和了解价值观的外显或内隐的校本活动……（以及）……教授学生相关技巧和方式，让他们确立作为个人以及广大社会成员之一的特定价值观"（第2页），研究由50个资助项目组成，这些资助项目是服务于报告的个案研究数据的。虽然这些项目彼此差异巨大且作用于教育系统的各个部分中，但它们大多有一个共同点，就是它们都将实际行为的改变视为结果。报告指出，在大部分情况下，"……证实这50个最终项目（包括69所学校）是通过以建设校内更积极的人际关系为明确目标,以此为主要考虑,从而在更大范围内实施价值观教育"(第3页)。

在该调查结果的基础上,研究得出,价值观教育有为普通教育目标做出积极贡献的潜力。研究报告指出:

- 相较用具体的技能去武装学生,教育更关心的是关于品格的培养;
- 价值观教育可以增强学生的自尊心、乐观精神以及实现个人成就的努力程度;帮助学生训练道德判断力和社会责任感;
- 家长希望学校帮助学生理解和发展个人与社会的责任。(DEST, 2003:第10页)

这份原则草案由该研究的成果发展而来。原则草案的序言部分明确指出,"……学校不是社会和教育参与的无价值区或价值中立区"(DEST,2003,第12页)。原则草案的其中一个原则将价值观教育作为学校教育确定章节中的一部分,而非任何有关其目标的附带部分。它也明确表示其目的不仅仅是进行一种智力锻炼,而是通过促进关心、尊重与合作实现行为转变。这项原则明确表示价值观教育应是所有教育的重要组成部分,而不是传统观念认为的,它处于教育的边缘地带,它理应被视为一种对所有学习目标有潜在影响的主流教育。

这份案例研究的最终报告证明了这种潜在影响力,证实了其在研究过程中表现出的一定程度上的显著影响力。在如下领域范围中,用来描述这些影响力的语言体现了态度和/或行为的显见改进:学生福利,社会公正,社会服务,人权,跨文化意识,环境可持续性,互相的尊重,凝聚力以及和平。因为学习环境是一个重要维度,所以在一个有明确的价值干预甚至是有强制的自我实现预言(a self-fulfilling prophecy)的情境下,这种语言可以说是具有预见性的。从本质上来说,这意味着价值观教育的干预将被其初始和管理阶段所使用的某种特定的语言所掩盖。

使用其他的语言预测性较差,且不那么容易激发自我实现的预言。这包括报告所述的有关影响：健康的社会、情感及行为，社区建设，以及学生的适应力。这些概念当然不是在初始阶段就被注入对话中的，而是教师、班主任及研究人员在没有外部强制传输的情况下选择了他们先前已经理解了的概念。不过，有人可能会反对说，这种语言仍然存在于一个价值观教育干预的精神界限内，所以那种暗含的偏见虽微妙却仍然存在。在这方面，大概最令人惊讶的语言影响包括：教学强度（例如教师教得更好）；改进结果（例如学生在基本评估任务中表现得更好）；学生参与（例如学生即使在基本任务中也展现出更好的行为习惯）；以及学生在学校里做得很好，且自律有所提升（例如整体行为得到改善并作为学习共同体的一部分开始发挥更大作用）（Lovat，2009；Lovat 等，2011）。

因此，价值观教育研究可以说是已经取得了成功，它指明了从一个更具持续性的干预程序中积累起来的广泛的教育益处。所以，2004 年，在《澳大利亚学校国家价值观教育框架》（National Framework for Values Education in Australian Schools）的指导下，联邦预算拨款 2970 万美元用于建立和发展国家的价值观教育计划（DEST，2005）。该框架推动了一系列重要项目的开展，包括在学校、教师教育、家长、其他利益相关者以及资源方面的良好实施。其中最大的项目是价值观教育优秀试点学校计划（Values Education Good Practice Schools Project，VEGPSP），影响了澳大利亚的 316 所学校中的 51 个集群（群体），这 51 个集群是选自各区域，学生的年龄分布在 5 岁至 18 岁之间。价值观教育优秀试点学校计划的两个阶段涉及约 10 万名学生，包括数以千计的教师和 51 个大学研究人员（每个集群一个）。这 51 人作为集群的"研究伙伴"，负责验证那些基于实证研究得出的观点是否真实。虽然集群项目各异，但他们都是以国家框架的基础概念、指导原则及核心价值观为指导的。经过广泛协商所形成的核心价值观有 9 种，所有的澳大利亚人，无论他们差异多大，都应以之为基础。下列是这些价值观的简略和非口语表达形式：关心、做最好的自己、公平、自由、诚实、正直、尊重、责任、宽容和包容。

该框架赞同价值观教育是高效教育的重要内容，是所有关键学习领域中不可或缺的，是学生幸福感的关键，可以引导良好教育实践的反思。该框架理论明确指出优质教育既是价值观教育的支撑，又能促进价值观教育。与优质教学的重要连接就在于此，"双螺旋效应"（Lovat & Toomey，2009）表明了优质教学（知识深度、交际能力、移情特质、自我反思）所暗含的学习成果且更易于实现价值观教育营造的学习氛围（Lovat，2010，2011，2013；Lovat 等，2010a，2010b，2011a，2011b）。

（一）价值观教育优秀试点学校计划（VEGPSP）

价值观教育优秀试点学校计划（VEGPSP）构成了由上述政策发展而来的研究与实践项目的中心。这两个报告（DEST，2006；DEEWR，2008）提供了最佳证据，证明建构良好的价值观教育能在整个教育体系中产生深远影响，影响着校风、教师实践、课堂气氛、学生态度与行为、家长与社区间的联系以及学生对学业的关注等一系列变量。

教师和高校研究员在报告中提供的大量语言证据有力地揭示了提高学术素养与深入思考之间的交集，以及积极的课堂氛围与积极的关系中隐含的价值观教育和素质教育之间的联系。

第一阶段报告（DEST，2006）充分阐述了各类价值观教育项目提升的一系列学习特点。这些特点包括：优质教学与教学法；学生发展途径的整体论；各级高质量关系；已建模且写入课程的价值观；教师和学生的知识理解深度的提升；学生参与主流课程的更高层次；学生越发积极参与复杂思维课程的意愿；更多的符合优质教学的教学方法；学生对当地、国内及国际问题更强烈的责任感；更强的应变能力和社交能力；关心和信任关系的改善；不适当的行为发生率的下降；更多的学生认识到需要宽容别人，对自己的行为负责以及他们的沟通能力；提高学生的归属感、通融性（connectedness）、应变性和自我意识；参与教师和学校的反思性转变；提供从内心开始探讨并反思自身身份与目的机会；改变课程教学与教育方法；提高学生表达感情和情绪的能力；促进学生情感的发展；在课堂教学各个方面的显著转变以及学生在操场上应对冲突的能力显著转变；更平和、富有凝聚力的课堂氛围；创建情感探讨舒适区；教职工与学生的幸福水平的提高；发展高阶思维能力；推动恢复教育实践；改变教师与学生交流的方法；改进学生、教师和家长的参与度与责任感；重视亲密和信任的课堂人际关系；还有价值观教育在学校激起的"涟漪（ripple）效应"和"涓滴（trickle-down）效应"。

除了这些一般观点，还包括大量证据，内容如下。

……学生的记录行为明显改善，事件纪律报告和悬而未决的事件大量减少。学校成了……一个"更美好的地方"。孩子们"表现上佳"，表现出了更高的自制力，与彼此之间的关系变得更好，最重要的是，与教师分享同一言语期望……其他在学校的社交环境中能证明这一变化的证据就是父母满意度的显著上升。（DEST，2006年：第41页）

教室里的每个人都相互交流。不论是教师还是学生，都更加意识到要尊重自己，努力做到最好，并努力给别人一个公平的机会。我们还发现，在我们创造的一个依靠这些价值观持续形成课堂活动的环境中，学生的学习有了进步，教师和学生都变得快乐，学校更平静祥和了。（DEST，2006：第120页）

……给学生提供了许多好处，如果单就可提供归属感、通融性、应变力和自我意识的协调课程（coordinated curriculum）和学习经验而言的话。不过，没有什么比已参与的教师和学校产生的反思变化更显著的了。（DEST，2006年：第185页）

同样，第二阶段报告（DEEWR，2008）发现了教育学的价值观方法和它创造的对学生行为表现有整体影响的氛围之间的重要联系。第二阶段阐明了大量的广义价值观方法（the broad values approach）的特点。这其中就包括教师角色比之前的认识更重要，而且有关价值观的教育学的明晰性被视为具有决定性作用。下列引用部分对这些特点进行的陈述。

明确原则（The principle of explicitness）的应用比之前公认的更为广泛也更为普遍……以价值观为基础的学校就依靠价值观意识生存和呼吸。他们成为思考、谈论和教授价值观的学校，在这样的学校里所有的

活动都在反映和执行价值观。(DEEWR，2008：第 37 页)

它是……观察（学校里）发现，这里的老师认识到了建立关系和尊重学生的重要性——这反映在学生的行为中……这里的教师赞同价值观教育是很重要的，并将其运用到了教学实践中——因而他们的教育得到了提升。(DEEWR，2008：第 81—82 页)

价值观教育优秀试点学校计划（VEGPSP）中的证据表明，价值观教育能改变课堂气氛且对学校文化有着更普遍的积极影响。价值观教育为围绕价值观对话并最终实现教职工与学生之间发展出共同语言提供了一个许可证，由此可以改进关系，改善行为，解决困难事宜。整个行业都在观察上面提到的价值观教育的"涟漪效应"，它成为使整个学校的行为态度产生积极变化的催化剂，尤其在是在协调师生关系、教师和学生的幸福感和学生对学习职责的关注方面。与纽曼的论文一致的是，学习氛围是实现高效教育的关键。显然，在创造塑造行为的具体价值观环境时，学生的学习开始改变了。

因此，第一和第二阶段的价值观教育优秀试点学校计划（VEGPSP）报告阐明了价值观教育与优质教学之间的动态交互作用。基于他们的证据，有充足证据表明将构建良好、内容清晰、目标明确的价值观教育课程纳入学校各部门将有可能带来学校风气、课堂学习环境，乃至学生和教师的行为的重大转变，并对学生的学习动机产生有利影响，较大地提高学生学业成就。

第二阶段报告完成后，越来越多的迹象表明，大量坊间数据和教师证词在某种程度上是可检测的。这直接形成了"价值观教育对学生和学校氛围影响力的测试与测量计划"（The Project to Test and Measure the Impact of Values Education on Student Effects and School Ambience）。

（二）价值观对教育学影响力的测试与测量

在价值观教育对学生和学校氛围影响力的测试与测量计划（Lovat 等，2009）中，所有关于学生影响的观点都很有意思，其中有一个最受争议的观点就是那些有关学生学业进步的结论。鉴于该观点的高风险性，这里采用了密集的定量及定性分析方法来研究其特征。最后，作者认为有充足的实验证据能证明，一个精心设计的价值观教育可以作为良好的实践教学而且符合优质教学的标准，可以影响其他研究项目中通常与学生成就相关的一系列量度。这些量度依次包括：学校氛围、师生关系、师生幸福感及学生的勤奋学习。

关于学校氛围问题，从学生、老师和家长那里取得的证据表明"……环境更安静了，冲突减少了，转诊到规划室（Planning room）的次数减少了"（Lovat 等，2009：第 8 页）。就师生关系而言，也有证据表明"……（大家的）礼貌和谦恭水平上升了，（待人）开放友好，行为举止更好了，（相互之间会）提供帮助，学生变得更加善良体贴……价值观教育对师生关系的影响似乎让双方更了解彼此的观点了，或者至少是更尊重对方的立场了"（Lovat 等，2009：第 9 页）。就学生的幸福感而言，报告提供的证据是"……创造一个更安全和更有关怀的学校团体后，更加增强了（大家的）自我意识，自我评价能力，自我调节能力以及自尊感"（Lovat 等，2009：第 10 页）。也许，最具争议的证据是与学生的学业勤奋因素有关。在这里，报告详述了关于学生的部分"……投入了更多的努力到他们的学业中，'力求质量''力求做到最好'，甚至是'追求完美'。教师和家长也都提到了学生对自己的学业感到更加自豪和学生为追求自身快乐而得到了更多优质成果这两个方面"（Lovat 等，2009：第 6 页）。报告继续指出：

> 因此，大量的定量和定性证据表明，学生在学业勤奋度方面有可观察和可测量的提升，包括更集中的注意力，更好的独立工作能力和更强的合作能力，在学业中投入了更多的心思和精力，并且对自己的学习以及课堂"琐事"承担了更多责任。（Lovat 等，2009：第 6 页）

全国各地各所中小学的大量案例研究对支持上述主张的主要定量数据进行了补充。在对案例研究中的价值观教育的后续影响进行总结时，报告指出：

> 不可否认，从以上案例研究中得出的最强有力的推论是，要是把它们综合在一起当作一个案例研究的集合来看，当学校给价值观教育更多

课程与教学重视时，学生学习更勤奋了，学校有了更安静、和平的氛围，良好师生关系形成了，学生和教师的幸福感提高了，家长与学校的互动更多了……学校对既定价值观的明确教学方法越关注，符合他们的学校工作要求的学生就越多，一个地方或学校就会越有感染力和凝聚力，教职工和学生的感受就会越好。（Lovat 等，2009：第 12 页）

六、结论

虽然价值观教育和优质教学在某些方面有所不同，但这两项研究和实践传统却拥有共同的核心信念，那就是教育学能提高学生的参与度和学习能力。教育学是可以有变革力的，也是可以通过良好的实践研究证明的。不论阻拦通往轻松学习道路的障碍是遗传、缺点、残障，还是那些无可争辩的工具和事实，（我们）都有证据表明，只要这种整体论教育能厘清情感、社交、道德与认知之间的关系，这些障碍都是可以削弱甚至克服的。从澳大利亚的价值观教育课程及其他项目中所获得的研究洞察力（research insights）给出了这方面的证据，而且神经科学方面的研究成果则从多方面解释为什么会产生这样的情况。

参考文献：

Bryk, A. S. & Schneider, B. (2002). *Trust in schools: A core resource for improvement*. New York: Russell Sage Foundation.

Carnegie Corporation. (1996). *Years of promise: A comprehensive learning strategy for America's children*. New York: Carnegie Corporation.

Clement, N. & Lovat, T. (2012). Neuroscience and education: Issues and challenges for curriculum. *Curriculum Inquiry*, 42, 534—557.

Churchland, P. (2012). *Braintrust: What neuroscience tells us about morality*. Princeton: Princeton University Press.

Damasio, A. R. (1996). *Descartes' error: Emotion, reason and the human brain*.

London: Papermac.

Damasio, A. (2003). *Finding Spinoza, joy, sorrow and the feeling brain.* New York: Harcourt.

Darling-Hammond, L. (1997). *The right to learn: A blueprint for creating schools that work.* San Francisco: Jossey-Bass.

Department of Education, Employment and Workplace Relations [DEEWR]. (2008). *At the heart of what we do: Values education at the centre of schooling.* Report of the Values Education Good Practice Schools Project-Stage 2. Melbourne: Curriculum Corporation. Available from: http://www.curriculum.edu.au/values/val_vegps2_final_report,26142.html.

Department of Education, Science and Training [DEST] (2003). *Values education study.* Melbourne: Curriculum Corporation. Available at: http://www.curriculum.edu.au/verve/_resources/VES_Final_Report14Nov.pdf

Department of Education, Science and Training [DEST]. (2005). *National framework for values education in Australian schools.* Canberra: Australian Government Department of Education, Science and Training. Available at: http://www.curriculum.edu.au/values/val_national_framework_for_values_education,8757.html

Department of Education, Science and Training [DEST]. (2006). *Implementing the national framework for values education in Australian schools.* Report of the Values Education Good Practice Schools Project-Stage 1: Final Report, September 2006. Melbourne: Curriculum Corporation. Available from: http://www.curriculum.edu.au/verve/_resources/VEGPS1_FINAL_REPORT_081106.pdf

Gardner, H. (1985). *The mind's new science: A history of the cognitive revolution.* New York: Basic Books.

Ginott, H. (1969). *Between parent and child.* London: Staples.

Goleman, D. (1996). *Emotional intelligence: Why it can matter more than IQ.* New York: Bantam Books.

Goleman, D. (2001). *The emotionally intelligent workplace.* San Francisco: Jossey Bass.

Goleman, D. (2006). *Social intelligence: The new science of social relationships.*

New York: Bantam Books.

Habermas, J. (2001). *Moral consciousness and communicative action.* (C. Lenhardt, trans.) Cambridge, MA: MIT Press.

Hill, B. (1991). *Values education in Australian schools.* Melbourne: ACER Press.

Immordino-Yang, M. H. (2011). Implications of affective and social neuroscience for educational theory. *Educational Philosophy and Theory*, 43 (1), 98—103.

Immordino-Yang, M. H. & Damasio, A. R. (2007). We feel, therefore we learn: The relevance of affect and social neuroscience to education. *Mind, Brain, and Education*, 1 (1), 3—10.

Immordino-Yang, M. & Faeth, M. (2010). Building smart students: A neuroscience perspective on the role of emotion and skilled intuition in learning. In: D. A. Sousa (Ed.), *Mind, brain, and education: Neuroscience implications for the classroom* (pp. 66—81). Bloomington: Solution Tree.

Jencks, C. (1972). *Inequality: A reassessment of the effect of family and schooling in America.* New York: Basic Books.

Levinas, E. (1998). *Otherwise than being or beyond essence.* (A. Lingis, trans.) Pittsburgh: Duquesne University Press.

Living Values Education (2005). *Living values education.* Available at: http://www.livingvalues.net

Lovat, T. (2009). *What works: Values and wellbeing pedagogy as best practice.* Keynote Address at Australian Government National Values Education Conference, Canberra, ACT, Australia. Available at: www.curriculum.edu.au/values.

Lovat, T. (2010). Synergies and balance between values education and quality teaching. *Educational Philosophy and Theory*, 42, 489—500.

Lovat, T. (2011). Values education and holistic learning: Updated research perspectives. *International Journal of Educational Research*, 50, 148—152.

Lovat, T. (2013). Values education programs. In J. Hattie & E. Anderman (Eds.), *International guide to student achievement* (pp. 279—281). New York: Routledge.

Lovat, T. & Clement, N. (2008). Values education: Bridging the religious and secular divide. *Journal of Religious Education*, 56, 40—49.

Lovat, T. & Clement, N. (2014). So who has the values? Challenges for faith-based schools in an era of values pedagogy. In J. Chapman, S. McNamara, M. Reiss & Y. Waghid (Eds.), *International handbook of learning, teaching and leading in faith-based schools* (pp. 567—582). Dordrecht: Springer.

Lovat, T. & Fleming, D. (2015). Creativity as central to critical reasoning and the facilitative role of moral education: Evidence from neuroscience. *Creative Education*, 6 (11), 1097—1107.

Lovat, T., & Toomey, R. (Eds.) (2009). *Values education and quality teaching: The double helix effect*. Dordrecht: Springer.

Lovat, T., Toomey, R., Dally, K., & Clement, N. (2009). *Project to test and measure the impact of values education on student effects and school ambience*. Report for the Australian Government Department of Education, Employment and Workplace Relations (DEEWR) by The University of Newcastle, Australia. Canberra: DEEWR. Available at: http://www.curriculum.edu.au/verve/_resources/Project_to_Test_and_Measure_the_Impact_of_Values_Education.pdf

Lovat, T., Clement, N., Dally, K., & Toomey, R. (2010a). Addressing issues of religious difference through values education: an Islam instance. *Cambridge Journal of Education*, 40, 213—227.

Lovat, T., Clement, N., Dally, K., & Toomey, R. (2010b). Values education as holistic development for all sectors: researching for effective pedagogy. *Oxford Review of Education*, 36, 1—17.

Lovat, T., Dally, K., Clement, N., & Toomey, R. (2011a). *Values pedagogy and student achievement: Contemporary research evidence*. Dordrecht: Springer.

Lovat, T., Clement, N., Dally, K., & Toomey, R. (2011b). The impact of values education on school ambience and academic diligence. *International Journal of Educational Research*, 50, 166—171.

Mosler, D. (2002). *Australia, the recreational society*. Westport: Praeger.

Neisser, U. (1967). *Cognitive psychology*. New York: Appleton-Century-Crofts.

Parsons, T. & Bales, R. (1955). *Family, socialization and interaction process*.

Glencoe: Free Press.

McPhail, P. (1980). The morality of communication: Authority and method in situational morality. *International Review of Education*, 26 (2), 135—152.

Molenberghs, P., Ogilvie, C., Louis, W., Decety, J., Bagnall, J., & Bain, P. (2015). The neural correlates of justified and unjustified killing: An fMRI study. *Social Cognitive and Affective Neuroscience*, 3. Oxford: Oxford University Press. DOI: 10.1093/scan/nsv027

Narvaez, D. (2010). The emotional foundations of high moral intelligence. *New Directions for Child and Adolescent Development*, 2010 (129), 77—94.

Narvaez, D. (2013). Neurobiology and moral mindset. In K. Heinrichs, F. Oser & T. Lovat (Eds.), *Handbook of moral motivation: Theories, models, applications* (pp. 323—342). Rotterdam: Sense Publishers.

Narvaez, D. (2014). *Neurobiology and the development of human morality: Evolution, culture, and wisdom*. New York: W. W. Norton & Company.

Newmann, F. & Associates. (1996). *Authentic achievement: Restructuring schools for intellectual quality*. San Francisco: Jossey-Bass.

Pons, F, de Ronsay, M., & Cuisinier, F. (2011). Cognition and emotion. In V. Aukrust (Ed.), *Learning and cognition in education* (pp. 78—84). Philadelphia: Elsevier.

Sylwester, R. (1994). How emotions affect learning. *Educational Leadership*, 52 (2), 60—66.

道德地教：学校教师如何致力于课堂教学的道德维度

[加] 季莲·罗森伯格[①]

认同教学是一项道德事业鼓励着人们从道德维度审视教学实践。多年来已涌现大量的相关学术研究。然而，大部分文献资料是哲学性、概念性或理论性的。而揭示教育者如何识别和解决道德维度问题，以一种良善、正当、关爱和德行的方式进行教学的实证研究则相对较少。这驱动我开展了一项微观人种志研究（micro-ethnographic study）。在2009—2010学年里，我每周至少花两天时间待在教师特里·肯尼迪（化名）的四年级班级里，观察和参与常规和特殊活动，并对特里进行了正式和非正式访谈。本文篇幅不足以容纳我的研究发现。我在《教师作为道德实践者的肖像：道德地教与教以道德》(*Portrait of a Moral Agent Teacher: Teaching Morally and Teaching Morality*)（Rosenberg, 2015）一书中有充分论述。此处，我仅援引书中的几处描述，评析特里有关"道德地教"方面的实践活动。[②]

芬斯特马赫、奥斯古索尔普和桑格（Fenstermacher, Osguthorpe, & Sanger, 2009）曾指出："道德地教就是以一种符合善或正当观念的方式进行教学。也就是说，教师以一种有道德价值的方式行事。"恰好，坎普贝尔在教师作为道德人的论述中也有类似观点："教师在专业角色中做到公正、谨慎、可信、负责、诚实和勇敢"（Campbell, 2003：第23页）。上述两种定义都源于德性伦理取向。笔者将道德地教这一概念加以扩展，不仅是个体教师的性

[①] 作者供职于加拿大多伦多大学安大略教育研究院。
[②] 援引书中片断，已征得出版社同意。——原注。

格品格、个性及行为，还包括教师通过道德上合理的方法和手段，追求道德上可取和有价值的目标和目的。一方面，这表明了目的论或结果论的立场，以确保结果在本质上是道德的；另一方面它还表明了道义论的立场，以维护学生体验一种在教学授受上合乎道德的教育的权利。在对特里的教学实践进行探索之前，笔者先简单地介绍一下其班级的情况。特里班上有15名学生，5个男孩分别是亚历山大、康纳、诺亚、马克和萨斯，10个女孩分别是弗朗西丝、佩姬、玛丽、盖比、皮亚、凯、凯茜、海瑟、邦妮和萨米。① 在以下的案例中，特里正在帮女孩们应对一个消极的社交情况。

学校生活在十一月初已经全面展开了。班级中的各项规章制度已经制定好，如：使用卫生间、排队离开教室、活动之间过渡的例行程序。学生对正确行为的期望已经根深蒂固，课程和活动安排也进行得很顺利。但是，学生们也不再如刚开学时那般循规蹈矩，开始展现出自己真实的性格和情绪。毕竟，特里班级的氛围大体上是比较宽松的。个体的某些怪癖和特质在班级中是被接纳和包容的，因为性格各异的学生们使得这个班级生机勃勃。大多数情况下，这些差异和特性是积极的，但是偶尔也会给班级带来消极的影响。

几周前，特里开始收到一些女孩对其他女孩行为的抱怨，特别是在课间休息时。这一事件引起了特里的注意，她耐心地听取了每个孩子对"真相"的看法，试着发掘更多的信息，并鼓励孩子们能够自我和解。但事件仍在发酵，特里很快意识到需要一个更加系统的解决办法。笔者正是此时开始进行观察研究的。

"今天的健康课，我们来谈论一下大家应该如何相处"，特里在女孩们进入课堂时宣布，"你们认为现在的情况如何？"没有人想成为第一个发表评论的人。有的女孩四处张望，有意识地与自己的朋友进行眼神交

---

① 这些姓名都是化名。全文都使用这些化名，教师与员工也用不同的化名。——原注。

流；有的女孩盯着自己的课桌；其他人则面无表情地盯着特里。特里继续说："最近几周，我一直听到你们关于休息时间的抱怨。在课堂上，我们已经讨论过这一点，以及让每个人都快乐的重要性。也就是说，我们不应该让其他人感到不快。如果你不小心让其他人感到不快了，那么你应该道歉并让他们再次感到开心。"教室里一反常态地安静。特里继续说道："我觉察到最近学校里有些事情不太顺利。有些同学在学校感觉不开心。今天的健康课是一个开放且安全的平台，大家可以畅所欲言而不受惩罚。当然，如果你不想发言，我也不会强迫你，这件事并不是与所有人都相关。我只是想知道到底发生了什么事，然后我们可以想出一些解决方案。因此，我需要得到你们的帮助，特别是那些在学校里担任调解员的同学们。作为一名调解员，如果在其他同学需要的时候没有提供调解帮助，那说明你在这个项目中是失职的。"说完这些，特里停下来，期待地看着面前的女孩们。事实证明，她们有很多想法。

一个学生开始说："我不想说出名字，但是有些人和我周围的人分享零食，当我问她们要零食的时候，她们会说'不'。我认为这不公平。"

另一个说："有些人不让我和她们一起玩。她们排斥我。"

第三个学生抱怨说："去年有很多三人小组不让我玩。我觉得自己被排除在外。"

"同样的事情也发生在我身上，不过我不知道是不是同一人做的，我不会说出任何人的名字。"另一个学生说道。女孩们继续讨论这个话题。

"有时候，有人对我说'别跟着我'，但我没有跟着她们，我只是碰巧走在她们后面而已。但她们却说我很烦人。"

"有时候，大家坐着来聊天，但当我坐在她们旁边时，她们会起身离开。"

"有人让我走远一点，因为她们不想让我和她们在一起。"

"我感觉到不快是因为有人曾说'我不想和你说话'，说完她们就走开了。"

"有些人在说一些秘密。"

七嘴八舌之后，女孩们停止了心理上的宣泄，看着尚未开口说话的特里。

"你们说的事情是最近发生的吗？这样的现象持续多久了？"特里问道，她心中怀疑有些怨气由来已久。当一些女孩证实了她的猜测，特里的情绪变得稍微激动了："你们可以看到我现在非常不高兴。这件事让我感觉很糟糕，因为我能体会到你们中的一些人是多么的受伤。这些行为伤害到了你们同学的感受，也伤害了我的感受。当我曾是一个小女孩的时候，同样的事情在我身上也发生过。我记得当时我做了一些不太好的事情，并且直到现在我都深感后悔。"特里从桌上抽出一张纸巾，擦干自己的眼泪，然后继续说道："我不希望你们在成年以后对自己今天的所作所为感到后悔。无论如何，伤害他人的感受都是不被允许的。当你们慢慢长大，就会发现人们不会因为你伤害他人而赞赏你、尊重你。当人们让别人感觉不好的时候，会让他们感觉更强大。所以我需要给你们一些处理这个问题的方法。"

凯在刚刚的讨论中一直没有发言。此时她举手说道："有些人会来打断你们的谈话。有时候因为我们没有跟她们聊天，就说我们在孤立她们，因此而告发我们。"此时，好几个刚刚没有发言的女孩子们频频点头，并且补充了以下评论：

"有时候人们说你在孤立她们，但事实上，你只想跟自己的朋友在一起玩耍而已。"

"当你需要解决某个问题时，所有的人都想参与进来，最后你甚至无法用自己的方式去解决它。"

"有时不想和某人玩，因为她们过去被这些人伤害过。"

"有时候因为一些小小的误解，人们就不再和你说话了。"特里对这一新见解感到惊讶。两种明显对立的观点混淆了她对包容和排斥的看法，并给情况增添了意想不到的微妙之处。显然，一些学生将包容的重要性和排斥的危害当做借口，为自己的爱管闲事、打扰他人甚至无礼和粗鲁的行为开脱。

此刻的特里心中有些动摇了，不确定接下来该如何继续，于是她暂停了今天的讨论。"孩子们，你们的观点非常重要，谢谢如此坦诚的分享。看来我们有两种不同的观点需要考虑，课后请大家站在这两种不同的立场上思考一下。我也会去思考一下。下节课我们继续讨论，看看是否能得到一些结论。"女孩又恢复日常闲聊，他们轻松地转移到了另一个活动。

尽管这些问题悬而未决，但读者们仍然可以感受到特里与学生之间相互尊重、信任和关怀的关系，以及彼此心灵和情感上的相互支持。这两点使得师生之间能够敞开心扉，坦诚相对。这些特质体现了特里有关道德地教的取向。具体做法有以下三点。

（1）在个人和专业行动、行为和实践中表达道德价值观。
（2）创建班级共同体。
（3）与每个学生建立良好关系。

以上三点将在下面结合具体案例、教学法和道德教育单独进行探讨。最后，在本文结尾处将重新讨论这些对教学和教师教育产生的影响。

一、表达道德价值观

在《伦理型教师》一书中，坎普贝尔提到，一些教师知晓并有意在行为中表达道德价值观，特别是公平、尊重、关爱、诚实等道德价值观。无独有偶，弗罗纳（Fallona，2002）认为教师的课堂表现应该体现亚里士多德式的德性，即友好、机智、勇敢、荣誉、温和、慷慨、华丽、宽厚、节制、诚实、公正。通过这些观察，我还补充了特里对道德价值观的表达。在上述事例中，她体现了耐心、谦虚、同情、公平和同情的品德。下面的例子也说明了她具备尊重、敏感、关心、同情、仁慈、善良、真诚、诚实、谦逊和公平的品质。

以"尊重"这个品质为例，无论是孩子或成人，普通员工或行政人员，同事或父母，特里坚持称呼每个人的名字。例如，校长访问教室时，特里会说:"早上好,帕特里克先生。你今天怎么样?"看到曾经的学生,她会说:"欢迎你亚当,你需要什么帮助吗?"她会对助教说:"你好,塔尔博特女士。我们差不多准备好了。"她也会对所有学生说:"你们今天跟学校门卫乔治打招呼了吗?他在维修佩姬的桌子。"另外,特里能毫无偏见地公开感谢他人。某一次图书馆会议结束后,她说:"谢谢你劳丽女士,你选的故事真有趣。"她还感谢劳丽整理了一份阅读清单,并对学生们说,"阅读所有这些书,并为你们写一些描述,需要花费很多时间和精力"。

在一次自己班级与二年级班级的友好见面会后,特里对二年级的孩子们说:"很高兴认识你们每一个人。这是一次美好的见面。"对于自己的学生她更为细致。"让我们看看盖比如何完成这件事的。这是一个开始的好方法。感谢你与我们分享。""凯的看法非常敏锐。请尽可能详细。正如凯指出的,类似的事情已经发生多次了。""萨米有一个很好的主意,我们可以把它作为另一种选项。"同时,特里满怀敬意地参与了学校的各项集会、音乐会、戏剧表演,以及学生、教师、管理者或外来访客组成的展示课。有时候,一些老师在周一上午学校大会时带着笔记本电脑去工作,而不是关注集会,或是在观看表演时窃窃私语,或是逃避音乐会彩排。而特里从未有过这些行为。她遵循所有的规章制度,不管是日常准则还是重要原则,她的笑容、掌声、舞蹈、哭泣,以及提供的帮助都恰到好处。在这些例子中,特里不仅仅是秉承友好礼貌的习惯。她的行为举止表明她认为每个人都很重要,也很有价值,无论其在学校里扮演什么样的角色。

特里对学生的身心需求保持着敏感性与关怀。有一次当康纳提出需要到外面呼吸一些新鲜空气,特里爽快地给了大家额外的30分钟休息。另一次天气很好的时候,学生们很不情愿从课间休息回来。特里在意识到这一点并感受到他们的不快后,将之后的数学课调整为较为轻松、互动性更强的社会活动课。此外,在一次图书馆课程中,特里看到盖比和玛丽眯着眼看着阳光。尽管两个女孩都没有抱怨,特里还是拉上窗帘,小声对她们说:"这样你们会更舒服。"康纳的同桌萨斯休假晚回校几天,特里告诉康纳:"如果你觉得孤单,可以加入别的小组。"凯茜忘记带午饭去学校时,特里会在休息的时候走进杂货店买一份汤,因为她不想让学生挨饿。同样,当萨斯忘了带钱为学校的地球村活动捐款时,特里给了他10美元。她并不在乎学生是否会把钱还给她,只是希望凯茜和萨斯在学校不会感到难受。

同理心和同情心影响了更多的个人和私人互动。例如,在一次全校演讲前马克因为焦虑不安而开始哭泣,直到比赛开始前还不能平复心情。特里见此情况,一反常态地允许他退出比赛,放弃了这个锻炼孩子勇气和自信的机会。另一次数学测试之前,特里发现海瑟因为之前课间发生的一些不愉快事件而影响了考试的状态。于是她走到海瑟身旁,轻抚着海瑟的头,温柔地安慰她说:"海瑟,你可以做到。一个时间段里我们只需要专注一个事情。现在最重要的事情是什么?做得很好,现在我们开始专心考试吧。"此外,在整个学年里,从擦伤的膝盖到挫伤的自尊,各种各样的问题让许多人流下了眼泪。虽然特里不认为自己是母亲或过于多愁善感,她总是安慰孩子们,他们知道可以依靠她。校长如此评价特里:"特里并不是那种感情冲动,多愁善感的教师,但是学生们知道她爱他们。"特里身上体现了"善",具体而言就是敏感、关怀、同理心和同情心这些品格的结合。这种情感深深根植于特里对职业实践的角色和责任的追求中,以至于这种情感的表达无处不在,司空见惯。

如果说同情和同理心使特里能够站在学生的立场上看待他们,那么敏感和尊重则让特里时刻注意不去伤害学生的感情与自尊。在采访中,她举例说明自己如何挑选学生回答问题时说明了这一点:

> 选择他们之前我会看看,他们是否在关注我。如果他们在关注我,他们的眼睛盯着我,那么我会叫这些学生回答。如果他们不知道答案,看起来像说"嗯……",我一般会说,"有人能帮忙吗?"……有些时候,更敏感的孩子可能会想,"我不知道答案,我有点尴尬。"

此外,特里经常提醒学生要保持他们的制服整洁,却从来不批评他们的衬衫磨损,褪色,或过度起皱了。因为服装是否整洁取决于学生自己,而服装的品质则是由父母决定的。对于后者,即使在私下评论,也可能让学生感到尴尬。特里从不公开警告,特别是不公开批评个别学生。不过她可能会对某些不当行为稍作提醒。芬斯特马赫将"提醒"定义为:老师对学生说了一些话,暗示了学生和所有其他人应该如何表现(Fenstermader, 2001:第645页)。特里在实践中的一个典型例子如下。

> 亚历山大和诺亚在去音乐课的队伍上打打闹闹。于是特里将亚历山大调整到了队伍的最后一名,并问他:"你知道自己为什么会站在这里吗?"亚历山大点点头表示自己知道。所有同学的目光都集中在他俩身上。特里没有再说什么,这个小插曲很快就过去了,之后也没有再发生其他事情。

至于针对个人的更为严厉的管教一般发生在私下里,特里一般会在过道或空旷的教室里单独进行。但如果涉及数位学生,那么特里则会在教育警示作用和学生自尊之间权衡利弊,然后决定是否要当着全班同学的面进行教育。

> 在某些情况下,我不公开惩罚学生,而在某些情况下我会这样做。我并没有一条明确的判定线,因为很多时候是下意识做的决定。我可能会对自己说,"这时应该一对一谈话",或者"现在需要对全班进行教育"。我如何决定呢?如果每个学生或大多数学生都需要听,因为他们自己也会遇到类似的状况,那么也许对整个班来说这样的学习是值得的。当然,我不会让任何人难堪。

特里对待学生是真诚坦白的。她在给学生评价时,首先做到了诚实。"我不喜欢虚假的赞美。如果我说学生某件事情完成得很好,那说明他们确实做得很棒。"同样,特里也会诚实地对学生提出批评。她回忆了某一次事件:

> 有一次我对他们说:"作为一个班集体,在圣诞节即将来临之际,你们应该更乐于付出,表现得更加友善,更有同情心。但目前为止,你们

的行为却不尽如人意。我总是听见你们彼此抱怨,这样非常不好。"我会跟他们说:"你们的表现很不友善,你们目前还称不上是一个'好人'。"其他老师可能不常对学生说类似的话,因为他们总是时刻鼓励着学生。但是对我来说,如果我看到学生对他人举止粗鲁,我会对他们直说"这是不友善的"。

不过,特里批评学生后,通常也会给他们一些正面的评价。某一个类似上述情况的指责中,特里会说:"你们在我面前一直表现得不错,你们可以做得更好","你们一直都是好孩子,最近的表现不太正常",以及"今天是怎么了?你们变得不像自己了"。至于学生们的学业表现,特里说:"如果(作业)完成得不够好,我们通常会挑出好的部分,告诉他们还可以做哪些补充。"她回忆起一名学生如此评价她:"她真实地评价事物。这就是我喜欢肯尼迪女士的原因。"特里认为这是对她努力的肯定。更重要的是,她的诚实为她赢得了学生们的信任。

特里从不掩饰她的缺点与错误,谦逊地表示自己是一个有缺陷的、在发展中的人。她说:"他们不必把我视为一个完美的人。"一般而言,健忘和组织能力差是导致错误的重要原因。为此,特里总是提醒学生:"没有人会帮助我们记住这个。"或是:"请你们自己记住,因为我会忘记提醒你们。"她解释说:

> 我让学生自己负责,因为我自己的记性并不好。曾经我能记得所有的课程表,记住所有的事情。但是现在我的记忆力不如从前了。所以,我需要依靠他们,让他们帮我们大家记住这些。

学生并没有利用特里的健忘而偷懒,相反,他们会自觉将各项提醒和课堂活动记录在黑板上。此外,特里的搭班老师将他们大部分的公共资源和用品存放在她隔壁的教室里。对此,特里向学生们证明了这一点。

> 有些人天生非常整洁、有条理。打开他们的储物柜，你会看到所有的物品都井井有条。而我不是这样的，我需要把东西摆在看得见的地方才不会忘记。贝尔女士给我提供了巨大的帮助，她帮我整理了许多东西，所以我不会忘记。

特里在承认错误时毫不犹豫，同时她会及时做出道歉和弥补措施。例如，有一次大多数学生在垂直线和全等问题的数学考试中成绩不好，特里为没有充分解释这个话题而道歉。她没有责怪学生，只是重新给学生上了这一部分内容。还有一次，特里对学生们说："通过去博物馆的郊游，我发现我和贝尔女士没有很好地向你们讲授关于矿物质的知识。所以我们打算现在弥补。"特里充满懊悔地回忆起下面一个案例，这个案例或许更具代表性。

> 去年发生了一件让我很惭愧的事情。我和一个男生发生了争吵，万幸的是我们是私下里争论。后来我们相互道歉了。事实上是他先向我道歉的，因为我把他交给了乔纳森（助理校长）。但后来我告诉他那样做并不能让我感觉良好，整个交流都让我感觉不愉快，并向他解释了原因。我在他面前哭着说："我真的很抱歉，我知道你也有这种感觉。"

上述坦率的情绪表达对特里来说是非常典型的。特里在学生面前从不故意掩饰她的感受。

> 即使是我不在最佳状态，甚至对学生感到很泄气、情绪化的时候，我在学生面前也是坦白的……我告诉（学生）我现在情绪低落，这样他们就能理解为什么我对他们感觉失望。

特里告诉我们这样一件事情：

> 昨天，在一个活动上，康纳想问一个武装部队的老兵杀死了几个

"敌人"。这让我很烦扰。因为在纪念日大会上,幻灯片放映了132名今年阵亡士兵的照片。幻灯片的背景有一首歌,歌里唱着他们还有爸爸妈妈和孩子们需要告别。当康纳问我时,我已经觉察到自己的反应有些过度了。也许我应该说,"我理解你的想法,我知道这是一个你可能想知道答案的问题"。但我没有。我说:"这是士兵想要吹嘘的东西吗?他为什么要那样做?"我将我的情绪完整地体现出来了,这是我内心感受的真实反应。

除了悲伤、沮丧和愤怒的消极情绪外,特里也毫不吝啬地公开表达骄傲、喜悦、惊讶、安慰等积极情绪。例如,对于亚历山大来说阅读是他的弱项,当他自愿朗读,并成功完成了一篇难度很高的文章时,特里热泪盈眶地说:"我真的为你感到骄傲,亚历山大。你做得太棒了。"

虽然特里无意欺骗或误导学生,但她对学生也并非毫无隐瞒。她书桌上贴的个人照片不会透露特里与其关系。当学生问到时,特里含糊地回答说:"他们让我很开心。"此外,学生们知道她的男朋友,但特里本人从来没有提到过他。她笑嘻嘻地告诉我,以前的学生提出要在她的婚礼上做花童。她不愿意参与这样的讨论,只是说:"我们到时候再看吧。"这些开放但有分寸的诚实,为我们展示了学校中谨慎而直观的师生关系的界限:我们精心维持的师生关系是为了到达教育目的,而不是那些不适合学校的亲密个人关系。

在特里的教学实践中,公平包含了公正与平等两个内涵。在教育学术语里,公正意味着义务优先,意味着学校和教师应该对所有学生提供均等的资源和机会,不论其潜在结果。例如,所有学生都有机会参与课堂。特里会这样提问和表达:"稍等,你已经回答过两次了。班里还有谁没说过?""每个人都说了谁愿意吗?""让我们听听那些一天都没发言的同学的话。"以及"你对此有何评论?"除此之外,特里在问问题和接受答案之间会有短暂的停顿,让慢思考者和快思考者有均等的参与机会。特里会对学生建议:"不要大声说出(答案),这样别人就有机会先考虑一下。""先把手放下一会儿。我会等到每个人都完成。"或是:"请让他说出他的想法,因为你已经说了你的。"有一次，邦妮正在回答一道数学问题，康纳大声插嘴说："你漏掉了一些。"特里马上回答："没关系。让她按她的方式答题，稍后我们会看看大家的想法。"邦妮说完后，特里转向康纳："我知道你有不同意见。现在请拿出一种不同颜色的笔，标记给我们看看。"

把公平视为公正是结果主义，优先考虑学生的结果。这样每个学生都可以得到不同的资源和机会，从而实现相似的目标。所有学生都为课堂的效率和效果做出了贡献。然而，特里承认每个人的能力、进取心和适应性是有差别的。因此，在某个阶段或是整个学年，她都允许学生与她及其他人一起协商，决定自己为班级做出哪些贡献。例如，邦妮负责定期分发教学材料；萨米整理教室书架；凯茜帮助别人清理他们的书桌和储物柜；佩姬负责每天把相关信息写在黑板上，并删除不再相关的信息；到了第三学期，佩姬开始担任特里的记录员，同时记录日常信息和家庭作业。此外，特里为每个学生提供了许多社交及学术的便利，这样所有学生都有机会获得成功。例如，在开学伊始的第一次安排座位时，特里会把平时关系要好的学生安排坐在一起，让他们能够开心舒适地度过四年级初期。学术便利包括额外的学习或完成考试的时间；允许重写部分或全部的作业或测验；以及在演讲前为学生个别辅导。许多时候，并没有家长或学校领导要求她这么做。特里根据判断，确定了个人需求，并与学生讨论他们的个性需求。正如专家指出的那样，结合了细致、亲切、周到与关怀的平等并不与公平相冲突（Campbell，2003；Colnerud，1997；Fallona，2000）。相反，在不同情况下实行公正的做法体现了特里对所有学生的爱。因此，将公正与平等结合起来，实现了一种广泛而微妙的公平概念。

上述所有体现特里本人道德观念的实践活动，并非是一些惊人壮举。相反，它们都体现在最平凡的课堂职责、活动和学生交往中。此外，特里在日常教学活动中有意输出道德价值，并不是学校培训、文化或规章制度结果，尽管这三者可能对她产生了影响。但根本上是特里走向专业实践的结果。她说："我成了我想要成为的那种老师……没有人告诉我这样做。这更多的是出于我自己的兴趣。"这种取向体现了道德教育的理念，作为一种有价值和合理的目的,这既在教学活动中体现自我道德价值观,同时向学生做出道德上的示范,即中国古语中的"身正为范"。这种教学实践通常被称为建模,这种道德教育的实践是另一个目的,与道德教育有关。芬斯特马赫,奥斯古索尔普和桑格指出:"教师从事道德教育的同时也要有教育道德。她以道德正直的方式行事,并使她的行为成为教学对象。"(Fenstermacher, Osguthorpe, & Sanger, 2009:第9页)。特里道德建模的教育性在其他地方有详细描述(Rosenberg, 2015年)。

二、创建班级共同体

共同体是一个热门的词语,它象征着促进师生发展、幸福、健康和尊严的学习环境。所罗门等人(Solomon, Watson, battitysh, Schaps, & Delucchi, 1996)曾更详细地将共同体定义为"一个社会组织。在这个组织中,成员们拥有共同的目标和共同的目的。为此,他们相互合作,共同决策、规划和审议。在共同体中,归属感、关怀、联系、承诺和支持非常重要。这与努奇(Nucci, 2009)一贯倡导的课堂氛围一致,它能满足儿童的四种基本需要,即归属感、自主、能力和公平。这也符合弗曼(Furman, 2004)提出的伦理共同体中的三要素:(1)了解、理解及尊重他人;(2)充分参与及公开调查;(3)为共同利益而努力。综上所述,可以将特里的班级共同体分为结果与过程两方面。在结果方面,特里培养学生之间的关系,促使他们相互了解、理解、重视彼此并相互承诺,从而使学生产生归属感、关怀感、联系感和支持感。在过程方面,特里鼓励合作,激励学生在自主、公平与奋进的氛围中,为课堂的生活、决策、规划、审议、探究,以及实现共同目标,做出自己的贡献。下面是一个相关的案例。

建立良好的关系是特里在开学第一天的最初时刻所追求的直接目标,她对每个学生都进行了详细的背景调查。例如,特里在学生们进入新座位时说道:"我对康纳有所了解。他喜欢曲棍球。""我知道海瑟有一个妹妹。""邦妮,我教过你的哥哥。他现在怎么样了?""我知道凯茜家里有宠物。现在有几个?""我知道萨米这个夏天在欧洲,萨斯也是。"特里调查了每个学生的背景,并在此基础上进行了全班讨论。随着了解的深入,学生们被一些细节逗笑了,他们笑着补充了关于他们自己和同学的详细信息。萨米说:"我的姐姐和海瑟的姐姐是朋友"。凯茜列出了她宠物的名字和类型。在所有人都介绍完自己后,特里给学生们做了一个调查。学生们对他人的兄弟姐妹、宠物、爱好、才能、课外活动、语言表达、理解能力以及食物偏好进行了相互调查。接着,特里问道:"我们当中有多少人喜欢比萨饼?"

通过这两项活动,学生们了解了彼此的相似与不同。对特里来说,了解学生们不同的能力和经验对她的教学工作尤为重要。通过了解,学生们能更好地彼此支持协作,共同进步。皮亚在美术上有特长,他经常给同学们的绘画提供帮助。康纳擅长数学,他为同学们讲解题目,有时还会帮他们订正作业。凯茜善于交际,能够解决冲突,她帮助女生们解决社交问题。

多样化的座位和小组安排同样能够促进学生之间的相互交流,增进了解。一学年中,特里有九次座位安排。除非为了满足学生的学习,否则不会轻易变换座位。例如,在第三次的座位安排中,诺亚单独坐在了一群女生之中。亚历山大、马克、康纳和萨斯随后也被安排坐在一群女生之中。而在第四次座位安排中,萨斯和萨米被安排坐在一起,尽管他们已经公开宣布不喜欢对方。当两人开始交流想法时,特里小声对我说:"这正是我希望看到的。这表明他们开始认识到自己属于同一个群体。他们开始能够和谐共处了。"

课桌的合理摆放也有助于培养学生关系。在一个学期中,特里通常将四张桌子放在一起创建小型工作组。但是有三次,课桌被重新安排成一个面朝前面白板的马蹄形图案。学生不再是四人一组,而是与身边的同学更亲密地合作。特里说:"如此我能看到每个人的脸,学生们也一样,可以看到每个人的脸。"在学期结束时,全班被安排为一个大的马蹄形,象征着全班师生是一个共同体。

除此之外,学生们会定期被分为不同小组。有时候特里是随机安排的,而有时则是根据学习目标或学生能力进行分组。特里说:"我知道如果合作关系不顺利的话会造成许多困难。所以我必须把那些能够好好合作的学生团结在一起，这样他们才能合作。"偶尔，学生也会自我分组。不管通过何种途径，特里都对学生们提出了良好合作的期望："你永远都不知道你能建立一种多么好的合作关系"，以及"这是一个机会。你最好的朋友可能不是你最佳的合作者"。

当一个小组合作不顺利时，特里只是简单地告诉学生们说："这可不太好，我们重新开始"或"现在我改变主意了，因为目前你们还没有做好合作的准备"。及时停止小组合作，这一行为帮助特里避免了奥瑟发现的合作产生的消极影响。奥瑟指出：

> 如果在同一小组内任务分配不均，就会让学生感到困惑甚至羞愧。当班级中能力更强的学生独自工作时，他们可能会感到羞辱或沮丧。因此，他们不会与在特定学科中较弱的同学分享他们的经验和想法。同样地，当一个小组中有一群朋友时，他们很可能会将其他人排除在外（并称他们为"局外人"），那么被排斥的学生会感到受伤。（Oser，1994：第58页）

良好的关系有助于学生们在班级生活的方方面面进行合作，例如决定座位安排或班级管理。大概每个月末，都会有学生提醒特里："我们能换座位了吗？"或是"应该换座位了。"特里一般都会同意。在她的指导下，学生们协商新座位的安排，在倡导自己需求的同时也尽量满足全班同学的需求。特里会告诉他们："考虑好自己的需求"以及"记住其他同学也有自己的需求"。只有一次特里不得不介入他们之间的协商。四月末，大家正在讨论第八次的座位安排。康纳和诺亚交头接耳地说不愿意和萨斯坐在一起。特里和大部分的学生，包括萨斯都听到了他们的对话。特里马上说道："我不喜欢这样。这件事已经进行得不太顺利了，现在我们先不要讨论座位安排了。"特里有信心，学生的社交能力和道德品质能达到她的期望，他们能自己解决这个问题，并且他相信学生不愿放弃这个合作过程。果然，第二天，学生们成功地重新安排好了座位。

通常情况下，学生们会自觉主动地管理班级。当走道或隔壁班级太吵闹的时候，学生们会自己关上教室门。当教室里变得闷热时，他们自己打开门窗。当天气炎热时，他们会打开吊扇并关灯。当天气寒冷时，他们自己关门关电扇。而当阳光直射进教室时，他们会自己关上百叶窗。学生做这些事情之前不需要征得特里的同意，但是特里鼓励他们在追求自己的舒适和需要的同时，必须考虑并尊重其他同学的感受和需求。

随着学年的进展，学生们表现出的能力和自主性也在日益增强，这从教室的外观形象就能看出来。学期初期，教室中的柜子表面干净整洁；晾衣绳上只有红、绿、黄、蓝四种颜色的衣夹；教室公告板上除了周边的主题边框，什么都没有。有限的墙壁空间上贴了一些色彩鲜艳的海报。教室里摆放了一些资料和用品；书籍整齐地排列着。到了十二月末学期快结束的时候，教室里发生了很大的变化。柜子表面贴满了学生的创意手工、尚未完成的作品，以及文件夹放不下的超大作业。完成的作业被串在晾衣绳上，从后往前排列，并钉在公告板上。窗台上放着被遗忘的铅笔盒和其他放错地方的私人物品。五颜六色的水壶装饰着课桌。甚至特里的个人布告栏也贴着学生们的图画、信件、卡片和诗歌。这种景象让人想起孩子的卧室：最初是由父母布置的，但逐渐变成一种有序的混乱，反映了孩子的自主权与精力。

创造机会让学生认识、互动与合作，并不能确保创设出一个道德正确的班级共同体。为了最大限度地发挥座位安排、团队工作和协作的德育潜力，特里会经常向孩子们传授正确的社会和道德价值观。例如，当她宣布"不要着急。我们这里都是朋友"或"这不是你们之间的竞争"时，传递了友情和团队合作的价值观。包容、接受与助人等道德价值观是特里传递道德理念的基础。当特里对学生们说"你们应该彼此帮助。让我们一起互助互爱"时，她不仅向学生们传递了承诺与支持的社会价值观，同时还传达了关怀、帮助和责任的道德价值观。这些观念维护班级共同体的道德诚信，并为这一目的服务，正如道德教育所做的那样。如一些专家所说，共同体的创立为德育提供了教师做出示范的环境（Lickona，1991，2004；Noddings，2002，2008）。特里的共同体教育在笔者其他著作中有详细描述（Rosenberg，2015）。

三、与每个学生建立良好关系

关怀伦理学家内尔·诺丁斯（Noddings，2002，2008）提倡师生之间的相互关怀，这种关怀的特点具有一系列道德价值，包括关怀、同情、善良、尊重、同理心、爱和信任。特里不熟悉这个理论，她只是凭直觉培养与学生的关系。她说："我被与学生之间的那种联系所吸引，这样帮助他们学习。""我与学生有着密切的联系。"为了培养亲密的师生关系，特里有意运用了两种共生策略，一是把每个孩子都当作独一无二的个体来了解，二是经常抓住机会与每个孩子进行课后互动。下面举例说明。

开学前，特里就开始着手了解每个孩子。她仔细阅读了前任教师给学生们撰写的综合报告。特里关注学生们的学术概况，了解每个人擅长和生疏的学习科目以及必要的住宿；她也关注学生的个人和社会环境，包括特殊的友谊，社交困境，课外活动，以及家庭生活。开学第一天召开了班级建设讨论会，这为特里提供了观察学生上述特质的机会。开学第二天，特里正式地征集学生的信息，她让学生填写一份名为"告诉我关于你的一切"的问卷。在这份问卷调查里，最喜爱的书本和音乐、去过的地方、爱好、喜欢的科目和未来愿望等问题都位列其中。在结束语部分，特里要求学生反思他们对幸福、友善和关怀的理解。然而，这份调查表鼓励学生可以进行过于简单的回答，这限制了它在了解学生方面的用处。此外，由于建立了班级共同体，这些早期努力搜集到的许多资料很快就变得多余了，这既鼓舞了儿童展现真正的自我，又使他们能够公开地表达出来。

特里不会错过任何在日常生活中与学生进行互动的机会。例如，大多数早上，特里在会站在教室门口或大厅里欢迎学生，给他们简单的个人评价、进行提问、分享轶事或来一个拥抱。她每周会有三天的时间在教室里吃午饭，和同学们聊天或者开玩笑。当天气不好，学生们在室内休息时，特里会和他们一起做游戏，而不是在办公桌前从事教师工作。课间休息时，特里会看着学生们玩耍，而不是与同事闲聊。她解释道："我希望学生们知道我在他们身边。"沃森（Watson，2003）指出与学生共进午餐有助于教师培养与学生的亲密关系。我们有理由相信特里的其他行为也有这样的效果。

　　了解学生和课后与他们交流并非特里建立亲密师生关系的唯一策略。她坚信："你越是允许（学生）探讨事情，越是用心聆听，你就越了解他们的真实自我。"因此，与学生的课后交流使特里获取了许多信息，而这些信息又促进了她与学生的进一步互动。例如，她会问："海瑟，你姐姐昨晚的钢琴独奏会如何？""玛丽，你喜欢这本书的开头吗？""亚历山大，你上次的滑雪怎么样？""康纳，你觉得昨晚的曲棍球比赛怎么样？我知道你肯定看了。"或是："萨斯，我接受了你奶奶的建议，我现在会吃很多藜麦，我还买了她推荐给我的面包，味道很好。"特里意识到这种非正式的课后交流可能会让一些学生被边缘化，所以她仔细地把所有的学生都包括在内，她不会漏掉某位学生。她说："我真的很想确保他们每天都有时间和我交谈。"特里提道：

> 　　有些学生不太爱说话，所以我无法很快地了解他们。康纳和萨斯性格外向，因此我能很快熟悉他们。但像盖比和亚历山大，包括玛丽，他们的性格相对内向，总是在后面做自己的事。因此，我要花更多努力去了解他们。我总是提醒自己，要时刻记得查看他们的状态。

　　特里和学生之间的亲密联系通过历年学生送给她的绘画、信件、卡片和诗歌得以体现，并通过他们在每一幅作品中表达的情感来揭示。下面这段由所有学生签名的留言特别能够说明：

致肯尼迪女士：
　　今年你在这里，希望明年你继续陪伴我们。这一整年中，你与我们站在一起，团结让我们强大。当你微笑时，阳光落在你的脸上，照亮了房间。你理解我们的问题，帮助我们解决困惑。对我们来说，你就是我们的世界，我们的阳光和月亮。想到你会在学校等着我们，就让我们可以早早起床。我们想说的是，虽然我们并没有相处太长时间，但你教会了我们所有的一切。团结让我们强大。

圣诞快乐。

一个建立了师生亲密关系的班级共同体，提供了一个良好并且正确的道德环境，那么道德教育会自然而然地发生（Noddings，2002，2008，2010），学生们可以学习道德价值观，也会在日常的行为举止中实践习得的道德理念。后者是如何在特里的实践中实现的，在其他地方有详细介绍（Rosenberg，2015）。

四、结语

以上，笔者尽可能完整详尽地对特里德性教学的三个维度分别进行阐述。这三个维度在道德教育及其他教学中是紧密相连的。在个人和职业行为、行为和实践中表达道德价值观；创建一个班级社区；培养与学生的关系与彼此之间、道德教育和其他教学方法有着密切的联系。特里在教学实践中一贯表达善良、同情、尊重、敏感、诚实等道德价值观，极大地促进了师生亲密关系的建立。这些关系成为班级共同体中学生关系的典范。与学生和班级群体的关系分别是微观和宏观的环境，这促使特里表达了一系列的道德价值观。同时，在班级共同体中培养与学生的亲密联系，为特里提供了教学相长和与学生互动的机会。因此，正是通过三者间的紧密结合，德性教育得以充分实现。

同时，德性教学本身就是一种道德教育。上述三个维度都向学生传达了道德信息，并创造了一个良好的氛围。学生在这个氛围中思考道德，做到知行合一。本文所依据的实证研究结果表明，德性教育也为更正式和直接的道德教育奠定了基础。特里指出："如果我只向学生说教而不是给他们做出道德示范，学生们不会把我当回事。如果我自己尚且做不到对他们提出的品德要求，他们怎么会做到呢？"坎普贝尔从道德代理的双重模式中认识到道德实践与道德教育之间的联系，这意味着德育教师既是一个道德实践者，同时也是一名道德教育者。将这种道德实践模式与芬斯特马赫等人（Fenstermacher, Osguthorpe, & Sanger, 2009）的道德地教和教以道德框架结合起来，笔者认为应当重新定义道德教育作为道德实践的概念。这进一步明确了教师的专业应该是一种德行教学，不仅是因为这样做是有道德的、正确的、有关怀的，同时也能促进学生的全面发展与成长。

最后，德行的教学与普通教学并没有本质区别。这与老师们在讲授课程、促进学生学习和管理课堂生活方面已经做的事情不谋而合。虽然本文中的特里是一个榜样，但她的做法是其他任何教师都可以学习、借鉴并且是可以做到的，不需要大幅度的重组或改革。特里行动的关键在于她从道德的维度审视教学活动和课堂生活，并将道德准则和德行以及个人道德意识实施于教学实践中。特里称之为"一切活动的驱动框架"。对于包括特里在内的大部分教师而言，这些能力来自于教学实践，而非专业培训的结果（Campbell, 2003）。然而，一些学者提出，教师和准教师应该更加正式地培养道德教育的方向（Sanger & Osguthorpe, 2013; Schwartz, 2008; Sockett, 2012）。这是由教师的职业特性所决定的（Ryan & Bohlin, 1999）。最后，笔者用特里的一段对话来结束本文：

> 首先我反省自己……你最在意的是什么？……为什么你想要成为教师……你站在这里是为了什么目的？……你想做的事情的目的是什么？这是最重要的……选择和做事的方式必须遵循内心的原则，只有这样才是真实的。

参考文献：

Campbell, E. (2003). *The ethical teacher*. Maidenhead: Open University Press McGraw-Hill.

Colnerud, G. (1997). Ethical conflicts in teaching. *Teaching and Teacher Education*, 15 (6), 627—635.

Fallona, C. (2000). Manner in teaching: A study in observing and interpreting teachers' moral virtues. *Teaching and Teacher Education*, 16, 681—695.

Fenstermacher, G. D. (2001). On the concept of manner and its visibility in teaching practice. *Journal of Curriculum Studies*, 33 (6), 639 — 653. doi: 10.1080/00220270110049886.

Fenstermacher, G. D., Osguthorpe, R. D., & Sanger, M. N. (2009, Summer). Teaching morally and teaching morality. *Teacher Education Quarterly*, 36 (3), 7—19. Retrieved February 25, 2010 from http://vnweb.hwwilsonweb.com.

Furman, G. C. (2004). The ethic of community. *Journal of Educational Administration*, 42 (2), 215—235.

Lickona, T. (1991). *Education for character: How our schools can teach respect and responsibility*. New York: Bantam Books.

Lickona, T. (2004). *Character matters: How to help our children develop good judgement, integrity, and other essential virtues*. New York: Touchstone.

Noddings, N. (2002). *Educating moral people: A caring alternative to character education*. New York: Teachers College Press.

Noddings, N. (2008). Caring and moral education. In L. P. Nucci & D. Narváez (Eds.), *Handbook of moral and character education* (pp. 161—174). New York: Routledge.

Nucci, L. P. (2009). *Nice is not enough: Facilitating moral development*. Upper Saddle River: Pearson Education, Inc.

Oser, F. (1994). Moral perspectives on teaching. In L. Darling-Hammond (Ed.), *Review of Research in Education* (pp. 57 — 127). Washington, DC: American Educational Research Association. Retrieved April 16, 2008 from http://www.jstor.org/stable/1167382.

Richardson, V., & Fenstermacher, G. D. (2000). *The manner in teaching project*. Retrieved July 29, 2008 from www.personal.umich.edu/~gfenster.

Richardson, V., & Fenstermacher, G. D. (2001). Manner in teaching: The study in four parts. *The Journal of Curriculum Studies*, 33 (6), 631—637.

Rosenberg, G. R. (2015). *Portrait of a moral agent teacher: Teaching morally and teaching morality*. New York: Routledge.

Ryan, K., & Bohlin, K. E. (1999). *Building character in schools: Practical ways to bring moral instruction to life.* San Francisco: Jossey-Bass.

Sanger, M. N., & Osguthorpe, R. D. (Eds.) (2013). *The moral work of teaching and teacher education. Preparing and supporting practitioners*. New York: Teachers College Press.

Schwartz, M. J. (2008). Teacher education for moral and character education. In L. P. Nucci & D. Narváez (Eds.), *Handbook of moral and character education* (pp. 583-600). New York: Routledge.

Sockett, H. (2012). *Knowledge and virtue in teaching and learning: The primacy of dispositions.* New York: Routledge.

Solomon, D., Watson, M., Battistich, V., Schaps, E., & Delucchi, K. (1996, December). Creating classrooms that students experience as communities. *American Journal of Community Psychology*, 24 (6), 719-748. Retrieved November 38, 2009 from http://www.metapress.com.

Watson, M. (2003). *Learning to trust: Transforming difficult elementary classrooms through developmental discipline.* San Francisco: Jossey-Bass.

伦理规范与教师专业自主

［加］布鲁斯·麦克斯韦、玛丽娜·休默①

随着国际教学专业化运动的兴起，建立伦理规范变得越来越普遍。全世界超过 50 多个国家的教师协会、教师联盟和教师工会，以及少有此类团体的国家，已颁行官方教师伦理规范（United Nations Educational, Scientific and Cultural Organization，2010）。然而，某些伦理学家和教育家质疑教学伦理规范的价值，以及总体的专业伦理规范的价值（Harris，1994；Ladd，1998；Shortt, Hallett, Spendlove, Hardy, & Barton, 2012；Terhart, 1998）。这些学者认为，伦理规范似乎破坏了专业主义的关键特征之一：自主判断。本章的目的是以现存教师伦理规范样本，即规定加拿大教师专业行为标准的 12 份伦理规范，进行思考，评估上述对专业伦理规范的批评是否正确。在这一章节中，我们首先概述伦理规范在调节专业生活中主要扮演的三种角色，以及专业与所服务的公众之间的关系：加强公众信任、指导专业行为以及塑造新成员的专业社会化。接着，以约翰·拉德（Ladd，1998）的经典论文《寻求专业伦理规范》（The quest for a code of professional ethics）为主要依据，针对伦理规范不利于专业自主判断的践行和发展提出三种不同的观点。

约翰·拉德（Ladd，1998）批评伦理规范，鼓励一种极简的伦理专业主义的概念。他还认为，伦理规范是将专业人员群体中大多数人的意志无理地强加到个体实践者身上，这些规范体现了对专业人员的不信任，认为他们只

---

① 布鲁斯·麦克斯韦供职于加拿大魁北克大学三河校区，玛丽娜·休默供职于加拿大麦吉尔大学。

有在外部强制的情况下才会遵守专业伦理规范。我们的目标是将这些对伦理手册的哲学批评与加拿大教师伦理规范的内容进行合理对话，而并不是作为案例来证明个人是否坚持或反对教学伦理规范。相反，它的价值在于更深层次地讨论伦理规范的措辞和语气，对内容的选择，以及所隐含的关于专业自主的信息。基于以上分析，我们得出结论：如果伦理规范有利于自主专业判断，必须满足三项条件：意义的开放性、异议的空间以及避免说教性的语言。

一、专业伦理规范的社会、监管和教育角色

表面上看，伦理规范的存在至少有两个相互关联的原因：加强公众对专业的信任以及指导专业行为（Abbott，1988；Banks，2003；Sockett，1990）。伦理规范强化公众信任的方式是明确而公开地提出一套伦理标准，公众期望专业人员在处理与他们的关系时能够坚守此标准。在此意义上，伦理规范是提供某种特别重要的公共服务（如医疗卫生、教育或法律咨询）的专业人员团体与依赖于他们服务的公众之间的一种契约。当然，为了让伦理规范成为公众对专业信任度的可靠保证，专业人员的行为必须符合伦理规范。正是在这个意义上讲，伦理规范是为了指导或规范专业行为。受托机构监控伦理规范，为专业成员对规范标准负责提供担保。确保伦理规范问责制所采取的措施通常发生在专业人员和公众接触之前，为新成员提供关于专业集体伦理规范的教育，也发生在个人职业生涯过程中遭受专业失当或疏忽的指控事件中（Abbott，1988；Banks，2003）。伦理规范同样作为专业行为标准发挥作用，将其用于判断专业行为不当的标准，专业团体通常具有法律意义上的义务维持实施可靠的惩戒程序的制度机制，以及当发现专业人员的行为违反伦理规范的情况下实施恰当的制裁（Abbott，1988）。

学者有时根据伦理规范指导专业行为的两种不同方式进行区分，即两种不同类型的伦理规范：监管型规范和理想型规范（例如，Banks，2003；Carr，2006；Forster，2012；Van Nuland，2009）。二者主要的差异在于标准呈现的方式，包括规范的语气，可以用于区分两种不同类型的伦理规范（Van

Nuland，2009）。规范强调构成专业主义基础的伦理原则，以一种"监管的"方式明确提出专业人员在特定的情况下必须做什么和不能做什么的守则。此种类型规范的特点是如果成员触犯伦理规范中所列出的标准就必须面临惩戒行动（Banks，2003）。有些作者将这些规范称为专业义务规范（Banks，2003；Carr，2006），目的是为了明确区分"理想型"规范。成文的理想型伦理规范着重呈现专业的广泛理想和价值（例如，公正、平等和正直）。顾名思义，成文的理想型伦理规范主要是为了积极地激励专业人员努力获得理想的专业操守，而不是明显地只具有惩戒功能。在讨论监管型规范和理想型规范的区别时，福斯特（Forster，2012）指出，监管型规范和理想型规范对专业人员施加它们各自特定的期望。就关注的程序和行动而言，监管型规范往往意味着专业人员应该优先强调工具理性——也就是说是一种与寻找实现特定目标的最有效手段有关的输入—输出型思维。在这种情况下，对专业人员的期望是工作行为要符合成文的伦理行为准则。相反，理想型行为规范涉及专业期望时提供一种更加开放和灵活的框架，似乎更青睐于表现出自主的专业判断。理想型规范吸引专业人员反思践行规范中所描述的专业理想意味着什么，并不断努力去实现这一理想。

义务型规范和理想型规范的区别可以用来观察伦理规范如何以不同的方式指导具有细微差异的行为，但事实上，很难明确划分教学中的伦理规范属于哪种类型。监管型规范和理想型规范表现出的伦理标准常常诉诸同一种伦理规范（Banks，2003）。为了使问题进一步细化，受托机构很少使用一致性的伦理规范标签——将其称为不同的专业行为守则、专业伦理规范、专业伦理标准等等——对特定规范赋予的名称并不能很好地反映规范的主要表现形式（Forster，2012）。

（一）教师的法律义务与专业义务

尽管很多国家采用立法的方式发挥社会与监管的作用，这类似于伦理规范的功能。一般而言，法律所概述的专业义务根本替代不了伦理规范。

一种局限通常可以在法律实施的具体水平发现。以加拿大魁北克省为例，类似于加拿大的其他省份（MacKay, Sutherland, & Pochini, 2013），《魁北克教育法案》（Education Act of Quebec，2016）包含教师作为公务员法律责任的一系列条款。其中第一项条款是教师有责任致力于委托给他们照顾的每位学生的智力和全面个人发展（第22条）。意料之中的是，可以在几种加拿大教师伦理规范中找到类似的表述（Maxwell & Schwimmer，2016）。然而，当将《魁北克教育法案》第22条规定与专业协会制定的伦理规范进行比较时，就会清楚地发现教师专业义务的法律条文包括一小部分常见的伦理规范内容。

有人认为，通过简单地修改立法可以弥补这一限制，使其形式、内容和详细程度更接近于伦理规范标准，但是，这并不能解决更加根本性的作者身份问题。在很多社会中，认可某种特定的工作成员为"专业人员"，意味着这些人员具有一定的自我管理权利（Abbott，1988）。可以肯定的是，列出教师主要义务的法案和教师伦理规范都是一种社会控制工具，它们的存在是为了确保教师行动符合外在的行为标准。然而，如上所述，伦理规范也构成了专业与社会的契约。为了交换专业自主权，专业人员承诺将他们的专业技能服务于公众的最大利益和高标准的道德情操（Dunbar，2000）。例如，行使专家技能和专门知识的权利，这些技能和专门知识界定了合格的专业实践，而不受外部因素的干扰。伦理规范是公开表述承诺的关键。法律通常要求专业团体让伦理规范发挥实际作用，对成员开展规范内容的教育和建立一种违反协议的惩罚机制，这是因为专业本身必须建立伦理准则，以治理他们的工作，并形成社会信任关系的基础（Legault，2006）。立法不能取代伦理规范，因为法规表述的是政府或社会对专业人员的期望，而不是专业人员共同认可的自我期望。

（二）教师自主的限度

专业自主和外部控制之间的张力是理解关于教学伦理规范作用和价值争议的关键，尤其是在对教师是否具有专业自主权这一理念存在争议的情况下。在教学界内外的人都可以经常听到对教师自主美德的颂扬，呼吁将专业自主的理想作为论证教育系统改革和改善教师工作环境的依据（Maxwell，2015）。然而，事实上，目前很多西方国家治理教学与教育的监管系统很少为教师自主提供空间。对几乎没有或根本没有咨询权、参与权或同意权的教师实施的监管机制是多种多样的：政府考试、绩效目标、行动计划，尤其是在班级规模等问题上不断变化的官方政策，将学习困难的学生纳入普通班级、课程和以能力为本的教与学中。

再一次以加拿大为例，《魁北克教育法案》第 19 条承认教师在教学策略或评价方法选择上的自主权。魁北克法院的很多案例已经证实这一权限，法院的裁决在这一点记录得很清楚。法官一贯优先重视教师的法律义务，尊重雇主支配教师的专业自主权（Daviault，2002）。法庭审理过的一个案件是教师拒绝校长为学生开展某种课外活动的请求。教师拒绝的原因是他的学生年龄太大，不适合该项活动，否则让人觉得很幼稚。在这种情况下，法官以不服从命令给教师定罪。根据法官对法律条文的理解，在这种情况下，教师有法律义务服从校长的命令，尽管法官同意教师所认为的该活动不符合学生的最大利益的观点（Daviault，2002）。

有趣的理由是从系统上优先考虑学校管理者对教师自主的权威，在魁北克法院裁决中重复出现。有些法官认为以此方式限制教师的专业自主权符合现有较广泛的法律条款，这些法律条款的存在是为了确保尊重学生的受教育权（Daviault，2002）。具体而言，这些法官认为，政府具有教育社会中儿童的责任。这种责任通过行政科层体制传递下来，从教育部到学校董事会，然后到校长，最后落实到课堂教师。根据这一解释，教师工作处在教育系统与公众之间的接口点，但具有教育的责任，包括对教学和评价方法作决策的责任。这是一项教师与教育系统中的其他利益相关者共享的工作。这意味着，教师关于学生最大利益的专业判断从来不可能推翻国家或其代理人对同一学生群体最大利益的决策。

魁北克是加拿大唯一没有共同教师伦理规范的省份。事实上，如果魁北克具有合适的教师伦理规范，也很难说法官会对上述案件作出不同的裁决。可以明确的是，法官在仲裁与教师专业操守问题有关的案件时通常都会考虑教师专业或教师协会制订和批准的伦理规范，特别是如果其中包含与案件有关的部分。例如，在林登·多瓦尔（Lynden Dorval）案件中，法院并未考虑阿尔伯塔当地的伦理规范，埃德蒙顿市一位高中数学教师因不服从命令被解雇，理由是他拒绝执行学校董事会制定的有争议的"无零分"（no-zero）政策。无零分政策是一项原则，它禁止教师给学生打零分，即使是在学生不交作业或不回答测验问题的情况下（Gereluk，Martin，Norris，& Maxwell，2016）。最终，阿尔伯塔法院发现对多瓦尔的解雇是不对的（加拿大广播公司新闻，2014）。无论如何，伦理规范和附带的判决指控教师不道德行为的制度机制，至少提供了一个特别的法庭审理委员会，如果存在违反伦理守则的行为，同行可以旁听、审判和制裁。在教师专业自主权遭受威胁的情况下，通常意味着教育领域中具有丰富的实践和专业经验同行构成的委员会，将会有机会反思教学中专业自主的范围和限度，而不是将问题留给法官，而法官一般缺乏关于教育或教育系统的专业知识，势必从法律的立场来考虑案件（Jeffrey，Deschênes，Harvengt，& Vachon，2009）。

（三）伦理规范和教师教育

教师伦理规范除了作为增强公众对专业信任和指导专业行为的监督工具而存在，还对教师专业社会化有着巨大的教育上的价值。

学术文献中一个普遍的观点是教师教育中伦理教育的核心作用是将未来的教育者引入到集体的教学专业规范中（例如，Campbell，2013；Coombs 1998；Nash，1991；Soltis，1986；Strike，1990；Ungaretti，Dorsey，Freeman，& Bologna，1997）。这一观点依靠的理念是：教学和其他专业一样，具有自己独特的伦理概念和专业价值，这些伦理概念和专业价值界定并塑造有责任感的伦理行为——正当程序、尊重隐私和尊严、学术诚信、正直、个人成就，可以通过一系列广泛被接受的专业义务和规范表达出来。伦理规范在这一点上表现出浓厚的教育兴趣，班克斯（Banks，2003）指出：因为伦理规范不仅具有丰富的一般意义伦理术语，还有适用于特定专业领域的道德观念和概念。因此，对班克斯而言，伦理规范的教育价值不仅仅是让学生知道他们未来专业的集体规范。当然，伦理规范也引入一些常见的词汇，这些词汇是特定领域的专业人员讨论和辩论工作场所中出现的伦理问题常用的（Banks，2003）。另一个让人信服的论点反复出现在学术著作中，其观点是要确保在职前教师教育中让师范生熟悉当地伦理规范，建立遵守一套公开宣传的伦理规范和从事以上所讨论的某一社会职业的内在关系。尊重专业的集体规范不是可选的，但对于成为一个专业人员意味着什么的概念来说是不可或缺的。从这一点看，熟悉专业的集体规范并能够将这些规范明智地应用于实践中，肯定能提高教学品质，因为拥有这些能力是教师作为"专业人"必须表现出来的行为举止的一部分（对这一问题的讨论，可见 Boon，2011；Campbell，2008；Nash，1991；Strike，1990；Terhart，1998；Vongalis-Macrow，2007）。

为使专业行为守则的研究成为未来教师道德教育中不可缺少的一部分，最决定性的考虑或许与关心学生的利益这一职责有关。在很多司法案件中，教师要对伦理规范中表述的专业行为标准负责。让新教师知道这些伦理标准并采取措施让新成员理解这些标准，似乎才是公平的。和很多专业一样，对新成员的伦理教育能够和应该发生的时机和场所是职前专业准备时期——最理想的是，在学生作为实践者对公众产生直接的影响之前就做好这件事（Abbott，1988）。

伦理规范在专业生活中应该起到的积极和建设性作用是非常明显的：激发公众信心、指导专业行为、引导新成员遵守专业伦理规范。然而，正如本文开头所提到的，有些学者持有一种相当消极的观点。为了给教学伦理规范的价值和作用提供一种均衡的描绘，尤其是伦理规范与教师专业自主交叉的问题，我们在下一部分转向反对伦理规范的三种论点。这些论点的共同之处是每种观点都认为伦理规范都在以某种方式扼杀专业人员的自主判断。

我们将根据每一项评论，考虑加拿大现有的 12 项教师伦理规范样本的实际内容，以确定它们是否相关或在何种程度上公平。分析中提到的伦理规范列表以及关于规范的一些描述性信息，都放在论文的附录部分。

二、伦理规范会削弱专业自主吗？

在学术著述中，反对专业伦理规范的主要来源是专业伦理规范的监管作用与某些哲学意义的"伦理学"概念之间的紧张关系。

有些伦理学家或多或少地都在交替使用"道德"和"伦理"的概念。其他人坚持对这两个概念作区分。虽然这些术语含义的争论大量存在于哲学和心理学文献中（Gert，2016），一种标准的观点是"道德"指向一套规范、价值或实践，共同描绘一个特定的社会或团体对人类事务正确与错误的概念。众所周知，不同的社会对什么是正确或错误有不同的观点，因此，"伦理"指向关于现实存在的人类事务的是与非问题的审议过程（见于 Ricœur，1990）。根据这些定义，道德是与习俗有关的、预先确定的和特定的，而伦理则是弹性的、公开的和普遍的。

考虑到这种区分伦理与道德的方式，伦理规范和自主判断之间的潜在张力就很明显了。不同的学者以不同方式进行批评，但隐含的基本直觉是，伦理规范的概念在某种程度上是一个自相矛盾的词（例如，Banks，2003；Cigman，2000；Dawson，1994；Forster，2012；Harris，1994；Ladd，1998；Shortt 等，2012；Terhart，1998）。专业伦理规范在本质上是一种由专业人员共同体就成员应该如何表现进行制定和实施的预定规则清单。鉴于此种特点形式和功能，伦理规范似乎专门用于挫败自主的伦理反思，即反思什么样的行为能真正符合顾客的最大利益以及专业中的公众信任。

约翰·拉德是《道德规范的结构》（*The Structure of A Moral Code*，1957）的作者，这是一本道德民族志的经典著作，在 20 世纪 70 至 80 年代发表了一系列关于道德相对主义的论文，被公认为是对伦理规范公开批评的主要支持者之一。在一篇被广泛引用的论文《对专业伦理规范的追求：理智和道德的困惑》(*The quest for a code of professional ethics：an intellectual and moral confusion*，1998）中，拉德认为任何伦理原则不能通过法令来确立，正如伦理规范的典型案例一样，因为伦理原则必须是个体自主伦理反思的结果。拉德补充说，假设可以将伦理原则强加给他人，无疑是对道德和政策的混淆。拉德（Ladd，1988）对专业伦理规范理念的哲学挑战，是建立在至少三个可区分的论断的基础上。在这一部分，我们将轮流思考这些论断。

（一）伦理至简主义

第一个论点以观察为依据，既然伦理规范常常描述专业人员伦理责任的最低纲领，这会导致实践者错误地认为：如果他们遵守书面的准则，那么他们就已经履行了义务。同样，哈里斯（Harris，1994）指出：当伦理规范过于指令化时，就会鼓励专业人员一种草率的服从主义态度，从而会销蚀专业人员对行动的责任感。让人担心的是，所制订的伦理规范给人留下的印象是：专业人员的伦理责任来自于遵循官方伦理规范事先确立的准则，而不是在特定而独特的情境中个体的恰当回应。换句话说，带来的危险是伦理规范可能鼓励专业人员更多地关心规范的要求，而不是个人的伦理需求和所面临的工作情境。

在我们分析的加拿大教学伦理规范体系中，一项关于义务的表述似乎不符合这一论断。主张教师在课外时间辅导自己的学生不能收取额外的费用，这项义务反复几次出现在伦理规范体系中（Maxwell & Schwimmer，2016）。将这种具体的禁令视为对伦理反思的压制，默许极简主义的伦理，原因在于它并未提供将这种行为视为不伦理的理由。为了弄明白这一规则的依据，我们需要思考：反对为自己的学生提供有偿辅导的规则，因为有偿辅导对父母愿意和有能力支付辅导服务的学生而言是不公平的教育优势。考虑到这一点，我们可以看到隐含在义务中一个更为基本的责任是不能接受额外辅导的报酬，目的是公平而平等地对待学生。事实上，我们可以在任何单一的已经分析过的 12 项加拿大伦理规范中找到对这项声明的伦理担忧，没有其他的义务如此频繁地出现在规范体系中（Maxwell & Schwimmer，2016）。

很明显，如果要在两种形式之间做出选择，更开放和灵活的形式有优势适合更大范围的情境和伦理考虑，也更符合规则。当然，获得了开放性就可能丢失了精确性。因此，为了提高专业标准的认可程度，需要审慎地考虑是否将具体的行为规则纳入到伦理规范中。然而，正如斯坦迪什（Standish，2015）所建议的，关于如何刚性和具体地制定教师工作准则的问题，将取决于制定规则的人在多大程度上愿意信任教师可以进行理智的判断。拉德（Ladd，1980）和哈里斯（Harris，1994）的批评显得非常重要，因为他们将我们的注意力转向某种程度嘲讽教师伦理规范制定的问题上：规范越详细和指向性越强，更有可能损害帮助教师决策的伦理反思能力的发展和使用，无论是教师个人还是群体，而教学的专业价值要求他们在具体情境中能够做出特定的行动和决策。

（二）多数人暴政

拉德提出了第二个论点，专业伦理规范是反映约翰·斯图亚特·穆勒（Mill，1959/2011）非常有名的称为"多数人暴政"现象的精彩例子。因为伦理规范包括给专业机构的所有成员施加特定的伦理标准体系，他们注定打压对这些标准存在的异议或批判性反思。拉德的观点是，即使大多数的专业人员接受这些标准，体现了几乎是协商一致的观点，这并不意味着标准本身是正确的或毋庸置疑的。再次，拉德（Ladd，1998）的建议是：伦理规范恰恰会压制促使专业伦理进步的能力，而这种能力就是独立批判性判断的能力，它允许专业人员在伦理问题发生时发现和纠正错误。尽管很难想象专业中大多数人能够支持不代表专业规范的伦理准则——如果有的话，不能代表大多数人的意见，将会大大削弱伦理规范的信任度，这并不意味着，伦理规范的恰当角色仅仅是为了将多数人的意志强加到个体专业人员身上，而不给知情的和负责任的个体判断、反思以及质疑留有空间。

拉德担心伦理规范只是鼓励对准则的被动服从，不鼓励持不同政见者。在他看来，我们所研究的加拿大教师伦理规范甚至在某种程度上证实了道德守则的险恶趋势，对将制度规则和契约承诺尊为教师专业主义的伦理义务提出告诫。事实上，在这些省的伦理规范中，有些最经常反复出现的伦理义务，都会以某种方式要求教师尊重和服从工作场所中上级的决定，或者是与教师工作义务有关的政府或其他机构施加的命令。例如，阿尔伯塔省教师专业行为准则协会（The Alberta Teachers' Association Code of Professional Conduct，2004）提醒教师：他们"必须履行雇主要求的合同义务，除非是双方一致同意或根据法律解除合约"。其他规范要求教师与教师协会（例如，Northwest Territories Teachers' Association，2012）"维持积极的关系"，要求他们尊重工会在处理有关劳动争议方面的决定（Newfoundland and Labrador Teachers' Association，2011）。一般来说，教师协会或教师如果没有先获得相关委托机构的同意的话，禁止教师公开地将自己视为教学专业的代表（Nova Scotia Teachers Union，2011）。

在专业伦理规范中出现这种类似的要求让人感觉很奇怪。一方面，这样做就略去了教师作为雇员的合同义务与作为协会成员义务的区别，另一方面，也抹去了与他们作为某一专业成员义务的差异。含有这种社团主义倾向的义务准则意味着违背合同和协会义务就是专业渎职。顺便说一下，将专业伦理规范作为加强教师合同义务的工具，一直受到加拿大司法系统的质疑。根据马凯、萨瑟兰和普吉尼的报告（MacKay, Sutherland, & Pochini, 2013），1992年萨斯喀彻温省法院裁定，当地教师协会根据伦理规范对拒绝参与罢工行动的教师采取的制裁行动不合法。根据这一案件中法官的说法，罢工期间的教师在法律上不是渎职，因为作为专业人员的教师和作为工会成员的教师存在本质的区别（MacKay, Sutherland, & Pochini, 2013）。法官的理由似乎如下：专业义务的存在是为了服务公众利益，而尊重罢工命令的义务体现了一种截然不同的目的，是为了推动教师的个人利益以及所隶属的工人组织。

尽管如此，教师伦理规范义务中规定教师服从工作场所上级和团体的意志作为一种专业品质，这似乎传递的信息是在涉及合同和工作场所科层结构时，教师不被信任可以做出负责任的行动。从加拿大教师伦理规范的例子可以看出，理想型义务可以在一定程度上提升专业实践的理想，和理想型义务不同，监管型义务重在表达底线的专业义务规范，这些团体主义的义务似乎很大程度上旨在鼓励顺从、服从和屈从。

我们再一次将注意力转向伦理规范中精确表述的义务能具有一种缓解作用。例如，教师有责任对它们的合同、团体和法律责任具有知情权，在我们看来，这是专业自主的更多尊重，而不只是对尊重加拿大教学伦理规范中反复出现的具体制度规则和合同承诺的提醒。

另一种有希望减少伦理规范中大多数人暴政的途径，系统地包含在教师伦理规范中，可以称之为"合理异议的义务"。在我们分析的12条伦理规范中，大约有1/4的规范出现这种情况，抗议条件的义务严重损害了学生的教育利益（Maxwell & Schwimmer, 2016）。明确提出教师有责任就其被要求的内容和作为专业人员所见证的内容行使其批判性判断，既为教师的批判性判断开辟了空间,也肯定了教师在教育系统中作为学生及其家庭的倡导者所能发挥的重要作用。

(三) 道德语言

拉德(Ladd,1998)所提出的第三个关于专业伦理规范的保留意见,是它们有时候似乎具有隐藏的议程,更多的是控制想法,而不是指导和调节专业行为。通过内容、语言和写作语调的巧妙选择,这些隐藏的议程可以服务于不同的目的,包括投射正面的专业形象、巩固专业地位和强化专业认同。尽管本身并不一定是非法的,专业伦理规范隐含的次要目标往好的方面说是秘密的,而最坏则是给伦理规范带来一种道德说教的和屈尊俯就的语气。

用我们的话说,当规范使用充满情感的语言来推动圣洁的专业理想,或者在另一方面,将专业人员描述为固有的腐败,因此需要持续的监视时,它是道德的。关于这一现象的好例子可以在教师伦理规范的英文版看到,肖特、哈雷、斯彭德洛夫、哈代和巴顿(Shortt, Hallett, Spendlove, Hardy, & Barton, 2012)形象地描述了一个自信而有爱心的积极教师形象与懦弱而多疑、遭受诋毁的教师形象之间的摇摆不定。拉德(Ladd,1998)声称:在写作专业伦理规范时遇到的陷阱之一是容易使用空洞的短语和夸大的表述,最终描述一种理想(因此,一定是不切实际的)的专业图景。拉德(Ladd,1998,第215页)警告说,这种表达专业人员的方式,会损害伦理规范的可信度,造成专业人员不认真对待伦理规范,甚至会将其视为嘲讽的对象。

通过内容分析发现,这种动态性明显存在于加拿大教学伦理规范中(Maxwell & Schwimmer, 2016)。例如,有几项伦理规范要求教师的行为在任何时候都要操持专业的荣誉和尊严(Alberta Teachers' Association, 2004)。如果缺少关于尊重这项义务可能意味着什么或它如何与道德教学实践的价值观或原则联系起来的资格,这些表述似乎主要在情感层面上运作,形成一个理想化的形象,旨在鼓励教师符合某些不确定的、在道德上无可指责的或"好"教师的形象。丹尼斯·杰弗里(Jeffrey, 2013)认为,建议教师必须承担"道德榜样"(models of morality)的角色,无论是工作中与年轻人的互动还是工作以外的私人生活,这种要求与教学作为专业的理念是格格不入的。杰弗里主张将教师视为专业人员,这意味着要求他们在教育体制的范围内主要的责任是提供有质量的教育服务。在杰弗里看来,要求教师同样具有"高尚的道德品质"是逝去世代的文化遗产,在那个时代,教师不仅被期待成为人类服务的专业人员,还要向下一代灌输服从意识以及严格的道德和伦理规范。

与"理想化"的教师形象相比,我们所分析的加拿大教师伦理规范列出的某些义务呈现了一种不可靠和被怀疑的消极教师形象。这种类型的条款义务读起来体现了教化和责备的意味,对阻止教师行为不端是必要的。例如,新不伦瑞克省的教师伦理规范提出两种不伦理的行为:"利用教师与学生之间的特权关系"和"故意向同伴教师提供虚假或误导性的报告"(New Brunswick Teachers' Association,2011)。对这种明显不伦理行为和态度的公开谴责,很容易被视为是居高临下的,传递的明确信息是不信任教师能以负责的和专业的方式行动。

在这里,我们的分析再一次揭示了伦理规范的道德语言最好理解为可补救的弱点,有些规范能够呈现出来,但不是专业伦理规范的一般特征。事实上,我们发现:所研究的一些伦理规范中关于义务声明的大量案例,可以用来取代其他规范中居高临下、盛气凌人和说教式的语言表达。例如,以非常专横和古老的方式表述"维持专业荣誉和尊严"的职责,将会简单地认为教师有责任在所有与学生、同事以及公众的关系中表现出专业主义特征。同样,在有些情况下,避免在伦理义务中使用否定性话语,能够使它们变得不那么明显。例如,"成员必须尊重教师与学生之间的特权关系"和"成员必须尊重和团结同事"似乎更具有建设性和尊重自主权的效果,是对上面提到的新不伦瑞克省教师伦理规范的否定性表述义务的例子的另一种选择。

三、讨论和结论

我们在本文讨论了以上三种反对伦理规范的论点,强调伦理规范在指导专业行为和作为专业规范来源的作用,而忽略了其他我们上面提到的伦理规范的基本作用：作为裁决指控专业行为不当的标准和教育未来实践者的重要文件，是他们进入这一行业必须了解的集体规范。事实上，正如我们所看到的，这是将伦理看作为自由的、开放的和批判性活动的哲学观与固定的、静态的和自上而下的伦理规范特征之间的张力，而后者让拉德和同类的学者得出的结论是：伦理规范会带来限制专业判断和表现一种脱离专业生活现实的专业形象风险。在本文中，我们思考了在写作伦理规范时如何将这些批评考虑在内，旨在减少这些风险。然而，我们必须意识到：即使是经过认真考虑的伦理规范措辞，也不能够完全消除这些风险，因为从来没有人能够完全掌控这些规范是如何被接受的。

而且，在论文快结束时我们感觉到有些唠叨和不安。我们在本文中对伦理规范批评的思考，可以为制定伦理规范时如何避免常见的陷阱提供有益的指导，此观点可以使我们意识到这一事实：最终有一天，我们提出的真是海德（Heid，2004）所说的"驯养的批评"（domesticated critique）——也就是说，这种批评最终不能挑战现状。尤其是拉德（Ladd，1998）、特哈德（Terhardt，1998）和肖特（Shortt，2012）以及他的同事对专业伦理规范提出的批评，超越了伦理规范制定得好与坏的问题，触及了一个单独而又重要的问题。这个问题是伦理规范通过以伦理义务清单的形式对构成专业行为的要素进行几乎全面的描述，从而论证如何将义务放在优先地位，这可能是一个更加丰富的概念，可以理解专业人员如何能够和应该就伦理需求和专业人员工作的复杂性进行协商。即使一个人无限期地完善伦理规范，努力减少对其批评的影响，一种更基本的批判仍然存在：专业主义的义务论概念不可避免是偏颇和不完整的。要弄明白这一点，我们只需考虑其他伦理专业主义的概念，例如关心伦理学（Katz，Noddings，& Strike，1999）、好客伦理学（Ruitenberg，2015）以及希金斯教师作为自我培养个体的形象等（Higgins，2011）。所有这三种理想都超越了义务论，探索观察、感觉和回应他人的复杂方式，给教师专业主义赋予了生命，将发展教学专业伦理视为一种严肃的工作。

为回应本文一开始提出的问题，即伦理规范是否削弱专业自主，我们的回答具有消极倾向，但的确是有条件的。如果伦理规范是构思拙劣的、建构匆忙的或者看似是对教学伦理行为的详尽说明，而不是实践者理解教学伦理的基本起点，那么它就成为形成真正专业伦理的阻碍。事实上，如果从这一分析中得出某些经验教训的话，那就是制定一项有效的伦理规范是困难而复杂的事情。它要求对各种相互关联的事情保持敏感：尤其是措辞选择表达的信息；实践者在使用这些规范时所认知到的信息；选择包括（和排除）哪些内容对公众与专业之间脆弱的信任关系的影响；专业人员自身的概念。本文的分析旨在揭露：第一，为了使伦理规范有利于锻炼和发展自主的专业判断，伦理规范首先必须将开放和灵活放在首位，而不是封闭而有限的义务声明。第二，伦理规范应该使教师认识到合理异议的职责，公开地支持教师为了学生和教育系统的利益使用批判性判断。第三，应该避免将伦理规范看作是道德主义的修辞策略，无论是表达一种高尚而不真实的教师形象还是将教师丑化为腐败和不值得信任的人。在起草和修改伦理规范时将这些条件考虑在内，尽管不能保证完美，但却能够帮助拉德（Ladd，1998）和其他批评者已经确定的一些更令人反感而又常见的专业伦理规范的特征，我们在加拿大伦理规范中找到大量的依据确认这些内容存在问题。

参考文献：

Abbott, A. (1988). *The system of professions: An essay on the division of expert labour*. Chicago: University of Chicago Press.

Alberta Teachers' Association (2004). Code of professional conduct. Retrieved from: http://www.teachers.ab.ca/SiteCollectionDocuments/ATA/Publications/Teachers-as-Professionals/IM-4E%20Code%20of%20Professional%20Conduct.pdf

Banks, S. (2003). From oaths to rulebooks: A critical examination of codes of ethics for the social professions. *European Journal of Social Work*, 6 (2), 133—144.

Boon, H. (2011). Raising the bar: Ethics education for quality teachers. *Australian Journal of Teacher Education*, 36, 76—93.

Campbell, E. (2008). Preparing ethical professionals as a challenge for teacher education. In K. Tirri (Ed.,) *Educating moral sensibilities in urban schools* (pp. 3—

18). Rotterdam/Taipei: Sense Publishers.

Campbell, E. (2013). Cultivating moral and ethical professional practice. In M. Sanger & R. Osguthorpe (Eds.), *The moral work of teaching and teacher education: Preparing and supporting practitioners* (pp. 29—44). New York: Teachers College Press.

Canadian Broadcasting Corporation News (2014, December 12). "No-zero" teacher Lynden Dorval cleared of unprofessional conduct. Retrieved from: http://www.cbc.ca/news/canada/edmonton/no-zero-teacher-lynden-dorval-cleared-of-unprofessional-conduct-1.2871892

Carr, D. (2000). *Professionalism and ethics in teaching*. London: Routledge.

Carr, D. (2006). Professional and personal values and virtues in education and teaching, *Oxford Review of Education*, 32(2), 171—183.

Cigman, R. (2000). Ethical confidence in education. *Journal of Philosophy of Education*, 34(4), 643—657.

Coombs, J. (1998). Educational ethics: Are we on the right track? *Educational Theory*. 48(4), 555—569.

Daviault, P. (2002). L'autonomie professionnelle des enseignantes et des enseignants et le droit de gérance. In P. Chagnon (Ed.), *Développements récents en droit et l'éducation* (pp. 3—27). Cowansville: Yvon Blais.

Dawson, A. (1994). Professional codes of practice and ethical conduct. *Journal of Applied Philosophy*, 11(2), 125—133.

Education Act of Quebec (2016). Retrieved from the Publications Québec website: http://www2.publicationsduquebec.gouv.qc.ca/dynamicSearch/telecharge.php?type=2&file=/I_13_3/I13_3_A.html

Dubar, D. (2000). *La crise des identités. L'interprétation d'une mutation*. Paris: Presses universitaires de France.

Forster, J. D. (2012). Codes of ethics in Australian education: Towards a national perspective. *Australian Journal of Teacher Education*, 37(9), 1—17.

Gereluk, D., Martin, C., Maxwell, B., & Norris, T. (2016). *Questioning the classroom: Perspectives on Canadian education*. Toronto: Oxford University Press.

Gert, B. (2016). Morality. In Edward N. Zalta (Ed.), *The Stanford encyclopedia of philosophy*. Retrieved from http://plato.stanford.edu/entries/morality-definition/

Harris, N. (1994). Professional codes and Kantian duties. In R. Chadwick (Ed.), *Ethics and the professions* (pp. 104—115). Aldershot: Avebury Publishers.

Heid, H. (2004). The domestication of critique: Problems of justifying the critical in the context of educationally relevant thought and action. *Journal of Philosophy of Education*, 38 (3), 323—339.

Higgins, C. (2011). *The good life of teaching*. Oxford: Wiley Blackwell.

Jeffrey, D., Deschênes, G., Harvengt, D., & Vachon, M-C. (2009). Le droit et l'éthique dans la profession enseignante. In F. Jutras and C. Gohier (Eds.), *Repères pour l'éthique professionnelle des enseignants* (pp. 75—91). Québec: Les Presses de l'Université du Québec.

Jeffrey, D. (2013). Profession enseignante: de la moralité exemplaire á l'éthique professionnelle. *Formation et profession*, 21 (3), 18—29.

Ladd, J. (1957). *The structure of a moral code: A philosophical analysis of ethical discourse applied to the ethics of the Navaho Indians*. Cambridge, MA: Harvard University Press.

Ladd, J. (1998). The quest for a code of ethics: An intellectual and moral confusion. In P. Vesilund and A. Gunn (Eds.), *Engineering, ethics and the environment* (pp. 210—218). Cambridge: Cambridge University Press.

Legault, G. (2006). Professionalisme avec ou sans profession. In L. Thiaw-Po-Une (Ed.), *Questions d'éthique contemporaine* (pp. 603—625). Paris: Stock.

MacKay, A. W., Sutherland, L., & Pochini, K. D. (2013). *Teachers and the law: Diverse roles and new challenges*, 3rd ed. Toronto: Edmond Montgomery Publications.

Maxwell, B. (2015). "Teacher as professional" as metaphor: What it highlights and what it hides. *Journal of Philosophy of Education*, 49 (1), 86—106.

Maxwell, B., & Schwimmer, M. (2016, May). *Codes of professional ethics: How good a guide for preservice teaching curriculum*? Paper presented at the annual meeting of the Canadian Society for the Study of Education, Calgary, Alberta.

Mill, J. S. (1859/2011). *On liberty*. London: Walter Scott. Retrieved from the

Project Gutenberg EBook Library https://www.gutenberg.org/files/34901/34901-h/34901-h.htm

Nash, R. J. (1991). Three conceptions of ethics for teacher educators. *Journal of Teacher Education*, 42 (3), 163—172.

Katz, M, Noddings, N., & Strike, K. (Eds). (1999). *Justice and caring: The search for common ground in education*. New York: Teachers College Press.

New Brunswick Teachers' Association (2011). Code of professional conduct. Retrieved from http://www.nbta.ca/resources/code_of_ethics/Code_of_Professional_Conduct.pdf

Newfoundland and Labrador Teachers' Association (2011). Code of ethics. Retrieved from https://www.nlta.nl.ca/files/documents/memos_posters/code_of_ethics.pdf

Northwest Territories Teachers' Association (2012). Code of ethics. Retrieved from https://www.ece.gov.nt.ca/files/Early-Childhood/handbook/Section％201％20documents/NWTTA％20Code％20of％20Ethics％202012.pdf

Nova Scotia Teachers Union (2011). Code of ethics. Retrieved from http://www.nstu.ca/the-nstu/about-us/about-nstu/code-of-ethics/

Ricœur, P. (1990). *Oneself as another*. Chicago: University of Chicago Press.

Ruitenberg, C. (2015). *Unlocking the world: Education in an ethic of hospitality*. Boulder: Paradigm Publishing.

Shortt, D., Hallett, F., Spendlove, D., Hardy, G., & Barton, A. (2012). Teaching, morality, and responsibility: A structuralist analysis of a teacher's code of conduct. *Teaching and Teacher Education*, 28, 124—131.

Sockett, H. (1990). Accountability, trust, and ethical codes of practice. In J. Goodlad, R. Soder and K. Sirotnik (Eds.), *The moral dimensions of teaching* (pp. 224—250). San Francisco: Jossey-Bass.

Soltis, J. F. (1986). Teaching professional ethics. *Journal of Teacher Education*, 37 (3), 2—4.

Standish, P. (2015, March). *Knowing in feeling*. Paper presented at the meeting of the Philosophy of Education Society Annual Meeting. Memphis, Tennessee.

Strike, K. (1990). Teaching Ethics to Teachers: What the curriculum should be about?*Teaching and Teacher Education*, 6 (1), 47—53.

Terhart, E. (1998). Formalised codes of ethics for teachers: Between professional autonomy and administrative control. *European Journal of Education*, 33 (4), 433—444.

Ungaretti, T., Dorsey, A., Freeman, N., & Bologna, T. (1997). A teacher education ethics initiative: A collaborative response to a professional need. *Journal of Teacher Education*, 48 (4), 271—281.

United Nations Educational, Scientific and Cultural Organization (2010). Examples of codes taken from around 50 different countries worldwide. UNESCO toolkit on teacher codes of conduct. http://teachercodes.iiep.unesco.org

Van Nuland, S. (2009). *Teacher codes: Learning from experience.* Paris: UNESCO.

Vongalis-Macrow, A. (2007). Teachers' ethic: Education International and the forging of professional unity. *Journal of Educational Controversy*, 2 (2), 1—13.

全纳情境中的专业伦理：教师的挑战、张力和困境

[加] 安格尼斯·伽耶维斯基[①]

全纳（inclusion）意味着，所有人，无论其能力如何，均有权全面平等地参与社会各个方面，包括学校教育（Bennett，2009；Hutchinson，2007；Jordan，2007；McLeskey，Rosenberg，& Westling，2013）。自从西班牙萨拉曼卡召开由 92 个政府和 25 个组织代表参加的世界特殊教育会议并提出《萨拉曼卡声明和特殊教育行动框架》（*Salamanca Statement and Framework for Action on Special Needs Education*，UNESCO，1994）以来，全纳已成为全球范围内教育发展的优先考量。大会宣言呼吁各国政府出台相关法律和政策促进全纳教育。有人坚持说，正规的学校是最合适、最有益的学习环境，因此，无论孩子的个人差异或能力如何，所有的孩子都应进入普通学校。

> 具有这种全纳取向的普通学校是抵制歧视态度，创造友善社区，建设包容性社会，实现全民教育的最有效手段。并且，这能够为大多数儿童提供有效的教育，提高整个教育体系的效率，最终提高其成本效益。（UNESCO，1994，第 6 页）

尽管全纳在全球范围内教育机构中仍是在不同的能力水平上实施，但是有一个普遍的共识是，全纳在根本上是一种人权（Florian，1998；Jordan，2007；Norwich，2005；Polat，2011）。在西方教育环境中，全纳是安置残障

---

① 作者供职于加拿大雪尔顿学院。

学生的首选方法，全纳意味着残障儿童能与其他同龄儿童一起学习，并且可以参与到学校社区的各个方面（Hutchinson，2007；Jordan，2007；McLeskey，Rosenberg，& Westling，2013）。根据《加拿大权利与自由宪章》（*Canadian Charter of Rights and Freedoms*，1985），加拿大已全面实施全纳教育，并主张有智力、行为、交际、身体或者多种能力存在残障的个体，能够参与到社会中，完全实现自身的潜能，而不受到偏见、歧视或阻碍。加拿大各地的学校结构可以让孩子们在同一个环境中学习，无论他们的能力、种族、阶级、性别或宗教如何，都能获得公平的经验和机会。

从哲学上来说，全纳具有伦理基础并能推进伦理原则的落实。由于全纳依赖于机会和平等，所以，关注原则、公平、尊重、责任、义务和正义是全纳社会必不可少的意识、标准和行为，更何况它涉及人权议题。这些原则在亚里士多德的德性中被概念化，与"行善"的责任有关；它们从习俗、规范或标准中分离出来，它们适用于一个更大的集体，而不是为个人设计。全纳推崇正确和公正的观念，让所有人的价值都得到认可，并在社会中得到机会。确保社会中的所有成员都受到关怀与尊重是所有机构和个体的责任和义务。在理想的全纳学校中，所有学习者的需要都能得到认识、支持和满足，所有的学生都是充分的、积极的、平等的参与者。此外，伦理原则包含人际关系品质，正如诺丁斯的关怀伦理理论（Noddings，1984）所阐明的，在建立人际关系时，特别是当涉及权利时（如师生），个人福祉和最大利益应被优先考虑。从伦理角度来看，《萨拉曼卡声明和特殊教育行动框架》维护的是残障人士的权利。然而解释和执行该声明的方式却各不相同，并有可能导致复杂的道德争议，这些争议包括：个体与群体的权利，对关照、公平、正义的不同解读，在专业实践中需求和利益的争夺，有时还会导致教师面临紧张的伦理关系、挑战和困境。

本文对教育中的专业伦理进行了讨论，主要针对全纳情境中的教学与学习。本文中的全纳特指能力，提倡残障个体获得平等、可获得和有意义的参与。在这里，残障的概念化突破了界限，拒绝缺陷模式，即认为个人内部存在缺陷；相反地，残障被认为是不固定的，一些残障可能源于态度的、社会的、系统的和环境的因素,这些障碍阻碍了个体充分而平等地参与社会(Campbell,2013;Jordan,2007)。这一残障的定义与联合国《残障人权利公约》(*Rights of Persons with Disabilites*,2006)是一致的,其中规定:

> 残障是一个不断发展的概念,残障是由于障碍个体与态度、环境障碍之间的相互作用造成的,这些障碍阻碍了他们在与他人平等的基础上充分有效地参与到社会中。应当认识到残障人士对社区的整体幸福感及多样性的存在价值和潜在贡献,促进残障人士充分享受人权、基本的自由权及充分参与权,增强他们的归属感,并极大地促进人类社会经济的发展。

当我们认识到差异的时候,残障不再被视为一个弱点。在一个全纳的社会中,差异是有价值的,并且被视为整体社区的一份力量。在本章中,残障和特殊两个词可交替使用。教师对全纳学校和课堂中有效实践的专业道德和必要原则的认知将会得到讨论。我进行了一项实证研究,调查全纳课堂中的教师伦理挑战和困境,进而探讨了复杂的教师工作(Kieltyka-Gajewski,2012)。

一、教师、专业伦理及全纳

在教育中,教师有助于全纳的实践应用及有效实施。教师的角色是复杂而多面的——教师有责任构建学习环境,与学生、家长、同事进行互动,创造机会,消除障碍(Bennett,2009;Stanovich & Jordan,1998,2002,2004;Waldron,McLeskey,& Pacchiano,1999)。而在全纳情境中,教师的角色和责任被扩大为对具有不同学习需求和能力的学生进行教学(Bunch,Lupart,& Brown,1997)。斯坦诺维奇和约旦(Stanovich & Jordan,2002)对影响全纳成功实施的关键变量进行了实证研究。他们通过对学生学业成就的测量,确定了四个关键变量,其中三个侧重于教师及其实践,包括教师对残障学生的信念、教师效能感以及教师的教学策略储备。此外，还可能要求教师平时在课堂中努力满足残障学生的个别化需求。可以说，在全纳学校中，"行善"的责任大多落在课堂教师身上。教师在工作中必须维护并提高道德原则，以确保学生的需求和最大利益；必须维护并支持公平原则，以坚定教师对残障学生的信念，促进尊重、包容和积极参与；必须树立责任意识，并承担所有与学生学习成长相关的责任。教师应在实践中重视并促进公平公正。由此可见，教师角色至关重要，他直接会影响到学生在学校和课堂的体验。

无数的学者就教师工作的道德本质及其行为影响开展过研究（Campbell，2003，2004；Carr，2006；Colnerud，1997；Fenstermacher，1986，1990；Hansen，1998，2002；Jackson，Boostrom，& Hansen，1993；Kieltyka-Gajewski，2012；Noddings，1984；Norberg，2006；Sockett，1993；Strike & Soltis，1992）。研究结果表明，有道德的教师具有诚实、正直、关怀、尊重和公正的原则并付诸实践（Campbell，2003）。此外，教师的"行为（manner）"（Fenstermacher，2001）和"品性（dispositions）"（Sockett，2006）对学生的发展具有深远的影响（Jackson等，1993）。伊丽莎白·坎普贝尔（Campbell，2003）区分了教师的伦理行为与教师在学生道德发展中所扮演的角色。她将这种角色视为道德实践（moral agency），并界定为，"教师如何对待学生以及教师教给学生哪些道德"（Campbell，2003：第2页），它引导着教师的决策、实践及其行为。坎普贝尔进一步指出（Campbell，2006：第33页），教师要成为复杂课堂环境中的"好人"，仅仅有一个完备的道德指南是不够的，他还需要伦理知识：

> 伦理知识能够让教师在核心道德和伦理价值观（如诚实、同情、公平、尊重他人及其日常选择与行为等）之间建立观念和实践上的联结。不再将教师教学仅仅视为技术的、教育学的、课程的、学科的，而更要评价他们的教学实践对学生所具有的潜在伦理道德影响，无论它们是正式的还是非正式的。

鉴于教师更值得信赖并有较高的能力水平，尤其是面向全纳教育中那些因残障而被看成是更加脆弱的学生，他们有义务考虑学生的福利和最大利益，并与最新的最佳实践相一致（Courtade & Ludlow，2008）。

因此，道德高尚的教师认同自己的道德责任，他们能够掌握伦理知识，并认为专业道德与他们的工作息息相关（Bergem，1990；Campbell，2004；Kieltyka-Gajewski，2012；Korkmaz，2007）。一项有关教学伦理困境的研究表明，教师非常重视角色的伦理特性，坚信伦理原则实践的根本，关怀、公正、平等的伦理原则更是如此（Kieltyka-Gajewski，2012）。许多人认为，符合伦理的教学是好教学的代名词，并把理想的教师描述为能够满足学生的需求并维护学生权利的教师。科尔克马兹（Korkmaz，2007）也指出，在对148名参与研究的教师中，所有人都确认伦理原则是重要的，而绝大部分认同教师应该根据学生及其需求，表现出相应的理解、关心、尊重、公平及敏感性。坎普贝尔（Campbell，2004）在一项有关教学中的伦理知识的研究中，进行了课堂观察和教师访谈。她发现，教师在实践中表现出了关怀、公平、尊重和信任的原则，并且认为这些原则在教学专业化过程中必不可少。教师努力成为有道德的人，既因为这是他们的专业义务，又因为他们渴望学生能够获得道德发展（Colnerud，2006）。

在课堂中具有伦理意义的事件时有发生，而教师是负责管理这些情况的角色（Campbell，2003，2004；Carr，2006；Colnerud，1997；Fenstermacher，1990；Hansen，1998，2002；Jackson等，1993；Kieltyka-Gajewski，2012；Noddings，1984；Norberg，2006；Sockett，1993；Strike & Soltis，1992）。日复一日地，需要教师在实践中做出合乎伦理的决定。然而，考虑到教学的复杂性，行"善"并作出合乎伦理的选择是具有挑战性的。如库尔奈鲁德所说，教师"是在一个属于伦理层面上的十分艰难的情境中工作的"（Colnerud，2006：第381页）。教师在处理利益争夺或需求冲突时，常常被相反方向的力撕裂。走向全纳学校和课堂的转变改变了一般教育者的角色，使得他们对有特殊需要学生的教学承担了更大的责任（Bunch等，1997）。在全纳课堂中，教师面临的问题更加复杂，因为他们必须考虑个别化需求，以及无法维护自身权利的那些个体的独特情境。在伦理上，善良的教师觉得有义务维护学生的福利和最大利益，努力确保所有学生能被公平地、正义地、平等地、有爱心地对待。然而，专业义务、不同利益相关者的期望、教育部或学校政策等，使得情况可能会有争议。例如，如果一个孩子的个性化需求和家庭要求及优先性之间存在矛盾，可能会带来挑战。在这种情况下，教师必须使用他们的专业判断并权衡不同的选择，以选出最符合学生需要的一个结果。教师往往面临独自做决定的困境，要求解决一个没有简单方案的情况。他们经常感到左右为难、不确定和恐慌，正如下面的话所描述的教师在全纳课堂中的工作情况：

> 我有一名有着更多特殊需求的学生，而她的家长却不认为如此……校长一直告诉我："你看，就按家长所期望的去做就可以了。不用在课堂中给她什么特别的关注，因为家长不希望这样。"因此，我会尝试以某种方式支持她，即使我不必那样去做。然后……学生的爸爸或妈妈会过来说："她不应该得到这些，这是不应该发生的。"……你觉得你应该听别人告诉你的话，但与此同时，你又感觉这样不好，因为你是教师，不为学生提供支持在本质上是无视孩子的需要（Kieltyka-Gajewski, 2012：第 165 页）。

在这种情况下，这位老师认为，处理和适应学生的学习需求是她的专业责任。然而，父母却拒绝认为孩子有学习障碍，也认识不到孩子有独特的学习需要，因而拒绝任何形式的支持。根据家长的要求，校长命令这位教师收回对学生的所有支持与帮助。一边是家长、校长的要求，另一边是教师自己坚持认为的学生最大利益，教师被夹在其中。从伦理的角度来说，取消支持学生的决定困扰着她，因为她认为学生需要这些才能在学习上获得成功。当她挣扎着去应对这种情况时，她感到沮丧、不安和内疚。这位教师的体验并不是一个特例。教师在面对有特殊需要的学生时，经常会在学校、同事、家长的利益以及学生需求之间徘徊（Fiedler & Van Haren, 2009；Howe &

Miramontes，1992），教师只获得微乎其微的指导。如库尔塔德和拉德洛所言：

> 教育工作者一直面临着艰难的选择，并作出可能影响许多学生未来的重大决定。许多已经提出的问题并没有确凿的答案。教育工作者必须依靠周全的实践决策和健全的伦理原则，才能使有严重残障的个体获得最大利益。（Courtade & Ludlow，2008：第38—39页）

虽然，教学专业中现存的伦理标准与规范，能为处于困境的教师提供支持和指导，但是许多学者认为，这通常还是不够的（Campbell，2003，2008；Colnerud，2006；Nash，1996；Rogers & Webb，1991；Sileo，Sileo，& Pierce，2008）。原因之一在于固定的规范和标准无法捕捉，也因此无法解决现实中课堂生活的独特性。此外，伦理问题往往是多面的和动态的，有多个利益相关者并会产生多种结果；他们几乎不会仅由单一问题构成，如前面提到的教师—学生—家长—校长的例子中，界定学生的特殊需求及为要满足学生需要而做出的调整所呈现的。教学是一种关系专业。因此，标准和规范不足以解决教师工作中的各种关系并指导他们的行动和决定。另一个原因与教师的伦理角色有关，规范和标准难以反映实践中所需的伦理知识。教师应该把自身概念化为道德实践者，并通过行动和行为将其整合于实践之中（Campbell，2003）。此外，教师还应把这些概念化与工作中的选择以及对学生及其道德发展的影响联系起来。这一真实的过程是无法通过遵循规则或程序而建立起来的。这个过程包含着师生通过工作中的交互而形成的动态关系。

虽然规范和标准建立了共有的期望和指导方针，但在帮助教师执行他们的专业角色和道德责任时的引导作用却很小。在北美，专业标准是由组织建立的，如特殊儿童理事会（Council for Exceptional Children）、专业认证机构、政府机构和学校董事会。这些标准关注权利、责任、安全和学生福祉。这些都是必要的，因为它们强调了专业伦理的重要性，并确立了共同基础。不过，规范和标准还是应该被视为走向基于实践的应用伦理学（applied ethics)的起点。当规范和标准无法帮助教师应对全纳教室中具有不同需求与能力水平的学生所产生的伦理挑战和复杂情境时,这样的伦理学是非常必要的。教学专业中的伦理应是实践的基础。它们必须作为一根总线完全嵌入教与学的所有方面。伦理不是教师工作的一个孤立的组成部分。在本质上,伦理是教师工作的中心,因为教学的各个方面都可能有一个道德维度——这些维度根本不能简单地由标准和规范来表示(Campbell,2003;Carr,2000;Colnerud,1997;Fenstermacher,2001;Jackson等,1993;Sockett,1993;Strike,1990)。

二、全纳情境中的道德挑战、张力和困境:伦理准则和学生需求的折衷

伦理与教学行为是不分离的。事实上,当教师在开展工作时,如讲课,调整和修改课程,选择资源,评定与评价,管理课堂,以及与学生、家长和同事进行交流等,伦理和教学实践以复杂的方式融合交织在一起。当教师投入工作时,就会应用伦理准则,这些准则并非只是技术性的或程序性的(Bebeau,1993;Campbell,2003;Fenstermacher,2001;Goodlad,Soder,& Sirotnik,1990;Jones,Ryan,& Bohlin,1998;Rich,1984;Willemse,Lunenberg,& Korthagen,2005)。教师的工作取决于其体现伦理准则的能力,诸如诚实、正直、尊重、公正、公平和关怀,并将其应用于实践。有学者(Dempsey,Noblit,Rogers,& Webb,1991)在《关怀研究》(*Caring Study*)中发现有效的教学离不开关怀行为。在可视为良好的实践中,教师描述了他们表达关怀并为所有学生建立有利的学习环境的方法。基于这一实证研究,罗杰斯和韦伯认为,关怀不仅仅是情感上的,"我们在课堂中观察到,关怀是教育和道德决策的基础,并且它需要行动"(Rogers & Webb,1991:第174页)。道德的老师在作决定或日常行为方式中都会考虑伦理原则。然而,即使是最尽责、最有善意、最有道德的教师,有时也会犯错(Buzzelli & Johnston,2002;Campbell,2003;Colnerud,1997;Kieltyka-Gajewski,

2012)。

本文的这一部分将通过引用我开展过的一项实证研究中的例子，讨论全纳情境中的教师所面临的伦理困境、挑战和张力（Kieltyka-Gajewski，2012），其所描述的教师经验将用以揭示教育工作者所面临的一些困难和在全纳课堂中工作的复杂性。参与这项研究的教师都是支持和倡导全纳的仁慈个体。他们竭尽全力做出符合学生最大利益的决定，努力确保学生得到爱心并被公平公正地对待。这种讨论不是对全纳的一种批判或反对，相反，它的目标在于深入了解教师面临的问题，以更好地支持教育工作者和全纳学校的实践。这样的理解能有效促进全纳的成功实施，从而确保所有的学生，无论其能力如何，都跟同龄人一样有公平的机会学习和成长。伯克利和拉德洛支持这一论点，认为，"……除非伦理问题能够得到持续的讨论，否则就不可能提供个性化的、有意义的特殊教育。"（Berkeley & Ludlow，2008：第 6 页）。

伦理困境涉及"教师必须在两个或两个以上的选择中做出艰难选择的尴尬情境"（Kieltyka-Gajewski，2012：第 19 页）。充满伦理挑战的情况往往涉及利益冲突、多个利益相关者、不同的利益及许多结果，从而考验教师的行动和决策能力（Campbell，1996，2003；Colnerud，1994，1997，2006）。在伦理困境或问题面前，当教师努力寻找解决方案时，往往感到不安、沮丧、困惑。例如，当教师在苦思冥想着个人最大利益与集体的最大利益时所面临的伦理困境：

> 我只是觉得，当我在学业上挑战他们的时候，我忽视了课堂上其他孩子的需要……如果我跟其他有特殊需要的学生一起就会无暇顾及其他学生……并且这很难兼顾；你本应该为这两部分学生做更多……你为了其中一部分学生牺牲了另一部分学生，反之亦然。这让我感觉很难过。（Kieltyka-Gajewski，2012：第 233 页）

虽然为有特殊需要的学生提供额外支持，以确保他们获得有意义的和丰富的学习经验，是合理的，但是教师必须考虑如何保持平衡，以支持课堂上其他学生的需求。某一部分学生的需求要优先考虑吗？如果是这样的话，我们又该如何平衡平等与公正呢？伦理困境是复杂的，几乎没有现成的或明确的解决方案（Berkeley & Ludlow，2008；Campbell，2003；Colnerud，1997；Courtade & Ludlow，2008；Howe，1996；Howe & Miramontes，1991，1992）。教师必须使用他们的专业判断，以应付或处理各种情况。他们必须权衡各种可选方案并且选择其中一种，而往往不止一个立场具有伦理上的正当性。有时，他们不得不作出与自己的伦理妥协的决定。这些事件通常是难以忍受的，教师不断地为他们的选择感到难过，甚至会感到愧疚或焦虑，正如下面一个被试教师所描述的：

> 有时候我会问自己："我今天做了什么啊！"（被试在接受采访时一直在哭）我做了错误的选择。但是我不知道如果不这样做，又能怎么做。有时候我感觉自己被困住了，我想要给学生最好的，但是我不知道如何给予或获得这些。（Kieltyka-Gajewski，2012：第183页）

发生在教残障学生情境中的伦理张力尤其值得注意，特别是那些情感脆弱的个别学生（Fiedler & Van Haren，2009；Howe & Miramontes，1992；Paul, French, & Cranston-Gingras，2001）。菲德勒和范哈伦认为，"特殊教育者通常被呼吁作为残障儿童的支持者和他们权利的捍卫者"（Fiedler & Van Haren，2009：第161页）。在全纳课堂中工作的教师经常会面对要求他们能够平衡相互冲突的需求与利益的情境（Howe & Miramontes，1992；Kieltyka-Gajewski，2012）。他们的行为必须符合教育部、董事会和学校的政策，遵守法律和人权法规，适应和修改课程评估，维护学生的权益，管理课堂和学生纪律，创造有意义的和公平的学习机会，同时还要尊重管理者、专家、同事和家长的需求。此外，在全纳环境中，教师常常被要求照顾个别化的、独特的情况。自始至终，他们必须确保他们照顾的所有学生的福祉和最大利益都能得到保护（Bergem，1990；Berkeley & Ludlow，2008；Bucholz, Keller, & Brady，2007；Fiedler & Van Haren，2009；Heydon，2005；

Howe & Miramontes，1991，1992；Jordan，2007；Kieltyka-Gajewski，2012；Paul 等，2001；Rude & Whetstone，2008）。

在全纳教室里工作的教师，持续描述着伦理困境与挑战。它们发生在不同的情境里，体现了关怀、平等和公正原则的权衡。教师最关心的是，在全纳教室中，残障学生的需求和利益没有得到足够关照（Kieltyka-Gajewski，2012）。所报告的许多伦理问题对于教学专业来说是非常基本的实践议题，如评价评估、课堂管理与纪律、教学适应与改进。当对残障学生实施上述实践措施时，研究参与者称这些有很强的主观性、更多的潜在错误，并且教师能够获得的指导和支持也较少。无论教师的教龄或教育水平如何，都会面临这样的挑战。通常教师感到处理起来还算游刃有余的那些困难，一旦发生在特殊需求的学生身上，就会引起不确定性和疑惑。一个参与研究的教师在努力满足某一位学生的个性化需求与大班学生的公平时就体现了这一点：

> 有段时间，我实在很难知道到底该如何管教有特殊需要的学生。我一直感到困惑，是否仅仅因为他们有特殊需求，所以在他们做了错事或他们没有做自己该做的事情时，我就该给他们额外的机会……我一直在想，如果我让这些孩子就这样蒙混过去，那么班级中其他的孩子呢？同时，有时候有特殊需要的学生理应得到更多的机会（Kieltyka-Gajewski，2012：第 123 页）。

在面对有特殊需要的学生时，教师经常在考虑不同利益相关者、政策或法规的同时，还要协调公正、关怀、平等原则。伦理张力在全纳教室中会被扩大，因为有更大的潜在的不确定性和模糊性。许多常规的、传统的或普通的方式方法由于不确定的选择而变得不足，这些不确定的选择源自于与有特殊需要，而且通常是个别化需要的学生工作。教师们感觉关怀、公正、平等和诚实是他们的专业责任（Oser，1991：第 203 页）。当教师在努力建立必要的事情和似是而非的结果间的平衡时，一直被要求能够兼顾各种准则。因此，当教师由于相互冲突的伦理准则而无法建立这样的平衡时，他们就会面临困境（Oser，1991：第191页）。库尔奈鲁德阐明了教学中需要同时协商各种伦理准则："教师每天都在伦理选择中平衡公正和关怀……他们被迫公正地分配对学生的关怀。相反，他们必须确保公正是以关怀的方式给予的。"（Conerud，2006：第369页）有时，各种准则可能是互补的，然而，更多的时候它们是相对的，因为需要考虑不同的需求、利益或要求。在这种情况下，当教师试图满足所有学生的需要时，他们就会感到不知所措、沮丧和焦虑。

即便是通常已经建立的教学专业中更加技术性的要素以及特定的技巧、方法或指南，比如评定和评价，都会给全纳教室中的教师提出难题。当要求教师进行调和或修改时，他们会感觉有更多的机会进行主观判断，如以下这位老师所示：

> 我该如何真实地评价他们？他们达到了应该达到的水平了吗？还是低于他们应该达到的水平？这真的很难。你必须用你自己的专业判断……然后我必须根据他们做出的实际努力再进行考虑。对于这位学生来说，这件作品真的很棒呢，还是一般呢？这是不科学的。我不能把一堆数字输入到计算器然后给出一个数字（等级）。因此，这是非常主观的。我不知道它有多么公平。这对我来说有多公平？对孩子有多公平？这对其他所有人有多公平？但是，我通常就是这样做的。我有考虑孩子的最大利益是什么吗？如果我给这个孩子贴一个夸大的标签，会给他们造成怎样的伤害？如果我给这个孩子低分，又会给他造成怎样的伤害？所以，这真的很难！（Kieltyka-Gajewski，2012：第127—128页）

这里的困境涉及正直、诚实、公平和关怀的原则。鉴于每一位学生都需要具备一份个性化的、基于个体学生的能力开发的教育计划，以确保所有学生的需求得以满足，教师在评价学生的时候必须考虑学生的个别化需求。课程要求只是被用来评价学生的基准，最终分数还是由教师的专业判断确定的。这就需要教师调和相互矛盾的原则。是否应该根据指导方针来评定等级，是否根据班上其他人的情况来决定等级？这对于有特殊学习需要的学生来说公平吗？抑或相反，应当考虑学生的努力程度、能力及其福利，以培养并促进他们的自信心？这种情境的强度因素在哪里呢？教师对他或她所评定的等级负有责任，过高的成绩是否会对学生的未来不利？教师的日常决策与实践会对学生在学术上、社会上及心理上的幸福感带来长期影响。人们在教师身上寄托了大量的权力和信任来保护社会中最弱势的群体——孩子的发展和福利。一旦认识到这种责任，教师对学生时时充满着义务感也就不足为奇了。因而，当面对一个道德困境而没有明确选择时，他们就会感到困扰、犹豫和不安。

工作于全纳学校的教师所面临的一个重大而持续性的挑战是：同事不愿意让有特殊需求的学生有意义地融入到他们的普通教室中（Kieltyka-Gajewski，2012）。普通教室中的学生通常是能学习与其年龄相适应的课程，无需调整或修改。但是，特殊教育课堂中的教学则需要对课程进行调整和修改，以适应个别化的需求与能力处于不同水平的学生。普通教育中的同事难题常常被专业伦理与学校教育中的伦理困境方面的学者描述为教师的争论点（Campbell，2003；Colnerud，1997；Husu，2001；Kieltyka-Gajewski，2012；Tirri，1999；Tirri & Husu，2002）。在与同事相关的情境中，教师放弃自己对学生的职业责任从而遵从同事的要求，以表示对同事的忠诚。教师不是面对挑战，而是选择忽略这些问题，即便他们认为同事的行为不符合道德或者会伤害学生（Colnerud，1997）。教学行业中潜在一种同僚性和合议缄默文化，这种文化阻止了教师打同事的小报告，因为教师担心会被认为不忠诚并遭到同事的排斥。对自己的保护取代了对学生的义务，正如我所采访的一位教师所说的：

> 如果你看到一个老师打孩子，你可以"汇报此事"（take that to the bank）（自信地跟校长报告这种行为）。但是，你会吗？会吗？因为它可能涉及你的整个职业生涯！你的整个职业生涯都会遭到破坏，因为其他的老师不喜欢你，也不会希望你出现在他们的教室里。你不得不做文字工作，你还必须有证人……如果只有你一个人看到了，你会怎么办？所以，你置之不理，不予理睬……这样的规则阻止了一个老师谈论另一个

老师……告密者永远不会赢！……你就是不能批评另一个老师。这就是规则，老师真的遵守这些规则。（Kieltyka-Gajewski，2012：第 249 页）

在同事困境中，教师不会优先考虑学生的需要和利益。然而，教师还是会对同事不符合道德地对待学生感到困扰，包含不恰当的教学、不对课程进行调整和修改、不公正的行为、对同事信念的消极态度等。此时，关怀、平等和公正的原则就妥协让步了。在这样的困境中，有特殊需求的学生没有得到公平的学习机会和体验。这是尤其令人担忧的，因为实现全纳的关键在于可获取性、教师对残障的态度信念，以及全纳性教学策略（Stanovich & Jordan，2002）。此外，斯坦诺维奇和约旦指出，基于他们在全纳教室中的实证研究，对残障学生负有责任并与同事合作满足学生需求对于全纳的有效实施至关重要。

愿意承担融入残障学生的责任意味着：作为团队中的一员，作为学校合作文化的一分子，与家长开展合作，知道什么时候向谁寻求帮助，知道去哪儿、如何获得资源，以及知道询问哪些问题以帮助自己成为所有学生的高效教师。（Stanovich & Jordan，2004：第 179 页）

如《萨拉曼卡声明和特殊教育行动框架》所规定的，如果我们的目的是走向更加全面的和有意义的全纳，这也是正确的和公正的事情，那么教师若不能正视那些阻碍全纳教育有效实施的同事，就会对这一目标的达成带来严重的挑战。因而，我们必须质疑的是，行动上的不足以及教师拒绝做弱势群体的利益维护者和捍卫者，是否侵犯了残障学生获得平等教育的基本权利。

根据我的实证研究（Kieltyka-Gajewski，2012）显示，合议问题对于特殊教育者或支持普通教育的老师来说都是特别困难的。特殊教育或资源型教师（resource teachers）的责任是要为工作于全纳教室中的老师提供指导、反馈以及课堂辅助，以促进全纳的成功实践并且为有特殊需要的学生提供平等的学习体验。不情愿提供建构性支持会破坏全纳的实施，因为特殊教育教师不指出有问题的或非全纳的教学实践或行为，担心他们的反馈会被视作批评。而另一方面，普通教育者则表示他们需要更多的指导，因为他们感觉自己没有足够的知识和技能来支持有特殊需求的学生。在这样一种同事恐惧文化（culture of collegial fear）中时，教师该如何协作，以促进更加有意义和有效地包容有学习缺陷的学生？教师反复强调根据他们的个人经验或观察，他们坚信学生的个性化需求并没有得到满足。然而，没有人愿意为此做点什么。结果是，学生的学习体验是痛苦的，如一个普通教育者所陈述的：

> 例如，我确实看到一些学生的课程有修改过。但事实上，这些并不是真正的修改，他们所做的不过是把内容肤浅化。因此，如果对他们进行测试，他们同时会拿到答案要点。所以说真的，除了阅读一张纸，然后把它转移到另一张纸上，学生们没有学会任何技能。他们没有做任何分析，他们不会融合知识，甚至也不理解。一天下来，我并不认为学生学到了任何新东西。这就是我所看到的（Kieltyka-Gajewski, 2012：第147页）。

虽然这个老师谴责了同事们有问题的教学实践，但她还是选择忽略这个问题。我们必须考虑给有特殊需要的学生所带来的长期后果，他们可能得不到能够促进他们在学术、社会和心理方面成长和发展的学习机会。教师在促进教育公平方面有哪些职责？这种忠诚需要巨大成本，因为当教师决定以学生的福利为代价去维护同事关系时，往往会感到内疚、焦虑、压力和挫败感，有的甚至会因此一度考虑离开这个行业（Kieltyka-Gajewski, 2012）。

三、结论

教师经常会在教育有特殊需要的学生时面临伦理难题，这要求他们能够作出关键性的决策（Berkeley & Ludlow, 2008; Fiedler & Van Haren, 2009; Howe & Miramontes, 1991, 1992; Kieltyka-Gajewski, 2012;

Norwich，2013）。在这种情境中，教师在努力维护学生的最大利益时会感到不安和犹豫，质疑到底何为公正、平等和关怀。大多数教师独自面对这种情况，而当他们经历着缺陷感、焦虑感和愧疚感时，多数人就默默忍受着。

他们担心全纳教室中残障学生的需求没有得到满足。根据一个特殊教育教师的描述，全纳遭到阻碍的原因是课堂教师理解知识和技能方面的不足，"……即使是最强大的教师……我也不知道他们是否理解……这孩子就是这样的，而你需要依据改变你的计划。这好比是一个圆形的桩，而你只有一个方形的孔，在桩做出改变之前，孔必须发生改变。而不是相反"（Kieltyka-Gajewski，2012：第144页）。很多普通教师都同意也承认他们并不知道如何满足残障学生的需要，并为此感到十分抱歉，正如一位老师所悲叹的：

> 你知道，我在全纳中的最大挑战不在于有特殊需求的学生，而在于我自己，我怎么能变得更好呢？当我读到《个性化教育计划》时，我其实摇摇我的头想着："我真的这样做了吗？"而且很多时候，我知道我本可以做得更多……但又不知道如何在这方面做得更好……我不认为我有满足他们的需要……这真的很难……我知道这不仅与教师有关，也与体系结构有关。然而，是否有一些我能够做的呢？我是否可以做更多？绝对可以。我知道（哭泣）……只是问题真的太多……尽管我真的很喜欢，但我也知道也许应该由更加称职的人来做这些事情（哭泣）。（Kieltyka-Gajewski，2012：第167页）

教师在工作中面临的伦理难题是全纳教育中的巨大障碍。需要更多的研究来更好地了解教师所经历的挑战，以最好地支持他们并改善对残障学生的教与学。当我们走向有意义的和成功的全纳时，需要对教育中的系统性、思想性、务实性问题进行检验，正如康纳和费里所说：

> 普通教育课程也未能一直为满足不同学习者的需求做充足准备。教师的"准备"往往被认为不足……虽然我们经常谈论特殊教育中的孤立，

但是在普通教育环境中残障学生也可能会被疏远……因此，简单地让学生参与并不等同于促进互动或整合。任何不充分的、无意义的参与都是违反全纳原则的，而充分的、有意义的参与需要普通教育的根本性改变。(Connor & Ferri，2007：第71—72页)

教师经历伦理困境并不意味着在我们致力于达成有效的全纳时，要背道而驰或停止我们的努力；也不意味着全纳不能实现或残障学生不能像其他典型的有成就感的同伴那样获得公平的学习机会。研究表明，如果能够有效地实施，全纳无论是对残障学生还是非残障学生而言，都能带来学业上和社会上的益处（Erickson，2000；Hutchinson，2007；Jordan，2007；Jordan & McGhie-Richmond，2014；Rea，McLaughlin，& Walther-Thomas，2002；Timmons & Wagener，2008）。教学具有其固有的伦理性，因此，伦理难题也势必会出现。要确保全纳在学校和课堂中有效地实施，走向一个支持所有学生学习需求的教育体系，寻思消除伦理困惑的方法是至关重要的——这是一种符合伦理的和公正的努力。

参考文献：

Bebeau, M. J. (1993). Designing an outcome-based ethics curriculum for professional education: Strategies and evidence of effectiveness. *Journal of Moral Education*, 22 (3), 313—324.

Bennett, S. (2009). Including students with exceptionalities. What Works? Research into Practice. *The Literacy and Numeracy Secretariat*. Retrieved from http://www.edu.gov.on.ca/eng/literacynumeracy/inspire/research/Bennett.pdf.

Bergem, T. (1990). The teacher as moral agent. *Journal of Moral Education*, 19 (2), 88—100.

Berkeley, T. R., & Ludlow, B. L. (2008). Ethical dilemmas in rural special education: A call for a conversation about the ethics of practice. *Rural Special Education Quarterly*, 27 (1/2), 3—9.

Bucholz, J. L., Keller, C. L., & Brady, M. P. (2007). Teachers' ethical dilemmas: What would you do? *Teaching Exceptional Children*, 40 (2), 60—64.

Bunch, G., Lupart, J., & Brown, M. (1997). *Resistance and acceptance: Educators' attitudes to inclusion of students with disabilities* (ED 410 713). Toronto: York University, pp. 1—230.

Buzzelli, C. A., & Johnston, B. (2002). *The moral dimensions of teaching: Language, power, and culture in classroom interaction.* New York: Routledge Falmer.

Campbell, E. (1996). Ethical implications of collegial loyalty as one view of teacher professionalism. *Teachers and Teaching*, 2 (2), 191—208. doi: 10. 1080/1354060960020203

Campbell, E. (2003). *The ethical teacher.* Maidenhead: Open University Press.

Campbell, E. (2004). Ethical bases of moral agency in teaching. *Teachers and Teaching*, 10 (4), 409—428. doi: 10. 1080/1354060042000224142

Campbell, E. (2006). Ethical knowledge in teaching: A moral imperative of professionalism. *Education Canada*, 46 (4), 32—35.

Campbell, E. (2008). Review of the literature: The ethics of teaching as a moral profession. *Curriculum Inquiry*, 38 (4), 357—385. doi: 10. 1111/j. 1467—873X. 2008. 00414. x

Campbell, F. K. (2013). Problematizing vulnerability: Engaging studies in abelism and disability jurisprudence. http://lha.uow.edu.au/content/groups/public/@web/@law/@lirc/documents/doc/uow166211.pdf

Carr, D. (2006). Professional and personal values and virtues in education and teaching. *Oxford Review and Education*, 32 (2), 171—183.

Colnerud, G. (1994). *Loyalty conflicts in teacher ethics.* Retrieved from ERIC database (RIE) at files.eric.ed.gov/fulltext/ED392738.pdf. (ED392738)

Colnerud, G. (1997). Ethical conflicts in teaching. *Teaching and Teacher Education*, 13 (6), 627—635.

Colnerud, G. (2006). Teacher ethics as a research problem: Synthesis achieved and new issues. *Teachers and Teaching*, 12 (3), 365—385. doi: 10. 1080/13450600500467704.

Courtade, G. R., & Ludlow, B. L. (2008). Ethical issues and severe disabilities: Programming for students and preparation for teachers. *Rural Special Education Quarterly*, 27 (1/2), 36—42.

Fenstermacher, G. (1986). Philosophy of research on teaching: three aspects. In M. C. Wittrock (Ed.), *Handbook of research on teaching*, 3rd Ed (pp. 37—49). New York: Macmillan.

Fenstermacher, G. (1990). Some moral considerations on teaching as a profession. In J. I. Goodlad, R. Soder, & K. A. Sirotnik (Eds.). *The moral dimensions of teaching* (pp. 130—151). San Francisco: Jossey-Bass.

Fenstermacher, G. D. (2001). On the concept of manner and its visibility in teaching practice. *Journal of Curriculum Studies*, 33(6), 639—653. doi: 10.1080/00220270110049886.

Fiedler, C. R., & Van Haren, B. (2009). A comparison of special education administrators' and teachers' knowledge and application of ethics and professional standards. *The Journal of Special Education*, 43(3), 160—173.

Florian, L. (1998). Inclusive practice: What, why, and how? In C. Tilstone, L. Florian, & Rose, R. (Eds.). *Promoting inclusive practice*, pp. 13—26. London: Routledge.

Goodlad, J. I., Soder, R., & Sirotnik, K. A. (Eds.). (1990). *The moral dimensions of teaching*. San Francisco: Jossey-Bass.

Government of Canada (1985). Canadian Charter of Rights and Freedoms. Retrieved from http://www.pch.gc.ca/eng/1355260548180/1355260638531.

Hansen, D. T. (1998). The moral is in the practice. *Teaching and Teacher Education*, 14(6), 643—655.

Hansen, D. T. (2002). The moral environment in an inner-city boys' high school. *Teaching and Teacher Education*, 18(2), 183—204.

Heydon, R. M. (2005). The theory and practice of pedagogical ethics: Features for an ethical praxis in/out of special education. *Journal of Curriculum Studies*, 37(4), 381—394.

Howe, K. R. (1996). Educational ethics, social justice and children with disabilities. In C. Christensen, & F. Rizvi (Eds.). *Disability and the dilemmas of education and justice* (pp. 46—62). Buckingham: Open University Press.

Howe, K. R., & Miramontes, O. B. (1991). A framework for ethical deliberation in special education. *The Journal of Special Education*, 25 (1), 7—25.

Howe, K. R., & Miramontes, O. B. (1992). *The ethics of special education*. New York: Teachers College Press.

Husu, J. (2001). Teachers at cross-purposes: A case-report approach to the study of ethical dilemmas in teaching. *Journal of Curriculum and Supervision*, 17 (1), 67—89.

Hutchinson, N. L. (2007). *Inclusion of exceptional learners in Canadian schools: A practical handbook for teachers*. Toronto: Pearson.

Jackson, P. W., Boostrom, R. E., & Hansen, D. T. (1993). *The moral life of schools*. San Francisco: Jossey-Bass.

Jones, E., Ryan, K., & Bohlin, K. (1998). Character education and teacher education: How are prospective teachers being prepared to foster good character in students? *Action in Teacher Education*, 20 (4), 11—28.

Jordan, A. (2007). *Introduction to inclusive education*. Mississauga: John Wiley and Sons Canada Ltd.

Kieltyka-Gajewski, A. (2012). *Ethical challenges and dilemmas in teaching students with special needs in inclusive classrooms: Exploring the perspectives of Ontario teachers*. Unpublished doctoral dissertation. Toronto: University of Toronto.

Korkmaz, I. (2007). Teachers' opinions about the responsibilities of parents, schools, and teachers in enhancing student learning. *Education*, 127 (3), 389—400.

McLeskey, J., Rosenberg, M. S., & Westling, D. L. (2013). *Inclusion: Effective practices for all students*. New Jersey: Pearson.

Nash, R. J. (1996). *"Real world" ethics: Frameworks for educators and human service professionals*. New York: Teachers College Press.

Noblit, G. W. (1991, April). *Power and caring*. Paper presented at the annual meeting of the American Educational Research Association, Chicago, IL.

Noddings, N. (1984). *Caring: A feminine approach to ethics and moral education*. Berkeley: University of California Press.

Norberg, K. (2006). Morality at the margins: A silent dimension of teaching and learning. *Journal of Curriculum Studies*, 38 (2), 189—204.

Norwich, B. (2005). Inclusion: Is it a matter of evidence about what works or about values and rights? *Education* 3—13, 33 (1), 51—56.

Norwich, B. (2013). *Addressing tensions and dilemmas in inclusive education: Living with uncertainty.* London: Routledge.

Oser, F. (1991). Professional morality: A discourse approach. In W. Kurtines, & J. Gewirtz (Eds.), *Handbook of moral behavior and development* (pp. 191—228). Mahwah: Lawrence Erlbaum Associates.

Paul, J., French, P., & Cranston-Gingras, A. (2001). Ethics and special education. *Focus on Exceptional Children*, 34 (1), 1—16.

Polat, F. (2011). Inclusion in education: A step towards social justice. *International Journal of Educational Development*, 31 (1), 50—58. doi: 10.1016/j.ijedudev.2010.06.009.

Rich, J. M. (1984). *Professional ethics in education*, Illinois: Charles C. Thomas Publisher.

Rogers, D. (1991, April). *Conceptions of caring in a fourth grade classroom.* Paper presented at the meeting of the American Educational Research Association, Chicago, IL.

Rogers, D., & Webb, J. (1991). The ethic of caring in teacher education. *Journal of Teacher Education*, 42 (3), 173—181.

Rude, H. A., & Whetstone, P. J. (2008). Ethical considerations for special educators in rural America. *Rural Special Education Quarterly*, 27 (1/2), 10—18.

Sileo, N. M., Sileo, T. W., & Pierce, T. B. (2008). Ethical issues in general and special education teacher preparation: An interface with rural education. *Rural Special Education Quarterly*, 27 (1/2), 43—54.

Sockett, H. (1993). *The moral base for teacher professionalism.* New York: Teachers College Press.

Sockett, H. (Ed.). (2006). *Teacher dispositions: Building a teacher education framework of moral standards.* Washington, DC: American Association of Colleges of Teacher Education.

Stanovich, P. J., & Jordan, A. (1998). Canadian teachers' and principals' beliefs about inclusive education as predictors of effective teaching in heterogeneous classrooms. *The Elementary School Journal*, 98 (3), 221—238.

Stanovich, P. J., & Jordan, A. (2002). Preparing general educators to teach in inclusive classrooms: Some food for thought. *The Teacher Educator*, 37 (3), 173—185.

Stanovich, P. J., & Jordan, A. (2004). Inclusion as professional development. *Exceptionality Education Canada*, 14 (2), 169—188.

Strike, K. A. (1990). The legal and moral responsibility of teachers. In J. I. Goodlad, R. Soder, & K. A. Sirotnik (Eds.), *The moral dimensions of teaching* (pp. 188—223). San Francisco: Jossey-Bass.

Strike, K. A., & Soltis, J. F. (1992). *The ethics of teaching*, 2nd Ed. New York: Teachers College Press.

Tirri, K. (1999). Teachers' perceptions of moral dilemmas at school. *Journal of Moral Education*, 28 (1), 31—47. doi: 10. 1080/030572499103296.

Tirri, K., & Husu, J. (2002). Care and responsibility in "the best interest of the child": Relational voices of ethical dilemmas in teaching. *Teachers and Teaching*, 8 (1), 65—80. doi: 10. 1080/13540600120110574.

United Nations. (2006). Convention on the Rights of Persons with Disabilities. Retrieved from http: //www. un. org/disabilities/convention/conventionfull. shtml.

UNESCO (1994). Salamanca Statement and Framework for Action on Special Needs Education. Retrieved from http: //www. unesco. org/education/pdf/SALAMA _ E. PDF.

Waldron, N. L., McLeskey, J., & Pacchiano, D. (1999). Giving teachers a voice: Teachers' perspectives regarding elementary inclusive school programs (ISP). *Teacher Education and Special Education*, 22 (3), 141—153.

Willemse, M., Lunenberg, M., & Korthagen, F. (2005). Values in education: A challenge for teacher educators. *Teaching and Teacher Education*, 21 (1), 205—217.

教学：一种伦理的承诺

[瑞典] 冈内尔·库尔奈鲁德[①]

一、导言

教学和教师对社会、对学生个体和整体都有着重要意义。这些有时相互冲突的考量因素正发生着变化。国际竞争时代，教育质量考评结果被视为国家教育竞争力的基础，而师生关系中更易受影响的层面，譬如伦理价值观，却较少受到关注，这是相当危险的。学生逐渐被物化成考核表中的统计数字，对此，教师即使应该忠诚于国家教育制度、为国家繁荣作贡献，也必须以爱护学生、回应其需要为己任。

教学活动充满了伦理冲突和内在矛盾，但教师未必能识别。基于之前发表的三项研究成果（Colnerud，1997；Colnerud，2006；Colnerud，2015），本文呈现了有关瑞典教师日常伦理冲突经历的实证研究。研究成果具有普遍意义，也从其他国家的类似研究中得到了印证（Bergem，1993；Campbell，1993；Husu & Tirri，2007）。研究所要解决的问题便是教师伦理困境，主要涉及学生权益保护、公平、评分与评估。

教育哲学一流学者都强调教学的伦理尺度。德国哲学家赫尔巴特（Herbart，1835/1917）认为，伦理学和心理学是教育学的两个学科基础。心理学研究了教育的方法和障碍，伦理学则指明了教育的目的。根据他的观点，教育的目的是培养最为高尚的人的德行。秉承美国哲学家杜威（Dewey，

[①] 作者供职于瑞典林雪平大学。

1957）的思想，我们不断反思教学专业的伦理目的和教学工作的道德层面。

二、前人研究

（一）教学区别于其他专业的特征

自上世纪 80 年代以来，国际教育学界从"专业性"的角度对教学的道德要求和伦理挑战问题开展了持续的研究（Tom，1984；Strike & Soltis，1985；Clark，1990；Fenstermacher，1990；Campbell，1993，1996，2003；Hansen，1995，1996）。但最近的研究表明，教学实践道德维度的问题依然存在着极大的探索空间。

由于专业伦理是诸如医生、律师、心理咨询师之类成熟专业的核心特征，教学专业常被拿来与这些成熟专业作比较。区别于其他专业化职业，教学有其专业特征，忽视了这一点的那种一概而论是需要我们批驳的，而适当的比较可以开拓新的思维，也并不是毫无价值。

芬斯特马赫（Fenstermacher，1986）指出，教学专业伦理研究只能部分地以其他专业表达其道德义务（moral obligations）的方式为基点，尤其是在谈及专业人员与其委托人、病人或学生的关系的时候，照搬模式是行不通的。他还特别指出了三种情况，这三种情况凸显了教学专业特征，当道德问题产生的时候，教师必须牢记这些特征。第一种情况是：教师不追求知识的专有和深奥。学生尽可能多地获得知识，这对教师而言，反而是一件好事。师生关系不是一种不平等关系，造成不平等的主要不是专业知识，而是教师在不同方面行使权力的权利之类的情况。第二种情况是：教学专业不能像其他专业那样保持"社会距离"。为了了解并帮助学生，教师必须能够亲近学生。保持距离则会阻碍教师与其学生建立一种支持性关系。第三种情况是：教师单凭个人力量无法胜任教学工作。只有师生双方齐心协力，目标才能达成，少了学生的配合，教师所付出的一切都将是徒劳。这从根本上体现了教学专业特征。

在对比其他专业及其专业人际关系的时候，我们必须牢记教学专业的这些特征。然而，在涉及师生关系的不对称性方面，还是相当具有可比性的。脆弱且易受伤害的学生（vulnerable pupils）依赖于教师，如同病人、委托人和求助者依赖于为其提供专业建议和救助的医生、律师和心理咨询师，他们立足于专业基础来满足人们的需求。大多数研究者似乎都强调这种权力的重要性（见 Tom，1984；Clark，1990；Goodlad，1990；Sockett，1990；Soder，1990；Campbell，1993，1996）。

（二）多重忠诚

教学涉及伦理决策（ethical decisions），因为教师受学生依赖，对他们负责，并教育他们。教学工作复杂而艰巨，其复杂性源于工作任务和交往活动的多种多样。教学活动的当机立断性、高效性和公开性使教师无暇反思其伦理决策。教学的多种目标和任务，使得教师在与学生的互动过程中去察觉伦理要素变得异常困难。

波尔拉克兄弟（Berlak & Berlak，1981）研究了日常教学实践中无处不在的伦理困境。通过对教师及其行动选择的观察，他们识别出了几类道德两难困境，诸如控制与自由、资源配置的公平与效率，并得出结论：不存在适用于所有情境的行动预设。除非教师有意识地兼顾类似矛盾对立的双方，才有可能找到一种改善性的解决方案。

对教师伦理冲突经历所作的研究显示：冲突不断产生于不同的道德考量，教师所采取的行动常常是违心的（Colnerud，1997，2006）。达林·哈蒙德（Darling-Hammond，1985）认为这部分是由于一些政策不利于学生发展，而教师仍须遵照执行。"作为教师，若不能对那些最终有害于学生发展的惯例、规定提出异议，那也是不道德的。恰恰是一些政令违背了教育教学规律"（Darling-Hammond，1985：第 213 页）。杰克逊（Jackson，1968）将此种现象表述为"双重忠诚"（double loyalty）：既要忠诚于机构，又要忠诚于学生。特哈特（Terhart，1994）也提及教学专业的这种"双重要求"（double mandate）：既要为学生服务，又要为社会服务，而学生利益和社会利益有时是相互冲突的。教师自己描述了日常专业生活中的伦理难题，针对这些伦理难题的研究发现，"双重忠诚"确实存在。

当前，学校改革掀起管理主义、市场化和私有化"热潮"（David & Cuban, 2010; Cribb, 2009），教师日益深切地感受到"双重忠诚"带来的压力。随着课堂教学价值观的政策、经济转向，教育立法不断加快步伐。遵守法律法规和作出专业判断之间的斗争和抉择也可能使教师面临伦理困境。

赫尔顿和雷（Helton & Ray, 2005）在其有关教师的研究中发现，当法律、政策、行政决定与个人道德、专业伦理发生冲突，伦理困境随之产生。坎普贝尔（Campbell, 1995）的研究发现，在行政人员的迫使下，教师不得不采取违背其专业伦理的行动。在管理体制改革、绩效考核体系、加大力度的公众监督、外部问责制及相关科层制的影响下，此类现象可能会更频繁地出现（Day, 2002）。

此外，当教师看到同事做出伤害学生的行为，他们也可能会受到冲突性忠诚（conflicting loyalties）的困扰。坎普贝尔（Campbell, 1993, 1995）和库尔奈鲁德（Colnerud, 1997）的研究发现，目睹同事侵害学生利益的不良行为，教师感到无力干涉。尽管保护学生也是一条重要的伦理规范，"同事间忠诚"（collegial loyalty）的原则还是能让教师选择保持沉默。

（三）伦理语言的缺失

诸多有关教师对专业伦理困境的看法的研究表明，教师对伦理问题本质的表达尤其给人感觉无助、无力和艰难。贝尔根（Bergem, 1993）和库尔奈鲁德（Colnerud, 1997）都指出了此种专业性话语的缺失。夏彼罗·里希钦斯基（Shapira-Lishchinsky, 2011）在其教师伦理困境研究中指出，以色列教师缺乏道德用语来解释其道德判断的复杂性。别斯塔（Biesta, 2009）的一项有关教师价值观与专业判断的研究也表明，教师未能清晰表达其日常实践中的价值冲突。

为了促进道德语言的使用，除其他行动外，克拉克（Clark, 1995）还建议教师说出伦理难题（ethical pitfalls），学习伦理概念和理论，在开放且彼此信任的对话中吐露自身伦理问题解决能力的不足。埃里克等人（Ehrich 等, 2011）在其相关研究中也指出，面对伦理困境，教师需要向自己信任的人倾诉，并将自身所奉行的个人和专业伦理表达出来。

因此，面对日常工作中纷繁复杂的伦理问题、冲突和困境，难以用语言表达、难以自主平衡不同的道德考量，这似乎就是教师心理负荷的一个可能来源。

（四）教师的道德影响

从已有研究成果中我们可以发现，许多教师未意识到其行为的道德影响，此种道德影响的破坏性也远大于他们所意识到的（Jackson, Boostrom, & Hansen, 1993）。此外，若牺牲自己的道德理想，教师可能会丧失道德责任感（Campbell, 1996; Hansen, 2001a, 2001b），或者承受道德压力（Colnerud, 2015）。

教师的举止与行为都是其伦理责任感的表达，此种伦理责任感有助于教师同脆弱的未成年学生建立良好师生关系，同时也对学生道德教育产生重要的道德影响。坎普贝尔（Campbell, 2000, 2003）研究了作为道德实践模范的教师（teachers as good examples of moral agents）。她着重探讨了那些教师为给学生树立榜样而对学生表达尊重的多种方式。他们在征得学生同意之后，才接受研究人员的观察研究。在日常师生交谈中，他们总能使用"请""谢谢""不客气"之类礼貌用语，也会用简单的手势表达对学生的尊重。若自己的做法对某位学生不公平，即便是无心之失，他们也会作出道歉。由此，他们为学生的道德发展树立了榜样。根据这些教师的观点，一条至关重要的道德原则就是：教师不应该当众使人难堪，或者侮辱、奚落学生。大部分教师会私下找学生就其某种行为进行交谈。

前人研究表明，教师一直面临着价值冲突，而且，他们并没有接受过伦理困境分析方面的指导，或者并没有这方面的语言储备。虽然，有一些教师似乎没意识到学生的脆弱性，但其他教师还是非常体贴、有爱心的。

三、教师报告的伦理问题、冲突和困境

本文基于间隔12年里的两次相同研究，两次研究采用同样的方法在同样的学校开展。收集到的两份资料集和信件中的伦理问题、伦理困境等相关叙

事作品都有着惊人的相似之处。在两次研究间隔的时间里，教师所面临的伦理困境显然没有发生变化。这一发现并不新奇，只是印证了此前的研究发现，即大多数伦理困境是教学工作所固有的。因此，下文的分析将两份资料集作了整合。

（一）研究方法

为了获得有关教师如何看待和应对工作中的道德挑战和伦理冲突的第一手叙事资料，我们以关键事件法（critical incident technique，简称CIT）作为数据收集工具。CIT是征求个人经验的一种好方法，已在其他专业的伦理困境、冲突和问题实例研究中得到了应用，由此判断，该技术有助于上述目的的达成（Pope & Vetter, 1992; Lindsay & Colley, 1995; Colnerud, 1997; Houston & Bettencourt, 1999）。该技术兴起于20世纪50年代，非常适用于非连续性事件的处理（Travers, 1964）。要讲述哪种事件，由研究对象（在这里就是教师）自己选择，因此，正是教师的看法和判断定义了伦理问题、冲突或困境。研究者所寻求的事件未必是政治、当局、机构或法律法规所定义的事件，这就是CIT的一个关键点。该技术需要受访者提供个人日常经验，可用以帮助教师说出引起他们道德困惑的具体事件。

（二）研究过程与研究参与者

CIT的使用意味着，除了两个背景信息问题以外（在这里就是性别和教学职务类别），仅提出一个有关研究对象伦理困境经历的问题。其答复率是相当高的，这已在早前其他专业（例如心理咨询师专业）的同类研究中得到了证实。只需回答一个重要研究问题，且有机会以书面形式自由作答，这似乎比较容易调动参与积极性。我们将该研究问题表述为：

> 请你简单地描述一个或一类情境，在这一情境中，当你从道德或伦理的角度考虑学生、家长或同事的时候，难以作出最佳的行动。

由于作答篇幅不限，有的教师对一个或一个以上反映伦理冲突或困境的重要事件作了详细阐释，其他教师则相对简洁。

在第一次研究中，研究人员将研究问题告知瑞典九年义务教育阶段学校中正参加在职培训的教师，收集到了189位教师提供的223个伦理冲突案例。在第二次研究中，研究人员在三所九年义务教育阶段学校的教职工大会上，亲自将研究问题告知教师，共有75位教师提供了110个伦理冲突案例。

（三）分析

质性资料分析过程包括：系统比较数据资料间的异同、对概念进行编码和创建类型（Strauss & Corbin, 1990；Silverman, 2001）。我们对事件中冲突的伦理规范及其他规范进行了分析，根据主要的伦理要素（ethical elements），对规范冲突进行了分类，例如：保护免受侵害与维护他人利益之间的冲突。从分析结果来看，教师们所报告的事件虽大部分属于道德哲学意义上的纯粹伦理冲突或困境，但不限于此。换言之，除了两种伦理价值观或两条伦理规范之间的冲突，教师们还写到了在哲学意义上不属于伦理的冲突，例如伦理规范与教学规范、社会规范之间的冲突。重要的一点是，不管是怎样的冲突，都切实反映了杰克逊（Jackson, 1990）所说的"道德深植于日常生活的土壤之中"。

（四）研究结果

教师提到最多的四类伦理问题、冲突或困境分别是：保护学生免受身心伤害、保护学生与团结同事之间的伦理冲突、公平的困境、评估与评分的困境。具体内容见下文。

1. 保护学生免受身心伤害

根据教师的描述，面对各种需要慎重作出道德选择的情况，他们思考再三、沮丧而犹疑。从经验数据的总体情况来看，最基本的一种价值观是保护学生免受身心伤害，但它与其他大部分价值观和伦理规范相冲突。譬如一种情况是：既想要保护学生，又感到有责任尊重家长的隐私。教师最经常接触学生，容易注意到学生可能受到家长伤害甚至虐待的信号。他们想要采取行动保护学生免受可能的伤害，但又因尊重隐私和家庭和谐的考虑而止步。以下是此类伦理困境的一个典型例子：

> 有一个孩子，他上学经常迟到，总是饿肚子，也不能专注于课业。当我向他询问原因，他告诉我："爸爸又喝醉了。"我应该和他父亲谈谈这个问题吗？如果我这么做了，等待着孩子的将会是什么？怎样才能帮助孩子，同时避免其陷入麻烦？怎样介入才不会有干涉家务之嫌？我常感到自责！这样的问题不只出现在家长酗酒的时候，还出现在孩子得不到关心和照顾的时候。

另一种情况就是：既要保护学生免受可能的伤害，又要说出实情。教师们知道应该在怎样的情况下将学生的糟糕成绩和不良行为告诉给家长，但是，因为担心家长可能会感到失望和不安，甚至粗暴对待孩子，他们犹豫要不要毫无保留地说出实情。隐瞒实情又会让他们感到良心不安。一位教师对此作了如下描述：

> 当你必须让家长了解其孩子的优缺点，道德冲突往往就产生于这一交流过程，因为你很难做到坦诚。我就深受这个问题的困扰，因为我在评估孩子的问题上存在困惑。

教师们也不希望表现差的孩子因得不到好评估而受挫，但指出学生作业中的错误或不恰当的说话方式，促其改正，又是他们的本职工作，此时，冲突就产生了。

> 既要找学生谈话或朗读他们的文章，又要避免对他们造成伤害，这很难平衡。
> 孩子们容易混淆现实和虚幻，我该怎样指出其不同又不伤害他们？

充满爱心的教师们想要为学生遮风挡雨，但教学任务当前，造成伤害的也许是他们自己。

2. 保护学生与团结同事之间的伦理冲突

教师们所描述的最显著的伦理冲突之一就是：保护学生免受同事伤害与遵守"同事忠诚"社会规范之间的冲突。有时，教师会亲眼目睹或从他人那儿听闻某同事伤害学生的行为。所谓的伤害行为包括：冷酷、苛刻、讽刺、挖苦、歧视、恶语相加或侮辱，以及某种形式的嘲弄、骚扰或压迫，等等。

作为目击者的教师想要介入以保护学生免受伤害，但又意识到这么做很可能会造成其他道德上或社会上的不良后果。介入可能会使该同事成为批评、谴责的对象，继而受到精神情感上的深层伤害。介入也可能会将该教师自己置于危险的境地。违背了"同事忠诚"准则的教师是难以在社会共同体中立足的（Campbell，1993；Colnerud，1997）。

> 看到同事举止不当，而你不知道该怎么做才好，这种感觉很糟糕。我觉得有时候你必须保护学生。

教师伦理规范倡导教师制止校内有害于学生的行为。其他道德和社会规范则保障同事或教师自身的权益。

> 如果我坚定地认为某同事对待学生的方式是错误的，我该怎么做？我能为此付出多少精力？我会孤立无援吗？

内在性和内隐性是此类困境问题的本质特点。为保护学生而采取干预措施的道德动机源自教师，但教师对干预措施的论证却是为了维护自身或同事的权益。由于存在着伤害儿童的严重危险，保护儿童是道德上最迫切的价值要求，此类困境成为教师所面临的最严峻的挑战之一。

干预同事工作很有可能会破坏同事忠诚关系，进而影响共同体的团结，因为干预者和被干预者都必然是共同体中的一员，这清晰地体现在上文那位教师对个人效力和被孤立风险所作的反省之中。干预行动与其他道德动机因而存在冲突。

鉴于此类困境的高发性，可以说，它们是长期、反复的良心斗争。不良行为通常不是偶然行为，而是与学生交往中的一贯行为。因此，若不介入，愧疚感会长期伴随，它反复提醒着你承担起保护学生的道德责任。

这些常被提及的道德冲突所体现的道德不确定性会带来数种后果。教师会因无力制止同事的专横行为而认为自己懦弱。他们说，那种畏惧是他们选择缄默的原因。坎普贝尔（Campbell，1996）将此种现象称作"同事专制"（collegial tyranny）。

3. 公平的困境

公平的困境根源于现实存在着不同的平等原则，每一条具体原则都必须在教师、学校和社会的共同考量范围之内。这些原则由平等（equality）、需要（need）和价值（merit）三个基本原则派生而来。学生能够相信教师至少会设法做到公平，亦即学生能够认可教师做到了程序公平，这是最基本的，意味着上述三个基本原则中的任何一个特定原则都应以同一标准适用于每个学生。然而，由于教学活动的复杂性，公平的困境还是无处不在的。事实证明，平等原则、需要原则和价值原则很可能是混合的，教师和学生也无法有意识地加以区分。

平等原则要求一视同仁，不论性别、种族和性取向，"法律面前人人平等"，作为一项基本的民主权利，平等权受到法律的保护。需要原则要求"按需分配"，因为学生的需要各不相同，教师应将这一原则贯穿在教学活动的始终，投入多少时间和精力、给予多少帮助和鼓励，都取决于学生各自的需要。价值原则要求"各尽所能""按劳分配"，比方说，考试成绩和分数的高低取决于学生的实际表现，也涉及关注分配（allotted attention）、论功行赏的问题。

教师们有关其公平困境应对能力不足的叙述表明，这些不足会引起他们对自己所作决策的不满。教师们似乎应用了分配的差异原则——给予最需要帮助的学生最多的帮助，但正如他们所言，应用这条原则的问题在于，有时候，某位学生的需要无限，而教师的精力有限。该怎样合理应用这条原则是教师们普遍感到困惑的问题。

另一位教师对此类伦理困境作了如下描述：

> 投入分配：谁确实更需要我的投入和关注呢？是那个有进取心、好学、敢尝试且勤奋刻苦的学生，还是那个爱打架、好捣乱、厌学、不招人喜欢（当然，这背后一定是有原因的）的学生？事实上，我傻站在那里，叩问自己的"灵魂"，我选谁？牺牲了谁的利益？是对是错？为什么？

自己的行动选择是否合理，教师们无处求解，也难以抓住公平原则合理应用的关键。在这个特殊的案例中，我们可以说，那是需要原则与需要、价值混合原则之间的抉择。那个爱捣乱的学生需要帮助而不自知，那个勤奋努力的学生则值得拥有教师的帮助，所以，教师很难作出明确的选择。此类两难问题对于教师而言是不可避免的，也可能是"尽我职责"与"做正确的事"之间复杂关系的一种体现。

从目前的研究成果来看，学生若违反纪律，就理应受到惩罚，在这一点上，公平原则通常是适用的。但问题还是会出现，首先是因为教师未必能确保自己已向全体学生讲清规章制度，其次是因为他们有时并不想惩罚某位学生。一位教师这样写道：

> 其他学生坚持维护绝对公平、惩罚违纪学生，而你知道该生已倍感自责，如果还要在其他同学面前予以责备和调查，这就很让人为难了。你该如何应对其他学生对公平的诉求，做错了事，就一定要受惩罚吗？

这位教师之所以犹豫要不要破例，是因为想要将该生的总体情况考虑在内。这是一个两难问题，采用专业语言去讨论教学中的伦理议题有助于解决问题。

教师只能遵循其中一条公平原则，因为不同的原则常常是相互矛盾的。没有任何外部信息给你最佳选择的提示。教师自己都无法说服自己，又怎么使学生信服。不经深思熟虑的公平原则应用，既说服不了自己，也说服不了学生。

4. 涉及评估与评分的困境

从教师所提供的案例来看，他们认为自己在评分、评估制度的要求下做了对学生而言道德上有误的事。在相对评估之下，学困生个人的努力为落后的名次所掩盖。这引起了教师们的道德困惑。

此外，遵循评分原则与满足学生对反馈和鼓励的需要，这二者之间也存在着冲突。尽管某位学生付出了最大的努力，值得表扬和鼓励，但根据预设的评分指标，该生的表现依然不达标，教师还是不得不给该生打低分。在这样的情况下，教师们深感愧疚，自己出于好意的鼓励可能给了学生取得高分的希望，结果这希望却化作了泡影。

> 评分制度的二元性：一方面，你应该了解学生不同的发展水平，并以此为起点，培养他们的知识与技能。我坚信每个学生都是独特的个体。另一方面，你又得按照统一的标准来评估学生。多么矛盾！我感觉自己像个伪君子，学生一有进步，我就会给予他们表扬和积极的反馈，但是，不及格的分数还是再一次把他们击倒，我的本意难道不是激发他们的动力和热情？

此类道德冲突的标志就是：教师自己的道德标准必须让位于制度性原则（在这里就是评分规则）。抛开道德困惑，教师必须按要求行事，即便决策是错误的，只要符合政策规定，就不会被追究责任，但他们还是会因背弃自我伦理价值观而感到良心不安。

四、讨论

经验研究结果显示，参与研究的大部分教师都是充满爱心的，他们希望保护学生、制止校内可能存在的伤害。但是，当其他考量因素（往往具有合理性）出现的时候，教师就会遭遇各种困境，这些因素主要包括家长、制度性要求和同事,同事因素需要更深入、更进一步的考量。

同事对学生做出了伤害行为,但你很难去干预,从道德哲学的角度来看,这是一个重要问题,可被视为一种告密现象(whistle-blowing phenomenon)(Bok,1988)。教师既不是教练,也不是领导,更不是裁判,他或她没有权力取消比赛,也没有权力批评、指责同事,也就是说,干预同事工作会被视为一种破坏忠诚关系的行为。这也是团体凝聚力的一种表现形式。为了维持群体的团结,人们会制订某些禁忌,其中一条就是禁止指责同事。某位教师认为,不去保护学生,在道德上是不合理的,因而有必要打破该条禁忌。但是,打破某条禁忌会给个人带来风险,正如努斯鲍姆(Nussbaum,1995)所言,这是一种脱离习俗而追求共同人性的思想,往往会危及她在共同体中的处境。这种招致不满的风险便是此类伦理冲突的一个非常重要的因素。

在这里,我们可以给出分析结论,并指出:和其他社会群体一样,教师群体也会为了维持群体团结而制订禁忌和忠诚协议。根据这一惯例,指责伤害学生的同事是不被容许的。然而,从第一次研究收集到的资料中,我们又可以找到教师被同事指责的相关案例来反驳此结论。被指责的教师是那些工作加倍努力的教师,他们倾听学生的愿望,并能感同身受。例如:申请科研项目、差旅经费并得到了批准的教师;让学生负责编写、印刷他们自己的新闻稿的教师;让学生在音乐室亲身实践的音乐教师。

指责伤害学生的同事不被容许,但指责关怀学生、工作积极的同事却是被容许的。我把这种现象称作"同事间的矛盾现象"(collegial paradox)(Colnerud,2002),它也许只是不能明言的存在,没有人会公然维护这种自相矛盾的"同事忠诚"。

我们可以从许多层面来解释这种现象。它可能是一个竞争与妒忌的问题。普通教师比不过非常关怀学生的教师,但比得过伤害学生的教师。教师的反应也可以透露出他们内心的畏惧。伤害学生的教师还会吓唬他的同事,尽管那热心的教师并不会对其构成威胁,此时,在个人幸福面前,学生幸福就显得不那么重要了。若不加反思地接受学校的压制型管理方式,那么,自然是压制型教师办事更有效力,而且,表面看来,他们为团体贡献得更多。许多年前，沃勒就对此作了这样的描述："教师站在与其同事有分歧的学生一边，则会打破教师权威赖以存在的传统"（Waller，1931：第 428 页）。这一愤世嫉俗的解读再次强调了学校隐性道德显性化的重要性。汉森认为，学校是"化人为善而不是为恶的地方"（Hansen，2001a：第 40 页）。显然，需要分析的是成人习俗所塑造的道德。

制度性要求因素和同事因素似乎促成了一种道德滑坡。坎普贝尔（Campbell，1993）阐述了教师在学生利益维护面前不断妥协所造成的"道德悬置"（suspended morality）。杰克逊（Jackson，1968）说，"若教师仅仅是机构中的一员，那么他就不再是教师。他必须坚守那些超越官方边界的品质"。教师们对考量学生因素与考量机构或同事因素之间的冲突所作的描述，揭示出了一种值得重视的道德现象。他们似乎正在寻求支持，以守住那些超越官方边界的品质。

由于师生不对等关系的存在，教师常常面临着伦理问题、冲突或困境。作为专业人员和代表学校的成人，教师群体有着滥用职权的内在风险。为了规避此种风险，教师们需要共同讨论其道德义务。日后，这些讨论也许还会发展成一种专业语言，指导教师们的伦理行动。

参考文献：

Bergem, T. (1993). Examining aspects of professional morality. *Journal of Moral Education*, 22, 297—312.

Berlak, A., & Berlak, H. (1981) *Dilemmas of schooling*. London: Meuthen & Co. Ltd.

Biesta, G. (2009). Values and ideals in teachers' professional judgement. In S. Gewirtz, P. Mahony, I. Hextall, & A. Cribb (Eds.), *Changing teacher professionalism: International trends, challenges and ways forward* (pp. 184—193). London: Routledge.

Bok, S. (1988). Whistleblowing and professional responsibilities. In J. Callahan (Ed.), *Ethical issues in professional life*. Oxford: Oxford University Press.

Campbell, E. (1993). Personal morals and organizational ethics: How teachers and principals cope with conflicting values in the context of school cultures. Paper presented at *The XXI Annual Conference of The Canadian Society for the Study of Education*, Carleton University, Ottawa, June, 1993.

Campbell, E. (1995). Administrators' decisions and teachers' ethical dilemmas: Implications for moral agency. *Leading and Managing*, 3, 245—257.

Campbell, E. (1996). Ethical implications of collegial loyalty as one view of teacher professionalism. *Teachers and teaching: Theory and practice*. 2, 2, 191—208.

Campbell, E. (2000). Ethical bases of moral agency in teaching. Paper presented at the *Annual Meeting of the American Eucational Research Association*, Seattle, April, 2000.

Campbell, E. (2003). *The ethical teacher.* Maidenhead: Open University Press/McGraw-Hill.

Clark, C. M. (1990). The teacher and the taught: Moral transactions in the classroom. In J. Goodlad, R. Soder &. K. Sirotnik (Eds.), *The moral dimensions of teaching*. San Francisco: Jossey-Bass.

Clark, C. M. (1995). *Thoughtful teaching.* London: Cassel.

Colnerud, G. (1997). Ethical conflicts in teaching. *Teachers and Teacher Education*, 13, 627—635.

Colnerud, G. (2002). Den kollegiala paradoxen. [The collegial paradox] *Pedagogiska magasinet*, 2002, 4, 24—30.

Colnerud, G. (2006). Teacher ethics as a research problem: synthesis achieved and new issues. *Teachers and Teaching: theory and practice*, Vol. 12, No. 3, pp. 365—385.

Colnerud, G. (2015). Moral stress in teaching practice. *Teachers and Teaching: theory and practice*, Vol. 21, No. 3, 346—360.

Cribb, A. (2009). Professional ethics: Whose responsibility? In S. Gewirtz, P. Mahony, I. Hextall, &. A. Cribb (Eds.), *Changing teacher professionalism: International trends, challenges and ways forward* (pp. 31—42). London: Routledge.

Darling-Hammond, L. (1985). Valuing teachers: The making of a profession. *Teachers College Record*, 87, 205—218.

David, J. L., & Cuban, L. (2010). *Cutting through the hype: The essential guide to school reform*. Cambridge, MA: Harvard Education Press.

Day, C. (2002). The challenge to be the best: Reckless curiosity and mischievous motivation. *Teachers and Teaching: Theory and Practice*, 8, 421—434.

Dewey, J. (1891/1957). *Outlines of a Critical Theory of Ethics*. New York, Hillary House.

Ehrich, L. C., Kimber, M., Millwater, J., & Cranston, N. (2011). Ethical dilemmas: A model to understand teacher practice. *Teachers and Teaching: Theory and Practice*, 17, 173—185.

Fenstermacher, G. D. (1986). Philosophy of research on teaching: Three aspects. In M. C. Wittrock (Ed.), *Handbook of research on teaching*. New York: Macmillan.

Fenstermacher, G. D. (1990). Some moral considerations on teaching as a profession. In J. Goodlad, R. Soder, & K. Sirotnik (Eds.), *The moral dimensions of teaching* (pp. 130—154). San Francisco: Jossey-Bass.

Goodlad, J. I. (1990). The occupation of Teaching in Schools. In J. Goodlad, R. Soder & K. Sirotnik (Eds.), *The moral dimensions of teaching*. San Francisco: Jossey-Bass.

Hansen, D. (1995). *The Call to Teach*. New York: Teachers College Press.

Hansen, D. (1996). Teaching and the Moral Life of Classrooms. *Journal for a Just and Caring Education*. Vol 2. No. 1, 59—74.

Hansen D. (2001 a). *Exploring the Moral Hearts of Teaching. Towards a Teacher's Creed*. New York: Teachers College Press.

Hansen D. (2001 b). Teaching as A Moral Activity. In Richardsson, V. (Ed.) *Handbook of Research on Teaching*. Washington, DC: American Ecuational Research Association.

Helton, G. B., & Ray, B. A. (2005). Strategies school practitioners report they would use to resist pressures to practice unethically. *Journal of Applied School Psychology*, 22, 43—63.

Herbart, J. F. (1835/1917). *Konturer till föreläsningar i pedagogik*. Stockholm: Albert Bonniers förlag.

Houston, M. B., & Bettencourt, L. A. (1999). But that's not fair! An exploratory study of Pupils perception of instructor fairness. *Journal of Marketing Education*, 21, 84—96.

Husu, J., & Tirri, K. (2007). Developing whole school pedagogical values—A case of going through the ethos of "good schooling". *Teaching and Teacher Education*, 23, 390—401.

Jackson, P. W. (1968). *Life in classrooms*. Chicago: Holt, Rinehart and Winston, Inc.

Jackson, P. W. (1990). The Functions of Educational Research. *Educational Reseracher*, 19, 7, sid 3—9.

Jackson, P. W., Boostrom, R. & Hansen, D. (1993). *The moral life of schools*. San Francisco: Jossey-Bass.

Lindsay, G., & Colley, A. (1995). Ethical dilemmas of members of the society. *The Psychologist*, 8, 448—451.

Nussbaum, M. (1995). *Känslans skärpa, tankens inlevelse*. Essäer om etik och politik. [The sharpness of the feeling and the empathy of the thought. Essays on ethics and politics.] Stockholm: Brutus Östlings Bokförlag Symposion.

Pope, K. S., & Vetter, V. A. (1992). Ethical dilemmas encountered by members of the American Psychological Association: A national survey. *American Psychologist*, 47, 397—411.

Shapira-Lishchinsky, O. (2011). Teachers' critical incidents: Ethical dilemmas in teaching practice. *Teaching and Teacher Education*, 27, 648—656.

Silverman, D. (2001). *Interpreting qualitative data: Methods for analysing talk, text and interaction*. London: Sage.

Sockett, H. (1990). Accountability, trust and ethical codes of practice. In J. Goodlad, R. Soder & K. Sirotnik (Eds.), *The moral dimensions of teaching*. San Francisco: Jossey-Bass.

Soder, R. (1990). The rethoric of teacher professionalization. In J. Goodlad, R. Soder & K. Sirotnik (Eds.), *The moral dimensions of teaching*. San Francisco: Jossey-Bass.

Strauss, A. & Corbin, J. (1990). *Basics of qualitative research. Grounded theory procedures and techniques.* Newbury park, California: Sage Publications Inc.

Strike, K., & Soltis, J. (1985). *The ethics of teaching.* New York: Teachers College Press.

Terhart, E. (1994). The ethics of school teachers: Between administrative control, professional autonomy and public interest. Paper presented at the *fourth International Conference on Ethics in the Public Service*, Stockholm.

Tom, A. (1984). *Teaching as a moral craft.* New York: Longman.

Travers, R. (1964). *An introduction to educational research.* New York: Macmillan.

Waller, W. (1931). *The sociology of teaching.* New York: Russel & Russel.

第三编：对教师教育的启示

哲学伦理学在教师教育中是一项有教育价值的活动吗？

[加] 克里斯多佛·马丁[①]

哲学伦理学对于职前教师来说是一项有教育价值的活动吗？表面看来，这个问题并没有特别的争议。如果我们同意教学拥有某些名义上的伦理维度，[②] 那么随之而来的问题就是哲学探究将是教师教育的本质特征，它或者通过道德哲学内容直接地在教师教育过程中传递，或者通过课程开发间接地在教师教育过程中传递。因此，对于许多教育学者来说，问题不在于哲学伦理在教师教育中是否发挥作用，而在于应该让教师在何种场合、以什么样的方式、在何种复杂程度上接触哲学伦理。哲学伦理学教育是否应该包含阅读东西方道德哲学传统中的关键文献？或者是通过持续探究该领域经常遇到的伦理困境而更好地"自然地"获得哲学伦理？

然而，教师教育中的哲学伦理争论远远比技术和教育学中的问题更加深入。哲学家中存在一种争论：教学实践本身是职前教师应该获知的一种独特规范和价值标准（例如在以"教学之道德维度"为主题的学术研究中，教学的内在价值——关怀、诚信、真实等），或者教学只是众多社会实践中的一种，只是更加普遍的道德原则（例如同等尊重人、平等对待、博爱等）的应用（Barrow，1992）。最根本的是，他们对哲学伦理目的的争论，体现在了后续的有关道德理论究竟是什么的争论上（Louden，1992；Hooker，2012）。例如，有研究者称一个好的道德理论是柏拉图式的，他指出存在于世的道德

---

① 作者供职于加拿大英属哥伦比亚大学。
② 暂且将"这些维度在伦理上有多深刻""这些伦理维度与其他人类活动有多大程度上的不同"之类的问题放置一边。——原注

就像是科学探究旨在揭示自然法则。另有研究者将道德理论视作一种旨在澄清我们的基本道德承诺,重建我们日常伦理的尝试(Rawls,1971)。还有一些人会认为,使用"哲学伦理"这一术语太过忠诚于现代哲学的关注"抽象"而非"具体",最好是彻底抛弃文化超越伦理学,也就是说,人们应该抛弃这样的观点:伦理理解适用于任何文化或历史背景(Baier,1995;Hadot,2002)。

也就是说,争论的事实不应该给我们带来太多麻烦:争论是哲学探究的本质。教师教育中的哲学伦理,任何关于它的教育价值的描述都必须承认这一点。然而,我认为,过于匆忙地放弃争论的事实,就遗漏了哲学伦理中具有重要教育意义的东西。这就是为什么:一个人可能会倾向于认为哲学伦理的教育价值,仅仅存在于通过参与持续的"什么是伦理"的争论和审视而获得的个人启发。从这一角度看,哲学伦理所固有的争论吸引了教师的注意力,使他们关注伦理学思考在课堂上呈现的多种方式。此外,争论和反思的学术严肃性激励他们比平时更加认真严肃地对待这些问题。

然而,争论的事实也意味着,哲学伦理归根结底对于教师来说没有太多认识上的价值。所谓"认识上的价值",指的是参与哲学伦理能够并且应该增进我们的伦理知识并促进理解,使我们能够更好地评估伦理判断的正误,或者换言之,伦理探究是真理或正义的寻求。"审议作为启发"是哲学伦理的教育价值的一个体现,道德审议的实践不以真理或正义为导向,而是以"最好的"为导向,在教学上有助于提升个人对品格和行动的认识。哲学伦理使我们对于课堂中的伦理问题变得敏感,却对道德判断的艰难认知工作没有什么帮助,因为在这种观点看来,这些判断最终与知识和理解无关,而与情感和品格相关。①

---

① 在这里,有人可能会争辩说,我是在利用我假设的情感和品格反对理性话语,甚至可能刻意地偏袒某些哲学传统。然而相反,我的立场是有教育价值的哲学伦理是具有(作为几个必要条件之一的)广度和深度的,作为广度和深度的一部分,包括了基于情感和品格的教育。理性话语是评判这些解释以及其他解释的优点的必要条件。但是这并不意味着,道德生活的一个理性概念比不那么理性的解释更有效。通过争辩,一个人可能有充分的理由相信,道德判断不属于理性审查的范围。——原注

这种特定的观点究竟有什么问题？或许没什么。哲学家理查德·罗蒂（Richard Rorty）曾经赞许地将其描述为情感教育，其中，道德哲学的价值在于它能操控我们的倾向，以一种我们"认识不同的人，使人相互之间有关系，这样他们就不会将那些不同于他们自己的人视为'拟人'。这种操控的目标是扩大'我们这种人'和'像我们这样的人'这类术语的参照范围。"（Rorty，1999：第73—74页）良好的哲学伦理学教育，应该增加我们道德关注的范围，既包括我们所遇到的各种人，也包括我们所认为的道德上重要的特殊情况。

我的怀疑是，鉴于道德哲学中争论的事实，即便是最具哲学倾向的教师教育者可能偶尔怀疑哲学伦理教育是否具有认识上的价值。这就是情感教育变得有吸引力的地方。对于这些教师教育者来说，可能他们仍然认为，总体上来说，教师花费时间去讨论伦理比不讨论更好。罗蒂的情感教育为这种观点提供了更加具有说服力的论述：通过审议，教师更有可能获得"我们这种人"的扩展意识。因此，如果哲学伦理教育并没有引导学生走向正确的答案，我们也不应该失望。因为，哲学伦理并不是旨在开发我们寻求真理的能力。寻求真理的能力和寻求道德之善的能力是截然不同的，相信它们二者在某种程度上相似是众多教育失望的根源。

罗蒂希望通过情感教育来使不同的人克服他们自己的偏见，学会对那些完整的人、应受优待的人打开自身狭隘的视野。对他来说，哲学家柏拉图和康德提供给读者的，不是如何改进道德推理的论述（因为在他的观点中，没有一个普适性的标准可以让我们宣称我们自己的推理得到了改进），而是为道德共同体如何共同生活提供了一个更好的、更具包容性的观点。很容易引起争论的是：一种情感教育可以同样有效地应用于教师教育。教师必须与来自不同经济、文化和宗教背景的家长、儿童进行交往。儿童本身并不像成人，因为他们正处在获得公共语言和成人概念（有人称之为"理性空间"）的长期过程的开端。相应地，对于不了解情况的人来说，这些儿童在思考、行为和感觉能力等方面可能看起来更像原始人。一种感性的哲学伦理，能够为教师所做的就是罗蒂想要它为世界所做的：确保教师拥有对"我们这种人"的广阔认识，而不像非教师那么容易看到人们的差异（尤其是那些处于童年期的人），并且将这种差异作为偏见和非人道待遇的理由。（那些怀疑这种道德风险在教师职业起作用的人，只要粗略地回顾一下加拿大的寄宿学校历史，就会发现情况并非如此）。

  我不想完全否定哲学伦理对于职前教师的情感价值。学生认真阅读和讨论康德的体验实际上在告诉我们通过"人性准则"（将其他所有事物视为目的，而不仅仅是一种手段）往往能激起学生道德世界的扩展。但是情感论认为，在获得这种洞察力之后，我们可以自由地将康德抛到脑后，因为尽管康德对"绝对命令"①的阐述有力地提醒了我们，如果不把它当作一种评估道德决策是否正确的道德原则来认真对待，成为一名自由骑士是多么自私。一旦我们接受关于康德或者其他道德理论的观点，我们就不难理解，如果我们忽视道德哲学的困惑并且以一种更加直接的方式将职前教师社会化，这样会更好——让他们开始进入有关社会公正、异化、后殖民理论的具有强烈修辞性的论述中，而不是脱离他们生活的背景去刻写模糊的文本。

  我认为情感论虽然很吸引人，但却是错的。我的目的是，提供哲学伦理的教育价值的说明，超越启发或情感而采取一种适度的步伐，并指向认识论价值。这包括两个方面。其一，我认为在教师教育中，有教育价值的活动符合了特定标准（这种标准反映了教师在一个自由民主社会中的公共角色——能够通过公共理性中介证明他们的道德和专业判断的专业人员）。哲学伦理学教育当符合这些标准时就是有教育价值的。其二，我认为，对于教师来说，教育判断是一种道德判断，因此，公共判断所需要的一部分是作为一个探究领域的教育理解。后者要求有持续的机会对教育的价值与目标进行哲学探究。在这方面，以教师实践为重点的哲学伦理教育，是以教育的道德层面（如目标和价值）为先决条件的。

---

  ① 在康德伦理学中，"绝对命令"或者"绝对命令测试"被理解为一种基本的道德原则，主体通过它来指导他们关于该做什么或不该做什么的实际推理。康德最初提出的原则如下：我绝对不采取行动，除非我能够使我的格言成为普遍法则（Kant，1998：第15页）。——原注

一、哲学伦理作为有教育价值的活动

在教师教育中,除了纯情感的因素外,哲学伦理是一项有教育价值的活动吗?明智的做法是将其分解成两个独立的问题:

(1) 在教师教育中什么是有教育价值的?(例如,如果我们把一项活动视作有教育价值,它所必须符合的标准)①

(2) 哲学伦理的教学是否符合这些标准?(例如,一个人可以有理地宣称哲学伦理是符合这些标准的活动)

使事情变得复杂化的是,教师教育中任何哲学伦理基本原理都是以哲学伦理有教育价值为前提的。但是这些基本原理可能会诉诸教育标准,这些标准只是部分的,而且只是含蓄的理解。因此,结果是对哲学伦理教育值得进行什么,形成了一种扭曲的或者不完整的概念。在这部分中,我将回顾哲学伦理的候选依据以及背后隐含的标准。目的是阐明现有基本理论的教育标准的核心特征,并利用这些核心特征作为建构一个更完整论述的起点(我在Martin,2013b中不太系统地回顾了这些论点)。

(一)哲学伦理学作为教师的重要理想

哲学伦理学教育存在的一个重要原因是:向职前教师传递关于教师实践的特定伦理观念。如果道德哲学可以激发学生进入这一特定概念,它可能帮助学生抵制在这一领域占据主导地位,但是却很少受到批评审查的专业规范。

---

① 为什么不从一般意义上的有教育价值的东西开始呢?我的想法是,如果教师教育中的教育价值是合理的,那么部分原因是它借鉴了更广泛的教育概念。但是尽管如此,更重要的是阐明普通教育(一种为生活做全面准备的教育)是不同于教育的归纳性概念(任何教育活动的价值都可以据此来判断)。虽然专业教育的标准必须以合理的理由为依据,但并不一定要以教育的全面的、一般性的概念为依据,尽管人们可能有理由将普通教育的特定标准用于职业环境(见Martin,2013a,2016)。——原注

例如，激发学生进入关怀的哲学伦理，可以形成教师实践的概念，使他们更好地批判性思考（那些据称是有害的）对当今许多学校系统中占据主导地位的竞争性学术成就的强调。

质疑某一领域占据主导地位的专业规范和标准的能力与动机，是值得赞赏的教育目标。此外，批判性思维并不能抽象地产生，所以教师需要对这些主导规范的矛盾进行充分揭露，甚至进行激进的批判。然而，仅仅开始一种特定的教学伦理是不够的。批判性地思考专业规范的能力和抵制这些规范是不同的。前者包括了推理—评估的能力，后者包括了信念的转变，而这种转变可能不需要任何推理—评估的能力。那些希望新一代教师抵制领域内主导惯例的人相信，这样做是有充分理由的。然而，从教育的角度来看，教师本身应该拥有这种理由，独立地、通过自己的理性力量来拥有这样的理由。一个受过教育的人能够探查事物的"原因"、评估这些理由，自己决定是否拥有这些理由，这才是真正的道理。我们不能因为职前教师抵制领域内的现行规范，就断言批判性思维发生了，因为某些规范可能是合理的！理想方式是抓住我所理解的，将其成为有教育价值活动的核心特征——促进批判性思维发展，但是通过让教师用另外一套专业准则来取代一套占据主导地位的专业规范（教师教育者希望采用的规范），却混淆了这一问题。

（二）哲学伦理学作为应用的伦理学理论

在教师教育中有一个流行的说法是：哲学伦理学是作为一种应用的伦理学理论提出的。基于这一观点，应该向教师介绍道德概念，以帮助教师通过在教育领域遇到的不同道德困境去推理。这里的例子是斯特赖克和索尔蒂斯（Strike，1990；Strike & Soltis，2004）所做的工作。特别有吸引力的是，他们声称教师必须通过其他有理性的人提出的理由（并且能够向他们证明他们的道德判断是合理的）得到改变。正如斯特赖克所指出的：

> 教师在道德决策中可能是合理的。可以根据一些常见的道德概念判断人的行为。教师应该知道它们、理解它们，并且能够以合理的方式将它们应用于具体的案例之中。例如，可以期望教师理解诸如正当程序、

理性诚实、隐私或公平……可以期望教师对于自身所做的事情有恰当的理由，可以期望教师在道德推理允许的限度内做出合理的决定。（Strike，1990：第 49 页）

斯特赖克的观点对教师教育设置了一个值得仔细关注的前提，即使一项活动有价值的原因是它一定程度上为教师提供了对自身所做事情的理性理解。然而，斯特赖克的意思并不是说教师仅仅知道他们自身在个人或专业背景下所做事情的"原因"，而是他们必须能够以沟通的方式，将这种理性理解引导到一个由其他理性之人存在的公共领域，并向这些有理性的人证明自己的专业判断。

我会在下文中详细地讨论公共辩护的作用，因为我相信，它对于民主自由社会的教师教育是至关重要的。尽管如此，有一些东西在应用伦理理论方法中是缺失的，① 这种方法在很大程度上将伦理概念从它们所产生的哲学历史传统中去背景化了。所以，教师可能会通过诉诸特定的伦理概念来表达和辩护判断，他们对于这些概念区别的合理性却相对不可知。教师可能会相信通过概念的应用而进行的伦理反思已经耗尽——似乎不需要对他们工作的伦理维度进行进一步的反思了。

这就是说，虽然伦理学理论的应用可能指向教育价值的重要特征，但是它却忘了对于其他特征的关注。当然，接受过伦理教育的教师，是那些知道如何巧妙地在教师教育中将道德概念传递给（职前）教师的人。虽然伦理概念在教室情境中做出相关区分时可能是实用的，但是在理解这些区别或者对道德判断的认识论意义时，却不一定起到很大的作用。道德概念在道德理论背景下得到理解，这些理论对这些概念以及它们在课堂中的应用（或者与之相关的任何背景）可能有截然不同的说法。

（三）哲学伦理学作为道德多元论

哲学伦理学的另一个理由是它在帮助教师处理"道德多元化"方面的假

---

① 至少就斯特赖克和索尔蒂斯如何解释这种方法而言。我选择他们作为一个关键目标，因为在我看来，用那种方法证明了什么是教育中最好的。——原注

定价值。什么是道德多元论？教师常常在课堂情境中遇到他们认为相互冲突的道德。例如，对正义的兴趣和对关心他人的兴趣可能指向不同的道德，这些道德可能相互矛盾（Strike，1999）。这导致了道德决策中的冲突，教师应该按照分数排序从而制造一种公平感，还是给予学生鼓励？如果一个学生在努力学习，那么我们应该给他一个好的分数以激励他的自信心吗？这对于其他学生来讲公平吗？

道德多元论者会争辩：诸如公平和关爱等道德品质总是在课堂中"存在"的。好的哲学伦理学教育可以促使教师看到这些所有的品质，并且在这些品质之间获得合理的平衡（Strike，1999）。一个人可以基于哲学基础反对道德多元论。教师可以用什么合理的标准去决定一个合理的平衡？如果道德生活本质上是多元的，那么"合理的平衡"这一观点开始更像一种个人品位或者个人偏好，相当于一种复杂形式的伦理相对主义。

然而，需要注意，道德多元论并不需要形而上学的假设，即道德品质相互冲突是道德世界的本质。相反，一个人可能会认为，哲学伦理学教育是一个实际问题，反对社会中提出教育的更大文化假设。这种"软弱"的道德多元论认为，我们希望教师接受哲学伦理学的教育，不是因为如那些强硬的道德多元论者所说的道德生活是完全多元的，而是因为，为了让道德判断看起来是正确的，它必须超越我们时代的文化偏见，反思支持或反对这种特定道德判断的多种可能原因。例如，想象社会中一个职前教师因为关怀伦理的立场而犯错。这种教师应该因此从框架的角度在检视道德决策中发展技能，这种框架提供了关于良好道德决策的不同视角。最终结果是对情境进行更加全面的评估。

这种道德多元论认为，认识潜在的规范性原则为伦理困境提供信息，与了解所有事实同样重要。事实上，教室无疑是一个道德复杂的情境，哲学伦理学可以使被忽视的教室特征在学生中更加突出（Sanger，2008）。所以，一个人可能认为哲学伦理学是有价值的，是因为它培养了课堂中出现的许多道德相关因素的全面理解。一个只关注公平的教师可能会遗漏其他道德考虑。弱道德多元论并不是在相互冲突的道德之间作出选择，而是要确保我们以多元相关的道德考虑来进行思考和推理。弱道德多元论比强道德多元论好一点，是因为它赞同这样的观点，即教师应该扩大他们的理解——更接近于教育价值性的标准之一。我将在下一节中进行阐述。

二、教师教育中有价值的教育活动

我已经对有关教师教育中的哲学伦理学教育价值的现有观点（当然不是全部）做了一些综述。我也断言，这些论述的众多方面只要某种程度上符合使某项活动具有教育价值的标准，就可以得到有利的评价。在这一部分中，我将通过描述教师在自由民主社会中的角色来阐明和判断这些标准。

·教师教育的自由民主标准

哲学伦理学教育不应仅仅是情感的——它应该是知识性的，通过促进这些判断的自主性和公正性，增加做出合理道德判断的可能性。但是有人可能会反驳说，我的论断简单地回避了罗蒂的情感教育——我们真正做的是控制教师的情感，这样他们就会感动，并且尽可能地在大多数情境中善待他人，在关怀、公正、后果的问题上对学生保持同情心。我所说的"合理的道德判断"实际上是一种理性方式，用来描述我们对他人好的情感能力。如何回应？是的，我们可以且应该扩大教师的道德同情。如果教师在一个完全私人的实践领域工作，那么情感教育可能是完全没有问题的。作为一个封闭的实践者群体，教师可以建构一种共同的感觉：即对于教师自身、教师的工作、教师所教的学生来说，什么是最好的。但是自由民主社会中的教师都处于不同的实践情境中：人们期望他们在原则上能够证明他们的许多决定（如果不是全部的话）是合理的，而他们的辩护不可能仅仅通过诉诸感情而获得成功，自由民主的语言是深思熟虑的，而不是情感的。

最后一点说明我们应该如何理解教师教育的标准，在多元化的民主自由社会中，教师拥有独特的公民责任。他们有集体权力改变公共领域的性质和组成。他们可以对个别学生施加类似的影响。国家强迫儿童接受正规教育。但是在民主自由制度中，公民应当遵守自由的正当原则，并受到自由正当原则的尊重，即具有特殊影响力和强制权力的人所做的决定应当基于充分的理由对公民负责。在教师拥有这种权力和影响力的范围内，自由民主社会中的教师教育应当遵循这种原则。因此，我认为教师教育中有教育价值的活动（哲学伦理学或其他）必须满足这样的标准，即能促使教师满足在自由民主社会中随着教学而产生的合理要求。这些标准如下：

> 标准1：一项有教育价值的活动必须使职前教师参与公共辩护，主要是就其特定的专业判断，并对这些专业判断的更大背景的目标和价值观的信念展开公开辩护。

在自由民主社会中，教师在公共生活中发挥着关键作用。父母和一般公民应该能够理解政策和实践层面的各种合理的教育决策。这同样适合于鼓励教师在实践中采用特定的学习理论，也适用于教师的道德决策。因此，教师教育中的活动必须以这样的方式来教：能够使教师向公众宣传其价值和适用性。可以肯定的是，教师实践的某些方面是关于"知道如何"，而不是"知道什么"，然而，如果教师不能向其他理性的公民解释他们的决定，他们在公共角色上就失去了其意义。教师应该有一定程度的理性理解，并不仅仅是因为他们知道他们所做事情的原因（他们理解定义任何有效的科学学习理论的理性标准），而且还因为他们有能力与他们专业圈子之外的人进行交流、阐明自己的理由。

这意味着，诸如关于教育理论、教育政策和实践的信念应该以这样的方式教给职前教师：让教师自由地参与对这些信念的反对，并且如果他们最终选择采用这些信念作为自身教学实践的一部分，应该让他们提出采用这些信念的理由。例如，教师关注社会公正，将其作为教育的目标，那么教师应该去做一些教育学和专业的判断，符合自由民主社会中教育的更大目标和价值；

并且这些判断应该向自由民主社会的公众阐述。①

标准2：一项具有教育价值的活动必须导向职前教师在哲学、社会学、历史学及其他认知方面对教育知识和教育理解方面的变革性拓展。这种认知转变应该使教师能够以各种形式的知识来看待他们的决定，并且能够根据这些形式的内部标准所要求的充分理由来为他们的决定辩护。

教师可以在他们知道的意义上接受教育，并且可以公开证明，作为学习理论和发展观点基础的基本原则，为他们的实践提供了信息。事实上，我们说教师受过教育的一个方式是，他们能够在其心理学方面去看待和阐述教育，不像其他公民一样，他们可以理解心理过程在学习中是如何发挥作用的，以及这些过程如何会出错。事实上，将心理学观点内化对于他们来说是一种转变，一旦他们知道学习者有"心理学"，那么他们对教学和学习的理解就会以一种非习得的重要方式而发生变化（与那些相信心智是亚里士多德式白板的人相反）。

教师教育的活动不能过于依赖这些知识形式中的任何一种。如果教师的大部分对自身实践的理解和解释是通过语言以及心理学概念，我们不会说教师就是受过教育了。如果一个人只能用这样的术语来为自己的教育判断辩护，那么他就会被批评为陷入了心理学主义的痛苦之中，而心理学主义在其贬义意义上，指出了一个人理解的狭隘性；在其交流意义上，与在实践上的特定视角过于一致，这在公众辩护的层面上并不是好的兆头。心理学可以快速发展成心理呓语，我们的教育判断不能仅仅建立在心理学基础上。我也许能够解释一个学生的攻击性行为是源于较弱的父母依恋关系，但是并不意味着我应该仅仅基于这样的理由来约束这个学生。与道德教育相关的道德困境问题在这里就产生了，心理学无法单独处理抚育他人以及让他人拥有获得安全学

---

① 这一规定不涉及社会整合或社会批评的责难激进形式。一个很好的例子是，有学者介绍了在社会正义教育中应用合理限制（Bialystock，2014）。——原注

习环境权利这些问题。

标准3：一项有教育价值的活动必须以一种非工具的方式来培养职前教师，使他们重视将教育视为一个探究领域的知识和理解。

我所说的"非工具"是彼得斯术语意义的非工具，也就是说，职前教师可以将这一领域的知识和理解视为有内在价值的（Peters, 1966）。他们必须关心诸如社会学、哲学、科学等学科的理性探究标准，在多大程度上以及何种方式上解决一些教育问题，如"什么值得学、学习为什么有价值、公民应该有什么样的机会来获得这种学习"。

明确地说，我并不是说，职前教师应该只基于内在的原因而重视教育的知识和理解。相反，在知识和理解是否需要以内在的方式（以及类似的问题）加以交流这一公共问题上，他们应该能采用内在的兴趣。职前教师应该重视知识、理解以及探究的相关形式，这些将为他们的领域提供信息，不是因为它们对有效教学的贡献或者它们在提升公众眼中的职业地位中发挥的作用。我将在论文的最后一节中对这一标准作更多的论述，因为这一标准充当了教学伦理和教育目标、价值之间的重要（但是却常常被忽视）的联结。

三、教学伦理和教育的道德维度

我粗略地阐述了自由民主社会中教师教育的标准。教师教育活动应该促使职前教师从公共理性的角度，对其职业和道德判断进行思考。在这方面，教师教育者和职前教师面对道德哲学的分析不应该感到绝望，因为他们的努力应该是为了向其他公民合理地解释他们的决定，而不是为了使自己的判断迎合某些特定的道德理论。

符合这些标准的哲学伦理学教育是什么样子的？正如我所提供的一个基于标准的方法，我的想法是筛选出的哲学伦理学教育（以及其他教师教育中的活动）不应与具体的教学方法、阅读资料等截然相反。例如，哲学伦理学不应过于倾向某一特定的学派（标准1），也不应涉及对道德哲学历史中的所有"伟大理论"的肤浅考察（标准2），不应以这样的方式教育，即学生只能将知道的伦理道德决策视为一种避免法律麻烦或职业麻烦的手段（标准3）。

然而，我不仅相信哲学伦理学可以通过满足上述所有标准的方式教授，我同时也相信当它满足这些标准时，它对于教师知识以及教师理解教育领域内的道德决策制定应该是什么样子的，做出了重要的贡献。这是因为哲学伦理学教育对教师的教育价值判断具有特殊的价值。

为何如此？与其他普通公民不同，教师有道德责任去保护受其关照的学生的教育权益。因此，他们的教育价值判断是一种道德判断——旨在满足这一道德义务的一种判断。这意味着教师如果不能在教与学背景中为自己的行动提供充足的教育理由，那么就会受到道德批评。在下文中，我将为这一观点做一论证，并指出这对于教师的哲学伦理学教育意味着什么。

《教学的道德维度》的出版，被视为教学伦理中的学术转折点（Goodlad，1990；Campbell，2008a）。然而，在一个值得注意的批判性评论中（在我看来是被忽视了），罗宾·巴罗将这一集合（collection）作为一个整体来进行分派任务，原因是它的核心前提是无论据证实的：教学是一种独特道德事业（与其他人类实践区分开来）的假设。他恰当地指出，为了证明独特的"教学的道德维度"的概念是正确的，它必须能够说明"教师会采取的具体行为是什么，在道义上是可接受的，当然，在各种情况下，所有人类行为在教育上都应是可取的（Barrow，1992：第108页）"。否则，作为"道德独特性"的谈话或教学如果仅仅是为了提高这一职业的声誉，就会有一种可疑的外观。

例如，坎普贝尔声称，教学是一种"道德职业"，这在一定程度上是由于教师的选择将影响学生的幸福感（Campbell，2008b：第104页）。与医学和法律不同的是，专业人士在运用其专业知识时必须考虑道德原则，从事与其专业任务相符的工作的教师，只是出于其对道德的理解（Campbell，2008b：第105页）。对于教师来说，道德理解和独特的专业知识是一回事。

巴罗的论述是，教师伦理文献中的这一论点和相似的论点，未能解释这些伦理理解是如何满足教育需要的，以至于这种理解将教师与其他职业完全区分开来。巴罗反对的一个更加具体的版本是这样的：假设有一个道德上正直无可置疑的人。也许这个人具有美德以及一定程度的道德推理，这使他（她）区别于普通的公民。现在想象一下这个人得到了一份小学教师的工作，他（她）保持道德的完整性，但完全不能引导学生任何合理的有价值的理解。这并不是因为他（她）在教学上缺乏经验，而是这个人对教育的目的、教育的原因没有任何想法。想象一下，例如，他（她）在指导学生如何玩暴力战争游戏时非常聪明且关心学生。我们可以说这个人是一个坏的老师，但是我们肯定不能说他们是一个坏人（Barrow，1992：第108页）。巴罗的观点是，道德理解本身并不能解释教学的道德独特性。事实上，巴罗的立场是，教师的独特性在于他们的认知，而不是在于他们的道德、角色（Barrow，1992：第108页）。

我们有充分的理由反驳巴罗的批评，并认真地对待将教学视为道德独特性的论断。然而，这种独特性源自于教师的道德角色责任，而不是实践本身。① 当自由民主社会的公民成为教师时，这一角色的采用赋予了一种具体和独特的道德义务：尽其所能，使学生进入有价值的知识和理解形式。②

在我看来，从道德角度上讲，正是他们的角色义务使教师区别于普通公民。一个鼓励学生过犯罪生活的教师无疑是道德错误的罪魁祸首——他们在利用自己的影响力使柔弱的孩子堕落。但是我们会指责任何这样做的人，不管是公民还是教师。然而，如果普通公民没有主动地收养孩子，并以高尚的（非犯罪的）方向塑造孩子，我们也不会指责他们。关于公民的角色，没有证据表明他们有严格的义务以教师方式做出和执行教育判断。

然而，当教师忽视做出合理的教育价值判断时，我们就会发现道德错误。但是一般公民和教师之间的区别，不在于道德理解在其生活中的意义和目的，而在于教师做出合理的教育判断时运用这种道德理解的具体职责上。再次考

---

① 教师伦理的实践辩护见 Hansen，1998。——原注
② 因为这个论点，我并不一定是指赫斯特的自由派意义上的"知识的形式"（Hirst，1965）。我的意思是，只是这样的形式包含了我们认为在良好的理由基础上值得教育的东西。像怀特这样的幸福模式，在这里很容易被包括在内。——原注

虑坎普贝尔的观点：

> 教师在试图平衡学生个体的公平待遇与班级群体的公平待遇的时候需要伦理判断……而掌握课程内容、熟练掌握课堂管理技巧……全面掌握评价和评估策略，是具有胜任能力的教师的重要组成部分，正是这些实际的道德智慧——伦理学知识（融入了这些技能的各个方面）以及教师带入教学实践中的人道，使他们的职业区分开来（Campbell，2008b：第105页）。

专业判断是道德的，而不仅仅是技术性的，坎普贝尔的这种观点怎么强调都不为过。但是，在道德成熟的人所做出的道德判断与训练有素的教师所做出的技术性判断之间，存在着教育价值判断的差距。在教师认真对待这一范围的情况下，仅仅是道德上的正直和技术性的知识是不够的。教育价值判断渗透到教师道德判断的各个方面。

例如，考虑一下，教师做出正确教育价值判断的道德义务，根据他（她）所教的学生的类型而有所不同。判断中的这些不同反映了不同的教育价值观和目标。在大学里我们不给分数作为鼓励，因为大多数人会认为这是对学生的不公平，是家长式的对待。在这样的环境中，我们假设我们的学生已经是个人自主性的，因此我们的道德义务不在于促进自主，而在于理智的拓展。我们应该公平地评价学生，将其当作对他们自主性的道德尊重，让学生错误地认为他们所取得的成绩超过了他们拥有的是对这一尊重的侵犯。

然而，在学校中促进儿童的自主性具有首要的道德意义。如果说有一个教育目标对于自由民主社会来说是基础的，那么，自主性便是这个教育目标。因此，我们可以用一种鼓励的方式来评分，因为我们认识到，在学生发展自主性的某些方面，需要更多的支持。对儿童发展个人自主性的道德尊重及兴趣，在某些情况下超越了评价实践中的对公正的兴趣。

在大学以及学校里，教师仔细地进行判断，不仅仅是在关于如何传授学科知识的方面，而且是在关于这些学科领域的方面（为他们提供信息的学科内部所蕴含的价值观念、构成学科的命题性知识、促使它们成为历史上成功探究形式的认识实践），这些对于学生来说都是有教育价值的。这些都不是实践的道德智慧，或者说，它们不同于那些不在教学角色中的公民所具有的实践道德智慧。

这就是为什么反映了教师独特的道德工作的哲学伦理学教育，必须包含对教育目标、教育价值的理解。教师教育中的哲学伦理应旨在引导学生对教育的本质、教育的范围、教育的价值判断进行伦理学的探究。对于教师有道德责任去保护学生的教育利益来说，这样的教育是不可或缺的。此外，如果哲学伦理学的任一方法只要满足上述我所说的标准，那么这种教育便是必要的。如果我们真要把教师看作是一种"与众不同的职业"（Barrow，1992：第108页），那么这些专业人士应该能够在公共领域为自己的判断辩护，并且能够诉诸这些判断所处的更大的教育价值和教育目标的背景。毕竟，教师之所以能够在道德和智力上对儿童产生合法的影响，是因为教师不同于律师或医生，教师有责任确保这些儿童获得过上美好生活所需的知识和理解。因此，一个职前教师如果不能通过诉诸具有道德独特性、更大的教育背景来为自己的判断进行辩护，那么他（她）在多元化的自由民主社会中赢得公众信任的能力就会受到限制。

回顾这一观点：巴罗认为道德独立于教学实践。教学行为并不是道德行为，就像我们的其他行为一样，我们可以而且应该将道德原则应用于我们的教学实践。他认为关于教师道德特殊性的说法更像是为了教师得到更多的专业尊重而进行的一种修辞意义上的尝试。此外，关于教师道德特殊性的观点不加批判地假设道德存在于实践之中，并且没有对这一假设做任何辩护。他认为，如果教师希望获得更多的专业尊重，那么他们应该将自己的专业知识建立在做教育判断的能力上，而非做道德、价值判断的能力。正是做教育判断的能力，使教师区别于医生和律师。

我认为巴罗是对的：教学的道德独特性不在于实践之中。但是尽管如此，我坚持认为教师在民主自由社会中仍然具有独特的道德角色。当一个人承担起教师的公民角色时，他（她）就承担起了以一种适合于自由民主公共领域的方式，确保儿童教育利益的道德责任。因此，尽管教学在道德上具有独特性，但是这种独特性源自于教师的道德角色责任，而不是源自于实践本身。这意味着，对于承担这一职责的教师来说，教育价值判断是一种道德判断。因此，教师教育项目应该确保职前教师接受哲学伦理学教育，作为促进教师对自身教育价值判断进行合理推理的重要组成部分。

四、结论

当哲学伦理学满足了三个反映自由民主社会中教学合理要求的标准时，我认为哲学伦理学教育是教师教育中一个非常有价值的部分。此外，我认为如果哲学伦理学满足这些标准，那么教育价值和教育目标的教育是必要的。这是因为，教学的道德独特性维度与教师有道德义务做出公开合理的价值判断，从而确保学生教育利益的美德是不同的。为了教学道德维度的教育，如它们所是，假定了教育价值和教育目标的教育，如果没有后者，不可能达成前一个目标。

参考文献：

Barrow, R. (1992). Is teaching an essentially moral enterprise?. *Teaching and Teacher Education*, 8 (1), 105—108.

Bialystok, L. (2014). Politics without "brainwashing": A philosophical defence of social justice education. *Curriculum Inquiry*, 44 (3), 413—440.

Campbell, E. (2008a). The ethics of teaching as a moral profession. *Curriculum Inquiry*, 38 (4), 357—385.

Campbell, E. (2008b). Teaching ethically as a moral condition of professionalism. *Handbook of moral and character education 2nd Edition*. (Ed.) L. Nucci, D. Navez, and T. Krettenauer. New York: Routledge, 601—617.

Goodlad, J. I., Sodor, R. & Sirotnik, K. A. (Eds.) (1990). *The moral dimensions of teaching*. San Fransisco: Jossey-Bass.

Hadot, Pierre. (2002) *What is ancient philosophy*? trans. Michael Chase.

Cambridge: Cambridge University Press.

Hansen, D. T. (1998). The moral is in the practice. *Teaching and Teacher Education*, 14 (6), 643—655.

Hirst, P. H. (1965). Liberal education and the nature of knowledge. *Philosophical Analysis and Education*, 2, 113—40.

Hooker, B. (2012). Theory versus Anti-theory in Ethics. *Luck, Value, and Commitment: Themes From the Ethics of Bernard Williams*, 19—40. Oxford: Oxford University Press.

Hyland, T. (2011). *Mindfulness and learning: Celebrating the affective dimension of education*. New York: Springer.

Kant, I. (1998). Groundwork of the metaphysics of morals (M. Gregor, Trans.). Cambridge Texts in the History of Philosophy.

Louden, R. B. (1992). *Morality and moral theory: A reappraisal and reaffirmation*. Oxford: Oxford University Press.

Martin, C. (2013a). Reconstructing a lost tradition: the philosophy of medical education in an age of reform. *Medical Education*, 47 (1), 33—39.

Martin, C. (2013b). On the educational value of philosophical ethics for teacher education: The practice of ethical inquiry as liberal education. *Curriculum Inquiry*, 43 (2), 189—209.

Peters, R. S. (1966). *Ethics and education*. London: Allen and Unwin.

Rawls, J. (1971). *A theory of justice*. Cambridge, MA: Harvard University.

Rorty, R. (1999). Human rights, rationality and sentimentality. in *The Politics of Human Rights*. Ed. Obad Savic. London: Verso 67—83.

Sanger, M. N. (2008). What we need to prepare teachers for the moral nature of their work. *Journal of Curriculum Studies*, 40 (2), 169—185.

Strike, K. A. (1999). Justice, caring and universality: In defense of moral pluralism. In M. S. Katz, N. Noddings, & K. A. Strike (Eds.), *Justice and caring: The search for common ground in education* (pp. 21—36). New York: Teachers College Press.

Strike, K. A., & Soltis, J. F. (2004). *The ethics of teaching*. New York:

Teachers College Press.

White, J. (1991). Education and the good life: Autonomy, altruism, and the national curriculum. *Advances in Contemporary Educational Thought*, Volume 7. New York: Teachers College Press.

教师品性是一种道德实践手段

[美] 黛博拉·舒斯勒[①]

在过去的半个世纪里,科技发展得如此之快,计算机取代教师并非不现实。网络课程可以在学生舒适的家庭中进行,适应性技术(adaptive technologies)可以为学生个体定制适切的课程内容。每节课的进程都根据学生的最近发展区、学生应对挑战的能力而作出差异化处理,并且在学生理解错误时提供补救措施。事实上,这种教育传递系统(education delivery systems)已经存在了,即面向成人学习者的大规模在线开放课程(MOOC)。尽管网络学校和网络课程在过去的十年里激增,但是它们并没有成为大多数人选择的教育传递系统。在很多国家,技术驱动的教育传递系统肯定有能力取代教师。根据世界银行的数据,超过40%的世界人口使用过互联网(或者是移动设备、计算机和其他技术)(World Bank,2015)。在发达国家,这个数据更大。仅在美国,84%的成年人口使用互联网,而年轻人使用互联网的比例上升到96%(Perrin & Duggan,2015)。然而,教育作为一项人类事业,并没有通过电子方式来传递。为什么会是这样?

在本文中,我认为教育的过程不仅包括内容的获得,在获取知识之外,我们因为各种各样的目的而将儿童送到学校,例如学习社会技能、个人训练和自我调节、公民意识、价值观澄清和发展、伦理决策。这些目的不仅涉及个人的发展,还涉及更广泛的共同体的需要。这些崇高的目标不能通过内容的传递来实现,不管这些适应内容传递的手段有多么复杂。从如何使用知识

---

① 作者供职于美国宾夕法尼亚州立大学。

的任何框架或指南中分离出来的客观性知识的积累,从最好的意义上来说是空洞的,从最坏的意义上来说是危险的。因此,教师的角色包含了比传播知识更加多样化、更加复杂的能力。总而言之,教师的能力不仅仅涉及内容和教法,它还具有情境性、关联性和内在的道德性,它服务于个人和集体的目的。在下面的章节中,我阐述了道德在教育中为什么如此重要,描述了一个道德教师所做的事情,解释了教师品性作为发展教师道德实践的手段,讨论了对于教师教育课程的启示。

一、为什么"道德"对于教育是重要的?

"翻转课堂"模型有助于解释这个问题。在美国,最近对"翻转课堂"的呼吁提供了证据,通过技术提供的教学会促进学生学习动机的增强和学业成绩的提高(Fulton, 2012; Missildine, Fountain, Summers, & Gosselin, 2013)。在这一模式之下,教师利用技术,主要是一种短片视频的方式,在学生在家时有效地传递基于序列的媒体内容,并利用课堂时间对这些内容进行练习和应用。尽管内容的传递机制是技术性的,在翻转课堂中,教师并没有被淘汰。相反,教师是教育过程中不可或缺的一部分。一旦学生观看了包含了教学内容的视频,当学生和指导与促进实践的教师在一起时,他们在课堂中会进行练习。在这期间,教师的专业判断不可计数:教师决定如何进行实践,例如,不论学生是独立学习还是参与小组学习,教师决定前进的水平和步伐。教师辨别学生何时达到饱和状态,这时学生的动机会减弱。当学生在课堂这一社交环境中学习时,教师帮助学生进行行为和情感的调节。教师考虑何时解决学生之间的纠纷,何时让学生在无成人干涉的情况下自己解决分歧。因此,教师决策的数量和复杂性是无限的。

尽管大部分的内容是通过技术而不是通过教师来传递的,但是教师的决定和行动对学生所体验的学习环境类型以及学生作为学习者、个人、公民的发展方式产生了广泛的影响。如果教学只涉及内容的传递,即便是高度个性化和发展性的支架式内容,教师的角色也会被技术所取代。但是即使是在

"翻转课堂"中，教师也在随着情境的展开而进行着众多的学术、社会、心理和道德决策。教师的专长（expertise）超出了内容和教法的知识范围。教师需要对教育目的有深入的理解，也需要有达成这些目的的能力。都廷（Dottin，2009）解释说，要理解和实现教育目标，就必须重视"目的—手段"之间的联系，包括目的感，也包括如何达成这一目的。在教师教育中，接受这一论断意味着教师需要形成"道德能力"：在道德行为之前需要有一种目的感，即目的指导行为，并为"一个人的目的为什么是好的"提供证据。此外，教育儿童既涉及个人的实现，也涉及社会的进步，使教师的道德能力在宏观和微观层面上多层次地存在。

二、一位"道德的"教师需要做什么？

如果教育理论认真地关注教师希望达到的教育目以及教师达成这些目的（手段）的过程，那么有必要考虑对教师的要求。关注教育目的以及实现这些目的的手段需要教师在特定情境中的专业判断或者对道德的关注。教师是一系列目标的促进者，这种促进者需要在宏观和微观层面上进行详细的思考。

在宏观层面上，教师必须考虑年度课程以及如何建构课程、课堂以达成显性或隐性的特定目标。例如，课堂规则如何制定、如何向学生和家长解释这些规则都揭示出教师在更广阔教育目的中的很多有意或无意的层面。在微观层面上，教师在日常以及短暂的基础上做出什么应该优先的决定。例如，当一个教师观察到两个学生在走廊上进行有争议的对话，那么当课堂开始时，教师必须决定是否忽略走廊上的交流，或者走廊上学生的交涉，将注意力转向对班级的关注，从而开始一天的课程。这些决定会产生影响，如果走廊上的学生在语言上有争议，但是教师看到后却没有提及，就会产生这样的暗示：这样的行为是可接受的。如果教师在走廊上与学生进行了交谈，那么他（她）就有可能向班级的学生们传递出这样的信息：他们的学习不是教师的第一要务。

在西奥多·赛则与南希·赛则（Theodore & Nancy Sizer，1999）合著的

《学生在关注》(The Students Are Watching)一书的开头,他们给了一个极好的例子,说明教师如何用看似无关紧要的决定来向学生传递重要信息的,他们指出:作为个体,教师可以做榜样。学校也是如此,通过它的集体信号和具体的优先事项,"榜样"示范出什么是有价值的、什么是没有价值的。这种学校如何运作的"隐性课程"(见 Giroux & Purpel,1983),隐含地强调了话语的方式和教育目标的优先次序,但是因为没有得到承认、是隐性的,从而导致了意想不到的、潜在的问题。"学生在关注",他们正在学习什么是可接受的、什么是不可接受的,如何行动,如何与他人互动,以及制度上的规定与制度内个体的行动是否一致。

微观层面和宏观层面目标的思考包括了教师和学生之间互动的本质。教育的任务从根本上说是一种人的努力,教师对学生实现特定目标负有最终责任。正如我所建议的,教师要完成的广泛的目的超越了对内容的技术传递。因此,教师不能以机器人、技术的方式与学生互动。为了达到教育的社会情感、道德、公民目标,教师自身的人性(humanity)、学生的人性就必须得到承认。诺丁斯(Noddings,1984,1988,1992)将这一关系广泛地描述为"关心",即教师或"关心者"体验了"关注和动机移位"(engrossment and motivational displacement),描述了"关心者"的意识,在一段时间内,将自己的需要放置一边,开始关注他人的需要,将自己置于他人的处境之中,并以"促进他人目的或事业"的方式来行动(Noddings,1992:第16页)。这种关系可以被定义为一种"同情"(compassion),是一种对他人的态度……包含了关怀、关心、亲切,以及支持、帮助、理解他人的情感、认知、行为(Sprecher & Fehr,2005:第630页)。有爱心、有同情心的教师必须努力理解自己的学生,并且灵活地满足他们的需要。教师必须灵活,因为每位学生都必须被当作一个个体来对待,每一个关系都是独特的。正如诺丁斯(Noddings,1992)指出的,"没有一种像菜谱一样的方法,可以用来建立信任和关心关系"。关心和同情也会将感觉或认知理解与行动结合起来。一个人不能仅仅通过一种特定的感觉就成为一种关心和有同情心的教师。行为必须伴随着感觉。

考虑到微观和宏观层面的目标,并对学生表现出关心和同情,要求教师形成对情境的认识以及如何在现有的情境中最好地实现目标的意识。舒尔曼(Shulman,1998)指出,教学需要的不仅仅是应用于该领域的去情境化知识,在"情境实践的细节中",必须做出"同时包含技术和道德要素"的判断,以确定如何进行教学过程。虽然舒尔曼指出了课堂情境,但是我认为因为教学包含了以关心和同情为特征的关系,对情境的敏感同样是一种集体和个体的努力。德育教师在任何时候都要保持一致,保持对个别需求的协调,努力理解和同情这些需求,同时也理解一个人的行为是如何影响到整个教室以及更大范围的学校。教师的任务就像厨师一样,他重视成为菜肴一部分的每一种成分,同时也认识到所有的成分是如何共同创造出一道令人喜爱的菜肴的。

在前文所述的走廊里的学生的例子中,德育教师必须迅速地评估他(她)的行为如何影响到参与争吵的个人,以及整个班级和学校的气氛。有关学校氛围的研究表明,对细节的关注为整个学校奠定了基础(Bryk, Lee, & Holland, 1993; S. M. Johnson, Kraft, & Papay, 2012; Murphy, Beck, Crawford, Hodges, & McGaughy, 2001)。具有强烈意向、任务驱动的行为和健康的关系是学校作为学习共同体以及作为机构运作的标志(S. M. Johnson等,2012; Schussler, 2003; Sergiovanni, 1992, 1996)。事实上,萨吉万尼(Sergiovanni, 1996)声称,共同体不同于组织,因为"共同体是围绕着关系和思想组织的,他们创造了通过共享的价值观念将人们团结在一起的社会结构。共同体由其价值观、情感和信仰的核心所界定,为从单独个体的'我'到形成'我们'提供所需的条件"。通过建构关系培养共同的、有目的的教育目标,既重视促进个别学生的发展,又确保学校共同体的活力。

三、品性的角色

因为教育涉及在特定背景中达到目的和形成关心关系,所以教学必须被概念化为一种道德实践。因此,必须考虑如何以最佳方式发展教师参与教学道德工作的能力(Sanger & Osguthorpe, 2013)。在我自己的工作中,我曾经提出，品性是一种将有效教学进行概念化的方式，因为品性通过在与人类互动情境中将教师知识和技能与教育目的结合而进行教学道德工作（Schussler & Knarr，2013；Schussler & Murrell，2016；Schussler，Stooksberry，& Bercaw，2010）。这不仅仅取决于教师知道多少知识或者掌握多少技能。为了开展有效教学，教师必须明确教学意图，认识所处情境，并认识到如何最好地运用他的知识和技能在特定情境中实现意图。然而，遗憾的是，由于缺乏共识以及概念模糊，品性结构还没有在教师教育中发挥出应有的潜力。

简而言之，大约30年前，作为一种捕捉有效教学中超越知识和技能方面的方式，品性在美国获得了广泛的关注。研究人员和从业者明白，有效的教学并不是盲目地模仿那些所谓的好的实践，而是努力地捕捉有效教学的不易懂的层面。人们考虑了各种各样的结构，但都没有扎根，例如，教师的"态度"与"信念"似乎并不充分，因为这些机构与教师课堂上的行为没有直接关系，并且也无法对其进行可靠的评估（Damon，2007；Freeman，2007）。发展和评估教师的道德也是有问题的，因为评估道德冲击教师自由、引起对思想灌输的恐惧，尽管人们希望教师具有健全的道德品质（Osguthorpe，2008）。此外，当出于"任意或反复无常的原因"做出决定时（Ginsberg & Whaley，2006：第274页），法律问题很容易产生。既能填补态度、信仰或道德真空，也能与教师行为直接相关，"品性"成为最可行的替代办法。

然而，在如何概念化以及发展、评估品性的问题上，一直缺乏共识。多年来，品性有着多种不同的定义方式。许多研究人员将品性与习惯联系在一起（Dottin，2009；Hammerness 等，2005；Katz & Raths，1985）。例如，有学者将品性描述为"思考与行动的习惯"（Hammerness，2005：第387页）。一些人将品性直接与道德、美德或信念相联系（Burant，Chubbuck，& Whipp，2007；Johnson，2008；Sockett，2009；Villegas，2007）。例如，有人将品性定义为基于特定背景条件下以特定方式行事的倾向（Villegas，2007）。还有一些人声称，品性是一个不充分的结构，应该从教师教育词典中删除（Damon，2007）。

品性在装备有效教学中确实发挥了有价值的作用，因为它们基于教师试图实现的教育目标，表明教师付诸实践的能力。品性是教师以特定方式思考和行动的倾向。这些倾向会通过先前的经验、信念、文化、价值、认知能力而塑造，并且它们会塑造一个人的教学环境。如果不知道一个人的倾向是如何塑造的，个体很可能做出对他们与学生、与其他人关系产生负面影响的假设，并导致教学效果不佳。品性因而是一个集合点，代表教师解释经验和信息的过滤器，也是产生知识和行为的起始点（Schussler，2006；Stooksberry，Schussler，& Bercaw，2009）。这个定义超越了通过将内部发生的事情（如思想、信仰、感知、价值观）与外部发生的事情（如行动）联结，而将品性视为描述行为模式的概念。由于品性是教师思维和行为的基础，因此它们是理解有效教学的关键。尽管所有的教师都有影响自身教学的倾向，但是他们并没有意识到他们拥有这些倾向，或者没有意识到这些倾向会影响他们的教学。这个定义也明确地将教师的教育目标与他们的实践联系起来；将教师打算做的事情与他们实际做的事情联系起来，包括教师工作的道德层面。

（一）品性的框架

我和我的同事构建了品性框架，通过联结倾向与行动，品性框架包括教学隐性的道德工作；通过三个广泛领域（智力、文化、道德，我们称之为"ICM框架"，见Stooksberry等，2009）的概念化，品性框架同时也包含了显性的因素。智力领域包括教师围绕内容和教育问题进行思考和行动的倾向。智力品性是一个聚合点，通过塑造信息与经验如何接受，影响教师如何学习教学。因为教师至少16年以来是接受教育的学生（Hammerness等，2005；Lortie，1975）。他们拥有信念、价值、认知结构去定义有效教学应该是什么样子的。然后，智力品性通过指导教师对内容和教学的决定，充当了一个起点。这包括教师的内容知识、教育学知识、学科教学知识（Shulman，1987；Wilson，Floden，& Ferrini-Mundy，2001）。此外，教师必须拥有关于学习者的知识，以及对他们的教育背景或环境有所了解（Schwab，1973；Shulman，1987）。然而，智力领域不仅仅是知识或者技能，它包括在特定教学背景中达成目标时所需的教师对知识和技能的意识。实质上，这就是通过克服"问题设定"来"传递"有关教学的知识和技能的能力（Bransford, Brown, & Cocking, 2000；Eraut, 1994；Hammerness 等, 2005）。在某些情况下，这意味着抵制有意或无意说服新教师维持传统做法（Jordell, 1987；Zeichner & Gore, 1990），继续反思自身实践的社会化（Schön, 1983；Zeichner & Liston, 1996）。

ICM 框架的文化领域包括教师通过理解自己的文化和理解学生的文化而让文化出现在课堂中的倾向。虽然来自非少数民族背景的教师往往缺乏对自己所拥有文化的认识，但是所有的教师都拥有一个文化身份。他们倾向于把不同于自己的人看做是拥有一种文化或者多样化的人。个体文化塑造了他或她对心智和经验的感知，展示了文化品性是如何作为一个集合点运作的。文化品性同时也作为一个起点，指导教师就自己所持有的以及学生所持有的信念、价值、文化规范做出决定。因此，文化品性包括教师在课堂中如何质疑社会文化动态，以及教师在多大程度上积极质疑他们与学生文化和成就相关的实践。关于教师缺乏文化经验对学生成就的负面影响（Grant & Secada, 1990；Nieto, 2000），有大量的论述（Gay, 2002；Hollins & Guzman, 2005），使得教师对文化倾向的认识势在必行。教师寻求一种文化相关的教学方法，反思是关键。这种文化相关的教学关注学生成就、学生的文化素养，以及学生的社会政治意识（Ladson-Billings, 1994；Ladson-Billings, 2001）。

ICM 框架的道德领域包括认识自己的价值观，倾向于思考自己价值观背后的假设和后果，考虑理想的目标和实现目标的过程，以及一个人对他人和帮助他人满足其需求的责任。道德倾向作为一个集合点发挥作用，因为教师和所有人在一种基本的价值体系之上建立了自己对世界的理解，这种基本的价值体系不仅包括个人对是非的区别（Dill, 1990；Strike & Soltis, 1985），还包括一个人对个人使命的意识，科尔塔根将这种使命感定义为"人们认为与其存在密不可分的深刻感受的个人价值观"（Korthagen, 2004：第 85 页）。如前所述，教师必须反思他们的行动如何影响到个体，尤其是他们的学生，以及影响学校全体成员的更大的教育目标。职前教师以广泛的价值体系开始自身的教育方案（Mayes, 2001；Nias, 1987；Sockett, 2006），他们必须提高对这些价值的认识，并认识这些价值如何影响他们的决定和后续的行动。因为教师每天会做数以百计的决定，这些决定充斥着对教育目的的假设，以及学生应该如何接受教育的假设。他们的品性也是一个起点，作为一个价值导向，引导着他们的思考与行动。

（二）行动中的品性

因为教学是一个关系性的、目的驱动的尝试，涉及的不仅仅是知识的传递，ICM框架旨在作为一个反思性的指导去帮助职前教师形成跨领域的有关教学的意识，而不是仅仅反思实施一种或另一种教学实践的教学意义。在任何情况下，这个框架为教师提供了一种手段，使他们反思希望达到的教育目的以及他们试图实现这些目标的过程。为了说明这些领域如何适用于一个真正的教师，我提供了我先前的学生——杰基[①]的日记反思。杰基是一所高中的社会学研究的教师。在她写这篇文章的时候，她22岁，是白人，就读于一所选择性的私立大学。她来自社会中上层，她的父亲是医生，她上的是私立学校，她就读的高中，所有学生都上了大学。她是一个非常好的学生，在大学期间取得了优异的成绩。与她就读的学校的性质不同，杰基实习学校的学生社会经济多元化，学校处于与市中心接壤的位置。在她的教学实习第一周中，她写了以下日记：

> 这一周对我来说是个惊喜。我知道这一领域的许多学生学习积极性不高，而且很多学生并没有在课堂中获得成功。有两件事使我对这一点有了更深的认识。
>
> 首先，是我的老师卡特先生带我参观了学区。我看到一些学生和他们的父母所工作的工厂，我在这个地区看到许多家庭拥有小生意：小餐馆、汽车商店、沙龙等。我也注意到很多家庭居住在非常小的房子中。卡特给我讲了一些家庭的故事，他们经济不景气，因为付不起房租而被迫离开家。这些家庭搬到了该地区的一个汽车旅馆（由于该地区靠近机

[①] 为了保护个人的隐私，所有的姓名都为化名。——原注

场，汽车旅馆很多）。我对学生的背景有很多了解。

卡特先生还告诉我，大概只有35％的学生愿意继续读四年制的大学。大约70％的人会接受某种形式的中学后教育，不论是汽车学校，美容学校，还是社区大学、四年制大学等。许多人将继续在家族的企业中工作，比如子承父业。

知道了这一点，帮助我理解了教育在这些学生中的首要位置。这也有助于我了解当学生走进教室的时候，他们从哪里来。在某种意义上，它向我展示了我需要克服的东西。对我来说，这也是一个挑战，促使我思考如何激励学生去学习，如何使学习适合他们的生活。

在学期后期的一次日记反思中，杰基说她对学生的考试成绩感到失望：

我不知道我还能做什么。我尝试了合作学习活动，拼图、游戏、讨论、辩论，我试图使学习有意义、有趣、符合他们的发展水平。

分析这些日记片段为我们了解杰基的品性提供了信息，通过提供有关她的价值的线索，说明了她所做的假设，强调了她在基于信息做教学决定时的倾向。在智力领域，杰基本人倾向于在学术上取得成就。我们还从她的第一篇日记中看到，她倾向于希望她的学生像她一样能体验学术上的成功。从第二篇日记中，她显然认为教学策略自动等同于学生学习。杰基使自己确信做了正确的事情，这意味着学生应该获得学业成功。因为她的意识相当局限，所以她很难接受这样的可能性：即使在她实施了她认为有效的教学策略之后，学生们仍可能继续挣扎。对杰基来说，收集更多的背景信息来理解为什么学生在考试中表现不佳是很重要的。学生们没有学过吗？还是他们就是很差的学生？学生的错误理解是什么性质的？这对个别学生有何不同？她对他们的学习所做的测试是有效的吗？

在文化领域，杰基并没有意识到她对学生的身份做出了假设，这些假设可能会对她如何使学习有意义产生一些负面影响。虽然她似乎关心作为个体的学生，但是她倾向于认为他们是一个整体，具有同样的动机和价值观。此外，尽管她显然希望激励所有的学生，但是她并没有承认更大的公平问题。例如，她隐晦地将学生缺乏学业动机、缺乏学业成功与社区的社会经济条件联系起来。

在道德领域，基于一些非常有限的人口统计信息，杰基假设她理解学生的价值观。具体地说，她觉得她需要"克服"她认为学生在教育上缺乏优先权的东西，并用符合她自身的价值观来取代学生的价值观。70%的学生在某种形式的中学后教育机构可以被看作是一个令人钦佩的成功，但是对于杰基来说，这并不是成功，而是需要克服的问题。这些基于杰基价值观的假设指导了她的决策。

主要的问题是教师教育者如何帮助类似于杰基的职前教师形成这三个领域的意识，而不是在不经意间就做出错误的假设，她需要意识到驱动她思考和行动的倾向，可以有效地调整她的教育目标和达成目标的手段。她显然有帮助学生成功的最终目标，并且倾向于采取行动来实现这个目标。然而，如果她不能理解她的价值观和世界观如何作用于她的思考和行动，她就会基于错误的假设而采取行动，从而在目的与手段之间制造了人为割裂，而目的与手段之间的联系对于教育目标的实现是必要的（Dottin，2009）。教育对于杰基来说显然是一种强烈的个人价值，她想把这种价值灌输给她的学生。可能杰基将教育视为成功的标志，或者教育是一个人获得经济利益的机制（也是成功的标志）。仅仅从这篇日记中，我们还不清楚为什么杰基重视教育，或者杰基持有什么样的根深蒂固的教育价值观。为了真正参与教学的道德领域，杰基必须将学生理解为个体，并且关心他们，而不是基于集体的刻板印象。然后她必须决定哪些教育目标在这种情况下是有意义的，要在杰基根深蒂固的价值观和每位学生根深蒂固的价值观之间找到潜在的张力。围绕自己的价值观发展这种自我意识水平，培养关爱关系，以实现有目的的教育目标，这带来了挑战，而且超出了思考的范围，思考往往是侧重于教学技巧的。

考虑到杰基在确定自己的假设时所遇到的挑战，我和我的同事们都有兴趣探讨职前教师能否更好地确定其他教师的假设。我们使用了杰基的日记条目,将其做成一个案例研究,在几节教师准备课上进行了介绍。在学期开始时,职前教师阅读案例并回答以下问题:(1)这个案例的主要问题是什么?(2)杰基应该思考她自身教学的哪些方面?(3)杰基应该如何进行教学?在学期结束时,在讨论了案例以及个人信念、背景、文化、价值是如何影响一个人在课堂上的感知和思考方式后,职前教师回答以下附加问题:(1)杰基做了什么假设吗?(2)当你对这一案例进行第一次分析时,你有没有做一些假设?

毫不奇怪,职前教师努力进入道德领域。当他们最初对案例研究做出回应时,他们的反应表明他们做了许多与杰基相同的假设,不知不觉地将自己的价值体系强加于案例中的学生。他们倾向于帮助他们的学生,但是这种帮助被视为弥补部分学生缺乏价值观的不足。我们假设在职前教师的第二个分析中,职前教师会承认杰基和他们自己的假设,会更多地意识到他们的价值观体系是如何影响他们的回应的。然而我们发现,当职前教师背景与案例中的职前教师背景最相似时,即便是具体询问他们,他们也无法认出与其价值相关的假设。与案例中的教师背景不相同的职前教师更倾向于表现出对不同价值观的认识,并在将自己的价值观强加给学生时表现出一定的谨慎(见Schussler, Bercaw, & Stooksberry, 2008a; Schussler, Bercaw, & Stooksberry, 2008b; Schussler & Knarr, 2013)。此外,非传统的职前教师,那些成年后回到学校获得教师资格证书并有更多生活经验的人,更有可能认同杰基的假设,并承认自己的价值观如何影响了他们看待案例的方式(Schussler, Stooksberry, & Bercaw,正在评审中)。总的来说,职前教师对他们想要实现的教育目标有了认识,他们倾向于关心自己的学生,以帮助他们达成这些目标。然而,他们在与学生建立关系以真正理解学生的个人价值观之前,就先将自己的价值体系强加于学生身上了,这给他们从事作为道德实践的教学造成了一些问题。

第二个案例分析只在非常有限的范围内促进了职前教师对于杰基假设的思考。我们发现,促进职前教师承认自身的假设,特别是道德领域和文化领域,是最具挑战性的。具体而言,他们对不同世界观(文化领域)和价值体系（道德领域）存在的认识与他们自身的价值观不一致，这一点他们并没有想到。即使得到了鼓励，职前教师也没有考虑到自己将自己的价值观无意中强加给了杰基的学生，很多人采纳了一种"学生不足"的观点。职前教师渴望了解学生，渴望找到满足学生需要的教学策略，并以自身对成功的理解帮助学生取得成功。然而，他们对自己的思维所依据的假设以及实现目标的战略缺乏专业认识。这一案例突出表明，当职前教师面对的是与自身背景不同的学生时，他们无意中倾向于强加一套基于自身世界观的价值观。这一案例还突出了职前教师倾向于关注思考教学实践的各个方面，而较少关注如何处理相互冲突的世界观，也很少强调当教师和学生价值观不一致时如何处理它们之间的张力。当职前教师真正地在道德领域反思时，最重要的是参考案例中的关系方面，或者说实习学生是如何与她的学生建立关系的。

当我们使用ICM框架来分析实习教师在教学过程中的非结构化思考时，这些结果在一项单独的研究中得到了进一步的复制。编码主要发生在智力领域，重点是教学策略（见Schussler等，2010）。职前教师根本没有表现出对自己的文化身份的认识，包括对自己的世界观和价值体系的认识，包括认识他们的价值观如何影响他们随后的决定和行动。

四、通过品性促进道德

审视一个人的价值体系比学习内容和教育学更容易产生歧义。教师教育项目很少强调具体主题。正如有许多学者指出的那样（如Campbell，2003；Revell & Arthur，2007；Sockett，2008；Willemse, Lunenberg, & Korthagen，2008），教师教育项目往往忽视了教学的道德工作，留下一个道德真空，其特征即是缺乏"对注入教学实践的道德问题的明确的、有意识的关注"（Sanger & Osguthorpe，2013）。在我们实施杰基案例研究的三所大学中，只有一所大学的职前教师拥有必修课程"教育哲学"。没有任何课程证据表明，对自我的道德层面的长期探索已经发生。这对美国的教师教育项目来说是典型的。因为准备项目通过强调的内容强化了不同类型的教学身份。所以在这项研究中，大多数教师会发现进入智力领域从而指导自己的行动是最简单的。不幸的是，职前教师的教学决策受到其价值观的严重影响。如果他们缺乏对自己价值观如何影响教学选择的认识，那么他们的学科内容和教学的知识与技能可能远远没有那么有效。

关注教师的品性，即是帮助职前教师更好地意识到他们的教学实践与跨越智力、文化、道德领域的教育目标是如何相协调的，对于加强教学的道德工作具有很大的促进作用。除了思考具体的教学技巧之外，教师还必须了解是什么驱动这些技巧，必须意识到学习内部的知识来理解外部的知识。正如一位学者所说：教师并不仅仅是实施教学或应用教学实践，他们通过过滤自己的价值观和信仰来解释它们（Ritchhart，2002：第49页）。意识充当了价值观和信仰的感知渠道。促进职前教师对自身价值观的意识是尤其具有挑战性的。除了撰写哲学论点之外，职前教师必须在教师教育项目中明确自己的价值观，并学会批判性地反思出现偏差的地方，这种偏差往往是背景驱动而产生的。

通过培养品性的认识来促进教学的道德工作，可以通过植根于背景要素的几种方式来进行。第一，是个体的背景。每个教师都有自身独特的"过滤器"。正如杰基和分析杰基案例的职前教师所证明的那样，背景与学生不同的职前教师，最难认识到自己的价值观是如何促成他们对案例中学生的假设的。第二，既然个人的背景各不相同，这意味着教师教育必须提供一种环境，为职前教师创造多方面机会，以使职前教师围绕自己的品性，特别是在道德领域建立起意识。同样的经历、同样的问题、同样的任务无疑会与每个职前教师产生不同的共鸣。然而，所有的职前教师都可以从工具中受益，来打破自己的假设，批判性地思考他们的价值观如何影响他们的教学实践。第三，职前教师必须认识到，他们在某种背景下表现出道德敏感性。教师必须意识到，在不同的情况下（或许是相同的情况，但是面对不同的学生）可能需要不同的行动来实现他们想要的结果。杰基倾向于关心和激励她的学生。但问题是她对作为个体的学生了解不够，不了解她所计划的关心和传递的动机应该是什么样子，尽管她认为她知道。如果不提高对背景的认识以及对自身价值观的认识,杰基的所作所为就不会那么有效。

五、结论

因为教育包含了一系列超越了获取内容的目的,因此需要教师的判断和道德能力。为了有效,教师必须知道内容知识并应用教学技巧。但此外,教师必须了解他的倾向及影响这些倾向、推动他做出决定的因素(包括他的价值观),以及背景如何影响他做出决定的有效性、如何使他的目标与行动保持一致。实质上,有效的教师把教学作为一种道德实践来体现,而品性是发展这种实践的重要手段。

参考文献:

Bransford, J. D., Brown, A. L., & Cocking, R. R. (Eds.). (2000). *How people learn: Brain, mind, experience, and school.* Washington, DC: National Academy Press.

Bryk, A. S., Lee, V. E., & Holland, P. B. (1993). *Catholic schools and the common good.* Cambridge, MA: Harvard University Press.

Burant, T. J., Chubbuck, S. M., & Whipp, J. L. (2007). Reclaiming the moral in the dispositions debate. *Journal of Teacher Education*, 58 (5), 397—411.

Campbell, E. (2003). *The ethical teacher.* Maidenhead: Open University Press.

Damon, W. (2007). Dispositions and teacher assessment: The need for a more rigorous definition. *Journal of Teacher Education*, 58 (5), 365—369.

Dill, D. D. (1990). The moral dimension of teaching. In D. D. D. a. Associates (Ed.), *What teachers need to know: The knowledge, skills, and values essential to good teaching* (pp. 151—156). San Franciso: Jossey-Bass.

Dottin, E. S. (2009). Professional judgment and dispositions in teacher education. *Teaching and Teacher Education*, 25, 83—88.

Eraut, M. (1994). *Developing professional knowledge and competence.* London: The Falmer Press.

Freeman, L. (2007). An overview of dispositions in teacher education. In M. E. Diez & J. Raths (Eds.), *Dispositions in teacher education* (pp. 3—29). Charlotte: Information Age Publishing.

Fulton, K. (2012). Upside down and inside out: Flip your classroom to improve student learning. *Learning and Leading with Technology*, 39 (8), 12—17.

Gay, G. (2002). Preparing for culturally responsive teaching. *Journal of Teacher Education*, 53 (2), 106—116.

Ginsberg, R., & Whaley, D. (2006). The disposition on dispositions. *The Teacher Educator*, 41 (4), 269—275.

Giroux, H. A., & Purpel, D. E. (1983). *The Hidden Curriculum and Moral Education: Deception or Discovery?* Berkeley: McCutchan Publishing Corporation.

Grant, C. A., & Secada, W. G. (1990). Preparing teachers for diversity. In W. R. Houston (Ed.), *Handbook of research on teacher education* (pp. 403—422). New York: Macmillan.

Hammerness, K., Darling-Hammond, L., Bransford, J., Berliner, D., Cochran-Smith, M., McDonald, M., & Zeichner, K. (2005). How teachers learn and develop. In L. Darling-Hammond & J. Bransford (Eds.), *Preparing teachers for a changing world: What teachers should learn and be able to do* (pp. 358—389). San Francisco: Jossey-Bass.

Hollins, E., & Guzman, M. T. (2005). Research on preparing teachers for diverse populations. In M. Cochran-Smith & K. M. Zeichner (Eds.), *Studying teacher education: The report of the AERA panel on research and teacher education* (pp. 477—548). Mahwah: Lawrence Erlbaum Associates.

Johnson, L. E. (2008). Teacher candidate disposition: Moral judgment or reguritation? *Journal of Moral Education*, 37 (4), 429—444.

Johnson, S. M., Kraft, M. A., & Papay, J. P. (2012). How context matters in high need schools: The effects of teachers' working conditions on their professional satisfaction and their students' achievement. *Teachers College Record*, 114 (10), 1—39.

Jordell, K. O. (1987). Structural and personal influences in the socialization of beginning teachers. *Teaching and Teacher Education*, 3 (3), 165—177.

Katz, L. G., & Raths, J. D. (1985). Dispositions as goals for teacher education. *Teaching and Teacher Education*, 1 (4), 301—307.

Kennedy, M. (1999). The role of preservice teacher education. In L. Darling-Hammond & G. Sykes (Eds.), *Teaching as the learning profession: Handbook of policy and practice* (pp. 54—85). San Francisco: Jossey-Bass.

Korthagen, F. A. J. (2004). In search of the essence of a good teacher: Towards a more holistic approach in teacher education. *Teaching and Teacher Education*, 20 (1), 77—97.

Lortie, D. C. (1975). *Schoolteacher: A sociological study*. Chicago: The University of Chicago Press.

Mayes, C. (2001). A transpersonal model for teacher reflectivity. *Journal of Curriculum Studies*, 33 (4), 477—493.

Missildine, K., Fountain, R., Summers, L., & Gosselin, K. (2013). Flipping the classroom to improve student performance and satisfaction. *Journal of Nursing Education*, 52 (10), 597—599.

Murphy, J., Beck, L. G., Crawford, M., Hodges, A., & McGaughy, C. L. (2001). *The productive high school: Creating personalized academic communities*. Thousand Oaks: Corwin Press.

Nias, J. (1987). Teaching and the self. *Cambridge Journal of Education*, 17, 178—184.

Nieto, S. (2000). *Affirming diversity: The sociopolitical context of multicultural education* (3rd ed.). New York: Longman.

Noddings, N. (1984). *Caring, a feminine approach to ethics and moral education*. Berkeley: University of California Press.

Noddings, N. (1988). An ethic of caring and its implications for instructional arrangements. *American Journal of Education*, 96 (2), 215—230.

Noddings, N. (1992). *The challenge to care in schools: an alternative approach to education*. New York: Teachers College Press.

Osguthorpe, R. D. (2008). On the reasons we want teachers of good disposition and moral character. *Journal of Teacher Education*, 59 (4), 288—299.

Perrin, A., & Duggan, M. (2015). *Americans' Internet Access*: 2000—2015. Retrieved from Revell, L., & Arthur, J. (2007). Character education in schools and the education of teachers. *Journal of Moral Education*, 36 (1).

Ritchhart, R. (2002). *Intellectual character: What it is, why it matters, and how to get it*. San Francisco: Jossey-Bass.

Sanger, M. N., & Osguthorpe, R. D. (Eds.). (2013). *The moral work of teaching and teacher education*. New York: Teachers College Press.

Schön, D. A. (1983). *The reflective practitioner: How professionals think in action*. New York: Basic Books, Inc.

Schussler, D. L. (2003). Schools as learning communities: Unpacking the concept. *Journal of School Leadership*, 13 (5), 498—528.

Schussler, D. L. (2006). Defining dispositions: Wading through murky waters. *The Teacher Educator*, 41 (4), 251—268.

Schussler, D. L., Bercaw, L. A., & Stooksberry, L. M. (2008a). The fabric of teacher candidates' dispositions: What case studies reveal about teacher thinking. *Action in Teacher Education*, 29 (4), 39—52.

Schussler, D. L., Bercaw, L. A., & Stooksberry, L. M. (2008b). Using case studies to explore prospective teachers' intellectual, cultural, and moral dispositions. *Teacher Education Quarterly*, 35 (2), 105—122.

Schussler, D. L., & Knarr, L. (2013). Building awareness of dispositions: Enhancing moral sensibilities in teaching. *Journal of Moral Education*, 42 (1), 71—87.

Schussler, D. L., & Murrell, P. (2016). Quality teaching as a moral practice: Cultivating practical wisdom. In C. Day & C. -K. J. Lee (Eds.), *Quality and change in teacher education: Western and Chinese perspectives*. Springer.

Schussler, D. L., Stooksberry, L. M., & Bercaw, L. A. (2010). Understanding teacher candidates' dispositions: Reflecting to build self-awareness. *Journal of Teacher Education*, 61 (4), 350—363.

Schwab, J. J. (1973). The practical 3: Translation into curriculum. *The School Review*, 81 (4), 501—522.

Sergiovanni, T. J. (1992). *Moral leadership: Getting to the heart of school* improvement. San Francisco: Jossey-Bass.

Sergiovanni, T. J. (1996). *Leadership for the schoolhouse: How is it different? Why is it important?* San Francisco: Jossey-Bass.

Shulman, L. S. (1987). Knowledge and teaching: Foundations of the new reform. *Harvard Educational Review*, 57 (1), 1—22.

Sizer, T. R., & Sizer, N. F. (1999). *The students are watching: Schools and the moral contract*. Boston: Beacon Press.

Sockett, H. (2006). Characters, rules, and relations. In H. Sockett (Ed.), *Teacher dispositions: Building a teacher education framework of moral standards* (pp. 9—26). Washington, DC: AACTE Publications.

Sockett, H. (2008). The moral and epistemic purposes of teacher education. In M. Cochran-Smith, S. Feiman-Nemser, D. J. McIntyre, & K. E. Demers (Eds.), *Handbook of Research on Teacher Education* (3rd ed., pp. 45—65). New York: Routledge.

Sockett, H. (2009). Dispositions as virtues: The complexity of the construct. *Journal of Teacher Education*, 60 (3), 291—303.

Sprecher, S., & Fehr, B. (2005). Compassionate love for close others and humanity. *Journal of Social and Personal Relationships*, 22, 629—651.

Stooksberry, L. M., Schussler, D. L., & Bercaw, L. A. (2009). Conceptualizing dispositions: Intellectual, cultural and moral domains of teaching. *Teachers and Teaching: Theory and Practice*, 15 (6), 719—736.

Strike, K. A., & Soltis, J. A. (1985). *The ethics of teaching*. New York: Teachers College Press.

Villegas, A. M. (2007). Dispositions in teacher education: A look at social justice. *Journal of Teacher Education*, 58 (5), 370—380.

Willemse, M., Lunenberg, M., & Korthagen, F. (2008). The moral aspects of teacher educators' practices. *Journal of Moral Education*, 37 (4), 445—466.

Wilson, S. M., Floden, R. E., & Ferrini-Mundy, J. (2001). *Teacher preparation research: Current knowledge, gaps, and recommendations*. Retrieved from Seattle: World Bank. (2015). Internet users (per 100 people). Retrieved from http://

data. worldbank. org/indicator/IT. NET. USER. P2/countries? display=graph

Zeichner, K. M., & Gore, J. M. (1990). Teacher socialization. In W. R. Houston (Ed.), *Handbook of research on teacher education* (pp. 329—348). New York: Macmillan.

Zeichner, K. M., & Liston, D. P. (1996). *Reflective teaching: An introduction.* Mahwah: Lawrence Erlbaum Associates.

教师教育中道德想象培养

[美] 帕梅拉·波诺丁·约瑟夫[①]

许多西方学者认为,道德想象是描述专业道德实践的属性和目标以及德育工作的重要概念。这些作者将道德想象描述为生活在这个世界中的指南,作为一个具有道德知识,个人诚信和"道德艺术"(Dewey,1916/1985)的人,其中涉及对他人的需要和感受的敏感性增强。他们写道,道德想象涉及提高认知和情感能力的整体混合(Joseph,2003)以及"感知,推理和感觉的动态相互作用"(Fesmire,2003:第146页)。具有道德想象力的个人"从事对道德情境的批判性,创造性和想象性的探索",并批判性地反思他们自己的信仰和行为,以及"塑造他们是谁以及他们如何生活的社会和文化"(Abowitz,2007:第298页)。另外,一些学者将道德想象视为构想理想和可能性的能力(Babbit,1996;Kekes,2006),包括另类的非主导世界观(Joseph & Mikel,2014)。因此,具有道德想象力的个体能够随着道德行为的发展想象出不同的价值观和行动。

在本文中,我将专门讨论把道德想象作为教师和其他专业人士目标的文献。我将解释:(1)为什么学者们提出把道德想象作为专业教育的重要目标;(2)道德想象的概念,它的组成部分,以及拥有它的人的能力;(3)道德想象的多方面概念如何指导教师教育的课程内容。本文除了探索已发表的道德想象学术文章和提出培养道德想象力的建议外,还借鉴了我在课程研究,反思实践和德育方面所教授的研究生课程中的叙述(Joseph,2003,2011,

---

① 作者供职于美国华盛顿大学贝色分校。

2016）。

一、为什么要培养道德想象力？

各个专业领域的学者列举了道德想象应成为教育道德专业人士的目标的几个原因（Abowitz，2007；McPhail，2001；Moberg & Seabright，2000；Scott，1997；Werhane，2002；Young & Annisette，2009）。提出的理由包括需要发展个人的道德准则、理想和愿景，超越传统思维，面对缺乏道德的组织文化，挑战暴力和统治永久化的社会规范。

培养道德想象力的一个关键原因是它"使我们能够设想我们生活的可能性"（Pardales，2002：第435页）。教育者在任何级别或学科上都应该培养道德想象力，以"零碎和分析的道德思维"无法做到的方式（You & Rud，2010：第39页）来帮助学生掌握他们的整个道德生活。因此，教育者的目标应该是通过习惯性地询问和反思"如何生活？"这一问题来帮助学生建立经过深思熟虑的伦理价值观（Pardales，2002：第435页）。通过这种方式，教育者也必须"拥有愿景"并"生动地想象他们想要在学生身上实现的理想和价值观"（Kim，2009：第67页）。

文献中提到的另一个原因是更具创造性，更具共情性的思考的重要性，最重要的是超越传统推理——培养"能够独立思考，与传统争论，理解和同情生活条件与自己不同的公民"（Nussbaum，2002：第301页）。这个理由要求教育者和他们的学生把眼光放到他们的现状之外，摆脱习惯性思维过程（Kim，2009）。一个必然结果是，道德想象"必须做的不仅仅是帮助学生明确他们现在作为道德存在的身份"（Abowitz，2007：第288页）。

另一个理由是需要面对缺乏道德的组织文化。道德想象力可以"在组织和系统层面上运作"（Werhane，2002：第34页）；无论这些组织是学校还是企业，人们都可能"被困在一种组织文化中，这种文化创造了作为边界条件的心理习惯，阻碍了创造性思维"（Wehane，2002：第39页）。因此，道德想象可以"作为通常导致道德缺陷选择的决策环境的解药"（Moberg &

Seabright，2000：第 845 页）。而且，道德想象力甚至需要在年轻学生成为成年人进入组织文化之前培养——"在他们的想象力受到日常职责和利己主义计划的重压桎梏之前"（Nussbaum，2002：第 301 页）。

此外，道德想象对于那些写和平，非暴力和生态正义的学者来说是一个重要的概念；他们主张关于道德想象力的培养至关重要，要在人类互动，言论，人与自然的关系中挑战无处不在的暴力。学者们指出，"暴力是由缺乏道德想象力造成的"（Jenkins，2007：第 368 页），因为人们并没有批判地审视其存在，甚至将暴力合理化成合乎道德的。他们也认识到，道德想象具有"二元特征——不仅被描述为暴力的批判意识"，而且经历了所有生命的联系，想象了一个和平的世界（Joseph ＆ Mikel，2014：第 326 页）。因此，道德想象力刺激了"道德愤慨"和"对不公正的关注"（Ledbetter，2012：第 16 页）。道德想象力使人们有能力挑战对人类和地球的暴力接受，或者寻找"突破迷惑人类社会的暴力循环"的方法（Lederach 2005：第 4 页）。

最后，设立专门的道德想象力奖学金作为教师教育的目标。作者讨论道德想象如何引导教师"批判性地挑战自己的信仰和思维"，因此教师教育者的工作应该是培养批判性反思以增强道德想象力（Joseph，2003：第 17、18 页）。道德想象力使教师能够"看到学生的潜能"（Abd-El-Fattah ＆ Soong，2008：第 13 页），并培养道德感和敏感性，以了解"学生的独特需求和愿望，以及他们未来最好的可能性"（Simpson ＆ Garrison，1995：第 252 页）。一些学者还认为，具有道德想象力的教师能够更好地感知并质疑教育系统中有限的教育目标，这些目标强调效率和标准化（Chapman, Forster, ＆ Buchanan，2013：第 142 页）。此外，具有道德想象力的教师不仅以挑战传统目标和方法的理想和价值观为指导（Kim，2009：第 65 页），他们还可以设想民主的学校和社会（O'Loughlin，1995）。总而言之，学者们认为教师应该具备道德想象的一些属性：对自我和社会的批判意识，非传统思维，增强同情和移情，设想学校和社会公平与道德可能性，以及挑战冷漠、暴力和不公平的能力和愿望。

二、理解道德想象力

撰写道德想象力的相关学者通常通过解释其相关的基本组成部分来解释这一复杂概念：道德情感包括允许与他人同情和共情的感情以及采取道德行为的愿望；道德感知是人们意识到他人及其需求、希望和潜力的能力，以及感知情境和经历中道德本质的能力；道德推理是指对需要道德反应的情境的现实理解，以及用道德立场来接近情境；批判性反思意味着对个人信仰和行为的持续审查，以及对现有社会政治条件中的不道德和不公正的审查；道德想象中的远见是指超越现状的思维能力，并为实现理想的道德价值观以及更美好的社会或世界提供可能性（Babbitt，1996；Kim，2009；Moberg & Seabright，2000；Pardales，2002）。在下面的部分中，我探讨了道德想象的元素，并提供了教师叙事的例子（Joseph，2003，2011，2016），这些例子说明了对教学的道德维度和道德想象的表达的理解。

（一）道德情绪

道德想象涉及导致关注他人需要的道德情感。它是同情和共情的放大，将个人与他人联系起来，并带来"我们可能对其他方面无情的情况的敏感性"（Pardales，2002：第431页）。学者们理解这些感受的富有想象力的品质，同时也理解理想与道德情感交织在一起的关系。美国哲学家杜威（Dewey，1916/1985）写道，同情"不仅仅是一种感觉，它是人们对共同点的一种培养的想象，是对不必要的分歧的反叛"（第127—128页）。道德想象力分别"扩大了移情的范围，阐明了更多的显著细节，并且增加了对可能被忽视的情境的敏感度"（Fletcher，2016：第148页）。

在他们的叙述中，确认同情和移情的必要性的教师写道，他们的教室应该关心环境。

> 我致力于在课堂内培养一种关怀感。由于教育改革继续以问责制和标准化为中心，这往往会促进竞争和个人主义，因此我必须强调相互依

赖和关心他人，以便我的学生和同事把这一点运用到更大的社区，最终用到社会中。（女，中学社会研究教师）

此外，他们可能会将这些情绪体现为对道德行为的强烈刺激，这远远超出专业道德的要求。

一名教师可以在不违反任何专业道德的情况下完成工作，但仅凭这一点并不能使他们成为一名好老师，只能确保他们"不会伤害"。在道德上讲，在道德上或其他方面，我回到做正确事情的基本想法，这可能看起来太模糊，但我只是试着把自己放在别人的鞋子里，按照我想要的方式对待他们。这为许多价值观打开了闸门，仅举几例：一旦你面对一个充满不同认知和情绪状态的孩子们的教室，同情、信任、诚意、怜悯，甚至移情就会产生。（男，高中科学教师）

最终，道德想象力促形成了"关系的愿景"——生活在地球上的所有人之间的相互联系（Lederach，2005：第35页），正如来自一位教师叙述的摘录所表明的那样：

只有当教师真正关心他们所面对的学生，并希望在这些孩子的生活中产生某种积极的影响时，教师才应该在教室里。但是，教师需要做得更多，这样做可能会涉及一些专业和个人风险。教师需要了解、理解并鉴赏生活有时产生的悲剧感。这里并不总是有一个明确的英雄或恶棍。我们自己有能力做坏事。作为教师，无论种族，宗教和性别，我们必须帮助我们的学生感受到人性的兄弟情谊。最重要的是，我们必须帮助我们的学生冒着受伤的风险，感受到分享胜利的精神。（男，小学教师）

这些例子表达了道德想象力如何增强共情，同情心如何增强道德审慎（Noddings，1998：第135页），以及情绪如何激发道德感知和推理。

（二）道德感知

然而，在大多数情况下，学者将道德想象描述为认知的增强，特别是道德感知的发展（Pardales，2002：第431页），"我们看到和理解经历中遇到的道德情境的能力"（Abowitz，2007：第288页）。这种敏锐度使教师能够看到他们工作的所有方面都具有道德意义。

> 我已经意识到，作为一名教师，我做出的每一个决定都会产生道德含义。这包括我选择的课程，我如何教它，如何处理纪律和课堂管理，我给学生做出的选择，以及继续进行下去的清单。（女，小学教师）

> 我在课堂上所做的每一个动作都具有"规范意义"。我选择承认或忽略的行为，有助于课堂环境和课堂期望的设定。这些行动决定了谁被纳入或被排除在课堂之外，并向不同的学生展示我的信念和态度。（女，高中英语教师）

道德感知也可以被定义为"道德清醒"，定义为"现存道德维度的关注"，认识个人价值观，"打破机械生活"（Greene，1978：第46—47页）。

> 从本质上讲，我的工作不是无动于衷，而是……对我自己的信念"彻底清醒"，这样我就可以教我的学生如何唤醒他们自己。（女，高中数学老师）

> 教师有责任引导学生具备道德意识……意识到个人可以摆脱日常平庸和漠不关心的麻木，并找到主导我们现代生活的制度和社会整合形式的替代品。（男，高中数学老师）

敏锐的道德观念导致教师强烈反对冷漠，作为道德想象的能力，道德感知有助于发展"完整的道德观"（You & Rud，2010：第39页）。

（三）道德推理

道德推理是道德想象的另一种认知能力，"涉及理解需要道德判断的情境的能力和发挥作用的道德规则,以及'人们所设想的新可能性'——让人们'更具创造性地思考'在道德可能的限制范围内"(Werhane,2002:第34页)。分析道德想象与道德推理之间关系的学者描述了道德想象如何用于"强化辨别的力量"(Johnson,1993:第198页),并发展推理的流动性以便"选择性思考"(Abowitz,2007:第288页)。这种推理还涉及"预演"可能的解决方案(Fesmire,2012:第213页),理解思维之下的"隐喻概念"(Kim,2009:第70页),并考虑评估其道德后果的各种可能性(Biss,2014;Moberg & Seabright,2000;Wehane,2002)。以下示例表达了教师对在道德推理中考虑替代方案的重要性的理解,以及为什么他们应该教育自己的学生形成相应的道德决策。

> 意识到必须做出决定,学生必须了解他们周围的世界以及每种情况所带来的可能性。然后,他们必须具备技巧和信心,批判性地思考环境、采取的潜在行动以及这些行动的后果。我不能决定他们的价值观、优先事项或个人信仰。但我确实觉得我的工作就是帮助学生自己去思考这些问题,并在正确的时候采取行动。(女,高中社会研究教师)
>
> 我必须教会学生仔细思考其他选择,决定对自己和他人的后果,最终采取行动并对他们的决定负责。(女,高中英语教师)

因此,当人们通过想象替代方案进行道德推理时,他们可能会意识到他们以前的观点是"狭隘的"或"短浅的"(Fletcher,2016:第144、147页);他们不仅发展不同的观点,而且还拒绝他们先前的观点,实质上就是在经历个人转变(Babbitt,1996)。在一位新教师的叙述中,描述了她对扩展道德推理如何导致她的价值观和实践转变的认识。

> 平等通过给予每个人同样的东西来促进公平和正义。如果所有学生都从同一个地方开始,并且拥有所有相同的工具和支持来获得他们的教育,那么这种观念就会奏效。任何在教室里的人都知道,虽然这是一个

很好的想法，但这是一个幻想。学生并非都是从同一个地方开始；他们并非都在同一起跑线上等待裁判扣动扳机。学生进入教室，他们可能存在学习障碍、行为障碍、学术知识不足或缺乏家庭支持的问题。学生彼此是不一样的；他们不需要被相同对待或适应。这让我对整个教育有了真正理解。然而，一旦我这样做，这种理解对我的实践具有变革性。公平不是我的工作，我的工作是确保公正，并且为了让所有教育工作者都这样做，他们必须意识到一种教学模式不能适用于所有人。（女，高中社会研究教师）

另一位教育工作者在获得更复杂的推理时记录了学生转变的可能性。

通过批判性思考，我的学生获得了识别和有效处理复杂问题的技能。在成为具有批判性的人的过程中，这些学生将被赋予思想和信心，改变并促进他们自身、教室和社区内的积极变化。（男，中学社会研究教师）

正如上面的例子所证明的那样，道德推理扩展了感知，因此人们可以从"道德观点"进行评估（Werhane，2002：第34页）并做出可能对他们自己和他人生活造成深远影响的决定。

(四) 批判性反思

考虑到在道德感知和道德推理之后继续增强认知能力，下一个要素就是批判性反思。学者将这种反思与道德想象联系起来，因为如果不检验个人信仰，不深刻理解社会条件，人们可能会继续持有狭隘和自私的观点（Nussbaum，1998）。

批判性的自我反思引导个体对自我的认识（包括"盲点"）、对"行为和结果"的伦理理解（Kim，2009：第66页）以及对个人信仰和行为的批判。这种自我审视有助于人们思考他们的价值观是源于"未经检验的惯例"还是来自"深思熟虑的选择"（Joseph，2003：第17页）。以下叙述说明了教师如何将内省的道德反思视为一种调查和批判的过程，以及一种道德承诺。

> 我必须经常考虑并检验我在日常生活中做出的选择，将我每天看似平凡的决定转变为对道德调查的研究……我反思是为了确保模范行为向学生展示了如何尊重他人。（女，高中英语教师）
>
> 我有义务——我在道义上有义务反思我所做的每一个道德选择，以使自己尽可能地意识到自己的立场……通过这种对自我的认识，我们更有可能建立一个比混乱更一致的价值体系。作为教育者和我们赖以生存的价值体系的教育模范，我们有责任审视我们自己本身、思想和行动。（男，高中数学老师）

上述引文强调当个人不断评估他们的选择和行动时，反思是作为"当代处境与理想道德的自我之间的桥梁"（Moberg & Seabright，2000：第868页）。

学者们还描述了对社会问题的批判性调查以及它们如何影响人类和环境（Babbitt，1996）。"处理社会不平等的现实"和"理解复杂问题""有助于激发道德想象力"（Beyer，1991：第210页）。具有道德想象力的教师将辨别出限制学生蓬勃发展的阻力和行动。例如，教师会在观察自己孩子的公立小学后提出问题，会探究随着学校越来越强调为了通过国家标准化考试需要的练习，课程内容是如何变得狭窄。

> 这所学校是为中低水平的工作准备的学校吗？……让所有学生学习实现个人潜能所需的学术和工作生活技能？当我们对教育进行消毒之后，对其划分、指责、反思，我们将在哪里找到我们未来的科学家、发明家、艺术家、音乐家……当我们的学生不知道我们的历史时，我们会在哪里找到（领导者）反对不公正？如果我们是一个没有思想、自满、脱离民众，开心地把自己困在现状里，没有立场的民族，那么我们的国家将变成什么样？（女，小学教师）

在另一个叙述中，一位在私立精英学校工作的中学教师仔细审查学校课程，得出结论：

> （我的学校）并不重视学生积累挑战既定秩序或践行民主方面的实践经验……（我们的）学生学习一些好的工作……的属性，如彻底、及时、整洁、可靠、准时……他们也可以接受一个"'有约束的'的世界，在这个世界中，现状被接受……"在他们对标准的追求中，（我们的）学生将学会寻找"正确"的历史，而不是创造他们的历史……这是我们所希望的未来的领导吗？——一群高效、整齐，无论对错都竭尽全力取悦以前的仲裁者的领导？（男，中学社会研究教师）

然而，上述叙述也体现了教师同时评价学生学习现状和未来可能性的局限后，如何考虑替代方案并想象一个更美好的世界。对于拥有道德想象力的人来说，批判性思考超越了批判。

（五）愿景

许多学者认为，持有一个美好世界的愿景是培养道德想象力的必要因素——被视为"一种扎根于现实世界的挑战但能够想象出不存在的东西的能力"（Lederach，2005年：第29页）。他们强调反思理想的重要性（Kekes，2006：第18页），想象"根据我们各种可能性生活会是什么样的"（Antonaccio，2001：第xiv页），并制订"我们自己和超越我们目前所经历的世界即现实的观念和理想"（Abowitz，2007：第288页）。例如，当一位老师在想象一个更美好、更和平的世界时，她会考虑她的课程内容、课堂和学生目标：

> 一位具有和平教育愿景的教师超越了现实教室的墙壁，帮助学生"培养一种以合作、养育、和平的愿景取代战争、征服、竞争、统治的世界观"……我希望我的学生将自己视为一个相互依存的世界中的公民，我相信通过学习社会研究我们可以做到这一点。我可以通过"（创造）一

种和平文化"来做到这一点……就像我为我的学生与他们建立关系,实施我选择的课程类型一样。(女,高中历史和英语教师)

同样,道德想象力激励个人相信改变的可能性,"抵制宿命论和愤世嫉俗及其近亲的蔑视——绝望和无力可能占上风"(Ledbetter,2012:第15页)并强迫道德行为。在上面的例子中,教师的反思说明了道德想象力激励个人为自己的理想而工作的力量。

三、培养道德想象力的课程

学者们明确指出,道德想象不仅仅是与生俱来的品质,而且能够且应该通过人文科学和专业教育来培养。代表各种领域——包括商业、法律、医学和教师教育的作者认为,专业人士需要变成全面的人,来抵制被工作的实际性所吸收,增强对他人的同情心,提高对嵌入式道德问题的意识。他们认为,培养道德想象力可以丰富专业道德教学,并且当个人获得道德想象时,他们就会成为更具道德的专业人士。

(一)培养跨专业的道德想象力

虽然,道德想象力有着例如同理心,需要在人们的生活中发展(包括他们进入成年期和专业之前的几年)等必要条件,因而难以轻易被培养,然而学者们认为某些教育经历可以刺激和增强这种能力。在各专业中培养道德想象力的方法,包括参与文学和其他形式的艺术,对专业和社会条件中的问题进行批判性反思,研究伦理和专业道德,考虑与专业相关的道德困境,以及发展自传(Abowitz,2007;Beyer,1991;Chapman,Forster,& Buchanan,2003;Coles,1989,Joseph,2003;McPhail,2001,Moberg & seabright,2000,Scott,1997;Young & Annisette,2009)。

在专业领域(教师教育除外),学者们经常写道,应该通过将人文学科引入到课程中来培养道德想象力(Coles,1989;Scott,1997;Weisberg & Duffin,1995)"为探索不同的认识方式提供基础",来进入"其他有感知的人的感觉和情感"（McPhail，2001：第286页），并获得"对遥远生命的共情"（Nussbaum，2002：第300页）。这些目标"改变了我们对道德的参与感"，并要求个人不仅要专注于与他们工作相关的个人道德决策，还要站在反思的立场，来检验他们的价值观，并认识到"伦理与道德与他们的生活有着千丝万缕的联系"（Young & Annisette，2009：第100页）。服务学习——学术课程要求学生在学校以外的社区开展服务实践，也被讨论为培养大学生道德想象力的一种方式。通过体验式学习、学术研究和反思，从事服务学习的学生将逐渐了解他们遇到的人和社区的情况；服务学习"将理论联系实践"，"也将认知学习与情感学习相结合"（You & Rud，2010：第38页）。

（二）道德想象与教师教育课程的组成成分

当教师教育者的目标是促进教师的道德发展时，他们需要充分理解教学的道德本质和道德想象力的复杂性。这需要多方面的课程，以增强教师的道德情感、感知、推理、批判性反思和展望为目的。下面我将讨论一些在课程中培养道德想象力的方法和主题，这些方法和主题涉及教育的道德维度和教师教育课程中的其他基础研究。

虽然教师教育课程的学生可能由于道德原因选择成为教育工作者，关心他们的学生及他们的未来，但这可能不足以确保道德想象力的发展。培养道德情感的考虑，即与他人的同情和共情联系，因此成为教师教育的目标。通过将教学和专业教学课程中的故事和电影整合（Cohen & Scheer，1997；Shoffner，2016），教师教育者鼓励他们的学生通过审美经验发展他们的道德感受（Abowitz，2007；Noddings，1996），以提高对教师努力的情感理解以及教学的内在回报。另一种培养道德情感的方法是阅读有关年轻人经历的记叙，例如，发表的关于生活中的暴力的著作（Johnson，1995）。教师和准教师（准备成为教师的学生）通过采访儿童、青少年来了解年轻人的生活，采访父母来了解他们的学校教育经历。服务学习也是众多教师教育计划的一个特点，因此进入教学行业的人可以"体验并培养对来自不同文化的人的同理心"，并以"同理心而不是同情和怜悯"的方式表达关心（Carrington & Saggers，2008：第802、801页）。

相应地增强道德感受的课程可以培养道德感知或敏感性,这样教师不仅可以感受到学生的真实情况、观点和兴趣,还可以理解他们并看到道德行为的路径,尤其是创造道德教室和学校。这种看法包括年轻人对"社会暴力、疾病和死亡"的认识(Britzman,2000:第202页);正如学者们所指出的那样,"直到我们能够在危急关头分享人们的悲伤、喜悦、关切和希望,才能真正理解他们所面临的局面"(You & Rud,2010:第38页)。同样,道德感知包括对经验道德方面的广度的注意。出于这个原因,教师认为他们的实践本质是属于道德性的,而不是技术性的,并增强"他们作为道德行为者的角色"的"提高意识"(Campbell,2008:第33页)。最后,教师可以将他们的道德情感转化为创造人性化、关怀课堂的策略(Battistich,Watson,Solomon,Lewis,& Schaps,1999;King,2015;Sapon-Shevin,2008)。

为了提高教师的道德推理能力,教师教育者需要具有挑衅性;他们必须找到有助于挑战学生对道德现状信念的舒适感的学习经验。因此,教师教育课程包括为了扩展和深化道德理解的知识领域(Hinman,2002;Taylor,2009)以及道德问题如何在教学实践中盘根错节的内容(Howe,1986)。课程内容说明了学校教育中显性和隐性的道德信息——儿童和青少年如何了解成年人教导他们相信的道德上的重要性(Dewey,1909;Jackson,Boostrom,& Hansen,1993)。在学术课程中存在道德调查的可能性(Glanzer,2008;Simon,2001),并且教师教育者需要证明学校科目(包括文学、历史和科学)如何存在道德问题和困境。教师还需要获得有关道德发展的专业知识(Damon,1990;Vozzola,2014)以及文化在塑造道德价值观中的作用(Hall,1959;Haidt,2012)。此外,教师应该考虑主导教育和公共言论的教学、儿童和学校教育的形象(Cook-Sather,2003;Goldstein,2005),因为道德推理包括影响思维和道德判断的隐喻理解。这些知识有助于教师发展对伦理和道德的复杂理解,并使他们有能力质疑和挑战他们天真的道德假设和信仰。当教师理解道德原则和实践伦理的复杂性时,他们更能够"在他们的实践中形成一种道德观点,这种观点不仅仅是基于直觉或主观偏好,或者只是存在于课程的权威中呈现给他们"(Martin,2013:第196页);他们为参与道德反思做好了准备。

为了培养道德想象力的批判性反思能力，教师教育应强调自我反思，以引起对教师价值观（Gay & Kirkland，2003；Schussler，Stooksberry，& Bercaw，2010）、道德困境（Griffin，2003；Shapira-Lishchinsky，2011）和实践中嵌入的伦理问题的认识（Diez & Murrell，2010）。但教师对其道德生活的反思必须不仅仅是肯定或赞扬（Abowitz，2007：第288页）；通过批判性反思，教师可以仔细审视"他们的价值观和信仰体系以及他们如何影响行为选择"（Diez & Murrell，2010：第12页）。学习日志中批判性自我反思的方法论是用来探索困境，初始价值与重新构建的信念之间的不和谐，成长的理解。一个相关的任务是"道德课堂映像"，其中从业者和学生教师将他们学到的关于教育道德维度的知识运用到分析实践、教室和学校中（Joseph，2003）。

教师教育者也可以通过指导新手教师和有经验的从业者进行批判性反思来"增强对学校教育道德维度的复杂问题的理解"，从而培养道德想象力（Beyer，1991：第211页）。通过这种方式，批判性反思涉及影响教学、学校教育和审议的社会政治环境的伦理调查。基础研究可以培养"历史意识"，理解"显性和隐性课程之间的关系"，以及"对不公正的敏感性"（Beyer，1991：第211页）。因此，教师必须了解课程和学校教育的历史，通过调查日常现象来进行课程调查，以便对常见问题进行问题化和质疑，并挑战创建不道德教室和学校的结构。一个课程研究的研究生课程任务是"生活课程的调查"；这项指导性研究允许教师分析他们自己的教室和学校，并检验有关教育目的的信念，弄清道德信息是如何被传递的（Joseph，2011：第294页）。这种调查可以改变"信仰、概念和实践"（Richardson & Placier，2001：第921页），并通过挑战课程内容、教学实践、学校教育系统的现状来"破坏教学法"（Boler，1999）。因此，批判性反思会导致考虑"在学校和社会中可能存在的其他可选择的愿景"（Beyer，1991：第209页）。

然而，为了充分发展道德想象力，教师必须培养远见能力。道德想象的最后一个组成部分不仅仅是考虑通常的道德理性的其他选择。相反，远见通过学习对世界的不同的思维方式来刺激意识转化。激发愿景的一种方法是提出其他伦理观念（Taylor，2009），以帮助学生挑战根深蒂固的个人主义或民族主义价值观，这些价值观可能是主流文化的一部分，例如，根据道德义务延伸到一个人的家庭、文化、国家之外的世界主义的道德理想，想象生活所依据的意义（Appiah，2006）。教师教育课程还提供道德和实践的知识，这些知识是变革道德教育的基础，在这种变革中，教师"努力将支持生态平衡和可持续和平的教育取代学生支持暴力的世界观、价值观和实践"（Harris & Mische，2004：第169页）。和平与生态正义学者将愿景视为一种以和平为基础的世界观并致力于发展"人与人之间，人类生活世界之间的和平的伦理关系"的过程（Joseph & Mikel，2014：第324页）。这种愿景最终可以引导教师理解"人类或社会转型"的必要性（Fesmire，2012：第123页）。

（三）道德想象力课程：结论

总之，提供培养道德想象力的课程意味着改变教师教育，反对仅培养教师技术能力的局限性目标。这样的课程是复杂的、具有挑战性的、富有远见的，同时又尊重教师的道德动机和道德能力。由于该课程的许多知识领域需要特别关注教育的伦理道德层面，因此提供一些特别关注的课程的优势，使教师有更多机会深入考虑其工作的道德性和学校教育的道德可能性。然而，道德想象不能作为课程的额外或孤立的元素引入。教师教育者需要将课程设想为跨课堂和学习活动的综合成果，以便他们的学生有多种持续的机会来发展和增强道德想象力的所有组成部分。

参考文献：

Appiah, K. A. (2006). *Cosmopolitanism: Ethics in a world of strangers (issues of our time)*. New York: W. W. Norton & Company.

Abd-El-Fattah, S., & Soong, L. (2008). Teachers moral imagination: A multifaceted concept. In R. Fitzgerald & Nielsen, T. W. (Eds.) *Imaginative, practice, imaginative, inquiry: Proceedings of the Sixth International Conference on Imagination and Education* (pp. 3—14). Canberra, Australia.

Abowitz, K. K. (2007). Moral perception through aesthetics engaging imaginations in educational ethics. *Journal of Teacher Education*, 58 (4), 287—298.

Aloni, N. (2008). The fundamental commitments of educators. *Ethics and Education*, 3, 149—159.

Antonaccio, M. (2001). The virtues of metaphysics: A review of Iris Murdoch's philosophical writings. *Journal of Religious Ethics*, 29 (2), 309—335.

Babbitt, S. E. (1996). *Impossible dreams: Rationality, integrity, and moral imagination*. Boulder: Westview Press.

Battistich, V., Watson, M., Solomon, D., Lewis, C., & Schaps, E. (1999). Beyond the three R's: A broader agenda for school reform. *Elementary School Journal*, 99, 415—431.

Beyer, L. E. (1991). Schooling, moral commitment, and the preparation of teachers. *Journal of Teacher Education*, 42 (3), 205—215.

Biss, M. (2014). Moral Imagination, perception, and judgment. *The Southern Journal of Philosophy*, 52 (1), 1—21.

Boler, M. (1999). *Feeling power: Emotions and education*. New York: Routledge.

Britzman, D. P. (2000). Teacher education in the confusion of our times. *Journal of Teacher Education*, 51 (3), 200—205.

Campbell, E. (2008). The ethics of teaching as a moral profession. *Curriculum Inquiry*, 38 (4), 357—385.

Carr, D. (2006). Professional and personal values and virtues in education and teaching. *Oxford Review of Education*, 32, 171—183.

Carrington, S., & Saggers, B. (2008). Service-learning informing the development of an inclusive ethical framework for beginning teachers. *Teaching and Teacher Education*, 24 (3), 795—806.

Chapman, A., Forster, D., & Buchanan, R. (2013). The moral imagination in pre-service teachers' ethical reasoning. *Australian Journal of Teacher Education*, 38 (5), 131—143.

Cohen, R. M., & Scheer, S. (1997). *The work of teachers in America: A social history through stories*. New York: Routledge.

Coles, R. (1989). *The call of stories: Teaching and moral imagination*. Boston:

Houghton Mifflin.

Cook-Sather, A. (2003). Movements of mind: *The Matrix*, metaphors, and re-imagining education. *Teachers College Record*, 105 (6), 946—977.

Damon, W. (1990). *The Moral Child*. New York: Free Press.

Dewey, J. (1909). Moral training given by the school. In *Moral principles in education*. From *John Dewey: The middle works*, Vol. 4, 1899—1924. Carbondale: Southern Illinois University Press.

Dewey, J. (1916/1985). *Democracy and education*. Carbondale: Southern Illinois University Press.

Diez, M., & Murrell, P. C. (2010). Dispositions in teacher education—Starting points for consideration. In Murell: P. C., Diez, M. E., Feiman-Nemser, S., & Schussler, D. L. (Eds.), *Teaching as a moral practice: Defining, developing, and assessing professional dispositions in teacher education* (pp. 7—26.). Cambridge, MA: Harvard University Press.

Fesmire, S. (2003). *John Dewey and moral imagination: Pragmatism in ethics*. Bloomington: Indiana University Press.

Fesmire, S. (2012). Ecological imagination in moral education, east and west. *Contemporary Pragmatism* 9 (1), 205—222.

Fletcher, N. (2016). Envisioning the experience of others: Moral imagination, practical wisdom and the scope of empathy. *Philosophical Inquiry in Education*, 23 (2), 141—159.

Gay, G., & Kirkland, K. (2003). Developing cultural critical consciousness and self-reflection in preservice teacher education. *Theory into Practice*, 42 (3), 181—187.

Glanzer, P. L. (2008). Harry Potter's provocative moral world: Is there a place for good and evil in moral education? *Phi Delta Kappan*, 89 (7), 525—528.

Goldstein, L. S. (2005). Becoming a teacher as a hero's journey: Using metaphor in preservice teacher education. *Teacher Education Quarterly*, 32 (1), 7—24.

Greene, M. (1978). *Landscapes of learning*. New York: Teachers College Press.

Griffin, M. L. (2003). Using critical incidents to promote and assess reflective thinking in preservice teachers. *Reflective Practice*, 4, 207—220.

Haidt, J. (2012). Where does morality come from? In *The righteous mind: Why good people are divided by politics and religion*. New York: Pantheon Books/Random House.

Hall, E. T. (1959). *The silent language*. New York: Doubleday.

Harris, I., & Mische, P. M. (2004). Environmental peacemaking, peacekeeping, and peacebuilding: Integrating education for ecological balance and a sustainable peace. In A. L. Wenden (Ed.), *Educating for a culture of social and ecological peace* (pp. 169—182). Albany: State University of New York Press.

Hinman, L. M. (2002). *Ethics: A pluralistic approach to ethical theory* (3rd Ed). Belmont: Wadsworth.

Howe, K. R. (1986). A conceptual basis for ethics in teacher education. *Journal of Teacher Education*, 37 (3), 5—12.

Jackson, P. W., Boostrom, R. E. & Hansen, D. T. (1993). *The moral life of schools*. San Francisco: Jossey-Bass.

Jenkins, T. 2007. Rethinking the unimaginable: The need for teacher education in peace education. *Harvard Educational Review*, 77 (3), 366—369.

Johnson, J. A. (1995). Life after death: Critical pedagogy in an urban classroom. *Harvard Educational Review*, 65 (2), 213—231.

Johnson, M. (1993) *Moral Imagination: Implications of cognitive science for ethics*. Chicago: University of Chicago Press.

Joseph, P. B. (2003). Teaching about the moral classroom: Infusing the moral imagination into teacher education. *Asia-Pacific Journal of Teacher Education*, 31 (1), 7—20.

Joseph, P. B. (2011). Disrupting the utilitarian paradigm: Teachers doing curriculum inquiry. In J. Faulkner (Ed.), *Disrupting pedagogies in the knowledge society: Countering conservative norms with creative approaches: countering conservative norms with creative approaches* (pp. 290—302), Hersjey: IGI Global.

Joseph, P. B. (2016). Ethical reflections on becoming teachers. *Journal of Moral Education*, 45 (1), 31—45.

Joseph, P. B., & Mikel, E. (2014). Transformative moral education: challenging an ecology of violence. *Journal of Peace Education*, 11 (3), 317—333.

Kekes, J. (2006). *The enlargement of life: Moral imagination at work*. Ithaca: Cornell University Press.

Kim, J. (2009). Dewey's aesthetics and today's moral education. *Education and Culture*, 25 (2), 62—75.

King, L. (2015). Baby steps toward restorative justice. *Rethinking Schools*, 29 (4), 16—19.

Ledbetter, B. (2012). Dialectics of leadership for peace: Toward a moral model of resistance. *Journal of Leadership, Accountability and Ethics* 9 (5): 11—24.

Lederach, J. P. (2005). *The moral imagination: The art and soul of building peace*. New York: Oxford University Press.

Martin, C. (2013). On the educational value of philosophical ethics for teacher education: The practice of ethical inquiry as liberal education. *Curriculum Inquiry*, 43 (2), 189—209.

McPhail, K. (2001). The other objective of ethics education: Re-humanising the accounting profession — a study of ethics education in law, engineering, medicine and accountancy. *Journal of Business Ethics*, 34 (3—4), 279—298.

Moberg, D. J., & Seabright, M. A. (2000). The development of moral imagination. *Business Ethics Quarterly*, 10 (04), 845—884.

Noddings, N. (1996). Stories and affect in teacher education. *Cambridge Journal of Education*, 26 (3), 435—447.

Noddings, N. (1998). Thinking, feeling, and moral imagination. *Midwest Studies in Philosophy*, 22 (1), 135—145.

Nussbaum, M. C. (1998). *Cultivating humanity: A classical defense of reform in liberal education*. Cambridge, MA: Harvard University Press.

Nussbaum, M. (2002). Education for citizenship in an era of global connection. *Studies in Philosophy and Education*, 21 (4—5), 289—303.

O'Loughlin, M. (1995). Daring the imagination: Unlocking voices of dissent and possibility in teaching. *Theory into Practice*, 34 (2), 107—116.

Pardales, M. J. (2002). "So, how did you arrive at that decision?" Connecting moral imagination and moral judgement. *Journal of Moral Education*, 31 (4), 423—437.

Richardson, V., & Placier, P. (2001). Teacher change. In V. Richardson (Ed.), *Handbook of research on teaching* (pp. 905 — 947). Washington, DC: American Educational Research Association.

Sapon-Shevin, M. (2008). Learning in an inclusive community. *Educational Leadership*, 66 (1), 49—53.

Schussler, D. L., Stooksberry, L. M., & Bercaw, L. A. (2010). Understanding teacher candidate dispositions: Reflecting to build self-awareness. *Journal of Teacher Education*, 61 (4), 350—363.

Scott, P. A. (1997). Imagination in practice. *Journal of Medical Ethics*, 23 (1), 45—50.

Shapira—Lishchinsky, O. (2011). Teachers' critical incidents: Ethical dilemmas in teaching practice. *Teaching and Teacher Education*, 27, 648—656.

Shoffner, M. (Ed.). (2016). *Exploring teachers in fiction and film: Saviors, scapegoats and schoolmarms*. New York: Routledge.

Simon, K. G. (2001). *Moral questions in the classroom*. New Haven, Yale University Press.

Simpson, P. J. & Garrison, J. (1995). Teaching and moral perception, *Teachers College Record*, 97 (2), 252—278.

Taylor, A. (2009). *Examined life: Excursions with contemporary thinkers*. New York: The New Press.

Vozzola, E. C. (2014). *Moral development: Theory and applications*. New York: Routledge.

Werhane, P. H. (2002). Moral imagination and systems thinking. *Journal of Business Ethics*, 38 (1/2), 33—42.

Weisberg, M., & Duffin, J. (1995). Evoking the moral imagination: using stories to teach ethics and professionalism to nursing, medical, and law students. *Journal of Medical Humanities*, 16 (4), 247—263.

You, Z., & Rud, A. G. (2010). A model of Dewey's moral imagination for service learning: Theoretical explorations and implications for practice in higher education.

Education and Culture, 26 (2), 36—51.

Young, J. J., & Annisette, M. (2009). Cultivating imagination: Ethics, education and literature. *Critical Perspectives on Accounting*, 20 (1), 93—109.

为促进品格发展的教育而培养教师

[美] 马文·伯克维兹、安德里亚·布斯塔曼特[①]

教育有多种目的,最主要的是学业学习和成长以及积极发展(Berkowitz, 2012a)。然而,教师教育长期以来倾向于关注前者,因而忽视了后者。这种对学业成就的单一关注在美国确实是一种相当新的现象,20世纪60年代以前的教育有着更广泛的使命,包括学生道德和社会性的培养。麦克莱伦(McClellan, 1999)指出,例如,在美国历史的早期(18世纪末和19世纪初),女性被选为教师,因为人们认为相比于男性教师,她们会对学生的道德发展产生更积极的影响。然而,在过去的半个世纪里,人们认为教育主要(就算不是完全)和学业成就相关,这里的学业成就仅仅特指识字和算术;因此,教师教育也跟着迎合这一想法。如果学校要完成将下一代培养成为道德性参与的公民(ethical participatory citizens)的任务,特别是要培养依赖公民能力和德行的民主社会公民(Althof & Berkowitz, 2006),那么教师就需要意识到、激励并有能力促进学生在这些方面的发展。

本章将探讨教师为了完成这一使命需要了解什么、渴望什么和能够做些什么。它还将为教师教育提供一个模式,这个模式突出这些教师的特点、知识和技能。然而,首先,在我们讨论需要什么样的教师来实施最有利于促进品格发展的教育之前,重要的是要弄清我们所说的品格是什么,我们理解的有效的品格教育又是什么。

---

① 作者供职于美国密苏里大学圣路易斯分校品格与公民中心。

一、什么是品格?

界定品格常常是困难的,也总是需要花点时间来解决我们所说的这个领域(或一组领域)的"语义困境"。人类善良或繁荣(human goodness or flourishing)这一术语因概念模型、地理区域和历史时期的不同而呈现差异。例如,它们包括道德发展、品格、德行、价值观、积极心理学和社会情感学习等。在我们看来,试图驾驭这一切,并就这些术语达成共识毫无意义。我们将在本章中转换术语,主要关注品格和社会情感学习(social-emotional learning,简称 SEL),但有时也会使用其他术语。在这一章中,我们通常用所有这些术语来表示全面的人类善良和幸福,但是在适当的时候,我们可以用更具体和更特殊的方式来使用它们。我们完全理解,在世界其他地方,其他术语更为常见和熟悉,例如许多亚洲国家常提到的"道德教育"。

正如我们所定义的那样,品格是一系列复杂的心理特征,这些特征激励并使一个人能够充当道德能动者(moral agent)。这在本质上意味着,正是这个人的许多不同特征使他在这个世界上既想做好事也能够做好事。诚然,这仍有许多争议。毕竟,几千年来,东西方的哲学家一直在争论什么是善;然而,就我们的目的而言,这已经足够了。例如,如果我们希望学校从整体上促进人类良善的发展,那么我们需要理解是什么让一个人能够并且有可能促成这种善良的复杂问题。它就是品格,它有许多组成部分(Berkowitz, 2012b; Damon & Colby, 2015)。

至少,品格包括价值观、理解和管理自己与他人的情感和关系所需的能力(技能)(社会情感学习,SEL),以及对社会和道德世界进行批判性思考的能力(社会和道德推理),一系列广泛的道德情感(如同情、内疚),以及强调做一个好人的核心地位的自我意识(Damon & Colby, 2015)。这种情况的心理复杂性(Berkowitz, 2012 b)是不可低估的。不幸的是,德行或价值观正是学校教育关注的重点,然而除了列出德行或价值观之外,品格的完善还需要很多东西(Berkowitz, 2016)。有一个统一的自我(道德认同)和一个道德指南针（道德动机），这是创造一个连贯和完整的道德人所必需的。沃尔特·帕克（Parker，2005）曾经认为民主公民不是凭空出现的，品格高尚的人也不例外，两者都需要刻意培养。

关于品格、德行、人类繁荣或积极发展这些概念的含义是，如果它确实是多方面的、复杂性的和发展性的，那么为最佳地促进其成长而实施的策略必然也是复杂的和多方面的。品格教育是复杂的，不易掌握和实施；这对教师教育有着巨大的影响。

二、什么是品格教育？

很明显，一旦定义了结果（品格），品格教育就可以被定义为那些有效促进其发展的教育努力。然而，这仍然留下一个问题，那就是品格教育的有效策略和组成部分到底是什么。在本节中，我们将尝试解决这个问题，尽管只是在这个空间允许的范围内尽可能地详细讨论。有许多关于这方面的优秀讨论（例如，www.character.org；Berkowitz & Bier，2005；Berkowitz & Bustamante，2013；Lickona，1991，2004）。品格教育，也就是我们所说的有效的品格教育，最好被理解为一种心理学、教育学和社会学方面的策略。心理学部分应该从我们对品格的定义中清晰可见。当我们寻找有助于培养个性发展的教育策略时，教育学部分应该也是显而易见的。社会学部分可能不那么明显。达蒙和科尔比（Damon & Colby，2015）指出理解文化背景对品格发展的重要性。例如，我们生活中的许多宏观和微观文化对我们成为什么样的人，以及我们珍惜和相信什么有很大的影响。长期以来，我们认为，在一定程度上人类发展是我们所居住的文化的产物（Bronfenbrenner，1977；Flay, Snyder, & Petraitis，2009）。学校是文化，教室是文化，了解学校和课堂文化（或环境）的影响和重要性（详情参见 www.schoolclimate.org）对于最佳品格教育至关重要（Cohen等，2015）。将品格教育简化为一系列课程或精心安排的经历，例如社区服务机会，这与充分利用所有学校作为一个环境，潜在地提供培养青年积极发展机会的目标相距甚远。

本质上，教育者必须以最有可能促进个性发展的方式战略性地设计整个学校和教室的氛围。这种氛围涉及很多方面，其中一些关键的方面包括领导力、共同的规范和价值观、身心安全、积极的榜样以及明确表达的组织身份和使命。约翰·杜威（Dewey，1944）和埃米尔·涂尔干（Durkheim，1973）等开创性思想家强调了社会学力量对个性发展的作用。也许将这种方法应用于教育实践的最详细的工作来自公正团体学校（Power, Higgins, & Kohlberg, 1989）（公正团体学校开展了可能算是最详细的工作，将这种方法应用于教育实践），该工作将个人道德发展的转变编入道德团体的发展以及他们对是非的共同规范。随着这些学校团体发现并致力于道德规范，个别学生开始发展更成熟的做出道德决定的能力。换句话说，关于道德行为和价值观的集体协议促进了个体在道德批判思维能力上的发展。

品格教育是个人发展、促进这种发展的教学实践以及学校团体的社会发展的复杂组合，无论是在课堂层面还是更大层面（例如高中年级、中学学术团队、家庭、普通教室或是整个学校）。所有这些都需要从理论和经验两方面加以理解，才能最有效地促进品格教育的发生。

三、品格教育者的"头、心、手"

品格教育的一个常见模式是"头、心和手"模式。这以多种形式体现出来，并且已经存在了几个世纪。这个模式表明品格有三种主要组成部分。头部是关于认知部分的，包括知识和推理。心脏是关于情感部分，例如动机和道德情感。手是与社会情感技能和社会道德行为有关的行为部分。考虑不同版本的头、心和手模式也是有帮助的，尤其是在考虑教师为品格教育做准备时；那是品格教育者的头、心和手。换句话说，品格教育者需要知道什么（头脑）、关心什么（心灵）以及能够做什么（手），才能最佳地培养人格的发展？我们将使用这个框架来概述最佳品格教育的教师教育工作。

（一）品格教育者的"头"

为了成为优秀的品格教育者，老师们理想中所知道的其实很多。我们以前对品格教育者的能力和品格进行了分类，包括知识领域（Shields, Althof, Berkowitz & Navarro, 2013）。该列表（见附录）涵盖了近 50 个不同的内容区域，其中许多区域有划定的子类别。我们完全理解，将此作为一个"核对表"，并试图将所有核对表明确纳入教师培训计划中，将会很不方便并且不切实际，但它有助于让品格教育者了解知识和技能基础的范围和复杂性。更广泛地说，教师需要对儿童和青少年心理有广泛的了解；例如，发展阶段、学习心理、道德发展和情感发展等。他们还需要深入了解教育学，了解什么是有效的，什么是不同的方法导致的。关注教师可能需要的所有内容超出了本文的范围。相反，我们将关注以下几个例子。教师需要了解学生动机的本质。自我决定理论（Ryan & Deci, 2002）就是一个很好的例子。该理论基于三个内在的心理需求——自主性、能力和关联性，这三个需求会影响人的动机和幸福感，以及它对创建一个自主支持的课堂的影响。这为理解如何促进内在动机以及如何参与发展学科奠定了基础（Watson, 2003），这种方法不使用惩罚和奖励，而是将不当行为作为个性发展的机会，并依靠在教室内建立关怀和积极关系的力量来产生长期的积极发展，而不仅仅是短期的直接行为改变。因此，我们未来教师以及许多新教师都没有做好充分的准备去处理行为问题，也没有做好充分的准备来激励学生成为好人（品格）并在学业上取得成功，这在很大程度上是因为他们没有得到足够的关于学生动机和相应教学法的必要知识。当他们没有意识到也不擅长发展学科（Watson, 2003）和创建自主支持性课堂（即让学生能够控制他们的教育和课堂气氛及规范的课堂）（Streight, 2013）等发展生产性方法时，他们转而求助于更专制的，或者至少是分层的行为策略，比如使用外在的奖励和惩罚协议（Berkowitz, 2012a）。他们还需要了解学生发展和成就之间关系的重要性以及课堂和学校氛围之间关系的重要性（Berkowitz & Bier, 2005; Dalton & Watson, 1997; Urban, 2008）。如果不了解人际关系的重要性，老师们就不会倾向于在课堂上有意培养无论是在老师和学生之间，还是在学生内部之间，抑或在其他利益相关者之间的人际关系（如辅助人员、管理人员和家长）。

因此，在他们的课程中，教师教育者有责任增加对于什么是有效的动机和行为管理的深入理解。还必须建立一种教育方法，这种方法在生活和学习方面培养学生有效促进积极的内在动机。

内容领域的第二个例子是社会道德批判性思维（Colby & Kohlberg, 1987）。所有的孩子在本质上都是道德哲学家（Kohlberg, 1968）；也就是说，他们都在思考什么是对的，什么是错的。更重要的是，所有人都需要这种能力，才能在我们每天生活的社会和道德世界中游刃有余。本质上，这是一个批判性思考的问题，这是教育长期以来在学术课程中所认可的。对于品格教育来说，这是对社会和道德问题的批判性思考，而不是局限于学术课程的内容。尽管如此，两者教育方法非常相似（Reimer, Paolitto, & Hersh, 1983）。教师需要明白，他们需要为学生提供解决社会和道德问题的机会，最好是在合作的同伴团体中（Berkowitz, 1985）。他们必须避免总是提供答案的倾向，并在适当的情况下，让学生努力寻找社会和道德问题的答案（就像他们在思考历史时刻、科学实验或学术课中一首诗对批判性思维的意义时所做的那样）。

同样，教师教育者必须让未来的教师做好准备，既要理解社会道德批判性思维的重要性和发展，又要知道如何将这些知识传授给未来的学生。

这些仅仅是品格教育者需要了解的两个例子，也是教师教育者需要在他或她的课程中添加和培养未来教师的两个例子。从附录中可以清楚地看到，这只是品格教育者所需知识的最小抽样。对于附录中列出的所有其他知识元素，可以使用并行参数。

（二）品格教育者的"心"

众所周知，教育家不会成功地实施他或她不相信的事情。要使品格教育者发挥作用，学生的人格发展必须是老师的首要任务。品格教育者需要有一颗培养学生品格的"心"。即使教育工作者真正关心学生，他们可能仍然不明白关心是不够的（Nucci, 2009 年），以及直接培养学生的品格发展是他们的核心工作。他们可能认为这是父母的工作，而不是教育者的工作。他们可能不相信自己有能力影响学生品格。他们可能认为这是一个宗教问题，而不是教育问题，等等。因此，教师教育需要明确这是教师的角色，是教师的核心角色，教师确实有能力可以显著影响学生的品格发展。

这可能不是教育在学生品格形成中的激励和重视作用的核心问题，重要的是要注意，虽然品格教育的激励可能存在，但教师工作的教育环境可能会削弱甚至消除品格教育的激励。我们只是顺便提到这一点，因为这更多的是教师动机的问题，而不是未来教师动机的问题。教育者工作的环境可以支持或阻碍他们的动机，不仅是为了品格教育，也是为了教育的任何方面或目标。就品格教育而言，把品格贬低为教育实践的目标和功能的督导（例如校长或班主任或部门主管）可能会降低教育者引导其努力培养学生品格发展的动机。这也可以通过更广泛的教育背景来实现，例如学区、国家对教育的取向、教师评价或补偿结构等。在教师教育中，我们至少可以将此作为一个明确的探究主题，试图让未来的教师为这种反动机力量的出现做好准备，并在理想情况下为他们提供抵制这些力量的策略。

一旦我们对未来教师进行了关于什么是品格教育的教育，我们如何才能触动未来教师的心灵，从而激发他们去掌握和实践那些有意培养学生品格发展的教育形式？我们至少可以通过三种方式做到这一点。

首先，我们可以研究大量关于教师道德角色的文献（Campbell，2003；Sockett，1993），这些文献完全理解那些被委托培养我们青年人的这种"神圣"信任和使命。

其次，我们必须允许他们学习激情洋溢的榜样，那些对品格教育充满热情的教育者。在理想的情况下，这应该包括他们的教授和导师，因为他们处在教师教育的过程中。未来教师的学习应该有一些榜样，例如他们的导师如何关心和瞄准他们自己作为道德人和未来教师的形象。因为这是一个代际系统（教师教导教师……），它必然是循环的。因此，我们应该问一问，我们将如何让教师教育者关心未来教师的品格，但这远远超出了我们讨论的范围。不用说，教师教育课程中，有必要了解那些未来教师，他希望学生未来成为怎么样的教师，那么他需要成为学生的榜样。

另一种形式的榜样是实践教育者。这些可能是在文学或媒体上研究实践的例子（例如，学生应该看关于艾琳·格鲁埃尔的电影《自由作家》，或者读哈尔·厄本的书,比如《他在教室里的课》),或者是未来老师经常接触的老师。前者可以通过书籍和其他读物,通过视频和网络报告,以及通过客座讲座和研讨会纳入教师教育计划。对未来教育者和实践教育者来说,一个有用的教学设备是要向他们展示模范教育者的视频。例如,我们使用了合作教室中心的教师实践视频。我们经常使用的一个视频,在这里特别合适,是由弗朗西斯·豪威尔中学制作的,用来记录他们在品格教育方面的卓越之旅。在影片中,他们的校长艾米·约翰斯顿说,"如果他们在数学和语言艺术方面有能力,而且他们在品格上堪称楷模,那么我们已经完成了我们的工作"。这是一个很好的例子,是一位模范教育家在教育中塑造品格优先的典范。

其三,也许影响未来教师对品格教育的重视的最重要的杠杆是他们观察和实践的学校,尤其是他们观察的教室,他们的见习教室,以及指导他们的老师。他们的选择非常重要。找到对学生品格发展充满热情的学校,然后有选择地将学生安置在由那些非常重视品格发展的老师所进行良好品格教育的教室里,这是培养同样如此的未来老师的一个重要因素。

当然,这要求教师培训计划既要能够辨别出哪些学校和教师符合这些标准,又要有意愿将这种选择和安置作为教师培训的核心策略。通常情况下,这两种需求都不存在。

(三)品格教育者的"手"

一旦我们充分地教给未来的教师、品格教育的"负责人"什么是品格和品格教育,并灌输给他们动机,引导他们尽最大的教学努力,以最大限度地提高他们有效促进发展的可能性。在他们未来的学生中,品格教育者的"心脏"仍然是一个主要任务。这是为了让未来的教师掌握品格教育的"手"。我们所说的"教育能力"是指成为一名有效的品格教育者所需要的能力;但是品格教育的"手"不仅仅是教学技能,它也包含了老师本身的许多素质。我们将逐一讨论这些问题。

品格教育者的教学技能。准备任何教师所需的技能,包括让他们准备好所需的教学技能。他们需要知道如何备课,如何评估学习,如何选择教材,以及如何实施不同的教学策略等。换句话说,他们需要学习教育方法。品格教育也没有什么不同；事实上，许多品格教育方法与有效的学术教学方法是相同的。人们普遍关注到品格学习的时间是远离学术学习的时间，为了回应这个问题，我们经常争论说良好的品格教育就是良好的教育。这是真的，因为良好的品格教育通常会带来学业成就（Berkowitz & Bier，2005；Durlak，Weissberg，Dymnicki，Taylor，& Schellinger，2011；Marshall，Caldwell，& Foster，2011），也因为品格教育的方法是教育方法和课堂（和学校）管理的典范方法。因此，品格教育者应该知道如何实施诸如服务学习和合作学习之类的学术策略就不足为奇了。他们需要知道如何培养批判性思维，无论是在一般情况下还是在品格和公民发展方面（Westheimer，2015 年）。在对品格教育有效性研究的回顾中，第一作者已经确定了一系列支持品格发展的教育策略和方法。这应该完全融入教师教育课程，特别是在方法课上，并在见习经历中得到强调。让我们惊讶的是，即使是经验丰富的老师也不太乐意给学生赋权（Berkowitz，2012a），包括努力促进同伴间的互动，如召开班级会议（Develop mental Studies Center，1996），但这仅仅是因为他们从未被教授过这种方法。

  未来教师的社会情感能力。未来教师"手"的另一部分是他或她的社交情感能力。学术、社会和情感学习合作组织（CASEL）将社会情感能力（SEC）定义为人们有效管理自己并成功与他人互动所需的技能，如自我意识、自我管理、社会意识、人际关系技能和负责任的决策（Zinsser，Weissberg，& Dusenbury，2013）。

  大多数关于社会情感学习的文献都集中在如何培养学生的能力上，而不是教师的能力上（Collie，Shapka，& Perry，2012）。然而，如果教育的主要目标之一是促进青少年的繁荣和积极发展，那么教师和未来教师的社会情感能力也需要更多的关注。有几个原因可以说明这是正确的。第一，SEC 水平高的教师更有可能成为学生的好榜样（Jennings & Greenberg，2009；Jones，Bouffard，& Weissbourd，2013；Osher 等，2008）。第二，教学是最具挑战性的工作之一（Gu & Day，2007），SEC 是应对职业社会和情感需求的有力工具。例如，教师的 SEC 水平与教师的幸福、心理健康问题和对教学的态度有关（Bracket，Palomera，Mojsa-Kaja，Reyes，& Salovey，2010；Collie 等，2012）。第三，教师的 SEC 与师生关系和整体课堂气氛有关（Jennings & Greenberg，2009；Pianta，2006；Wubbles 等，2015）。因此，教师的社会情感能力对于创建和维持一个信任和温暖的课堂社区至关重要。

教师教育项目必须做出明确的努力来促进未来教师社会情感能力的发展（Weissberg，Durlak，Domitrovich，& Gullota，2015）。这至少可以通过三种方式来实现。第一，教师教育项目应该为未来的教师提供 SEL 概念和理论，这样他们就能对 SEL 的重要性和适用性有广泛的了解（Jennings & Frank，2015）。第二，未来的教师应该经常有机会练习和反思自己的 SEC。这可能发生在假设或真实的情况下。教师教育者可以明确实施角色扮演或课堂模拟等策略，在这些策略中，未来的教师必须根据假设案例实践自己的 SEC。在扮演的情况下发展他们的 SEC，这将使他们在面对真实的课堂环境之前做好更充分的准备。然而，他们也需要将对 SEC 的理解应用到实际环境中，例如，通过学校的实际监督工作。第三，未来的教师还可以观察那些在课堂上有效练习 SEC 的教育者，通过这一方式来发展他们自己的 SEC。例如，通过观察教育工作者，他们公开与学生谈论自己的情绪，并且当他们面对来自学生的挑战时，如冲突和课堂干扰，他们可以熟练地管理自己的情绪。

四、结论

我们一直认为，培养未来教师的复杂性和紧迫性不仅在于有效地促进未来学生的积极发展，也为了教师自身的发展，且有利于他们所将要生活的社会的未来。在这样做的过程中，我们将品格教育的发展目标定义为广义的和心理学的，将品格教育的教育方法定义为复杂的，与学业成就教育法部分重叠的方法。

然后，我们确定了教师为品格教育做准备的三大方面：（1）未来教师的"头"，即对品格、品格发展和品格教育的知识；（2）未来教师的"心"，即对品格教育的责任和热情；（3）未来教师的"手"，即相关教学能力和社会情感能力。所有这些都是有效的品格教育所必需的。

所有这些都为教师培训计划和政策制定了一个雄心勃勃的关键议程。通过高风险的学术测试和国际学术成果竞赛，继续目前单一的专注于学业成就的课程，这既狭隘又不利于培养有效的品格教育。虽然教师教育项目不赞同把重点放在"为考试而教学"上，但他们通常无法让老师做好"为孩子而教学"的准备，至少在获得最佳地培养孩子品格和社交情感能力所需的头脑、心脏和手方面是如此。

参考文献：

Althof, W., & Berkowitz, M. W. (2006). Moral education and character education: Their relationship and their roles in citizenship education. *Journal of Moral Education*, 35, 495—518.

Berkowitz, M. W. (1985). The role of discussion in moral education. In M. W. Berkowitz & F. Oser (Eds.), *Moral education: Theory and applications* (pp. 197—218). Hillsdale: Lawrence Erlbaum and Associates.

Berkowitz, M. W. (2012a). *You can't teach through a rat: And other epiphanies for educators*. Boone: Character Development Group.

Berkowitz, M. W. (2012b). Moral and character education. In K. R. Harris, S. Graham, & T. Urdan (Eds.), *APA educational psychology handbook: Vol. 2. Individual differences, cultural variations, and contextual factors in educational psychology* (pp. 247—264). Washington, DC: American Psychological Association.

Berkowitz, M. W. & Bier, M. C. (2005). The interpersonal roots of character education. In D. K. Lapsley & F. C. Power (Eds.), *Character psychology and character education* (pp. 268—285). Notre Dame: University of Notre Dame Press.

Berkowitz, M. W., & Bustamante, A. (2013). Using research to set priorities for character education in schools: A global perspective. *Korean Journal of Educational Policy*, 2013, 7—20.

Brackett, M. A., Palomera, R., Mojsa-Kaja, J., Reyes, M. R., & Salovey, P. (2010). Emotion-regulation ability, burnout, and job satisfaction among British secondary-school teachers. *Psychology in the Schools*, 47 (4), 406—417.

Bronfenbrenner, U. (1977). Toward an experimental ecology of human development. *American Psychologist*, 32, 513—531.

Campbell, E. (2003). *The ethical teacher*. Philadelphia: Open University Press.

Cohen, J. C., Espelage, D., Twemlow, S. W., Berkowitz, M. W., & Comer, J. P. (2015). Rethinking effective bully and violence prevention efforts: Promoting healthy school climates, positive youth development, and preventing bully-victim-bystander behavior. *International Journal of Violence and Schools*, 15, 2—40.

Colby, A., & Kohlberg, L. (1987). *The measurement of moral judgement: Volume 1, Theoretical foundations and research validation*. New York: Cambridge University Press.

Collie, R. J., Shapka, J. D., & Perry, N. E. (2012). School climate and social-emotional learning: Predicting teacher stress, job satisfaction, and teaching efficacy. *Journal of Educational Psychology*, 104 (4), 1189—1204.

Dalton, J., & Watson, M. (1997). *Among friends: Classrooms where caring and learning prevail*. Oakland: Developmental Studies Center.

Damon, W., & Colby, A. (2015). *The power of ideals: The real story of moral choice*. New York: Oxford University Press.

Developmental Studies Center (1996). *Ways we want our class to be*. Oakland: Author.

Dewey, J. (1944). *Democracy and education*. New York: Free Press.

Durkheim, E. (1973). *Moral education: A study in the theory and application of the sociology of education*. New York: Free Press.

Durlak, J. A., Weissberg, R. P., Dymnicki, A. B., Taylor, R. D., & Schellinger, K. B. (2011). The impact of enhancing students' social and emotional learning: A meta-analysis of school-based universal interventions. *Child development*, 82 (1), 405—432.

Flay, B. R., Snyder, F., & Petraitis, J. (2009). The Theory of Triadic Influence. In DiClemente, R. J., Kegler, M. C. & Crosby, R. A. (Eds). *Emerging Theories in Health Promotion Practice and Research*, Second Edition (pp 451—510). New York: Jossey-Bass.

Gu, Q. & Day, C. (2007). Teachers resilience: A necessary condition for effectiveness. *Teaching and Teacher Education*, 23, 1302—1316.

Jennings, P. A., & Frank, J. L. (2015). In-service preparation for educators. In J. A. Durlak, C. E. Domitrovich, R. P. Weissberg, & T. P. Gullotta (Eds.), *Handbook of social and emotional learning: Research and practice* (pp. 422—437). New York: Guilford.

Jennings, P. A., & Greenberg, M. T. (2009). The prosocial classroom: Teacher social and emotional competence in relation to student and classroom outcomes. *Review of Educational Research*, 79 (1), 491—525.

Jones, S. M., Bouffard, S. M., & Weissbourd, R. (2013). Educators' social and emotional skills vital to learning. *Phi Delta Kapan*, 95 (8), 62—65.

Kohlberg, L. (1968). The child as a moral philosopher. *Psychology Today*, 2, 25—30.

Lickona, T. (1991). *Educating for character. How our schools can teach respect and responsibility*. New York: Bantam Books.

Lickona, T. (2004). *Character matters. How to help our children develop good judgment, integrity, and other essential virtues*. New York: Touchstone.

Marshall, J. C., Caldwell, S. D., & Foster, J. (2011). Moral education the CHARACTER plus Way. *Journal of Moral Education*, 40 (1), 51—72.

McClellan, B. E. (1999). *Moral education in America: Schools and the shaping of character from Colonial times to the present*. New York: Teachers College Press.

Nucci, L. (2009). *Nice is not enough: Facilitating moral development*. Old Tappan: Pearson Education, Inc.

Osher, D., Sprague, J., Weissberg, R. P., Axelrod, J., Keenan, S., Kendziora, K., et al. (2008). A comprehensive approach to promoting social, emotional, and academic growth in contemporary schools. In A. Thomas & J. Grimes (Eds.), *Best practices in school psychology* (Vol. 5, 5th ed., pp. 1263—1278). Bethesda: National Association of School Psychologists.

Parker, W. (2005). Teaching against idiocy. *Phi Delta Kappan*, 86 (5), 344—351.

Pianta, R. C. (2006). Classroom management and relationships between children and teachers: implications for research and practice. In C. M. Evertson, & C. S. Weinstein (Eds.), *Handbook of classroom management. Research, practice, and contemporary issues* (pp. 685—709). Mahway: Erlbaum.

Power, F. C., Higgins, A., & Kohlberg, L. (1989). *Lawrence Kohlberg's approach to moral education.* New York: Columbia University Press.

Reimer, J., Paolitto, D. P., & Hersh, R. H. (1983). *Promoting moral growth. From Piaget to Kohlberg.* Long Grove: Waveland Press.

Ryan, R. M, & Deci, E. L. (2002). An overview of Self-Determination Theory: An organismic-dialectical perspective. In E. L. Deci & R. M. Ryan (Eds.), *Handbook of Self-Determination research* (pp. 3—33). Rochester: University of Rochester Press.

Shields, D. L., Althof, W., Berkowitz, M. W., & Navarro, V. (2013). What are we trying to achieve? Developing a framework for preparing character educators. In M. N. Sanger & R. D. Osguthorpe (Eds.), *The moral work of teaching and teacher education: Preparing and supporting practitioners* (pp. 164 — 180). New York: Teachers College Press.

Sockett, H. (1993). *The moral base for teacher professionalism.* New York: Teachers College Press.

Streight, D. (2013). *Breaking into the heart of character: Self-determined moral action and academic motivation.* Portland: CSEE Publications.

Urban, H. (2008). *Lessons from the classroom: 20 things good teachers do.* Redwood City: Great Lessons Press.

Watson, M. (2003). *Learning to trust: Transforming difficult elementary classrooms through Developmental Discipline.* San Francisco: Jossey-Bass.

Weissberg, R. P., Durlak, J. A., Domitrovich, C. E., & Gullota, T. P. (2015). Social and emotional learning. Past, present, and future. In J. A. Durlak, C. E. Domitrovich, R. P. Weissberg, & T. P. Gullota (Ed. s). *Handbook of social and emotional learning: Research and practice* (pp. 3—19). New York: Guildford Press.

Westheimer, J. (2015). *What kind of citizen? Educating our children for the common good.* New York: Teachers College Press.

Wubbels, T., Brekelmans, Den Brok, P., Wijsman, L., Mainhard, T., & Tartwijk, V. (2015). Teacher-student relationships and classroom management. In E. T., Emmer, & E. J., Sabornie (Eds.), *Handbook of classroom management. Second edition* (pp. 363—386). New York: Routledge.

Zinsser, K. M., Weissberg, R. P., & Dusenbury, L. (2013). *Aligning preschool through high school social and emotional learning standards: A critical and doable next step*. Retrieved from http://www.casel.org/library/2013/12/5/aligning-preschool-through-high-school-social-and-emoonal-learning-standards

附录　品格教育者的能力和性格
(Shields, Althof, Berkowitz, & Navarro, 2013)

一般知识

　　基础：

　　　　品格历史与公民教育

　　　　哲学考虑：

　　　　・品格教育应该遵循哪些价值观、美德和道德原则？

　　　　・民主理论/公民社会/社会资本

　　　　权力和文化/社会正义

　　　　"性格"在教育中的作用

　　　　教学的道德维度

　　　　学校的公民使命

　　　　学校的公民层面

　　　　资源中心（如 CEP/CCE）

　　性格的多维性质：

　　　　品德

　　　　公民角色

　　　　性能特征

　　　　智力特征

发展过程：
  道德推理
  社会传统的推理
  社会性能力
  ・内心的意识和监管
  ・人际交往意识和关系的技能
  道德情感（例如：内疚、骄傲）
  道德认同

动机：
  内在/外在
  ・自主、能力、归属感的作用
  成就动机（任务/掌握，自我/表现）

社会文化对性格/公民身份的影响：
  家庭
  同侪团体
  身份群体/文化
  媒体
  经济/贫困
  政治和公民社会
  学校（见下文）

学校影响：
  学术课程
  课外项目（如体育、俱乐部）
  教师行为
  课堂与学校文化
  ・社区意识/"关怀文化"
  ・归属/附件/"所有权"
  ・身心安全

- 管理和纪律
- 机会结构（例如，领导机会）

社会相互依存（竞争、合作）

机构完整性

教学知识

（字母指的是技能类别，如下所列）

1. 授权战略（A-G，N，R）
   - 班级会议
   - 民主决策/教室－学校管理
   - 同行调解/冲突解决/反贿赂
2. 建立关系的策略（C-F、H、K、L、R）
   - 团队建设活动
   - 自我披露
3. 道德困境讨论（I，J，R）
4. 对当前问题的讨论（G、J、N、Q、R）
5. 跨年龄策略（A、F、G、H、K、T）
   - 交往、多主体咨询、同伴辅导
6. 合作学习（F，G，K，N，P）
7. 发展学科（G，H，L）
8. 课程策略（J、K、M、N、R、T、U）
   - 在学术课程中整合/突出性格教育内容
9. 课外策略（J、K、M、N、R、T、U）
   - 将性格教育融入/突出显示在体育、俱乐部、户外旅行中
10. 角色扮演/模拟（R，M）
11. 自我反思/批判性思维（C、D、I、J、M、N、Q-U）
12. 服务学习/社区服务（F、G、N、R、S、T、U）
13. 学习文化/学习者群体（A-C、F、H、K、N、R）

14. 建立伙伴关系（H、N、T、U、W、X）
    - 父母、其他学校人员、社区
15. 差异教学法（B、C、F-H、K、T、U、Y）
16. 包容性战略（A-D、F、H、K、L、W、Y）

技能

（数字指的是教学知识的类别，如上所列）

A. 建立参与性结构（1、5、13）

B. 协作创建类规范（1，13）

C. 促进班级会议（1、2、11、13）

D. 促进解决冲突（1、2、11）

E. 激发学生的主动性和领导力（1，4—7，12）

F. 建立参与性技能（1、2、5、6、11—13）

G. 激发学生的主动性和领导力（1，4—7，12）

H. 建立积极的人际关系（2、5、7、13、14）

I. 促进道德讨论（3，11）

J. 纳入对问题、政策、事件的讨论（3、8、11）

K. 结构合作学习（6，2、5、8、13）

L. 运用发展学科（7，2、13）

M. 将性格教育融入课程计划（8、10、11）

N. 将班级工作与有意义的活动联系起来（8、1、4、6、11—14）

O. 利用课外活动（9）

P. 促进积极竞争（9、6、13）

Q. 支持媒体素养（11、4）

R. 促进批判性思维（11，1—4、8、10、12、13）

S. 为道德行为提供机会（11、12）

T. 构造有效的服务学习机会（12、5、8、11、14）

U. 为事业奋斗（12、8、9、11、13、14）

W. 与父母有效合作（14）
X. 利益相关者网络（14）
Y. 培养文化能力/响应能力（15、1、2、4、6、7、14、16）

气质

道德敏感性

自我反省的习惯

塑造良好性格的愿望

对职业道德的承诺

职业自我效能感

政治自我效能感（发挥作用的能力）

对青少年的爱和尊重

对多样性的欣赏

对民主价值观的承诺

对社会公平的承诺

对公民参与的承诺（对社会/政治的兴趣）

社会责任感

关心他人的权利和福利以及"共同利益"

致力于非暴力解决冲突

乐观：所有人的潜力

接受人类的脆弱/谦卑

教师教育：道德、社会、文化和公民的维度

［荷兰］马丁·维利穆斯①

一、导论

每一位教师、学校领导、政策制定者和学者都会认同教学包含了道德的、社会的、文化的和公民的维度（Adams, Monahan, & Wills, 2015; Hansen, 2001; Sanger, Osguthorpe, & Fenstermacher, 2013）。同时，至少西方国家的大多数教师都注意到，过去几十年中对学生学业成绩的关注主导着教育的发展及教育政策的制定。亚当及其同事指出："对发达国家（如英国、美国和澳大利亚等）的许多教育者来说，教育发展的关键是致力于建设一个标准化的测试体系，且该体系的测试结果是公开透明的。"（Adam, 2015：第199页）

尽管学业成绩是重要的，但是社会的、道德的和公民的维度不能被忽视，它们对教师的专业化提出了要求。而且，它们对培养教师的教师教育者也提出了相应的专业化要求（Sanger & Osguthorpe, 2013; Willemse, Lunenberg, & Korthagen, 2008; Willemse, Ten Dam, Geijsel, Van Wessum, & Volman, 2015）。事实上，对（职前）教师开展蕴含上述维度的培养通常被认为是理所当然的（Campbell, 2013; Sanger, & Osguthorpe, 2013; Weinberger, Patry, & Weyringer, 2015）。由此，教师们并不总是意识到他们的教学中包含了社会的、道德的和公民的维度（Buzzelli &

---

① 作者供职于荷兰温德斯海姆应用科技大学教育学院。

Johnston，2002）；他们对实施这些维度的教学也并不感到有信心。因而，在开展教师教育项目时支持教师在上述维度的专业发展尤为重要（Sanger & Osguthorpe，2013；Willemse 等，2015）。

这种重要性不仅对于如何理解教师在道德、社会、文化和公民维度的专业性提出了质疑，而且也涉及如何支持教师的专业发展，以及这对于教师教育者意味着什么。本文旨在回顾过去十年中的两个案例（Willemse 等，2008；Willemse 等，2015）及其对教师教育中教师准备的影响。其中，一个案例聚焦于支持中小学在职教师进行公民教育的教学，另一个案例关注教师教育实践中的道德层面。

二、考虑教学中道德的、社会的、文化的和公民的维度

目前，教育中依从技术、重视证据以及资格导向的发展趋势在过去几年中受到了批判，有人认为，教育还需要通过其规范性来理解（Biesta，2010，2011；Kelchtermans，2009，2012），这意味着教学也应支持学生的社会发展，并有助于他们的身份认同。关于教学在道德、文化、社会及公民维度的讨论并非一个新话题（Goodlad，1990）。正如汉森所言："将教学视为一种道德努力的观点，至少和实践知识的记录一样拥有悠久的历史。柏拉图、孔子、老子等人对于教学的道德意义都有相应的论据和证明"（Hansen，2001：第826 页），人们已经认识到，道德维度有助于形成范围更广、更为复杂的教育目的。（Biesta，2010；Buzelli，& Johnston，2002；Hansen，2001；Sanger 等，2013；Solomon，Watson，& Battistich，2001；Weinberger 等，2015）。从社会学角度来看，教育目的主要分为三个方面（Biesta，2010；Fend，1974）。比斯塔对它们的描述性定义是：儿童、青年和成年人的素质发展；社会性发展，即成为特定社会、文化和政治秩序的一部分；主体性发展，即在接受教育后能在思想和行动上变得更加自主与独立（Biesta，2010：第 21 页）。社会性和主体性功能特指社会的、道德的和公民的发展以及个人的身份认同（Ten Dam & Volman，2007）。

同时，问题来了——教学中道德的、社会的、文化的和公民的维度包含了什么？多年来，许多学者从不同视角和路径讨论了教学的这些维度（Althof & Berkowitz，2006；Berkowitz，1995；Campbell，2008；Hansen，2001；Sanger 等，2013；Schuitema, Ten Dam, & Veugelers，2008）。例如，汉森区分了"道德教育"和"教育即道德努力"两个概念，同时指出教学产生了许多道德层面的，但往往是无意识的影响。这些与教师在表扬、指正或教导中如何对待学生有关。道德教育是指培养学生特定的价值观、态度和性情，以促进学生的亲社会性和道德的发展（Hansen，2001）。或如桑格指出的："使学生根据人类行为、品格以及与他人相处的方式提出什么是好的、对的、善的和关爱的。"（Sanger，2008：第173页）。

舒特玛等人（Schuitema，2008：第72—74页）在其综述中强调，这些路径之间的区别具有双重性。一方面，我们需要关注学生的个人发展和幸福。教育应引导学生走向成年，并支持他们的身份认同发展。另一方面，这些维度旨在为社会的品质发展做出贡献。他们说明了这些路径的不同侧重点，如他们谈道：

> 科尔伯格的认知发展理论（Blatt & Kohlberg，1975；Kohlberg，1971）[关注]个人的道德发展及其自主处理道德困境和伦理问题的能力。……尽管科尔伯格的理论是基于将正义的道德原则应用于道德困境的能力，但吉利根（Gilligan，1993）发展了一种基于关系与关爱的道德推理理论。……在品格教育的视野下，道德发展传统主要因过于关注技能而忽视道德内容受到批判（Doyle，1997；Lickona；1999，Ryan，1996）。这里的论据是学生需要发展某些品质、行为和性情（参见 Sockett，1992）。通过教授一套特定的价值观，如可信赖、尊重、责任、诚实、正义和公平等，道德的相对主义就能避免了。……一般来说，在"公民教育"或"民主教育"中，社会的视角最能明确地被表达。……[这些路径][在社会上]是各式各样的，从"投票"或"志愿服务的意愿"到"有能力改变社会环境的信心"或"抗议不公正的意愿"等（参

见 Haste，2004；Torney-Purta，2004）。该领域的多位学者都主张培养沟通技能，例如写作技能、审议技能和倾听技能（例如 Davies & Evans，2002；Parker，1997）。最后，一些学者强调"反思"是批判性公民的基本技能（例如 Ten Dam & Volman，2003）。至于知识，学生则需要洞察民主社会的运作方式（例如 Hicks，2001；Hirsch，2001；Kerr，1999）。更具体地说，普林特（Print，1996）和比恩（Beane，2002）提倡学生学习关于政府、宪法和公民权利的知识。公民教育的大多数支持者也强调态度和价值观的培养，例如责任和社区参与（例如 Cogan & Morris，2001；Davies 等，2001；Veugelers & De Kat，2003）"。

舒特玛及其同事，与另两位学者（Althof & Berkowitz，2006）一致分析陈述了这些路径的异同：（1）它们都关注特定的学习结果，如一套价值观体系、批判性思维技能、社会自主性等；（2）不同之处在于对社会的主要特征及社会要求什么类型的道德公民观点不一。然而，本文并不描述这些路径之间的所有差异或相似之处，包括诸如价值观教育（Strike，1990；Thornberg，2008；Veugelers & Vedder，2003）或舒特玛等人谈到的道德知识的缺乏（Campbell，2003）。本文在这里试图强调，年轻人作为公民，其认知水平的发展不能与他们的道德及社会发展、身份认同发展、批判性反思能力的发展以及他们在（亚）文化中的发展相割裂。这意味着教学的这些维度不能单独考虑，而应该被视为整体，并与教学的其他维度相融合。从这一更加广泛和更具整体性的理念来看，这是所有教师的责任，而不仅仅局限于那些教授与公民教育相关的学科教师，如公民课或历史课老师，或品德教育老师。而且，教学的这些维度可以通过许多方式表现出来，尽管要求整体考虑这些维度并加强彼此间的融合或在某一维度的教学中融入其他维度，但有时它们还是以割裂的方式被加以研究。例如，在本文中描述的两个案例，第一个案例是关于在职教师关注公民教育的，第二个案例是关于教师教育者对价值观认识的发展，并将它与自身实践联系起来，而其实践往往与职前教师的困境相关。这两个案例都说明了教学中的道德、文化、社会或公民的维度旨在达成教育的根本目的（Fischman & Haas, 2012；Pykett, 2010；Sanger, Osguthorpe, & Fenstermacher, 2013）。然而，这一更广泛的理念对教师的专业化提出了要求，因为他们一直在注重技术与资格的环境中工作（Biesta, 2009）。政府渴求技能熟练的教师（Brown, Lauder, & Ashton, 2008），目的是为了取得更好的学业成就。那么教师又该如何将这些维度融入到他们的日常教学实践中去，其所需要的专业化类型又是什么样的呢？

三、教师专业化的要求

教师自身是有道德的人，也是学生的榜样（Leenders, Veugelers, & De Kat, 2008；Oser, 1994）。教师被视为负责学生的道德发展以及社会和智力发展的道德中介（Bergem, 1990），例如通过与学生的互动（Hansen, 2001），以及教授承载特定价值观的知识与技能时所表达的内容（Cleaver, Ireland, Kerr, & Lope, 2005；Torney-Purta & Barber,）。因此，正如一些学者（Schwartz, Sharpe, 2010；Biesta, 2009）所强调的，教师需要对所有教学领域中理想的教育内容做出规范的专业判断，即所谓的教师实践智慧。为成为有能力做出教育教学判断的专业人士，教师需要拥有实践智慧。有学者（Bergem, 2003）将这种能力称作"教育专业性"，它包括教师拥有的职业道德素养（将教学作为道德事业及对教学在道德维度的理解）、育人能力（教育、培养、促进学生发展的能力）和学术能力（在教学实践中能够获得或应用知识与理论的能力）。

然而，教师的专业化还取决于教师的价值观、信念、个体的和专业的知识与技能，这些方面教师可能还没有完全意识到（Husu & Tirri, 2007；Kennedy, Jimenez, Mayor, Mellor, & Smith, 2002；Patterson, Doppen, & Misco, 2012）。有学者认为，教师间缺乏"一种普遍认同的伦理语言以及基于教育和行为科学理论与研究的知识"（Thornberg, 2008：第1793页）。这或许意味着，虽然教师们并不总是能明晰教学中道德、社会和公民层面的概念，但有时在教学实践中所建立起来的远在他们所意识到的之外。有学者

(Hansen，2001；Thornberg，2008）认为，教师的实践往往是随机应变的、无计划的和部分无意识的，不是在通用的理论、知识和语言的指导下进行的。换句话说，与这些层面相关的专业化意味着教师需要有意识地挖掘他们隐含的观念，认可它们，并将其发展成为实践智慧。根据布泽利和约翰斯通（Buzzelli & Johnston，2002；Campbell，2008）的观点，教师专业化面临的主要挑战之一就是发展这种意识的过程："我们的意思是教师的确具有道德观念，他们与生俱来就知道教学是一种道德活动。我们所关注的应是确认、肯定和培育这种意识的方式。"

培养这种意识，支持教师成为道德的中介或鼓励他们在教学实践中谈及道德层面（Campbell，2008；Klaassen，2002；Sockett & LePage，2002；Thornberg，2008），确非容易之事。一般来说，教学，特别是当涉及这些维度的教学时，教师总是以个体的、孤立的方式高度自主地进行教学实践（Cochran-Smith & Lytle，1999；Levine & Marcus，2010）。正因为如此，在教师培训之初就应该支持并指导教师包含道德维度在内的专业发展。当然，这同样意味着教师教育者必须是道德的中介。

四、教师教育和教师教育者的角色

教师教育者也是教师，是教师的教师（Loughran，2014；Murray & Male，2005；Swennen，Jones，& Volman，2010）。他们通常是由中小学教育的优秀教师选聘而来（Clarke，2001；Griffiths，Thompson，& Hryniewicz，2010；Loughran，2014；Lunenberg，Dengerink，& Korthagen，2014；Murray，2010）。然而，对教师教育者的职业认可和高质量教师教育的需求是在近几十年才开始出现（Willemse，Boei，& Pillen，2015）。例如，近来一些国家开始为教育者开发了专业知识库（Lunenberg等，2014），并将之应用于专业标准的建立（ATE，2008；European Commission，2013；Goodwin & Kosnik，2013；Koster & Dengerink，2008）。在一些学者看来，教师教育者的职业特点是独特的、复杂的和多层面

的（European Commission，2013；Kosnik，Menna，Dharamshi，Miyata，Cleovoulou，& Beck，2015；Swennen 等，2010；Tack & Vanderlinde，2014）。

或许，教师教育者具有复杂性和多面性的原因之一是教师教育涉及道德维度。继古德拉德等人（Goodlad，Soder，& Sitornik，1990）具有影响力的著作之后，教学和教师教育的道德性得到承认。然而，自 20 世纪 90 年代以来，许多学者强调教师教育缺乏对教学在道德、社会、文化和公民维度的关注（Campbell，2008，2013；Pantic，2014；Sanger & Osguthorpe，2013；Sockett & LePage，2002；Weinberger 等，2015；Willemse，Lunenberg，& Korthagen，2005）。索科特等人（Sockett & LePage，2002）的结论是"课堂教学中缺少道德语言，在教师教育的研讨室和报告厅中也同样缺少道德语言"（第 171 页），温伯格等（Weinberger 等，2015）认为这一话题因重视学科内容而被忽视。在我看来，导致这种忽视的另一个原因是缺乏对教师教育者道德专业化的关注。过去几年中，出现了一些关于在教师教育项目中提高教师专业性的研究报告（Bullough，2011；Campbell，2013；Sanger，2008；Sanger & Osguthorpe 2013；Weinberger 等，2015）。不过，所有这些发表的文献缺乏对教师教育者的具体关注，而桑格（Sanger，2008）关于教师教育者的阐述则关注了教师道德专业化和其作为道德中介角色的重要性：

> 如果教师教育者没有具备一定的理论基础，无法完全区分、理解并向他人解释是什么因素导致课堂活动在本质上蕴含道德现象，那就很难看到他们有能力建立实质性、精心设计的、有良好基础的项目或课程，从而使职前教师学习这些现象，并帮助他们开发出较好地回应教师工作道德性的工具。……但是，注意到这些问题，不能完全有效地确定并解释课堂中的道德现象（因为人们期望教师教育者具备这样的能力，因为教师教育者通过引导学生研究其工作的道德性来进行教学）。为了能对课堂上凸显道德特性的现象进行区分、解释以及理解，我们必须从质问"什么是好的、对的、善的和关爱的？"转向"教学的道德特征是什么？"

以及"在教学情境中如何凸显道德特性?"(第170—174页)。

在研究教师教育者的文献中,专业的复杂性和教师教育者角色的多样性已经受到了关注(Lunenberg等,2014)。例如,斯文南等人(Swennen等,2010)强调了教师教育者作为教师的教师这一角色,其示范的重要性:教师教育者总是有意识地或无意识地示范教学,并在教学中传递价值观。教师教育者应该通过所谓的显式建模来解释他们的教学行为(Loughran & Berry,2005;Lunenberg等,2005),它可以在"分解教学"和"任务报告"的教学法中体现出来。这也被洛兰和同事(Loughran & Berry,2005;Loughran,2014;Russel & Loughran,2007)命名为显式建模或显式阐述:"清晰地阐明自己和他人实践背后所蕴含的目的的能力"(Loughran & Berry,2005:第193页)。在教师教育中,教师教育者使其教学得以显性化的这种双重性也应当运用到教学的道德、社会、文化和公民的维度。教师教育者是有道德的人,他们通过与学生相关联的方式持有并表达个人的价值观。他们的任务是激励职前教师发展自己的价值观和标准,成为能够意识到通过某些方式在教学中表达其价值观的教师(Willemse等,2008:第445页)。通过上述行为,教师教育者还需要意识到自身的价值观及教学中的各种道德维度。

教师教育者成为自觉的道德中介的需求也与潘迪克(Pantic,2014)提出的建议相一致,即为职前教师提供什么样的教师教育项目。她认为,应该为职前教师提供以下机会:(1)探索他们作为教师的愿景和任务,以及自身潜在的道德价值;(2)探索不同的概念性视角,及其对教学实践情境的启示;(3)做出教育性决策;(4)在其自主的范围内提高对集体及个人行动的意识;(5)促进对其自身实践和教育情境进行系统性的批判反思。当然,教师教育者应该先具备类似经验才有可能给职前教师提供上述机会。

总之,教学中道德的、社会的、文化的和公民的维度被认为是教育根本目的的一部分。出于对不同路径的尊重,教学的这些维度被视为是整体的,并且通常被整合到教学的其他方面——至少在本文中这么认为。因此,它们是所有教师责任的一部分,教师们在这些方面的专业化应该得到支持,这也适用于教师教育者——教师的教师。

在以下两个案例中，我将回顾与在职教师和教师教育者合作促进他们在道德、社会、文化或公民维度专业发展的经历。第一个案例侧重于教学的公民维度，尽管下文述及的课程要素也反映了文化及社会的特征。第二个案例描述了教师教育者的道德教育实践，其中教师教育者蕴含的价值观表明了这些维度的融合。

案例 1. 促进在职教师公民教育维度的专业发展

在许多国家，公民教育是学校的必修课程（Euridyce，2005，2012）。尽管作为必修课程，对教师而言，实施公民教育并不容易。他们没有意识到公民教育的要求，甚至拒绝考虑学校在提高公民身份认同方面的责任。大多数教师没有接受过任何关于公民教育的教学培训（Akar，2012；Barr 等，2015；Chin & Barber，2010；Euridyce，2012），因此，他们对教学没有信心，或在进行公民教育的教学实践中苦苦摸索（Akar，2012；Chin & Barber，2010；Outlon, Day, Dillon, & Grace, 2004）。对于荷兰教师来说，他们在这一领域经历困境的一个主要原因，是荷兰政府虽要求学校和教师致力于培养积极公民与社会的融合，但由于宪法规定的自由教育的传统（Dronkers & Robert, 2008；Glenn & De Groof, 2002），政府将自主权下放至学校，让学校决定如何将其纳入学校的课程体系（Veugelers, 2007）。2012 年，荷兰教育委员会（Onderwijsraad, 2012）得出结论，许多教师缺乏清晰的公民教育概念，即对民主社会中的良好公民应具备哪些特质缺乏清晰的概念，也不清楚学校能够或者应该完成哪些任务。他们呼吁给予学校更多的支持，使教师能够意识到他们如何理解公民身份和公民教育，决策如何进行公民教育的教学，并反思他们现有的教学实践和自身角色。这一呼吁是启动一项为期两年的研究项目的原因之一，该项目有 6 所小学和 5 所中学参加，通过合作开发基于探究的公民教育课程，以支持教师在公民教育方面的专业发展。

教师被要求与其他同事合作开发跟日常教学实践与自身需求密切相关的课程元素。学校管理层也支持该项目的进行，例如，指定那些对公民教育产生初步兴趣的教师参与项目，并使他们有足够的时间投入到项目中去。同时，该项目也需要与学校政策保持一致（Meijer 等，2013；Van Veen, Zwart, & Meirink 2011）。通过支持教师合作开发基于探究的课程，我们①旨在更好地把握教师对公民教育理解的发展。我们想要深入了解教师认为公民教育所需的专业化是什么样的，以及如何鼓励他们发展这种专业性。后者使我们更好地了解如何完善对职前教师和在职教师的支持，以加强他们进行公民教育的能力。在项目进行期间，参与的教师根据以下循环来系统探索并重新设计公民教育的教学：（1）问题分析，（2）设计，（3）实验，（4）评估，（5）调整设计（Van den Akker, Gravemeijer, McKenney, & Nieveen, 2006）。由于大多数参与的教师缺乏使用探究方式的经验，因此在两年内组织了 12 次会议来介绍这些方法。在这些合作会议期间，教师应邀进行经验交流并讨论项目进展。在某些会议期间，一些大会发言者应邀就公民教育的概念发表自己的看法。在这些会议的间隙，来自大学的研究人员访问了学校，以支持教师开发课程。

基于 17 位参与教师的访谈和他们开发的课程产品，威廉斯等人（Willemse 等，2015）在报告中认为学校已经开发了各种公民教育实践或课程（说明了学校中公民教育的广泛性）。在 11 所参与学校中，有 8 所学校开发了相关的具体课程。课程主题多样，从"鼓励学生为营造清洁而可持续的学校环境做贡献""为沟通不良的学生提高辩论技能"到"探索学生对伊斯兰教的偏见""哲学和宗教"和"对待课堂内外的多样性"。来自其他 3 所学校的教师选择开发教学工具，或开发在课堂外进行培训的公民活动，如"调解高中学生关系的培训"或"通过基于探究的讨论清单在教师间开展关于监管学生冲突与欺凌现象的对话"。

此外，该项目激发了 17 位教师进行公民教育的意识，并改变和拓宽了他们的观念。他们发现，公民教育本是他们教学实践的一个隐性的部分，他们开发了一些词汇来理解这些教学实践。这说明公民教育的概念及其实践并不

---

① "我们"是指我的同事 Geert ten Dam，Monique Volman，Femke Geijsel 和 Loes van Wessum。

总是有意识和有计划的（Hansen，2001；Thornberg，2008）。此外，与本章更相关的是，我们也考察了一些调查数据——教师认为公民教育需要什么样的专业知识，以及在教师教育中如何激励他们进行公民教育。根据分析，我们发现教师对公民教育专业性的理解可以分为四个方面：

（1）拥有教育教学能力（指能够设置教育目标，与学生互动，适应他们的水平，鼓励学生的反思能力及批判性思维）；

（2）能够作为榜样模范（指意识到自身的角色、信念和价值观，能够使自己的价值观通过非灌输的方式外显出来，通过教授和互动的方式树立榜样）；

（3）拥有关于公民教育的知识（指具备关于道德、社会、公民身份、公民教育、多元文化、相关学科以及与学生社会或心理发展有关的知识等）；

（4）具有营造安全的课堂环境的能力（要求教师能够营造安全、开放的学习环境）。

他们对专业化构成要素的想法与伯格曼（Bergem，2003）对教育专业性的定义一致。教师认为专业化的四个方面是进行公民教育的一个必要条件，这一事实使我们对于如何培养这种专业性，以及如何支持职前教师发展这种专业性更加好奇。这项研究中的教师提到，实验、练习和反思有助于培养这种专业性。此外，他们认为，时光流逝、年龄变老和经验积累也是这个过程的关键要素。根据参与教师的观点，发展专业性的另一种方式是积极观察、主动交流师生及同事间的关注点与想法。就目前由莱文等人（Levine & Marcus，2010）指出的个体孤立的实践来说，这个建议似乎特别重要。教师对专业性发展的看法也反映了不同学者对实践智慧发展的各种看法（Biesta，2009；Schwartz & Sharpe，2010）。

在回答如何改进教师培养这一问题时，教师们强调，发展公民教育专业性的路径即是在教师教育开始之初就必须给职前教师提供机会。从职前教师的角度出发，他们需要获得关于社会、民主、参与、公民身份类型的知识、学生实际的公民实践及公民教育的教学策略。此外，在培养教师时要关注他们已有的个人信念、价值观和规范，如何成为一个榜样同样也是重要的。他们呼吁职前教师的培养要通过实习的方式来使之获取经验和实践公民教育，以期其在社会中有可能作为有责任意识的公民而获得经验。一些教师根据他们的现有经验提出，教师教育应该组织教师参与公民教育的课程开发，并参与基于探究的公民教育实践。按照他们的观点，这样的做法可能是职前教师专业发展的最好支持。

案例 2. 培养教师教育者的道德实践

第二个案例聚焦于来自初等教育项目的 54 名教师教育工作者。在之前的一项研究中（Willemse, Lunenberg, & Korthagen, 2005），我们发现，尽管道德维度被认为在教师教育项目中是重要的，但在这一维度上缺乏对能够作为课程基础的目标作详细阐述。换句话说，道德的语言至少在教师教育的研讨和报告中是缺失的（Sockett & LePage, 2002）。这可能意味着，在道德维度的职前教师培养中，项目潜在的价值观和教师教育者的个人信念、观点和价值很少被讨论。然而，如果教师教育者不能充分认识其教学背后的价值观，或是他们将这些价值观付诸实践的方式，他们很可能会忽略支持职前教师与道德教育相关的学习过程的重要潜力。正如维登等人（Wideen, Mayer-Smith, & Moon, 1998）强调，缺乏对隐含的道德维度的认识也可能是危险的。他们认为，与传递学习内容相比，教师教育者示范某些学习观点的方式更可能成为塑造教师行为的重要因素。我们想知道，是否可以支持教师教育者意识到他们潜在的价值观，以及他们如何把这些价值观付诸实践，一方面是为了更深入地理解和描述教师教育者的道德实践，另一方面是为了探索我们所开发的工具是否有助于促进教师教育者之间的道德对话。因此，我们组织了由 54 名教师教育者参与的全体会议，支持他们表达自己内隐的教学价值观，同时跟踪了 9 名教师教育者做后续研究。后续的轨迹记录鼓励 9 名教师教育者系统反思他们的教学实践，以及他们以自己认为重要的价值观理解自身教学实践的方式。这 9 位教师教育者负责道德教育或宗教教育领域的课程，或是正在研究神学教育学。

在全体会议上，我们使用了一种称为"墙"的工具，帮助教师教育者了解他们的价值观。这个工具是基于柯斯根等人（Korthagen, Kessels,

Koster, Lagerwerf, & Wubbels, 2001：第 162, 167 页) 所描述的技术, 旨在促进对各种隐性教育目标或价值的反思, 并且促进这些目标或价值之间的关联。教师教育者被要求在"墙"的"砖块"中结合职前教师的道德教育, 填写他们认为在自己教学实践中重要的价值观。接下来, 我们要求参与者确定其中最重要的价值观 (最多四个), 并将它们填在墙的底部, 这些价值观代表了墙的"基础", 其他价值观将被放置在它们上面 (如图 1)。在填写个人"墙"之后, 教师教育者被要求彼此分享观点, 解释他们自己价值观的意义, 并探讨同事是否拥有与他们相同的价值观。

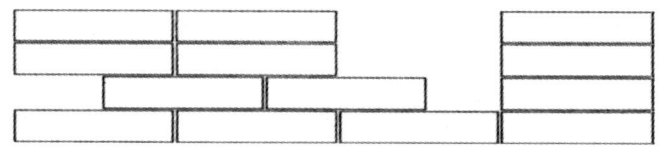

图 1 "墙"：反思各种教育目标或价值观及其关系的技术

在跟踪教师教育者的后续活动中, 我们使用了道德分析表 (MAC, 图 2) 以帮助教师教育者反思他们是如何将这些价值观付诸实践的。道德分析表基于柯斯根等人描述的柱状技术 (Korthagen, 2001：第 168-169 页) 以及比斯塔等人开发的系统反思工具 (Biesta & Verkuyl, 2002)。我们要求教师教育者在每次会议结束时完成分析表, 共计 4 次。此外, 教师教育工作者在 4 次会议间隔, 会被要求检视他们将自己的价值观付诸实践过程中出现的不清晰的方面。

0. 价值观	1. 我对这个价值观的解释是什么？	2. 我如何将这个价值观付诸教学实践？	3. 作为教师教育者，我的行为是什么？	4. 我希望职前教师有什么收获？
		时间/在哪些情况下： 如何/使用了哪些教与学的方法： 什么主题：		
5. 反思				

图 2 教师教育道德层面实践的道德分析量表

使用"墙"这一工具可以提供很多信息。首先教师教育者表示，他们对这个技术很熟悉，甚至会给学生使用，但从来没有使用它来表达自己的教学价值观。他们在填写"墙"的过程中，甚至在与同事讨论如何填写"墙"的过程中，经历了很多困难。这似乎支持了我们上面提到的观点，即提供给职前教师的教学中道德维度的具体经验（Pantic，2014），也应该提供给教师教育者。

其次，参与我们研究的教师教育者后来解释，教师之间花了很多的时间来了解彼此，或发现他们持有共同的意见和共同的价值观。总体来看，教师们填写的价值观多种多样——从尊重、平等到信任、开放。只有一种价值观大约有40%的教师教育者提及了，即关于教授尊重的重要性。换句话说，在教学的道德层面，教师们似乎缺乏一致认同的价值观。

在9位教师教育者的跟踪调查中我们发现，支持教师对价值观如何付诸实践进行反思，并没有为我们提供如授课、书面作业或自学等典型的教学方法，未能为职前教师实施道德教育做好准备。大多数使用的方法为"讨论和对话"，包括"辩论"和"议会讨论的方法"。

教师教育者还提到"刺激提问"和"刺激倾听"等方法。因此，他们强调，他们认为自己的态度，如"富有同情心""乐于接受""对学生保持开放态度"和"始终为了学生"等都是表达自身价值观的重要方式。此外，他们似乎利用了他们所谓的"黄金时刻"。借"黄金时刻"，他们以两难困境暗示了相关的道德维度并表达了教学中个人的价值观，这通常也是职前教师将实习经验带回到课堂的结果。

在与教师教育者合作的过程中，我们意识到为职前教师在道德教育上作准备是教师教育者个体的责任，而且准备过程通常是隐性的和无计划的。准备过程的隐性特征也在教师教育者努力构想道德分析表答案的事实中得到了证明，而且他们填写的多样化答案似乎也证实了缺乏足够的道德语言。这一结果与全体教师教育者在"墙"工具中填写其价值观时需要经历的思想斗争相一致。然而，参与跟踪调查的教师教育者的反馈同时表明，我们使用道德分析表这一工具可能激发了所有同事的专业发展,他们建议他们的同事也应该有机会使用这一工具。此外,全体会议鼓励项目管理人员继续就开发项目道德维度的共同价值观和理念展开讨论。

五、在道德、社会、文化和公民的维度培养教师的启示

本文的主题是支持(职前)教师在教学中有道德、社会、文化或公民维度的专业发展。这些层面的教学并不容易,所以在职前教师进入教师教育项目之初就给予发展这种专业性的机会是非常重要的。职前教师应该享有实验、观察、实践和反思教学中道德、社会、文化和公民维度的机会。此外,他们应该有能力表达他们的价值观并发展自己的主张。根据第一个案例,教师教育项目将会通过观点、关注点的交流与讨论得到加强,职前教师也将会从中受益。职前教师应该与有经验的教师和教师教育者密切联系,合作开展这类教学活动。通过协作,学生可以接触到教师和教师教育者的实践智慧(Biesta,2009)。因此,这种合作有助于在学校和教师教育中建立起一种更加广泛认同的话语,或许对实践智慧和教学中道德、社会、文化及公民教育的维度能有更多共识(Sockett & LePage,2002;Willemse 等,2008)。

第二个案例的研究结果似乎表明,在教师教育中为职前教师实施道德教育做准备的责任主要是由教师教育者个体承担,培养的过程通常也是无计划的,甚至是隐性的。这部分原因是教学活动通常具有高度自主性,且总是通过教师个人来单独实践(Cochran-Smith & Lytle,1999;Levine & Marcus,2010)。这类情况同样发生于教师教育(Willemse,Boei,& Pillen,2015)。正如史密斯指出:"反思、个人或团队研究的时间很少,或者只是定期与同事会面,使用一些专业发展的工具"(Smith,2003:第 211 页)。然而,达到高质量教师教育的要求(European Commission,2013)意味着教师教育者之间的共同努力,尤其是当涉及以教育的规范性来理解教育之时。教师教育者使用的技术工具可以被看作是促进教师教育者专业发展,以及提高职前教师在道德、社会、文化和公民维度培养质量的一个范例。

参考文献:

Adams, K., Monahan, J., & Wills, R. (2015). Losing the whole child? A national survey of primary education training provision for spiritual, moral, social and cultural development. *European Journal of Teacher Education*, 38 (2), 199—216.

Akar, B. (2012). Teaching for citizenship in Lebanon: Teachers talk about the civics classroom. *Teaching and Teacher Education*, 28, 470—480.

Althof, W., & Berkowitz, M. W. (2006). Moral education and character education: Their relationship and roles in citizenship education. *Journal of Moral Education*, 35 (4), 495—518.

Association of Teacher Educators (ATE) (2008). Standards for teacher educators. http://www.ate1.org/pubs/Standards.cfm, retrieved March 2015.

Barr, D. J., Boulay, B., Selman, R. L., McCormick, R., Lowenstein, E., Gamse, B., Fine M., & Leonard, M. B. (2015). A randomized controlled trial of professional development for interdisciplinary civic education: Impacts on humanities teachers and their students. *Teacher College Record*, 17 (4), 1—52

Bergem, T. (2003). The quest for teacher professionalism: The importance of commitment. In W. Veugelers & F. K. Oser (Eds.) *Teaching in moral and democratic education*. Bern: Peter Lang, pp. 85—106.

Bergem, T. (1990). The teacher as moral agent. *Journal of Moral Education*, 19 (2), 88—100.

Berkowitz, M. W. (1995). *The education of the complete moral person*. Aberdeen: Gordon Cook Foundation.

Biesta, G. J. J., & Verkuyl, H. S. (2002) Woorden en daden: Het pedagogische analyse schema [Words and actions: The moral analysis chart]. In G. J. J. Biesta, H. S. Verkuyl & F. A. J. Korthagen (Eds.) Pedagogische bekeken: de rol van pedagogische idealen in het onderwijs [*Socio-pedagogical view: The place of socio-pedagogical views in education*]. Soest: Uitgeverij Nelissen.

Biesta, G. J. J. (2009). Good education in an age of measurement: On the need to reconnect with the question of purpose in education. *Educational Assessment, Evaluation* and Accountability 21 (1), 33—46.

Biesta, G. J. J. (2010). *Good education in an age of measurement: Ethics, politics, democracy.* Boulder: Paradigm Publishers.

Biesta, G. (2011). Het beeld van de leraar: Over wijsheid en virtuositeit in onderwijs en onderwijzen. [Teachers' image: about wisdom, virtuosity in education and teaching] *Tijdschrift voor lerarenopleiders*, 32 (3), 4—11.

Brown, P., Lauder, H., & Ashton, D. (2008). Education, globalisation and the future of the knowledge economy. *European Educational Research Journal*, 7 (2): 131—156.

Bullough Jr., R. V. (2011). Ethical and moral matters in teaching and teacher education. *Teaching and Teacher Education*, 27, 21—28.

Buzzelli, C. A. & Johnston, B. (2002) *The moral dimensions of teaching: Language, power and culture in classroom interaction.* New York: RoutledgeFalmer.

Campbell, E. (2008). The ethics of teaching as a moral profession. *Curriculum Inquiry* 38 (4), 357—385.

Campbell, E. (2013). Cultivating moral and ethical professional practice: Interdisciplinary lessons and teacher education. In: M. N. Sanger & R. D. Osguthorpe (Eds.) *The Moral Work of Teaching and Teacher Education.* New York: Teachers College Press, pp. 29—43.

Chin K., & Barber, E. B. (2010). A multi-dimensional exploration of teachers' beliefs about civic education in Australia, England, and the United States. *Theory & Research in Social Education*, 38 (3), 395—427.

Christie, D., & Menter, I. (2009). Research capacity building in teacher education: Scottish collaborative approaches. *Journal of Education for Teaching: International research and pedagogy*, 35 (4), 337—354.

Clarke, A. (2001). The recent landscape of teacher education: Critical points and possible conjectures. *Teaching and Teacher Education*, 17, 599—611.

Cleaver, E., Ireland, E., Kerr, D., & Lopes, J. (2005). *Citizenship education longitudinal study: Second cross-sectional survey 2004. Listening to young people: Citizenship education in England*, DfES Research Report 626. London: DfES.

Cochran-Smith, M., & Lytle, S. L. (1999). Communities for teacher research: Fringe or forefront? *American Journal of Education*, 100, 298—324.

Dronkers, J., & Robert, P. (2008). Differences in scholastic achievement of public, private government dependent, and private independent schools: A cross-national analysis. *Education Policy*, 22 (4), 541—577.

Euridyce (2005). *Citizenship education at school in Europe. Survey.* Brussels: European Commission.

Euridyce (2012). *Citizenship in Europe.* Brussels: European Commission.

European Commission (2013). *Supporting teacher educators* (Brussels, EC).

Fend, H. (1974). *Gesellschaftliche Bedingungen schulischer Sozialisation.* Weinheim/Basel: Beltz Verlag.

Fischman, G. E., & Haas, E. (2012). Beyond idealized citizenship education: Embodied cognition, metaphors, and democracy. *Review of Research in Education*, 36, 169—196.

Glenn, Ch., & De Groof, J. (2002). *Finding the right balance: Freedom, autonomy and accountability in education, volume II.* Utrecht: Boom Juridische Uitgevers/Lemma.

Goodlad, J. I., Soder, R., & Sirotnik, K. A. (1990, Eds.) *The moral dimensions of teaching.* San Francisco: Jossey-Bass.

Goodwin, A. L., & Kosnik, C. (2013). Quality teacher educators = quality teachers? Conceptualizing essential domains of knowledge for those who teach teachers. *Teacher Development*, 17 (3), 334—346.

Griffiths, V., Thompson, S., & Hryniewicz, L. (2010). Developing a research profile: Mentoring and support for teacher educators. *Professional Development in Education* 36 (1—2), 245—262.

Hansen, D. (2001). Teaching as a moral activity. In V. Richardson (Ed.), *Handbook of research on teaching* (4th ed.). Washington, DC: American Educational Research Association. (pp. 826—857).

Husu, J., & Tirri, K. (2007). Developing whole school pedagogical values. A case of going through the ethos of "good schooling". *Teaching and Teacher Education*, 23, 390

—401.

Kelchtermans, G. (2006). Teacher collaboration and collegiality as workplace conditions. A review. *Zeitschrift für Pädagogik*, 52 (2), 220—237.

Kelchtermans, G. (2009). Who I am in how I teach is the message: Self-understanding, vulnerability and reflection. *Teachers and Teaching: theory and practice*, 15 (2), 257—272.

Kelchtermans, G. (2012). *De leraar als (on) eigentijdse professional*. [The teacher being an (on) contempory professional] Leuven: Katholieke Universiteit Leuven.

Kennedy, K. J., Jimenez, S., Mayor, D., Mellor, S., & Smith, J. (2002). Teachers' conversations about civic education: Policy and practice in Australian schools. *Asia Pacific Education Review*, 3 (1), 69—82.

Klaassen, C. A. (2002). Teacher pedagogical competence and sensibility. *Teaching and Teacher Education*, 18, 151—158.

Korthagen, F. A. J., Kessels, J., Koster, B., Lagerwerf, B. & Wubbels, T. (2001). *Linking practice and theory: The pedagogy of realistic teacher education*. Mahwah: Lawrence Erlbaum Associates.

Kosnik, C., Menna, L., Dharamshi, P., Miyata, C., Cleovoulou Y., & Beck, B. (2015). Four spheres of knowledge required: An international study of the professional development of literacy/English teacher educators. *Journal of Education for Teaching: International research and pedagogy*, 41 (1), 52—77.

Koster, B., & Dengerink, J. (2008). Professional standards for teacher educators: How to deal with complexity, ownership and function. Experiences from the Netherlands. *European Journal of Teacher Education*, 31 (2), 135—149.

Leenders, H., Veugelers, W., & Kat, E. de (2008). Teachers' views on citizenship education in secondary education in the Netherlands. *Cambridge Journal of Education*, 38 (2), 155—170.

Levine, T. H., & Marcus, A. S. (2010). How the structure and focus of teachers' collaborative activities facilitate and constrain teacher learning. *Teaching and Teacher Education*, 26, 389—398.

Loughran, J. & Berry, A. (2005). Modelling by teacher educators. *Teaching and*

Teacher Education, 21 (2), 193—203.

Loughran, J. (2014). Professionally developing as a teacher educator. *Journal of Teacher Education*, 65 (4), 1—13.

Lunenberg, M., Dengerink, J., & Korthagen, F. (2014). *The professional teacher educator. Roles, behaviour, and professional development of teacher educators.* Rotterdam/Boston/Taipei: Sense Publishers.

Lunenberg, M., Korthagen, F. & Swennen, A. (2005). The teacher educator as a role model. *Teaching and Teacher Education*, 23 (5), 586—601.

Meijer, P. C., Oolbekkink, H. W., Meierink, J. A., & Lockhorst, D. (2013). Teacher research in secondary education: Effects on teachers' professional and school development, and issues of quality. *International Journal of Educational Research*, 57, 39—50.

Murray, J. & Male, T. (2005). Becoming a teacher educator: evidence from the field. *Teaching and Teacher Education*, 21 (2), 125—142.

Murray, J. (2010). Towards a new language of scholarship in teacher educators' professional learning? *Professional Development in Education*, 36 (1/2), 197—209.

Onderwijsraad (2012). *Verder met burgerschap in het onderwijs [continuing with citizenship in education].* Den Haag: Onderwijsraad.

Oser, F. K. (1994). Moral perspectives on teaching. *Review of Research in Education*, 20: 57—127.

Osguthorpe, R. D., & Sanger, M. N. (2013). Teacher candidate beliefs about the moral work of teaching. In: M. N. Sanger & R. D. Osguthorpe (Eds.) *The Moral Work of Teaching and Teacher Education.* New York/London: Teachers College Press, pp. 14—28.

Outlon, C., Day, V., Dillon, J., & Grace, M. (2004). Teachers' attitudes and practices in the context of citizenship education. *Oxford Review of Education*, 30 (4), 489—507.

Pantic, N. (May, 2014). *Teacher agency for social justice: Implications for teacher education.* In Paper presented at Teacher Education Policy Network (TEPE) Conference, Zagreb.

Patterson, P., Doppen, F., & Misco, T. (2012). Beyond personally responsible: A study of teacher conceptualizations of citizenship education. *Education, Citizenship and Social Justice*, 7 (2) 191—206.

Pykett (2010). Introduction: The pedagogical state: Education, citizenship, governing. *Citizenship Studies*, 14 (6), 617—619.

Russel, T., & Loughran, J. (2007, Eds.). *Enacting a pedagogy of teacher education: Values, relationships and practices*. New York: Routledge.

Smith, K. (2003). So, What about the professional development of teacher educators? *European Journal of Teacher Education*, 26 (2), 201—215.

Sanger, M. N. (2008). What we need to prepare teachers for the moral nature of their work. *Journal of Curriculum Studies*, 40 (2), 169—185

Sanger, M. N., & Osguthorpe, R. D. (2013). Modeling as moral education: Documenting, analyzing, and addressing a central belief of pre-service teachers. *Teaching and Teacher Education*, 29, 167—176.

Sanger, M. N., Osguthorpe, R. D., & Fenstermacher, G. D. (2013). The Moral Work of Teaching in Teacher education. In: M. N. Sanger & R. D. Osguthorpe (Eds.) *The Moral Work of Teaching and Teacher Education*. New York: Teachers College Press, pp. 3—13.

Schuitema, J., ten Dam, G., & Veugelers, W. (2008). Teaching strategies for moral education: A review. *Journal of Curriculum Studies*, 40 (1), 69—89.

Schwartz, B., & Sharpe, K. (2010). *Practical wisdom. The right way to do the right thing*. New York: Riverhead books.

Sockett, H., & LePage, P. (2002). The missing language of the classroom. *Teaching and Teacher Education*, 18 (2), 159—171.

Swennen, A., Jones, K., & Volman, M. (2010). Teacher educators: Their identities, sub-identities and implications for professional development. *Professional Development in Education*, 36 (1—2), 131—148.

Ten Dam, G., & Volman, M. (2007). Educating for adulthood or for citizenship: Social competence as an educational goal. *European Journal of Education*, 42, 281—298.

Thornberg, R. (2008). The lack of professional knowledge in values education.

Teaching and Teacher Education, 24 (7), 1791—1798.

Torney-Purta, J., & Barber, C. (2004). *Democratic school participation and civic attitudes among European adolescents. Analysis of data from the IEA civic education study.* Strasbourg: Council of Europe.

Van den Akker, J., Gravemeijer, K., McKenney, S., & Nieveen, N. (2006). Educational design research. London: Routledge.

Van Veen, K., Zwart, R. C., & Meirink, J. A. (2011). What makes teacher professional development effective? A literature review. In M. Kooy & K. van Veen (Eds.), *Teacher learning that matters* (pp. 3—21). New York: Routledge.

Veugelers, W. (2007). Creating democratic-citizenship education. *Compare*, 37 (1), 105—119.

Weinberger, A., Patry, J-L., & Weyringer, S. (2015). Improving professional practice through practice-based research: VaKE (values and knowledge education) in university-based teacher education. *Vocations and Learning*, DOI 10. 1007/s12186-015-9141-4.

Wideen, M., Mayer-Smith, J. & Moon, B. (1998). A critical analysis of the research on learning to teach: making the case for an ecological perspective on inquiry. *Review of Educational Research*, 68 (2), 130—187.

Willemse, T. M., Lunenberg, M. L. & Korthagen, F. A. J. (2005). Values in education: a challenge for teacher educators. *Teaching and Teacher Education*, 21 (2), 205—217.

Willemse, T. M., Lunenberg, M., & Korthagen, F. (2008). The moral aspects of teacher educators' practices. *Journal of Moral Education*, 374, 445—466.

Willemse, T. M., Dam, G. ten, Geijsel, F., Wessum, L., & Volman, M. (2015). Fostering teachers' professional development for citizenship education. *Teaching and Teacher Education*, 49, 118—127.

Willemse, T. M., Boei, F., & Pillen, M. (2015). Fostering teacher educators' professional development on practice-based research through communities of inquiry. *Vocations and Learning*, 9 (1), 85—110.

澳大利亚的教学专业伦理与教师教育：张力和诉求

[澳] 丹妮拉·福斯特[①]

一、导言

为什么专业伦理教育是澳大利亚教师教育的当务之急，思考教育价值哲学的原因又是什么？对于此问题的一种回应，可能是考虑教育如何致力于"共同利益"[the common good(s)]以及关于共同利益的看法有着怎样的包容性。这也就产生了教师教育中的主要问题，即教育有什么好处？但在历史的这个时刻，工具主义和市场力量、超竞争力及对大学部门和澳大利亚其他地方职业准备工作的滞后关注同样占据主导地位（Biesta，2010；Hil，2012）。这推动了高等教育部门，在许多方面的改变，包括对学生的期望、下降的评估标准、学术工作和课程（English，2015；Hil，2015），这一直被视为不可持续性的危机。教师教育一直在经历着重大改变，这种改变不一定会提出各种保护和追求共同利益的相关问题，但是却引起了对这些问题的思考。全体的澳大利亚教师教育者都相信专业伦理教育对职前教师的学习是非常重要的，但是调查结果却显示教师教育项目很少涉及伦理教育（Boon & Maxwell，2016）。教学中的伦理问题明显是普遍且不可避免的，同时对教师社会角色的发展也至关重要，正如桑格等人主张，我们有义务运用我们已有的广泛知识来确保教师教育实现其大部分没有实现的潜力，从而有助于教师能力的施展（Sanger & Osguthorpe，2011：第 570 页）。

[①] 作者供职于澳大利亚纽卡斯尔大学。

澳大利亚政府部门对教师工作的管理日益加强，这改变了教师教育课程的本质。在州和联邦的层面下对能力进行的狭隘评定、教师注册登记、令人担忧的全国课程都与教师教育课程相关，而教师教育又控制了课程目标和毕业生的要求。鉴于此，澳大利亚政府部门通过领导教师教育，加强了对教师工作的管理，这也改变了教师教育课程的实质。而且州和联邦政府对学生进入教师教育的选拔决定权的争夺，在新生数量和由此引发教职工的需求方面给大学带来不确定性。结果之一就是经常承担教师教育项目中大部分教学的临时大学教师，越来越被期望在不稳定和潜在奴役的工作环境下承担大量的高技术性课程（Anonymous，2016；Connell，2015）。

澳大利亚教育的实践层面对教师问责和更为严格的基于评估的能力要求两方面的期望逐步增加。前者体现在授权和公开的全国读写和计算评估项目（NAPLAN），后者体现在澳大利亚教学和学校领导协会（AITSL）设置的澳大利亚专业教学标准（APST）上。此举使澳大利亚教师表现标准化成为可能。澳大利亚教学和学校领导协会管理部门提供了"材料和证据指南"来支持教师评定、注册和认证的原则、政策和实施过程。强调基于证据的实践和高度管理认证过程意味着全国"教师工具包""课堂观察策略"和"我的标准App"的发展，这些体现在将澳大利亚教师专业教学标准引入教师手机的结构化指南和模板当中。①

性别（包括生理的和社会文化层面的）、伦理、原住民议题和社会阶层等这些问题在很大程度上被忽略或被重新设定后传递给教师。就此而言，澳大利亚教育部门存在着本质上的不平等。这一现状产生了对个体教师进行更多问责的标准等许多系统性的问题，这对教师伦理主体的影响是很明显的（Kostogritz & Doecke，2011）。布恩主张，这就是相较于目前的状况，为什么教师教育更需要注重伦理的原因（Boon，2011）。

进一步来说，从有效实践获得的证据不加批判地给一些教育研究形式以特权，这些教育研究大部分明显是更为科学的或伪科学的（Kraft，2013；

---

① http：//www.aitsl.edu.au.

Smeyers & Depeape,2012)。严格而随机的实验得出的证据可能会接近于关于好的教学实践的某些事实,如过去关于"什么起作用"的问题(Biesta,2007:第16页)。然而,我们需要意识到简单的事实,即教育不是"推与拉"的过程,不能用医疗干预(医生治疗病人)进行类比,因为教育在一个开放和循环系统中是一个象征性的中介互动(Biesta,2007:第8页)。尽管新兴科学研究的发展——脑基础学习,为教师提供了一些学习规律来用于解决人脑差异的问题,但我们应该问些更深层次的伦理哲学问题,即作为一种重新设计理想的儿童和大脑的形式,这种研究是如何重新塑造教育的角色,以及它们是如何潜在地引发了优生学话语的(Baker,2015)。

在澳大利亚,关于好的教学的讨论无疑一直被有迷惑性的常识标准话语所控制(Connell,2009)。标准化的言辞产生于制造业的"标准保障",它们可以确保产品的可靠性和有效性,并排除掉残次品。但是一名好教师的成长与工业中的产品制造并没有很多的共通之处,同样也不能依赖于手机软件的合理使用。常识性教学标准、证据为基的实践建议和胜任力的判断引发了对于如何评价教师价值的关注(Biesta,2015),以及对在特定的学生、教学背景、专业性和教育宏观目标的需求和利益下,教师在教学中有多少所有权、自治权和适应性的关注(Webster,2009)。但很少有人对工具主义持续占据教育的中心位置这一情形进行思考。这应该引起教育者更认真思考教育目的和教育价值。正如卡尔(Carr,1995)所言,理解和解释特殊性是教育实践的中心。笔者认为这一观点也可适用于职前教师教育中的伦理实践,而且这是一剂有效的万能药,能够给空洞的澳大利亚教育带来更大的意义和更多的敏感。

本文旨在提出关于鼓励高等教育教学项目融入伦理教育的讨论。教师教育项目中的伦理教育关注于主体化的巨大潜力、民主对话和自我叙述伦理经验的运用,这可能会有利于教育意义的阐释。与资质和社会化一样,主体化是一项重要的教育领域和功能,"它涉及主体性的教育。它与解放和自由,以及伴随自由而来的责任有关"(Biesta,2013:第4页)。然而,这要求放弃"解放是为某些人做的"的观点,以及放弃这样的假设,即我们能够超越社会的权利机制,使"我们对事件、原理、联系和参考领域的理解"(Biesta,2013:第72页)变得复杂化。通过专业规范对教师伦理期望进行研究,接下来将思考信念伦理的角色和道德想象的价值,围绕职前教师的专业伦理提出一些问题,并由此产生接下来伦理教育的论证。文章简单地概述了当前澳大利亚教育及高等教育的趋势,对伦理教育在可能重新引起专业关于共同利益的教育哲学目的的讨论中所扮演的角色提出一些建议。笔者认为伦理的本质不是静态的,而是动态且有关联的。因此,将专业伦理作为一种与专业道德规范的内容和程序相关的能力和知识的形式,减少专业伦理教育,这低估了伦理教育的潜在作用。当政策知识和程序变成必要时,就教师教育中伦理的教育价值而言,思考教师教育者、职前教师和教师专业处理、询问和分享伦理知识以及理解他们经历的方式是更重要的。因此,本文设想教师教育的目的之一是形成教师的持续性动机,促使他们在教育道德目的、实践和政策三者相交时,能发现和生成知识来进行反思。

二、伦理规范和行为规范

《从全国视角看澳大利亚教育伦理规范》(Forster,2012)一文使用对比分析的方法来推进关于调节教师行为、设定社会和道德期望的工具的讨论和批判性对话。当教师行为成为媒体头条,或如研究所显示的那样,伦理为每天发生那些微妙而复杂的问题提供有限的指导,除此以外,伦理和行为规范在很大程度上都被忽略了。不仅如此,伦理和行为规范被当做是更大的政策和实践的一部分,形成一种并不是预备和维持专业伦理批判性对话的话语。从其结果来看,学校中微妙的力量关系没有得到开发或被错过了,关于信念伦理和专业知识的问题以及教育价值问题都几乎被忽略了。我们应该吸取教训,加深教师教育项目、教师培训、教师和职前教师监管中的伦理理解,并使教育伦理实践的不确定性和复杂性获得重视。

当然,伦理和行为规范的设置不仅仅具有指导价值。文献表明,行为规范和伦理规范在传统上是不同的(Van Nuland,2009)。后者更趋于激励性,而前者则调节行为。正式的规范在专业与学校管理、公众之间权衡关系的定义上显示出了实质性功能，但是在这种情况下，它们有可能产生无可预料的结果。例如，特哈特（Terhart，1998）提出教师对待规范趋于表面，而且规范的运用也会使动态的信仰、价值、标准和期望静态化，从而使其失去情境性。有证据表明伦理规范能给人一种错觉，即"所有都是好的"，这会将规范化的理想与真实的行为相混淆，而且这种自治专业有着清晰共享的自我义务，管理者可能会滥用规范这种预期目的，同时危害道德实践（Terhart，1998）。

管理者的利益和教师主体之间的张力并不新鲜，这主要体现在澳大利亚管理专业标准的话语上（Sachs，2001，2003）。"专业化"运动要求问责标准，透明的认证过程和绩效管理（Beck，2008；Popkewitz，1994；Tuinamuana，2011）。鉴于政府尝试塑造新的教学专业模式，以及来自政治改组的压力，当局一直在重新设想和制定伦理规范（Shortt, Hallett, Spendlove, Hardy, & Barton, 2012）。新南威尔士行为规范就是其中一例。教师被明确要求支持当局的政策，其个人的观点不被考虑。在早期的规范版本中，教职员"要以公正的态度来实施当局的政策和决定……教师的行为应该与政府或部门政策的潜在价值保持一致"（N.S.W.D.E.T.，2004，第12部分，"对当局的责任"）这项政策现已经做了改变，并认识到教师"能拥有不同于当局和部门管理的个人观点"，但是仍然坚持教师个人的观点不能凌驾于部门或政府的政策和决策之上（N.S.W.D.E.T.，2010：第8页，第4部分"部门对其员工的期望是什么？"）。因此，教师的理想模式无疑得到了明显的转变，教师能有不同于政府和其他人的个人观点，如参与工会组织的罢工等。这在2010年的新南威尔士行为规范（N. S. W. D. E. T.，2010）中首次得到体现，它不同于前面版本的规范对教师拥有个人观点的不认同。

当我专注于每个伦理规范和行为规范的目的，注意到其与其他教育政策和标准的联系、关于实践的建议和概念上的异同时，笔者发现维特根斯坦的"谱系"可以作为分析价值观的有用工具。例如，除了西澳大利亚教育学院（W. A. C. O. T.，2009）外，其他州的规范明确表示正直为核心价值观。但是在核心价值观的概念表述上有所不同，而且不是所有的规范都做了清晰的陈述。作为澳大利亚教师的参考指向，全国教育价值框架（Department of Education Science and Training，D. E. S. T.，2005）将正直描述为一种"遵循伦理行为原则，支持言行一致"的活动。在规范中，诸如"诚实""信任（可信度、信赖度）""责任""尊严""荣誉""真诚"和"公正"这些美德经常用来描述正直 [N. S. W. D. E. T.，2010；Queensland College of Teachers（Q. C. T.），2008；Teacher Registration Board of Northern Territory（T. R. B. N. T.），2009；Teacher Registration Board of South Australia（T. R. B. S. A.），2006；Teacher Registration Board of Tasmania（T. R. B. T），2006]。维多利亚州教学协会对正直的解释是：正直是一种教师维护学生的最大利益、维持专业关系，并以行动"尊重和提升专业"的功能。[Victorian Institute of Teaching（V. I. T.），2008] 自从激励性的规范在澳大利亚占据主导位置，且致力将州和领地的教学专业凝聚为一种共享的道德认同以来，各地对诸如正直这类核心价值观的阐述应该为教师提供一种连贯性理念以及为道德决策做参考。同样的，"尊重"也是公认的核心价值观，但是在偏向规约性的行为规范和偏向激励性的伦理规范间，关于尊重的表述有很大的不同。

笔者通过研究发现，正如前述国际研究所预示的那样，关于"伦理规范"和"行为规范"这两种形式的文件间有明显的不同。在分析过程中，就政策对教师伦理主体性的预期影响而言，激励性和规约性的规范都被充实了，即教育政策话语以各种方式产生、维持和规训教师的专业性。也许笔者没有清楚表述的是激励性和规约性规范作为规训活动的方式，前者发挥高度期望和遥不可及的理想的力量，后者是管理阶层行使害怕、屈辱和排斥的力量。笔者认为每种规训活动都有可能产生不真实的伦理实践，且来自于不可持续性的道德动机，该道德动机通过社会影响可能会变得麻木（Biesta，2010）。

这是某种社会学的解释。如比斯塔吸取鲍曼的观点并指出，通过社会性和社会化，（现代）社会使道德关系的可能性中立化了（Biesta，2010：第66页）。社会化有三种方式。首先，在结构化的社会中人们感觉自己是一连串命令的一部分，因此，他们对他人遭遇产生影响的能力是有限的，以及这种能力通过对处于他们上下层的人产生影响而被过度延伸（如 Forster，2012；Terhart，1998）。其次，一些人被免除了道德主体性（缺乏人性的）（如一些学生主体或学生团体）。最后，道德行动的接受对象被一组没有公认道德自我的特性所重构。后一种方式在新自由主义时期教师胜任力的话语中是很明显的。

比斯塔认为自然发展（具有最小阻力的）途径发生在现今的问责文化中，它使学校、教师和学生、家长间的关系变得非政治化，并剥夺了彼此间的责任和对民主团体的责任。比斯塔再次引用鲍曼和列维纳斯关于社会化的三种效果（结构化社会的影响）并指出现今的"问责文化对接近的可能性（possibility of proximity）造成了严重的威胁"（Biesta，2010：第71页），因此，也对人类麻木的（not amputated）道德认知产生了严重的威胁。他解释说接近度是"注意和等待"的可能性，这种"注意和等待"既是一遍遍执行和表现的个人任务，"如果我们愿意看到责任成为教育关系的重要组成部分"，它又是"一种专业任务"（Biesta，2010：第72页）。

但是，规范是必要而有价值的监管和指导工具，旨在推动社会对教学专业的信任。所有的新教师在毕业前都要求达到澳大利亚教学专业标准。尽管在第4条和第7条标准中谈及了道德或伦理能力，但是还不够明确（AITSL，2011）。这些标准仅仅要求强制性的遵守，以及要求教师有认识社区和家长多样化需求的能力。规范也是教师绩效管理方法的一部分，这些新自由主义逻辑能够被内化，个体教师可能不会或不愿去质问这些方式，即这些工具分离和减少了有同情心的教学劳动力，使其成为看似常识性的胜任力。这里关键的张力存在于个体的道德主体感和价值观、监管工具的道德权威和它的实施中。在2012年对澳大利亚规范的分析显示出，许多相似的概念或概念谱系存在于伦理教师的想法中，但是正如我们对伦理学和哲学的研究中所发现的，这些道德概念，如对正直和关爱的解释都显示出概念彼此间的冲突，但不都是二元论的。教师不被要求完成教师教育或专业发展中深层的伦理学习，因此教师只有在工作中遇到困难复杂的伦理问题时才着手解决。

为了支持这些论断，比斯塔对真正的道德责任基于责任理念做出了解释。

他认为"谨守准则不能也不会将我们从责任中解脱出来。我们会经常问自己，也会经常被问我们遵守某套（伦理）准则是否正确，对此我们永远都不会得到一个确切的回答"（Biesta，2010：第 62 页）。伦理规范和行为规范为澳大利亚专业设计了道德决策程序，描述了一系列重要的伦理情境，包括从保密到利益冲突，从负责任地使用复印机或社会媒体到写个人建议。但是无论这些政策和程序变得多么复杂，它们也永远不能囊括无限的人际关系形式中所有重要性的伦理回应。对人际关系的描述一直在进行中，虽然这种预测是无力的，但是就教育而言，接受重新阐释比自满和停止解决教育困难更为重要。

当伦理和行为规范隐藏于争议性政府决策的分歧、不确定的情况、多样化的观点和特殊的人际关系中时，正如钝器，我们没有理由使用这些规范。在最坏的情况下，不论是面对当前情境的人，还是上层人士，放弃伦理责任都会麻痹自己的意识，侵蚀道德主体。有人也许会认为更清晰、更严谨和连贯的激励性规范是教师间民主对话的正常产物。它们伴随着适用的辅助性规章制度，并处于学院文化中。这为职前教师对伦理和伦理决策的方式进行辩论、为教师接触丰富的伦理专业教育（包括信念伦理）提供了机会。伦理教育的目标就是促使个体增长道德想象力，产生道德信心，维持伦理关系，具体对待伦理情境（合理的决策有赖于特殊情境知识），以及推动教学中的伦理政策和伦理实践。

三、信念伦理

如果认为美德是一种知识的形式，正如当它在特定的情况下能够感知凸显的道德观念时，我们就需要考虑人们如何发展知识。在德性论中，性格和情感在繁荣的生活中发挥着重要作用，道德行为的善不仅仅是责任、结果或成功行为的功能（Sherman，1999）。德性认识论是德性论的一种形式，尽管知识美德被认为是美德的一个子集，但其却是德性论的中心（Zagzebski，1999）。它能形成一种知识实践，产生突出伦理结果的直觉，以及强化了丹西（Dancy，2004）的观点，即认为信念是道德行动。如果不考虑知识的意义，那么我们就不能评价人类的卓越、共同的利益和繁荣的生活。道德特殊主义持这样的观点：（道德）可使一人的行为在伦理上保持恰当，但它不能被编码，也无法降格为规则。

特殊主义者对美德的描述支持了道德和认知思维的特殊复杂性，就好像这些特殊是支配一切的普遍道德法则中的异常现象而无法被排除。没有法则能够鉴别出什么是值得信任的、什么是智慧或正直的。特殊主义认为当原则或准则作为有价值的教学工具时，这些原则或准则不会让行为变得善良。潜在的价值观念如勇气、残酷、遭遇（痛苦）、慷慨等是道德理解的基础。在复杂的价值负载情境下这对专业人员而言是很重要的，某个人信仰的原因不能成为他人信仰的原因，因此个体应该通过精确的方式来表述清楚他们的推论，而不是依赖于道德现状。

因此，信念伦理是一个有道德意义的主题，能加强教师专业性的描述。专业性是教师主体接受或发展态度、思想观念和专业认知立场的自治程度（Evans，2008）。信念伦理基于某种原因以某种方式形成的信念，它引导观点的发展，促使观点形成信念，再由信念到必然性和可能性的回归（Forster，2009）。在伦理中，了解形成信念方式的原因胜过了解信念伦理的基础（Degenhardt，1998）。信念伦理既不是完全认知的，也不是伦理的，它和信念形成的伦理意义有关。所以，这是关于对形成良好特质的反思，相信这些特质能够通过支持好的行为、价值观以及美德的实践和发展，来使人变得更道德。在教育理论中，还没有认识到伦理信念的丰富内涵，即使到现在似乎也只有少数研究者直接运用普遍的信念来研究教学或教师信念伦理的问题（Axtell，2001；Dearden，1974；Degenhardt，1998；Dearden，1984；Degenhardt，1986；Forster，2011；Quinton，1987）。但是，许多关于教育中信念伦理学的讨论集中在宗教信仰的教学上（来自 James，*The Will to Believe*，1979 的启发）。这种关注不是集中在系统道德原则的发展上，而是集中在主体信念的形成中，即形成道德和理智上的判断和理解的方法。伦理信念（或信念伦理）不同于平常讨论的"伦理决策"，后者是通过理解价值、伦理理论和元伦理学来做出最符合道德行动的决策。

我们有一定程度的认知（Huss，2009）。人们对他们的信念负有道德责任，并且能通过实践来控制信念发展的程度。有时这种控制会假定采用不伦理的形式，如自我欺骗和对意志的忽视。但是，也有一些关于"令人不安的美德"形式，如"盲目地施舍"。这些不合理的信念体现出了忽视或怀疑的倾向。这些被称为"自我引导"、高度的自我效能感和"直观的厚望"的信念，(Tirri，Husu & Kansanen，1999）可能对教师特别有益（James，1897/1979）。由于教师是公众对话的一部分，为了使他们的信念符合伦理，他们应该依据理智而不是依据没有相关证据的信念（Singer，2004）。这是值得信赖的智力品质的一部分。因为教师对社会负有责任，智力品质在道德上是重要的，它涉及信念的转变（如学习和教学），以及涉及教师和依赖其判断的人的教育关系。

四、对职前教师谈话、写作和在线对话中关于专业实践伦理困境的研究

在职前教师教育项目中专业经验是一个永恒的问题，它提出了关于职前教师教育的目的这一持久问题（Southgate，Reynolds，& Howley，2013）。在衡量职前教师胜任力和专业关爱及个性本质间存在一种张力（O'Connor，2008）。这种张力凸显了专业经验的问题本质和自相矛盾的目标。阿达米主张对学习成为一名专业教师进行本体论维度的研究。鉴于"知识是被创造、制定和表达的"（Adami，2014：第36页），她建议"教师在实践中所面临的挑战应该成为教师教育项目中伦理讨论的核心"。有学者认为"教师教育项目应该适当关注增强教师在教学实践中依据专业信念的可能性"（Ruitenberg，2011：第44页）。通过让学生参与伦理维度（例如专业信念）的教学是可以开展的。

笔者认为，作为负责教学专业伦理和实践的教师教育者需要理解职前教师的需求和经历。如职前教师遇到过什么样的伦理问题，伦理知识的发展（Campbell，2003）和道德想象（Joseph，2003）又是怎样的？我和我的同事

近些年搜集了关于教师教育专业大四本科生和研究生在新南威尔士初中完成他们最后的也是最长的十周实习的相关数据。数据来自十组共计136名参与者关于开放式伦理困境讨论的转录对话。数据还包括123人对自己亲身经历过伦理性质任务的独立反思，以及50组对于同样开放性任务的在线对话。所用的案例通过邮件获得了实验参与者的同意，且都符合人类研究伦理。

这些被邀请参与实验的学生都要在民主的学习圈中学习教学伦理和专业实践课程。学习圈"探究共同体"是教育进程中的一个恒量，它贯穿在不断反复的数据搜集中，也是支持同事间交流的一种技巧。这种同事间的交流能鼓励职前教师就专业情境开展批判性的对话（Burgh, Field, & Freakley, 2006）。

在该研究中，笔者和同事搜集了参与实验的职前教师开发评估项目的不同版本。这项课程可评定结果的目标如下：

（1）展示对专业伦理的理解，该专业伦理包括与成为一名教学人员有关的法律、社会和道德责任。

（2）阐述一种清楚连贯的教学观。

（3）建立一份教学档案，这份档案能够证明职前教师达到教师标准，并能批判性反映出他们在整个项目中的专业学习情况。

（4）批判性地反思教师在当地、全国和全球背景下的多重角色，以及使用各种观点分析教师的专业化，包括高质量教学框架（Quality Teaching Framework）。

（5）通过适应和区分课程与教学，为他们关心下的学生设置个性化学习来展示包容性的教学实践。

五、道德想象

在第一轮研究的小组讨论中，研究者使用道德想象的概念来描述伦理推理策略的各方面（Chapman, Forster, & Buchanan, 2013）。在我们教学学期结束之时和学生在当地学校完成十周的教学实习后，我们记录并转录了参与者在探究团队中的讨论内容。为了激发特殊的讨论，依据每个团队的探究方法，我们要求小组关注最初的道德困境。这是以简短案例研究的形式特别开发的课程。我们的目的是记录下探究团队中职前教师阐述自身道德认知、原因、反思、情感和自我意识的方式。

鉴于实习教师面对的人际关系和多层次问题，道德想象能够被用来协调道德立场和工作间的矛盾（Joseph，2003）。通过使个体从各角度想象道德意义的可能性，道德想象汇聚了反思性实践、道德和法律知识（如专业规范、法律和伦理课程）以及个人价值观。它被定义为"在特殊环境下发现和评估可能性的能力，这种能力不仅仅单一地取决于环境，（或受其可操纵的精神模型所限制，或被一组规则及能掌控关注点的规则所限定"（Werhane 1999：第93页）。

研究的主要发现与道德想象的价值观有关。在这种道德想象的价值观的框架中，我们教师教育者能够在实践课程中为职前的教师探索伦理教育。研究的目的不是评估所用教学的有效性，而是探讨职前教师如何表达他们的道德推理。我们发现职前教师在道德想象的不同方面有着相同的差距和倾向，我们记录下了他们实现理想的努力。

职前教师倾向于使用技术方法和教学方法来解决实验者提出的伦理困境。他们的道德推理运用了道德原则，但是这种运用却流于表面或是处在简单的水平。很少有证据能体现出他们对道德原则或对起作用的动态而复杂的伦理本质进行批判性反思。道德反思作为道德想象的特征，几乎没有数据显示出我们的参与者对其的运用。职前教师一般不会表明他们能够与自己保持距离，重新评估他们最初的愿望或偏向的立场，这通常是他们提供的第一轮教学或技术解决方案的结果。通常情况下，缺乏批判性反思，以及在特殊情况下使用道德原则都是教师教育者关注于努力培养善良特性的原因。这些善良的特性由坎普贝尔（Campell，2003）提出，可以提供展示在多元化背景下功能性人际对话作为一种特殊属性的机会。在多元化背景下功能性人际对话能加强职前教师参与伦理价值专业讨论的能力。另外，我们建议教师教育者应该运用伦理教育来提出关于教育价值和目的的问题，这些问题似乎能够改善学校系统的特征（如流动班级和标准化测试），使其在对批判性的审视和潜在的重建中保持开放。

在探究团队的面对面教学中，职前教师的道德推理是我们实施的初步实验，我们将对职前教师的道德推理继续进行研究。首先，我们收集一组由实习教师就伦理困境所写的延展性反思，然后我们收集了第二组职前教师的反思，这些反思来自职前教师的博客，以及对自己学校或实习过程中发生的伦理问题所做的（秘密）评论和回复。初步研究为职前教师预先开发了伦理困境让其接触，后续研究是对职前教师亲身经历的伦理困境进行分类。然后我们对职前教师同辈间的在线互动进行更深入的案例研究。这些案例研究关注于职前教师如何在智力、社会和情感上进行叙述或报告他们在学校的直接的个人经历，这些经历体现在新学校的微观文化中，以及他们作为实习生与同事间关系的活动中。

六、教学中固有的伦理张力

在第二个研究中职前教师写下了在实习过程中经历的各种伦理困境，在这些困境中他们感觉在伦理上莫衷一是。研究表明职前教师经常面对伦理张力引起的问题。文献记载了几类导致冲突的规范：伦理的人际关系价值观，任务导向的内在专业规范，制度规范，社会一致性规范和自我保护的规范（Colnerud，1997）。这些规范都和教师与学生、家长及同事间的人际关系有关。在库尔奈鲁德的扩展研究中，有学者（Shapira-Lishchinsky，2011：第651页）指出了五种对立的张力关系：

（1）关爱氛围和规范（正式的）氛围。
（2）分配公平和学校标准。
（3）保密和校规。
（4）对同事的忠诚和学校规范。
（5）家庭议程和教育标准。

例如，分配公平和学校标准间的张力指的是"教师对分配公平（对努力的合理奖励）和学校标准（遵循明确的决策标准）间张力的理解"（Shapira-Lishchinsky，2011：第 653 页）。教师面临的最普遍的伦理困境是师生间亲密度的关系问题，平衡个体和群体需求的问题，学校政策对自治的影响或依靠经验判断的问题，同事间忠诚问题，以及更普遍的教学伦理问题（Aultman，Williams-Johnson，& Schutz，2009；Fenwick，2009；Pope，Green，Johnson，& Mitchell，2009）。到目前为止我们的研究赞成之前的研究发现，正如下面所述。

职前教师所描述的几种基本伦理张力大多是关于公平正义概念的相关问题。这些都发生在关爱学生和践行学校政策（特别是纪律规范和评估程序）过程中。常见的张力有：

（1）以质量而不是努力来作为开展学生工作的目的。

（2）维持社交距离而不是和学生成为朋友。

（3）准则的实施，特别是当个体学生排除在课堂活动外时。

（4）怎样才意味着公正对待了学生。如，在觉察到班级组织受到危险时，以及感觉到学业标准体现出道德上的不公，令人不快时（如在特定的"更低水平的流动"班级中），教师的情感和社会行为受到了挑战。在学业标准体现出不公正时，职前教师经常会尝试接受挑战去帮助那些被实习同事放弃的所谓的"低能力"的学生。

而且研究发现有着以学生为教学中心观念的职前教师，有时能对那些特别敏感的学校日常现实提出挑战。他们经常与自己的情绪反应作斗争。他们的这些情绪反应与来自管理者所期望的不断评估有关，尤其是当他们感受到自身正义感与当地规范不符时。

我们的研究一直关注于一系列有意义的伦理张力和伦理困境的事例。这些伦理张力和困境源于职前教师与对实习学校文化适应间的相互作用、实习教师间的关系、教师监事和大学管理者以及大中小学间的文化冲突中。我们将这些视为实现伟大教育价值观的可能性。其原因就是成为一名教师是一种社会化的过程。这是因为这一过程将其带入到与其他教师和学院式空间（collegial spaces）的关系中。学院式空间中的社交互动发生在现有的正常团体中的实习教师间。比斯塔解释道,社会化就是我们成为更广泛、更普遍的一员,而特殊性则表明我们是如何不同于他人的(Biesta,2010:第81页)。他指出主体化就是一个"永不停息的""艰难的过程"(Biesta,2010:第85页),这个过程必然发生在我们冒着风险以不可预测的方式承担我们的行动之时。比斯塔借用列维纳斯的"不可替代性"来思考教育价值的独特性。在这种不可替代性中,主体在说话时能够说出自己的观点,并且这与其是谁和怎么说有关。代表性的观点由理性的团体和共享的"集体"提出(Biesta,2010:第88页),即当没人支持我们时,某人能够说出不同于这些团体的观点。这样的时刻没有剧本也不能被预先计划。

我和我的同事(Barron & Froster,2014)运用比斯塔的教育的魅力风险理论,来研究已经完成教学实习的职前教师(需要在学校完成教学实习的职前教师)所分享的在线对话。我们感兴趣的是教师对伦理教师想象的方式,以及如何弄清形成教师道德观念的独特事件。在资料数据中,职前教师通过网络来互动,以博客方式来记下或彼此回应。网络环境为学生提供机会参与到有共同话语的团体中(Sutherland,Howard,& Markauskaite,2010)。教育伦理的叙事对哲学观点的延伸、道德想象的释放和哲学探究的补充有着特殊兴趣。关于发展教师身份的学术研究也一直在强调教学伦理叙事(参见Uitto等,2014;Rogers & Scott,2008)。这些故事是个人的不同见解,我们认为这些见解是体现主体化可能性的事例,而不是作为公认道德"提升"的证据。

职前教师在网络背景下探索自己的经历,和同事分享这些经历。我们发现学生参与了自我反思和社会认知,这是他们开始将自己当成伦理教师的基础。矛盾协调的复杂性需要他们通过大学、专业、学校以及他们自己来显示为什么"职前教师在伦理方面感觉不知所措,要一直寻求不止是专业教学标准的讨论"(Tobias & Boon,2009:第12页)。

七、今后的研究:教学中数字化的主体性、责任和专业伦理

我们运用第二组和第三组的研究数据进行案例研究,探索在新自由主义

时期教师教育中数码科技使用所产生的复杂性（Buchanan & Forster，2015）。"数字指向"（Buchanan，2011）导致了对职前教师数字能力的更加重视。教师教育课程通过将信息通信技术和网络技术整合进职前教师培养项目中来应对数码科技带来的压力。它提出了关于公共领域和私人领域间冲突的问题，这涉及职前教师的数字身份，以及新教师企业化、客体化和商品化的条件。我们对这样的问题非常感兴趣。

笔者一直在思考这样的问题，教学专业伦理是否能反映出关于正义的真正责任和义务，以及它是如何反映出来的（表现和践行正义的）。即，义务、不确定性、困惑、特殊性和突显（浮现）等概念在教师教育伦理中扮演着什么角色？依据比斯塔的观点，真正的责任是"单方面、单方向和不可逆的"（Biesta，2010：第63页）。道德的礼物（moral gift）在无任何期望的情况下被给予，它应该被理解为另一人的忧虑，"他人以这种方式展现自己，超过了我的其他想法"（Critchley，1999：第5页）。德里达指出道德的礼物超过任何"可能的赔偿，这需要我以没有负担和不义的方式采取行动"（Derrida，ECM 24，引自 Critchley，1999：第111页）。换而言之，伦理责任被推测为一种"显著和相关的动态"，在此动态中，个人的义务"需要一种照顾自己和他人的责任感，这超越了个人自己的利益，需要为自己的行为对他人负责"（Fenwick，2008：第5页），责任感有时会与法律条文冲突。正如卡普托所写：

> 法律是缺乏正义的——在结构上是不可避免的，它涉及专有名词……你不应该将法律应用于个人，但是可以将个人用于法律上……个人要比法律了解得更好，能够在"但这个案件是不同的"提出异议。那是因为"这个"经常是不同的（甚至作为不同经常包含"这个"），正义是"这个"的一种功能。（Caputo，1993：第89页）

卡普托认为理解正义的关键是"培养对事情独特性的观察力"（Caputo，1993：第221页）。

对道德特殊性和独特性的敏感性不一定要教师教育者来建议，也不一定是实习教师想要培养的，但是笔者认为职前教师这些独特的经历可以增强有重要意义的教育可能性，来推动他们专业发展。这种敏感性有助于那些能开放对待"维持法律公正"（keeping the law honest）的教师形成某些特性。反之，它可能产生情感上不可持续的道德敏感性和不切实际的行为，给予伦理型教师过于繁重的看法。

八、结论：新自由主义时期的伦理教育

随着教育中标准化、新自由主义原理的兴起，澳大利亚教师教育中的理论和基础方面（如教育哲学和伦理）一直在减少。尽管教育的公共承诺仍然是最高的伦理诉求。目前联邦澳大利亚的教育政策（最重要的是最近颁发的AITSL专业教学标准）控制着澳大利亚教师的注册和发展，且要求教师在处理与家庭、同事和学生间的关系时表现出最好的伦理举止，以此来放大和加强州立伦理和行为规范的重要作用。但是这些新的标准不能取代更为具体的指南和价值观，例如，尊重、荣誉和正直代表了专业的道德目的（根据目前各州仍在实施的伦理和行为规范）。这一点是很明显的，因为AITSL专业教学标准没有对什么构成了伦理行为做出任何表述（可供效仿的或其他）。

但是教师培训中伦理教育的保障不应该仅是依赖于工具性的理由，这些理由是以目前澳大利亚政策和AITSL为基础的。尽管这些政策是一种重要的监管，但是伦理认证需求在教师教育中没有得到充分体现。对标准和政策的诉求不足以在教师教育中确立一种伦理"命令"，一部分原因是有着伦理知识和伦理型的教师和那些拥有法律、标准和政策方面知识并且善于遵循这些的教师并不一样。伦理的本质超越了法律，例如当法律出现问题时。当然在理想的情况下，法律有着伦理的支持，但这不是假设。另外的原因则是在教师培训中伦理的教育目的不仅仅或不一定是在教师中产生守法的行为。后一种是因为教师在面对伦理困境时更需要依靠道德而不是法律或技术的解释，这是很难解决的问题。

说到这，行为规范与伦理规范的缺乏，以及课程的有名无实表明了教师教育的不足。就伦理教育中的工具理由而言，很明显职前教师需要伦理知识，这样他们就能在教师职业的复杂关系和决策中学会如何展现出恰当的自信（Cigman，2000）。在支持伦理品质、道德想象、信仰和谈论伦理的方式，以及批判性地面对规范等这些方面，伦理教育起着工具性作用。好的道德实践不仅是"做"（doing），而是"成为"（being）。但这也许也是对如何接受发生在自己身上的独特个人道德责任感的理解。教师教育者，包括笔者自己，都一直在寻找方法来助力职前教师伦理的培养。这包括扩大职前教师的道德想象，提升对正式和非正式的伦理规范的教学专业理解和批判性反思，特别是帮助职前教师认识到潜在教育意义的道德独特性。

虽然教育价值不同于道德价值（Biesta，2015），伦理教育进行哲学解释，并与职前教师的实践经验有着丰富的联系，这样职前教师就有机会对专业伦理的意义和目的，以及教师的道德工作进行批判性和相互间的重新评估。追踪调查研究旨在加强对教学中道德和价值观两方面的理解，其重要性在于通过参与规范问题的开放性解释、意义的形成和交流性对话，来潜在地缓解教育目的的空心化、空洞化。

持续接触关于教育价值和目的本质的哲学问题，似乎可以深化职前教师对自身工作关于全球共同利益和尝试改善全球复杂性和集中性的认识。它能够提供机会来模拟实践智慧和共享决策，帮助发展道德推理，明晰价值观，使个体对日常问题变得更加敏感，同时这也培养了在多元社会群体中改善学校文化和人际关系的品质。它还有助于削弱对权威盲从的麻木倾向，来支持对民主争辩的追求，以及增加对教学工作的善和同情的描述。

参考文献：

Adami, R. (2014). Toward cosmopolitan ethics in teacher education: an ontological dimension of learning human rights, *Ethics and Education*, 9 (1), 29—38.

Anonymous Academic (2016). Casual contracts are ruining universities for staff and students, *The Guardian*, Friday 12th February 2016 Retrieved from http://

www.theguardian.com/higher-education-network/2016/feb/12/casual-contracts-are-ruining-universities-for-staff-and-students? CMP=share_btn_fb

Aultman, L. P., Williams-Johnson, M. R., & Schutz, P. A. (2009). Boundary dilemmas in teacher-student relationships: Struggling with "the line". *Teaching and Teacher Education*, 25, 636—646.

Australian Institute for Teachings and School Leadership (2011) Australian Professional Standards for Teaching, http://www.aitsl.edu.au

Baker, B. (2015). From "Somatic Scandals" to "a Constant Potential for Violence"? The Culture of Dissection, Brain-Based Learning, and the Rewriting/Rewiring of "the Child", *Journal of Curriculum and Pedagogy*, 12: 2, 168 — 197, DOI: 10.1080/15505170.2015.1055394

Barron, R. & Forster, D. J. (2014). Becoming a teacher: "navigating" ethical phenomena http://pesa.org.au/images/conference2014/PESA2014_abstracts.pdf

Beck, J. (2008). Governmental Professionalism: Re-professionalising or de-professionalising teachers in England? *British Journal of Educational Studies*, 56 (2), 119—143.

Biesta, G. J. J. (2006). *Beyond learning. Democratic education for a human future*. Boulder: Paradigm Publishers.

Biesta, G. J. J. (2007). Why 'what works' won't work. Evidence-based practice and the democratic deficit of educational research. *Educational Theory*, 57 (1), 1—22.

Biesta, G. J. J. (2010). *Good education in an age of measurement: Ethics, politics, democracy*. Boulder & London: Paradigm Publishers.

Biesta, G. J. J. (2013). *The beautiful risk of education*. Boulder & London: Paradigm Publishers.

Biesta, G. J. J. (2015). What is education for? On good education, teacher judgement, and educational professionalism. *European Journal of Education*, 50 (1), 75—87.

Boon, H. J. (2011). Raising the bar: ethics education for quality teachers. *Australian Journal of Teacher Education*, 36 (7), Article 6.

Boon, H. J. & Maxwell, B. (2016). Ethics education in Australian preservice teacher programs: A hidden imperative. *Australian Journal of Teacher Education*, 41 (5).

Bullough, R. V. J. (2011). Ethical and moral matters in teaching and teacher education. *Teaching and Teacher Education*, 27, 21—28.

Burgh, G., Field, T., & Freakley, M. (2006). *Ethics and the Community of Inquiry*. South Melbourne: Cengage Learning.

Campbell, E. (2003). *The Ethical Teacher*. Berkshire & New York: Open University Press.

Caputo, J. D. (1993). *Against Ethics*. Bloomington & Indianapolis: Indiana University Press.

Carr, W. (1995). *For education: towards critical educational inquiry*. Buckingham, Philadelphia: Open University Press.

Chapman, A., Forster, D., Buchanan, R. (2013). The moral imagination in pre-service teacher's ethical reasoning, *Australian Journal of Teacher Education*, 38 (5), Article 9.

Cigman, R. (2000). Ethical Confidence in Education. *Journal of Philosophy of Education*, 34 (4), 643—657.

Connell, R. (2009). Good teachers on dangerous ground: towards a new view of teacher quality and professionalism. *Critical Studies in Education*, 50 (5), 213—229.

Connell, R. (2015). Why Australia needs a new model for universities, *The Conversation*, 23rd November 2015 https://theconversation.com/why-australia-needs-a-new-model-for-universities-43696).

Critchley, S. (1999). *The Ethics of Deconstruction: Derrida and Levinas*, 2nd edition, Edinburgh University Press.

Driver, J. (2001). *Uneasy Virtue*. Cambridge: Cambridge University Press.

English, T. (2015). Weasel words and the soft sell. *The Australian*. http://www.theaustralian.com.au/higher-education/opinion/weasel-words-and-the-soft-sell/story-e6frgcko-1226022023977

Evans, L. (2008). Professionalism, Professionality and the Development of Education Professionals. *British Journal of Educational Studies*, 56 (1), 20—38.

Fenwick T. (2009). Responsibility, complexity science and education: Dilemmas and uncertain responses, *Studies in Philosophy and Education*, 28 (2), 101—118.

Forster D. J. (2009). "Why teachers ought to be uncertain, if not ignorant", Philosophy of Education Society of Australia 2008 Conference, Brisbane 4—7 December 2008 Theme: The ownership and dissemination of knowledge Proceedings are published on CD (ISBN: 978-1-74107-291-4) or available at https: //www. academia. edu/212438/Why _ teachers _ ought _ to _ be _ uncertain _ if _ not _ ignorant

Forster, D. J. (2011). *Ethics of Belief: an exploratory analysis of the Profession of Teaching*. Doctoral dissertation accepted at Monash University, Faculty of Education, February 2011.

Forster, D. J. (2012). Codes of ethics in Australian education: Towards a national perspective. *Australian Journal of Teacher Education*, 37 (9), Article 1.

Hil, R. (2012). *Whackademia: An insider's account of the troubled university*, Sydney: UNSW press.

Hil, R. (2015). *Selling Students Short: Why you won't get the university education you deserve*. London: Allen & Unwin.

Huss, B. (2009). Three challenges (and three replies) to the ethics of belief *Synthese*, 168, 241—271.

James, W. (1979). *The Will to Believe and Other Essays*. Cambridge, MA: Harvard University Press.

Joseph, P. (2003). Teaching about the Moral Classroom: Infusing the moral imagination into teacher education, *Asia-Pacific Journal of Teacher Education*, 31 (1), 7—20.

Kostogriz, A. & Doecke, B. (2011). Standards-based accountability: reification, responsibility and the ethical subject, *Teaching Education*, 22: 4, 397—412

Lyons, M. (1990). Dilemmas of knowing: Ethical and epistemological dimensions of teachers' work and development. *Harvard Educational Review*, 60 (2), 159—180.

Nunner-Winkler, G. (1993). The Growth of Moral Motivation. In G. G. Noam & T. E. Wren (Eds.), *The Moral Self* (pp. 269—291). Cambridge, MA: The MIT Press.

N. S. W. D. E. T. (2004). *Code of Conduct*. Retrieved from https: //www. det. nsw. edu. au/.

N. S. W. D. E. T. (2010). *Code of Conduct*. Retrieved from https: //www. det. nsw. edu. au/media/downloads/about-us/how-we-operate/code-of-conduct/codeofconduct-guide. pdf.

O'Connor, K. E. (2008). "You choose to care": Teachers, emotions and professional identity, *Teaching and Teacher Education*, 24, 117—126.

Pope, N., Green, S. K., Johnson, R. L., & Mitchell, M. (2009). Examining teacher ethical dilemmas in classroom assessment. *Teaching and Teacher Education*, 25, 778—782.

Popkewitz, T. S. (1994). Professionalization in teaching and teacher education: some notes on its history, ideology, and potential. *Teaching and Teacher Education*, 10 (1), 1—4.

Quinton, A. (1987). On the Ethics of Belief. In G. Haydon (Ed.), *Education and Values*. London: Institute of Education.

Rogers, C. & Scott, K. (2008). The development of the personal self and professional idenity in learning to teach. In M. Cochran-Smith, S. Feiman-Nemser, D. McIntyre, & K. Demers (Eds). *Handbook of research on teacher education: Enduring questions and changing contexts* (pp. 732—755). New York: Routledge.

Ruitenberg, C. (2011). The trouble with dispositions: a critical examinations of personal beliefs, professional commitments and actual conduct in teacher education. *Ethics and Education*, 6 (1), 41—52.

Sachs, J. (2001). Teacher professional identity: competing discourses, competing outcomes. *Journal of Educational Policy*, 16 (2), 149—161.

Sachs, J. (2003). Teacher Professional Standards: Controlling or developing teaching? *Teachers and Teaching: Theory and Practice*, 9 (2), 175—186.

Shapira-Lishinsky, O. (2011). Teachers' critical incidents: Ethical dilemmas in teaching practice. *Teaching and Teacher Education*, 27, 648—656.

Sanger, M. N. & Osguthorpe, R. D. (2011). Teacher Education, preservice teacher beliefs, and the moral work of teaching, *Teaching and Teacher Education*, 27, 569—578.

Sherman, N. (1999). Character Development. In D. Carr & J. Steutel (Eds.), *Virtue Ethics and Moral Education* (pp. 35—48). London: Routledge.

Shortt, D., Hallett, F., Spendlove, D., Hardy, G., & Barton, A. (2012). Teaching, morality, and responsibility: A Structuralist analysis of a teacher's code of conduct. *Teaching and Teacher Education*, 28, 124—131.

Singer, P. (2004). *The President of Good and Evil: The Ethics of George W. Bush*. Melbourne: The Text Publishing Company.

Smeyers, P., Depaepe, M. (2012). The lure of psychology for education and educational research. *Journal of Philosophy of Education*, 46 (3), 315—331.

Southgate, E., Reynolds, R., & Howley, P. (2013). Professional experience as a wicked problem in initial teacher education, *Teaching and Teacher Education*, 31, 13—22.

Kraft, V. (2013). The Attraction of Neuropsychological Findings in Contemporary Educational Thinking, or Feeling, Emotion and Relationship as Blind Spots in Educational Theory in Smeyers and Depeape (Eds.) *Educational Research: The Attraction of Psychology*, Educational Research 6, Dordrecht: Springer.

Smith, R. (2011). On dogs and children: Judgement in the realm of meaning. *Ethics and Education*, 6 (2), 171—180.

Southgate, E., Reynolds, R., & Howley, P. (2013). Professional experience as a wicked problem in intial teacher education, *Teaching and Teacher Education*, 31, 13—22.

Sutherland, L., Howard, S., & Markauskaite, L. (2010). Professional identity creation: Examining the development of beginning pre-service teachers' understanding of their work as teachers, *Teaching and Teacher Education*, 26, 455—465.

Taylor, C. (1985). *Human Agency and Language: Philosophical Papers I* (1999 ed.). Cambridge: Cambridge University Press.

Terhart, E. (1998). Formalised Codes of Ethics for Teachers: between professional autonomy and administrative control. *European Journal of Education*, 33 (4), 433—444.

Tirri, K., Husu, J., & Kansanen, P. (1999). The epistemological stance between the knower and the known. *Teaching and Teacher Education*, 15 (8), 911—922.

Tobias, S. & Boon, H. (2010). *Codes of conduct and ethical dilemmas in teacher education*. In: Proceedings of 2009 Australian Association for Research in Education International Education Research Conference, pp. 1 — 15. From: 2009 Australian Association for Research in Education International Education Research Conference, 29 November—3 December 2009, Canberra, ACT.

Tuinamuana, K. (2011). Teacher Professional Standards, Accountability and

Ideology: Alternative Discourses. *Australian Journal of Education*, 36 (12), 72—82.

Verducci, S. (2014). Introduction: Narratives in Ethics of Education. *Studies in Philosophy of Education*, 11 (1).

Werhane, P. H. (1999). *Moral imagination and management decision-making*. New York: Oxford University Press.

Zagzebski, L. T. (1996). *Virtues of the Mind: An Inquiry into the Nature of Virtue and the Ethical Foundations of Knowledge*. Cambridge: Cambridge University Press.

教师教育中的教学伦理边缘化

[加] 伊丽莎白·坎普贝尔

一、导言

本文旨在思考教师教育两大组成部分。在传统意义上，教师教育有一部分与教学的实务或技术层面密切相关，另一部分则与教学的理论或基础研究紧密相连。每一部分都回避与教师道德和伦理工作相关的议题。令人担忧的是，教师教育并没有精心培养师范生的体现教学伦理的专业智慧，仍旧在上述两个部分中，错失激发道德意图的良机，这种道德意图引导着教育实践者的日常工作。其结果是"道德真空"油然而生。

本文立足于将教学概念化为道德和伦理活动的文献（Campbell，2003，2008；Colnerud，2006；Hansen，2001；Jackson 等，1993；Richardson & Fenstermacher，2001；Sanger & Osguthorpe，2013；Sockett，2012），所提供的是对这个问题的概念分析，而不是一个经验研究的报告。尽管如此，论文还是简要地概述了之前我的质性研究的成果，为思考"道德真空"概念提供背景知识。这些质性研究是我在加拿大与师范生、教师教育者、其他应用专业领域的伦理教育者合作完成的（Campbell，2011，2013）。研究还包括以案例方式呈现的访谈片断。① 在承认其他专业帮助其新加入的实践者熟知相关学科的伦理和道德复杂性所采用的方式的同时，论文提出了教师教育建立在

---

① 我诚挚地感谢加拿大社会科学与人文学科研究委员会提供的研究项目资助。项目名为"教学伦理知识的培育"（2005—2008），本文所引数据均出自该研究项目。——原注

扎实的伦理基础之上的方式。这个伦理基础扎根于道德责任，以及诸如平等、诚实、勇敢、同情和关爱等支撑合理实践的德行。

至于教学和教师教育的技术部分，狭隘地聚焦于学业成绩和标准。我认为不能只是认为它遮蔽了道德目的，它能够被改造，以突出课程、教学和评价中道德和伦理问题与挑战。难道教师勤勉地、诚实地、有能力地执教，使得学生在学业和其他方面获得发展，不是道德的目的吗？（Sockett，2012）教师教育项目采取这样的观点，展现教师教育课程的伦理特征，就可能缩小"道德真空"。

就理论基础部分，体现在讨论教育中的社会学和哲学议题的理论课程之中，与学校课程和教学课程形成鲜明的对比。我认为，在广泛的概念领域与教学的道德要求和教师的伦理责任之间建立联系，是可能的。虽然，在教师教育的课堂上，在教育政策和法规、专业精神与社会正义等部分的讨论中，涉及这些内容，也简单地假定这会对学生产生某种道德的影响。但是，学生缺少清晰的伦理辨识，疏于思考自己的伦理行为，缺乏相关的道德实践，这种假定的影响几乎没能消除"道德真空"。

我的这篇论文，将从两个方面阐释"道德真空"概念。一方面，将其理解为有待弥补的空缺，另一方面，将其视为应予以挑战的某些不严密、不准确的假定，这种假定认为已经做过的总会具有道德或伦理的意义。两个方面的理由持续得到了分析和行动。

二、教师的伦理工作

1993 年，著名的教育研究者，菲利普·杰克逊（Philip Jackson），出版了他有关学校道德工作的人种志研究成果。该研究聚焦于教师每天常规工作中内隐的、植入式的道德（Jackson，Boostrom，& Hansen，1993）。这是一项重要的质性研究。仅在数年前，教育文献中才首次提出教学的道德与伦理维度（Goodlad，Soder，& Sirotnik，1990；Tom，1984），此后，在这个相对较小的学术领域，针对教师工作及其如何反映教师的信念、品格、品性

(dispositions)、目的和态度，展开了持续的哲学探讨与经验研究。特别是从德行，这个通常与优质教学密切联系的概念着手研究。这些德行包括：平等、勤奋、诚实、坦诚、正直、开放、同情、耐心、勇敢、尽责、可信、和善、关爱，以及对他人需求等，尤其是学生需求的敏感。

尽管本领域的理论家与研究者（如 Buzzelli & Johnston，2002；Campbell，2003；Carr，2000；Colnerud，2006；Hansen，2001；Richardson & Fenstermacher，2001；Sanger & Osguthorpe，2013；Sockett，2012；Strike & Ternasky，1993）偶尔改变自己的研究焦点，理论基础，以及研究方法（这是可以理解的）但是他们似乎在这个观点上是一致的，即，教学不可避免地是一种道德专业。由此，教师作为伦理的专业人员的角色定位，较多地依赖于对复杂性、责任感与挑战的理解。它们不仅伴随而且威胁着前面罗列的道德与伦理原则的实践表达。小布尔劳夫（Bullough，Jr.）在对本领域的综述文章中评论道："教师的规训知识的核心是伦理……（并且）教学就是去介入不确定的、需要作出艰难选择的世界，在那里，教师做什么，以及他或她怎么思考，都承载着道德意义。"①

将教师的专业伦理思考与植入教学的道德实践隔离是不可能的。教师教授课程、运用教法、使用评估与评价方法、采用规训方式，以及处理与儿童、家长、同事、学校管理者和其他人的动态工作关系，都要作出选择与判断。这些都具有伦理意义。这些都不是实践中的简单的技术问题，仅仅运用伦理学知识就能解决。这些都是实践中的核心伦理议题，都浸透着道德义务。这种义务与教师作为家长代理人（*in loco parentis*）的法律角色，以及固有的信托责任密切相关。这种信托责任是教师与学生之间建立信任关系的基础（Scarfo & Zuker，2011）。教师不仅仅在有计划的、预定的情境中作出判断与选择，相反，他们通常是不得不在绵延自发的课堂里对学生的言行作出回应。

教师应具备能力，去发展一种知道如何为自己的意向与行动进行辩护，

---

① 经常交替使用"道德"和"伦理"来定义教师的实践，反映了文学的变化，至少在应用哲学意义上，人们认为这是合乎情况的。——原注

以及示范伦理原则的机敏意识。这种能力就是"伦理知识"的核心,之前我已对伦理知识作出了界定(Campbell,2003)——伦理知识是教学实践的个人与专业的基础。我们"可以在教师对学生说话时所用语气中、教师在照顾学生的工作中、教师所教的内容中、教师不经意的评论中,以及教师安排小组或对某些与学生需求和利益发生冲突的事情作出决定时发现"伦理知识(Campbell,2008:第4页)。对于我来说,教学中伦理知识就是某种实践智慧,它有些类似于古老的概念——phronesis。卡尔(Carr,2011:第107页)将实践智慧定义为"指导人类道德生活的理智德行"。邓恩(Dunne,2011:第18页)进一步解释道,"实践智慧不只是普遍性知识的拥有,这仅仅是因为它是一种促进这种知识与情境保持相关、适切和敏感的能力"。对于教师而言,情境是微妙、复杂的世界,这个世界包括课堂、办公室、整个学校、超出学校范围的学生家庭,以及制定教师工作规范的决策部门。教师在这种情境中的伦理行动受实践智慧的引导,它使得教师能够作出在道德上可辩护的专业判断,进行伦理决策,以及应对所遭遇的伦理困境。索科特(Sockett,2012:第175页)认为实践智慧是理智德行,简言之,它就是"课堂伦理框架"。

作为实践智慧的教学伦理知识,不只是表面上熟悉伦理准则和标准,尽管这些准则应该有助于增进人们对教学作为道德专业的意识。它还高于仅仅免于作出不符合伦理的行为,尽管避免作出此类行为是绝对应尽的义务,通常这些不符合伦理的行为在政策话语中被界定为专业不端行为(professional misconduct)。如同约翰逊等所言,"伦理准则更像法规,通常涉及实践行为的最低标准……伦理上的优异(ethical excellence)需要更多努力,而不只是遵守最低标准。它需要更高的承诺,依据深层的德行生活,渴慕永恒的原则"(Johnson & Ridley,2008:第xvi页)。那么,我们可以怎样获得教学中的伦理知识呢?职前教师教育课程似乎可以提供空间促进专业教师的伦理发展。因此,本文后续部分将探讨教师教育中的这种可能性,以及存在的问题。我在最近发表的两篇论文中(Campbell,2011,2013),运用经验研究数据和理论分析,讨论了这些问题。这些数据来自我对师范生进行伦理教育的研究项目。本文的目的，旨在压缩两篇论文的内容，形成一篇总结性的文章。文章对"道德空白"的双重本质进行再概念化，提出一些值得思考与讨论的问题和观点。本文后续部分介绍了一种实际情况，即在国际范围内教师教育基本上忽视教师专业伦理，以及使用普遍存在的错误观念思考为什么会出现这种问题。接下来的部分，借自其他专业学科，旨在提供一种重要的观察原则，在教师教育体系中开发伦理课程。随后，本文使用了我自己的教学实例，罗列了进行伦理教学的实用建议，其中没有生疏的概念。在本文结尾的简要"结语"中，我提出了这样的问题，即，学生完成专业教育课程进入专业实践领域之后将会怎样，所学的伦理知识（假如他们确实获得了）将在未来的专业生涯中产生持久的作用吗？

三、伦理课程的缺失

我想更多地知道基本的、日常层面的伦理。然而，我们很少了解影响大多数教师的决策方法。教师有时会遭遇巨大的两难困境（如，怀疑儿童遭到虐待），虽然知道如何处理这种困难很重要，但是我还是喜欢课程中包括一些似乎不那么重要的伦理知识。比如，怎样跟学生说话。虽然我们已经提到了这个问题，但是没有从伦理的方面讨论这个问题，也没有告诉我们怎样去做，可以成为一位伦理的教师。因此，如果你不去作出反省，你不会真正知道伦理是什么（一名师范生的话，Campbell，2011：第 85 页）。

正如桑格和奥斯古索尔普（Sanger & Osguthorpe, 2013：第 5 页）所言，教学和教师教育的语言是某种技术性语言。这种语言逐渐强调了狭隘的工具性任务与技能，却没有丰富地描述关爱、信任和尊重——这些刻画了教学中的动态关系的道德语言。奥斯古索尔普（Osguthorpe, 2013：第 26 页）进一步强调，学科知识及教法与伦理品性（ethical dispositions）及教学道德方式（moral manner to teach）之间的人为分离是教师教育中长期存在的问题，"教学的道德方式和什么是好的、正当的、德行的、关爱存在着一致关系"。

我研究了加拿大的一些教育学院，了解他们是否及如何教授应用性专业伦理（applied professional ethics），以提升师范生的伦理判断力，以及发展他们的伦理知识。遗憾的是，其结果与本领域研究文献所反映的情况一致，即大多数教师教育课程缺乏伦理教学内容，这在很长一段时间里受到人们的批评（Colnerud，2006；Nash，1996；Strike & Ternasky，1993；Sockett，2012；Watras，1986；Willemse 等，2008）。这引起了我对以下相关问题的思考：

（1）为什么专业伦理总是许多教育学院的正式课程中所缺失的部分？

（2）伦理课程的缺失是否意味着教师教育课程存在需要填补的空缺，或者只需专注于保持课程中技术、教学法、评价，以及教学与教育理论知识的微妙平衡？

（3）或者，是否意味着一些粗糙错误的假设的存在，尤其是关于已被教授的理论与基础的内容的假设。

以下讨论将用上述问题作为催化剂，反驳教师教育课程中反复提及的一系列虚假问题。

- **有待填补的空缺**

完全忽视专业伦理教育，这是教师教育中解释"道德空白"的第一种观点。由此形成了一种我们这些从事教学道德与伦理工作的人应该努力去填补的空缺。

1. 伦理就是一种虚饰，我们没有时间和空间去考虑。

虽然这不是一句直接引用的话语，但却描述了一种人们非常熟悉的抱怨与错误观念。通常，教师教育课程用时短，内容多，而且踩在发展学生实施课程与教学的实践技能与传递作为基础的理论知识的平衡线上。这些理论知识囊括了社会学、教育历史与哲学、儿童发展、学校法规等其他领域的概念。然而，在上述所有部分中植入对教师伦理工作的关注，不仅可能而且值得尝试。就像奥斯古索尔普（Osguthorpe，2013）所倡导的，在对师范生的知识、技能与他们对实践的道德与伦理态度的教学与评价过程中，我们需要建立一种"不可分离"的机制。比如，他解释说，"我们可以在师范生以尊重的方式与学生互动，公平地评分，以及在与家长谈话的行动中评价他们的尊重、平等和同情等德行"。因此，伦理课程不能被贴上虚饰的标签，而应成为在教师教育课程中学生获得技术或实用知识与理论知识的必要基础。伦理不是，也不应该是一种"附加物"，而是一种透镜（lens），我们要鼓励师范生用它检验教学实践与他们反思的价值观。

2. 没有必要教授伦理，因为教学是道德的专业，它吸引的人在本质上就是好人（good people）。

这种观点不仅在经验上是可疑的，而且它还忽视了伦理教育。如同斯特赖克（Strike，1993）所言，教授教学伦理的目的不是去"使学生成为圣贤，而是帮助他们以更加负责的方式管理自己的专业生活"。提升专业判断力、培育实践智慧（即伦理知识）的目的是帮助师范生反思自己的行动与实践，审视它们是否合乎或违反诸如公平、关爱、诚实与尊重等道德原则，也让他们熟知人际关系的现实状况——暴怒的家长、粗心的同事、挑战教师的学生。他们会制造紧张气氛、伦理困境。师范生知道这些情况，就能预计到教育情境的复杂性，采用尽可能无害且在伦理上可以辩护的方式来处理问题。我曾在别处指出，"加强伦理教育，增强对教师工作的道德鉴别力，不是要使坏人变好，而是使好人意识到，他们的选择与行动具有某种潜力，可以促进推动或者阻止妨碍学生的情感与理智发展"（Campbell，2013）。

3. 伦理不可教，它只是一个人的品格问题。

尽管这种观点近似于之前的看法，可能至少部分是真实的。它重提了古代的柏拉图式的问题，即德行是否可教。我曾访谈过的一位师范生说：

> 我看到这个领域（专业伦理）存在许多不足之处，但是，我还是觉得它需要首先从内部做起。因此我猜想，我们需要暴露出来，接受培训，使得我们表现出较好的专业道德。但是，除非我是道德的，而且认为我需要坚持做到为人正直，否则我认为不会有任何专业培训可以帮到我。（Campbell，2011）

然而，即使我们也许永远不会圆满解决这个哲学问题，它也不应该成为专业学院忽视伦理教育的理论基础。正如前面所提到的，伦理教育的核心目标与其说是救赎，不如说是为了增强师范生的意识，使他们知道自己作为专业实践者的所作所为将如何影响到他人（显然指的是学生，当然也包括其他利益相关者）的利益。因此，伦理教育的目的是扩大和拓展他们的道德敏感性，因而他们能对自己的行动和决定提出尖锐的问题，且用本文提及的核心伦理原则与专业伦理的基本原则去评估他们的答案。这些专业伦理的基本原则是：仁慈（beneficence）、无害（non-maleficence）、公正（justice）、自主（autonomy）。

4. 如果学生①缺乏实践经验，我们怎么能教他实践伦理呢？

这是一个非常实在的问题。我有一位研究参与者，她是教龄两年的教师，她回顾了自己所学的教师教育课程，说道：

> 我认为可能只是在过去的几年里我才真正地思考：我真的一直在平等地对待孩子们吗？……我不知道是否在那一刻（接受教师教育），伦理才是教师思考的内容。他们想过做有道德的教师意味着什么吗？我想不会，因为在那一刻，他们还没有被放进需要检验他们道德的情境。只有当你教过几年书以后，进入到你真正需要思考的情境中，去思考你是否正在非常公平地对待一名学生的时候，是否用完全专业的方式对同事讲话的时候，是否专业地与家长交谈的时候，才会想到伦理。所以，教那种还没有人真正应用的伦理，是非常困难的。（Campbell，2011）

如果按照这个思路去想，那么我们就会被迫承认，将伦理教育纳入职前专业课程是过早的举措。在师范生获得一手教育经验之前，我们何以发展他们敏锐的教学伦理意识呢？这个问题让我倍感焦虑，因为对于专业伦理教育在职前课程中边缘化而言，它即使没有提供基础理论，也似乎是一种辩解的

---

① 指师范生。——译者注

理由。它接受了一种投机的、极度乐观的信念，仿佛一旦获得一点儿经验，教师将会自动开始意识到自己工作的复杂性，因而不仅能够认识伦理情境，而且还能作出正确的回应。其实，研究文献已提供了丰富的证据证明，仅有经验不足以导致伦理知识的增加，进而做出道德上更为负责的行动（Campbell，2003；Colnerud，1997；Tirri，1999）。那么，为何要等到师范生融入现有教师文化之后，才能重视伦理实践呢？无论如何，这不是师范生缺少经验的问题。因为师范生在整个教师教育课程中会参加教学实习（或见习），但并不因此而熟悉学校和课堂。

教师教育课程应承担专业责任，向新来的实践者介绍他们所选专业的伦理知识，由此，他们可以用受过训练的道德敏感去实现他们的伦理期望，应对伦理困境。如此巧合的是，我所在的安大略省的政府机构，正在修订全省教师教育课程要求（在加拿大，每个省全面负责教育政策制定）。尽管目前已批准通过了一到两年制的（职前学士学位之后的）连贯课程和五年制的（与四年制学士学位课程同步开设的）并行课程，但是新的改革要求2015年9月之后所有教师教育课程须延长至两年（含80天教学实习的四个学期课程，以及必修的核心内容）。教师教育课程框架有一个令人惊奇的名称——"现代化与加强型职前教师教育课程"（安大略省教育部，2013），它提出教师教育要发展三类知识：内容知识（content knowledge）、教学法知识与指导策略（pedagogical knowledge and instructional strategies）和背景知识（contextual knowledge）。每类知识列出了相关组成部分。在这个课程框架的文本及参考文献中，唯一提到教师伦理与道德工作的，是在第二到最后一部分中以举例方式插入的内容。在背景知识中是这样写的："教育法（比如，法规、伦理、职业健康与安全、专业不端行为）"。

与这份新的课程框架所强调的其他方面相比，伦理方面的内容非常简短，几乎是可选可不选。令人非常失望的是，课程框架没有明确提出要整合伦理内容，也似乎并没有意识到这种观念的价值，及将教学的技术、实践和基础性工作融入伦理意义。这很容易让人质疑新的教师教育课程。人们将继续忽视伦理课程，它仍旧是有待填补的空缺——"道德空白"。

其他人可能会从另一方面指出，课程框架的清单的最后一部分写了"专业关系（与教师、学校员工、学生、家长、社区的沟通与交流）"（安大略省教育部，2013），或者反复强调了对不同文化、传统、需求和观念的欣赏，以此作为课程公平的重要内容。他们可能会说，虽然教师教育课程缺乏伦理与道德的语言，但是上述部分内容隐含了伦理课程。然而，隐含的和设定的伦理内容并不能替代严谨的职前教师道德伦理教育，并将教学伦理知识的基础与必要的元素边缘化。

四、对所面临问题的粗略与错误假定

教育文件中忽视专业伦理教育，不只是没有涉及专业伦理，并有待填补空白，而是在教师教育课程中嵌入相关内容。因为，"当教师理解教学的道德并能够在实践中践行道德的时候，它将融入他们的所有工作，道德将成为教学内容与方法的调节装置"（Sanger & Osguthorpe，2013：第4页）。由此，我们能说教师教育课程的组成部分，尤其是教学社会方面基础课程，可以为教师道德学习提供门径吗？我们能够满足于假定或期望伦理课程被这些教师实施吗？他们声称：

> 我们将伦理整合在基础性课程中教授，比如教育法学或社会公正课程。

我认为这种主张表明他们在理论与实践上并没有充分把握教学的道德伦理实质。这种主张立足于模糊的伦理定义，高估了基础课程或其他课程中伦理内容所占份额，使"道德真空"长久存在。他们接受了目前存在的、在教师教育课程中隐含与嵌入伦理内容，将直接聚焦教学伦理的内容边缘化。

在我的研究中，师范生明确表示他们没有体验到专业伦理教育，但是他们发现有些课程有"貌似伦理的内容"。其中一种是广泛关注职业的问题，并正式编纂政策和法律。一些人将其描述为"吓唬战术"，以阻止他们违反职业

操守〔例如，对学生进行性虐待，忽视举报涉嫌虐待儿童的行为，渎职，没有保持良好行为记录，以违反《教学专业法案》(Teaching Profession Act)报告同事对上级的消极行为〕，虽然提及法律要求和约束很重要，但通常不具有道德的相关性和重要性。而且，他们作为道德专业人员在教师日常工作中的作用显然不存在。

同样，狭隘的和脱离语境的正式的道德标准（Ontario College of Teachers）似乎是提及任何教学伦理方面的最佳参考。与教学法律方面的情况一样，道德标准似乎更多地被视为政策规则，而不是思考教学道德复杂性的基础。如果有影响的话，它也是转瞬即逝的，因为三位刚毕业的老师说：

> 道德标准文件？我想对我来说毫无意义，因为我真的不记得它们的具体内容……一本关于伦理教学的大型小册子，我记得很多课程老师都很惊讶地读它们。他们与我们交谈，但这只是一次在学年期间举行了一个小时的非正式会议……道德标准？我知道它们是什么吗？我不能举例说明。不，不，我只用过它们一次；我知道他们中的一个是诚实，正直，我记得有像这样的词，但是，不，我不能告诉你它们是什么。这是在今年的第一次，道德从来没有，永远，永远不会再被触及。（Campbell，2013：第31—32页）

师范生认为另一种可能是具有伦理道德，但不是专业伦理本身的另一个领域，显而易见的是，许多教师准备课程越来越强调社会公正教育。他们熟悉社会正义理论的社会政治语言（例如，平等，多样性，权力，文化相关的教育学，反歧视教育），但不熟悉道德和道德原则的语言（例如，公平，同情，关怀，诚实）。社会公正是对社会问题的政治取向，这种社会问题采取的立场越来越多地将自己定位为道德或伦理；然而，它与专业伦理并不相同。无论一个人对社会正义的意识形态观点如何，它都不应被视为专业伦理教育的充分替代品,因为每个人的目标都是截然不同的。① 这反映在一位教师教育者的话语中,他总结了许多其他人所倡导的内容:"我教授社会和政治伦理而不是教室中的个人道德。"(Campbell,2011:第86—87页)然而,正是教师的个人道德决定了专业判断、道德知识、实践智慧以及教育专业人员精通道德实践的需要。

  师范生在实习(临床)经历中了解伦理教学。

  这可能是真的。通过参与课堂生活和观察经验丰富的教师,师范生可以很好地收集示范性道德实践的例子,但是他们的助理(监督)教师没有想到。令人遗憾的是,师范生从他们的实地经历中回想起的是他们目睹的消极角色——教师以粗心、不公平、不诚实、讽刺、愚蠢、恶意甚至残忍的方式行事。师范生对这种情况感到无能为力,并说,当他们回到他们的课程时试图谈论时,他们会感到自闭。这种"故事讲述"在教育学院中显得令人灰心丧气,因为我认为这是一种误导和"盲目致力于以专业关系为幌子的忠诚"(Campbell,2013:第37页)。教师教育计划需要找到被拥护的方式,让师范生公开地汇报他们的实习经历——包括好的和坏的,以便更深入地理解学校行为规范下的道德维度。

  即使师范生从他们不是明确地关注专业伦理的其他领域的课程经验或从实习经历中随意"接受"道德课程,但在我看来,这仅仅是小小的安慰;课程以某种隐性的方式融入,这并没有增强我们培养师范生成为伦理实践者的信心。这也可能是一个需要填补的空白。

---

  ① 关于这个问题更进一步的讨论,见 Campbell,E. (2013). Ethical Teaching and the Social Justice Distraction. In, H. Sockett and R. Boostrom (Eds.). *A Moral Critique of Contemporary Education*. National Society for the Study of Education,v. 112, n. 1, pp. 216—237. New York: Teachers College Press.

五、跨学科课程

我们可以从其他与道德教育概念化相关的道德教育专业学科中学到什么?

教学作为一种职业,其独特性使教师行使道德判断变得极为复杂,或者至少增加了另一个层面。首先,教师通常以小组而非个人的形式会见他们的主要"利益相关者"(Freeman,1998)——学生。在班级群体中,学生需求和兴趣各不相同并且经常发生冲突,对于教师来说,平衡需求成为一种对个人和群体而言持续不断,有时徒劳但又似乎是公平的追求。一些争论正义的问题总是在课堂上发生,尊重、关怀和诚实等其他问题也发生。这一现实标志着教育专业的第二个独特方面。传统上,人们一直怀疑教师不仅要对自己作为教师的道德和道德行为负责,还要对学生的道德教育负责。因此,他们的道德角色的一部分是教育性的,作为道德教育者和模范,他们的实践有双重要求——桑格等人用"道德地教"(teaching morally)和"教以道德"(teaching morality)将它们区分开来(Sanger & Osguthorpe,2013:第3页)。

尽管这些专业存在独特性,但教学与其他学科都有许多类似的道德要求和挑战,但即便是这样的关系,也很遗憾,在解决道德问题方面,教育作为一个领域远远落后于其他领域(Glanzer & Ream,2007)。

在教师教育计划中,我对道德教育的研究涉及对一系列专业学科(例如医学、护理、身体治疗、法律、社会工作、商业、工程)的大学教师的访谈。这种补充数据收集的目的不是为了开展比较研究,而是为了收集其他人的建议,这些建议可能会增加我们对学生道德教育中最佳实践的共同理解。我应该注意到,我没有采访这些课程中的任何学生。因此,我不能说这些学生受到的伦理教育对他们的影响比教师教育学生所说的要深远得多。尽管如此,但显而易见的是,"其他专业课程的描述至少揭示了一个重要的课程意图,以使学生熟悉各自领域的专业伦理标准和复杂性"(Campbell,2013:第33页),在某种程度上,许多教师教育课程似乎都缺乏。从数据中,我总结了以下四个点贯穿各学科的指导原则和策略,我认为它们对专业伦理课程的概念化提供了很多帮助。

(1)统一全员范围内的共识。道德必须是专业准备的重点和强制性组成部分,超越人的观点或直觉,并反映学科的基础知识。

(2)确立教学伦理的明确目标。将哲学理论和形式化的规范或道德标准(重点强调)推向具体应用。

(3)广泛使用案例研究教学方法。其中使用伦理资源(例如对比哲学取向、道德规范、政策)分析描述实际困境和复杂性的情景,而不仅仅是个人信仰和反思。

(4)聚焦学生实习报告。突出他们实践领域集体经验的伦理方面(正面和负面)。

虽然参与者描述的各种课程的结构差别很大,但一个常数是,关注每个学科的专业伦理都是"有意识地融入到课程中,而没有以嵌入的方式触及……最终,专业伦理不仅仅是学生必须从课程本身中汲取的东西,而且是他们职前准备需要有意识做的方面"(Campbell,2013:第35—37页)。

当然,这会导致一个可预测的问题:

> 道德教学是否应该以跨课程的方式贯穿于专业课程的多个组成部分,或者在完全致力于道德教学和专业伦理判断的独立的单元或课程中突出显示?

在教师教育之外的参与者对这两种模式都表示赞同,并且描述了在我看来是理想的方法:在特殊课程或单元的课程开始时直接、有力地解决道德问题,然后继续关注在随后的课程和道德决策——就像一根线将围绕一个共同主题的程序联合。然而,这种模式似乎并不普遍。当被问及关于道德的课程是否是关于职业化的核心基础课程的一部分时,一位教师教育者回答说:

"不，我不认为它（道德）是有意识地成为一个线索的一部分；它是自然就在那里的。"（Campbell，2011：第85页）然而，令人遗憾的是，学生似乎并没有意识到这种自然的存在。

正是出于这个原因，我改变了我对道德课程整合还是分离的看法。我曾经相信，将其整合到整个计划中，以生动的形式展示道德如何渗透到课程、教学法、评估、学校和教室里的人际关系中才是最好的方法。我还是真的这么做，但是我不再相信整合模式能呈现重要的道德课程。道德嵌入课程中就会显得可能性太过偶然了。正如我所说：

> 虽然整合似乎仍然是将道德纳入教师教育课程的首选方法，但它有可能使该主题模糊不清。如果将其隐含在其他课程内容下，则很容易忽视或失去对教学的道德和伦理本质的关注……（相反，）明确的和非选修的课程或单元学习有意识地将其目标确认为在教学中培养道德实践，这可能会使教师的德育工作变得可见、真实和重要。（Campbell，2013：第31页）

六、使熟悉的伦理更加显明

在自己的专业伦理教学中，斯特赖克观察到"即使学生不能首先想到道德观念，而且经常需要找合适的词语来帮助表达，但学生认为道德观念是熟悉的"（Strike，1993：第104页）。类似地，沙赫特声称，在商业伦理教学方面，"并不是人们面对某种情况，在道德和非道德之间做出决定……他们从不考虑情境中的道德方面"（Schachter，2011：第B16页）。正是由于这个原因，专业院系需要激发对实践伦理维度的深刻认识，以便学生不论学科，能够在可能识别的道德原则和德行与未来细节之间建立概念和实践联系，这种联系是清晰的、有洞察力的、知情判断的以及对所选领域全面了解的。

尽管普遍忽视了教师教育文献中被广泛提及的专业伦理，但正如前面所讨论的，我知道我并不是唯一一个教师教育工作者，其中许多人也是教育伦理领域的研究人员，他们都非常注重培养学生的这种意识，即使它是通过选修课程发生的，否则就是程序化的道德真空。他们可能会使用与师范生教育一样的策略和资源。以下我简单罗列我在关于专业伦理的课程教学中发现的一般主题和教学策略。

1. 我采用两种广泛运用、相互交叉的方法：案例研究教学法的使用和对一系列相关主题的研究文献和政策的调查。

2. 首先，我详细介绍有关专业行为的正式政策和法规。例如：

（1）伦理标准和教学专业实践标准（安大略教师学院，2009）。

（2）其他权力机构的伦理规范样本（例如，澳大利亚昆士兰州委员会的教师伦理标准）。

（3）第437条法规（有关专业不良行为）（安大略教师学院，1997）。

（4）安大略教师学院首发的三份《专业指南》：《关于性虐待和性行为不当的专业不良行为》（2003）；《电子通信和社交媒体的使用》（2011）；《学习环境的安全》（2013）。

3. 为了介绍适用于专业决策的哲学伦理（通过案例研究调查和分析来实践），我们基于结果主义和非结果主义理论（例如目的论、功利主义、德行伦理、正义和关怀）之间的区别来讨论内容和框架。优先考虑道德原则和德行的语言（例如公平、诚实、关心、尊重、正直、信任）。

4. 案例研究分析中使用的道德决策框架在结构和细节上有所不同，但通常遵循类似的概念模式，例如确定案例中的道德困境，澄清相关事实并考虑第一反应，确定各种利益相关者，考虑采取其他行动解决困境，将道德资源（道德原则、相应的考虑因素、道德政策和标准、格言、他人判断范例）应用于最终确定最佳行动方案。我使用教育内外的框架（例如，Freeman，1998；Markkula，2006；McDonald，2000；Ontario College of Teachers，2003）。

5. 案例研究教学法：参考道德决策框架和相关课程文献（研究、政策和理论/哲学），学生以小组和整个班级的形式进行阅读和分析，在整个课程中持续一系列简短的道德案例研究（摘自教育文献中的案例手册）。每个案例研究都是虚构的，但却是非常真实的，案例中的教师面临着艰难的决定。每个案例中学生轮流进行约 45 分钟的小组讨论，重点关注情境中可能存在的伦理问题，解决困境的方法，行动和不作为的后果，同时强调基本的道德原则。必须以个人直觉、观点或判断同课程学术和专业资源之间的联系为基础进行讨论。

6. 随着课程的进展，案例研究分析讨论还借鉴了学生在学校的真实实习经验。整个小组对该方案的实践教学部分进行"汇报"，进一步补充讨论结果。

7. 其中一门课程作业要求学生编写自己的案例研究，并使用课程资源（框架、代码、政策）和研究文献对其进行分析，以解决一系列主题问题。

8. 在学术文献（课程阅读）和案例研究提出的困境中引入的主题包括：
（1）教师对预期行为的更高标准。
（2）信任的地位和诚信义务。
（3）教师作为道德代理人，对日常实践的影响。
（4）教师作为道德教育者，对日常实践的影响。
（5）行政管理条例、学校政策（例如纪律、着装、迟到）、评估标准、课程期望、平衡不同学生需求，以及对教师时间、资源和注意力的要求而导致困境和紧张。
（6）教师道德上的复杂的人际生活（例如，与学生的专业关系，在学生中评判，与父母打交道，与同事打交道以及他们可能的疏忽或不当行为）。
（7）教授有争议的课程问题的道德规范。
（8）教学与灌输之间的界限；言论自由的限制；以及教师是否应该在政治、意识形态、社会、文化或宗教问题上披露自己观点的相关问题。

理想的情况是，更加强调教师的道德工作，以此作为再构建和再概念化教师教育的技术/实践和理论/基础课程的一种方式，可能在很大程度上有助于纠正"道德真空"。

七、结语：职前教师教育之后

从经验研究的角度来看，我无法评估我实施的伦理教学是否确保我们的学生成为更具道德责任感的专业人士。但是，我们可以想到，采用与广泛存在的、最为熟知的伦理原则与责任清晰关联的方式，可以使学生知道专业工作的实践层面。他们将开始发展伦理知识，以及指导他们作出专业判断的实践智慧。

而且，虽然我知道没有任何研究可以证实或否认这种猜测，但传闻的证据似乎支持这样一种观点：通过让学生解决日常的道德选择并将注意力放在他们工作的道德方面，而不仅仅是技术方面，这样他们确实变得更专业精明。我也教授研究生伦理课，他们大多是经验丰富的老师，他们报告说我们在课堂上讨论的问题对他们来说是真实的——与自己的专业经验产生共鸣。然而，这是他们第一次透过道德敏感性视角来看待实践。他们似乎非常重视这一点——似乎是以一种观察规范和日常工作的新方式开启了对他们定期所做的事情以及应对的事情的重要性的全新认识。他们相信如果学校的教师能够发展一定程度的集体安慰，以便分享而不是隐瞒他们的道德困境和关注点，那么至少在相关的情境中，他们可以共同重构教学文化。通过建立支持结构，通过设立行政机构来示范道德行为并确定道德责任的优先顺序，他们期待与同事合作，而没有防卫心理，并探索关于课程、评估、纪律等方法来反思和商议良好的道德原则。

鉴于目前这似乎不是教学文化中的常态，对师范生教育的挑战似乎更加激烈。作为结论，我重申以前的两个问题：

（1）即使我们在职前课程中越来越精通道德教育，但是在学生完成专业准备并进入实践领域后会发生什么？

（2）如果真的学习了道德方面的经验，那么这些经验是否会延续到毕业生未来的职业生涯中？或者随着新入职的教师被现有学校文化所吸收和社会化，这些经验是否被模糊、遗忘或破坏？

参考文献：

Bullough, Jr., R. V. (2011). Ethical and moral matters in teaching and teacher education. *Teaching and Teacher Education*, 27 (1), 21—28.

Buzzelli, C. A. & Johnston, B. (2002). *The moral dimensions of teaching: Language, power, and culture in classroom interaction*. New York & London: RoutledgeFalmer.

Campbell, E. (2003). *The ethical teacher*. Maidenhead: Open University Press McGraw-Hill.

Campbell, E. (2008). Preparing ethical professionals as a challenge for teacher education. In K. Tirri (Ed.), *Educating moral sensibilities in urban schools* (pp. 3—18). Rotterdam: Sense Publishers.

Campbell, E. (2011). Teacher education as a missed opportunity in the professional preparation of ethical practitioners. In L. Bondi, D. Carr, C. Clark, & C. Clegg (Eds.), *Towards professional wisdom: Practical deliberation in the "people professions"* (pp. 81—93). Farnham: Ashgate Publishing Ltd.

Campbell, E. (2013). Cultivating moral and ethical professional practice: Interdisciplinary lessons and teacher education. In M. N. Sanger & R. O. Osguthorpe (Eds.), *The moral work of teaching and teacher education* (pp. 29—43). New York: Teachers College Press.

Carr, D. (2000). *Professionalism and ethics in teaching*. London: Routledge.

Carr, D. (2011). Virtues, character and emotion in people professions: Towards a virtue ethics of interpersonal professional conduct. In L. Bondi, D. Carr, C. Clark, & C. Clegg (Eds.), *Towards professional wisdom: Practical deliberation in the "people professions"* (pp. 97—110). Farnham: Ashgate Publishing Ltd.

Colnerud, G. (1997). Ethical conflicts in teaching. *Teaching and Teacher Education*, 13 (6), 627—635.

Colnerud, G. (2006). Teacher ethics as a research problem: Syntheses achieved and new issues. *Teachers and Teaching: Theory and Practice*, 12 (3), 365—385.

Dunne, J. (2011). Professional wisdom in practice. In L. Bondi, D. Carr, C. Clark, & C. Clegg (Eds.), *Towards professional wisdom: Practical deliberation in the "people professions"* (pp. 13—26). Farnham: Ashgate Publishing Ltd.

Freeman, N. K. (1998). Morals and character: The foundations of ethics and professionalism. *The Educational Forum*, 63 (1), 30—36.

Glanzer, P. L. & Ream, T. C. (2007). Has teacher education missed out on the "ethics boom"? A comparative study of ethics requirements and courses in professional majors of Christian colleges and universities. *Christian Higher Education*, 6 (2007), 271-288.

Hansen, D. T. (2001). Teaching as a moral activity. In V. Richardson (Ed.), *Handbook of research on teaching* (4th ed., pp. 826-857). Washington, DC: American Educational Research Association.

Jackson, P. W., Boostrom, R. E., & Hansen, D. T. (1993). *The moral life of schools*. San Francisco: Jossey-Bass.

Johnson, W. B. & Ridley, C. R. (2008). *The elements of ethics for professionals*. New York: Palgrave MacMillan.

Markkula Center for Applied Ethics. (2006). A framework for thinking ethically. http://www.scu.edu/ethics/practicing/decision/framework.html.

McDonald, M. (2000). A framework for ethical decision-making: Version 4 ethics shareware. http://www.ethics.ubc.ca/mcdonald/decisions.html.

Nash, R. J. (1996). *"Real world" ethics: Frameworks for educators and human service professionals*. New York: Teachers College Press.

Ontario College of Teachers & D. Smith. (2003). Ethical decision-making framework. Toronto: Ontario College of Teachers.

Ontario Ministry of Education. (2013). *Modernized and enhanced initial teacher education program*. Unpublished document.

Osguthorpe, R. D. (2013). Attending to ethical and moral dispositions in teacher education. *Issues in Teacher Education*, 22 (1), 17-28.

Richardson, V., & Fenstermacher, G. D. (2001). Manner in teaching: The study in four parts. *Journal of Curriculum Studies*, 33 (6), 631-637.

Sanger, M. N. & Osguthorpe, R. D. (2013). *The moral work of teaching and teacher education: Preparing and supporting practitioners*. New York: Teachers College Press.

Scarfo, N. J. & Zuker, M. A. (2011). *Inspiring the future: A new teacher's guide to the law*. Toronto: Carswell.

Schachter, H. (2011). Ethics become blurred when end justifies the means. Review of *Blind Spots*, *Globe and Mail*, July 13, 2011, B16.

Sockett, H. (2012). *Knowledge and virtue in teaching and learning: The primacy of dispositions*. New York: Routledge.

Strike, K. A. (1993). Teaching ethical reasoning using cases. In K. A. Strike, & P. L. Ternasky (Eds.), *Ethics for professionals in education: Perspectives for preparation and practice* (pp. 102—116). New York: Teachers College Press.

Strike, K. A., & Ternasky, P. L. (1993). *Ethics for professionals in education: Perspectives for preparation and practice*. New York: Teachers College Press.

Tirri, K. (1999). Teachers' perceptions of moral dilemmas at school. *Journal of Moral Education*, 28 (1), 31—47.

Watras, J. (1986). Will teaching applied ethics improve schools of education? *Journal of Teacher Education*, 37 (3), 13—16.

Willemse, M., Lunenberg, M., & Korthagen, F. (2008). The moral aspects of teacher educators' practices. *Journal of Moral Education*, 37 (4), 445—466.

译 后 记

王凯

这本书是我与伊丽莎白·坎普贝尔教授十年学术交往的见证。2009年我向华东师范大学出版社申请翻译出版坎普贝尔教授所著的《伦理型教师》(*The Ethical Teacher*),从此就与她有了学术往来。2013年我获得学校经费资助,前往坎普贝尔教授所在的加拿大多伦多大学安大略教育研究院,进行了为期一年半的访学。访学期间,我不仅定期与坎普贝尔教授交流,而且还参与了她的所有课堂教学,听了三个学期的课程。在她的指导下,我较为全面地了解了西方教师专业伦理研究的发展脉络。同时在她的帮助下,联系西方19位学者,请他们专门为中国读者各自撰写一篇论文,介绍自己多年的教师专业伦理研究,或者所在国家的教师伦理研究状况。我与坎普贝尔教授共同商定书名、结构,以及内容安排,此外她负责邀请学者,编辑英文原稿,我负责组织翻译。我们希望以此为中国有相关兴趣的学者了解教师专业伦理研究的前沿动态,提供一点便利。

全书具体分工情况如下:前言,由王凯翻译;第1篇,由朱颖(杭州师范大学)翻译;第2篇,由张磊(青海师范大学)翻译;第3篇,由任露铭(杭州师范大学)翻译;第4篇,由冉华(华东师范大学)翻译;第5篇,由杜芳芳(江南大学)翻译;第6篇,由唐琼一(杭州师范大学)翻译;第7篇,由李淼(山东大学)、杜芳芳翻译;第8篇,由邢君(杭州师范大学)翻译;第9篇,由任露铭翻译;第10篇,由杜芳芳翻译;第11篇,由钱旭鸯(杭州师范大学)、刘徽(浙江大学)翻译;第12篇,由刘智超(杭州师范大学)、王凯翻译;第13篇,由张静静(浙江外国语学院)翻译;第14篇,由张静静翻译;第15篇,由邵晨倩(杭州师范大学)翻译;第16篇,由朱颖、王凯翻译;第17篇,由杨燕燕(杭州师范大学)、刘徽翻译;第18篇,由张家雯(浙江师范大学)翻译;第19篇,由王凯翻译。此外,邀请李森、刘徽、程亮(华东师范大学)、鲍道宏(福建教育学院)、毛齐明(华中师范大学)参与译校工作,最后由王凯统校、定稿。

因涉及众多译者,且时间仓促,译文恐有错漏之处,恳请读者批评指正。

2019 年 4 月